Reiner Kornberger

Die Rückkehr des Inka

Túpac Amaru und Túpac Katari gegen das spanische Weltreich

Abbildung auf der vorderen Umschlagseite:
Túpac Amaru (Zeichnung von Veronika Kornberger)

Reiner Kornberger studierte Romanistik (Spanisch, Französisch und Portugiesisch) sowie Germanistik. Seit 1976 bis zu seiner Pensionierung arbeitete er als Spanischlehrer an einem Gymnasium und an der Universität Bremen. Sein besonderes Interesse gilt der Literatur des südlichen Lateinamerikas. 2003 promovierte er zum Dr. phil. mit einer Arbeit über „Zion und der Zionismus in der jüdisch-argentinischen Literatur". Kornberger betätigt sich uch als literarischer Übersetzer. Er ist der deutsche Übersetzer des chileni-hen Dichters Gonzalo Rojas. Auch Werke der Lyriker Pablo de Rokha und rge Teillier hat er zum ersten Mal ins Deutsche übertragen. Aus der argen-schen Literatur hat er Romane von Mempo Giardinelli, Celia Curatella, tor Tizón und Ricardo Feierstein übertragen, ferner den Bericht des hwitz-Überlebenden Charles Papiernik.

Reiner Kornberger

Die Rückkehr des Inka

Túpac Amaru und Túpac Katari gegen das spanische Weltreich

edition tranvía · Verlag Walter Frey
Berlin 2024

Bibliografische Information der Deutschen Nationalbibliothek
Die Deutsche Nationalbibliothek verzeichnet diese Publikation in der Deutschen Nationalbibliografie; detaillierte bibliografische Daten sind im Internet über https://www.dnb.de abrufbar.

Druck: SDL Buchdruck, Berlin
ISBN 978-3-946327-41-7
Berlin 2024

edition tranvía · Postfach 150455 · 10666 Berlin
E-Mail: Tranvia@t-online.de · Internet: www.tranvia.de

Inhaltsverzeichnis

Vorbemerkung

„Ein Reich, in dem die Sonne nicht untergeht“: Mit Stolz blickte der Habsburger Karl V. (Carlos I. von Spanien) auf seine Besitzungen, die ihm Haudegen wie Hernán Cortés in Mexiko, Francisco Pizarro in Peru und andere zu Füßen gelegt hatten und die der unter spanischer Flagge segelnde Portugiese Magellán im Osten um die Philippinen erweiterte.

Die wertvollsten Territorien waren solche, in denen Edelmetalle zu finden waren. „Vale un Perú“ (Eine Kostbarkeit wie Peru) wurde zum geflügelten Ausdruck in Spanien, auch kursierte die Variante „Vale un Potosí“, denn in seinen besten Zeiten lieferte der auf 4000 m Höhe gelegene Silberberg von Potosí in Hochperu, dem heutigen Bolivien, bis zu zwei Drittel der weltweiten Silberproduktion. Dabei war der Ausdruck in Amerika weniger gebräuchlich, weil das Gros der Bevölkerung von dem Reichtum nicht profitierte. Im Gegenteil: Die Förderung des Metalls basierte auf dem Zwangsarbeitssystem der *mita*, dem Zigtausende Indios zum Opfer fielen und die außerdem noch für das Privileg, auf dem Privateigentum der Krone leben zu dürfen, Tribut zahlen mussten.

Widerstand gegen die Invasoren gab es von Anfang an. Zwar kam der letzte Inkaherrscher Túpac Amaru 1572 in Cuzco unter dem Henkerbeil zu Tode, doch immer wieder begehrten die Indios oder die aus Afrika herangeschafften Sklaven gegen ihre Ausbeuter auf. Häufig waren es individuelle Racheakte an übergriffigen Provinzverwaltern oder Klerikern, an Erfüllungsgehilfen unter den indianischen Lokalautoritäten, an Sklavenhaltern. Im 18. Jahrhundert schließlich erfasste der Widerstand auch größere Gebiete, denn die „Reformen“ der Bourbonen steigerten durch neue Abgaben und die Erhöhung der bestehenden den wirtschaftlichen Druck auf die indianische Bevölkerung ins Unerträgliche und drohten, auch die ethnisch gemischte Bevölkerung stärker zu belasten.

Besonders heftig wirkte sich die Steuerreform der Bourbonen im Vizekönigreich Peru aus. Hier kam es zu dem größten Aufstand gegen die spanische Kolonialherrschaft, deren Fortbestand zeitweise gefährdet schien. 1780 tötete José Gabriel Condorcanqui, ein Kazike aus dem südlichen Peru, den Gouverneur seiner Provinz. Sich selbst nannte er Túpac Amaru, da er seine Herkunft auf den letzten Inkaherrscher zurückführte. Mit einem Heer aus tausenden Indios, unterstützt durch Mestizen und Criollos (in Amerika geborenen Spaniern) kontrollierte er bald den Süden Perus und machte sich daran, die alte Inkahauptstadt Cuzco zu erobern. Nur mit großer Mühe gelang es einem aus Lima anrückenden Heer in Verbindung mit spanientreuen Kaziken den Angriff abzuwehren. Nach der Gefangennahme und grausamen Hinrichtung Túpac Amarus und seines Umfelds 1781 wurde der Kampf durch seine Söhne und Neffen weitergeführt und verlagerte sich bald in das Gebiet um den Titicacasee und die Stadt La Paz, die zweimal unter Führung des Aymara-Indios Túpac Katari belagert wurde. Nach dem vorgeblichen Friedensschluss und der Eliminierung der Túpac-Amaru-Familie aus Peru sollten drei Jahrzehnte vergehen, bis andere Protagonisten die Loslösung von Spanien erkämpften.

Trotz der Bedeutung dieses wichtigen Kapitels europäischer Kolonialgeschichte findet die deutschsprachige Leserschaft auf dem Buchmarkt bisher keine wissenschaftlich fundierte Darstellung der Rebellion. Dabei ist die Quellenbasis überwältigend, einerseits dank der spanischen Bürokratie, die uns detaillierte Dokumente hinterlassen hat wie Chroniken, Edikte, Dekrete, Zollpapiere, Soldlisten, Tagebücher von Militärführern, Pfarrbücher oder Gerichtsakten (allein der Prozess gegen Túpac Amaru ist auf 2000 Seiten dokumentiert), aber auch die Korrespondenz zwischen den Akteuren (Rebellen, Vizekönigen, Kolonialminister, Generalinspekteur, Generäle, Bischöfe, Priester, Provinzverwalter, Privatleute) ist weitgehend überliefert. Vieles liegt seit 1980, der Zweihundertjahrfeier, und später in gedruckter Form vor oder ist im Internet zugänglich. Hinzu kommen die Arbeiten zahlreicher Historiker und Historikerinnen, überwiegend aus Lateinamerika, Spanien und den USA, welche den zeitgeschichtlichen Hintergrund, die Wirtschafts- und Sozialgeschichte, das Geistesleben, die Rolle der Kirche etc. erforscht haben und uns ein eindringliches Bild der damaligen Vorgänge ermöglichen.

Die folgende Darstellung stützt sich auf diese Forschungsergebnisse und die zeitgenössischen Dokumente und will durch die Übersetzung von kurzen Quellentexten einen Einblick in die Köpfe der damaligen Gegner ermöglichen.

Hinweis

Häufig genutzte Quellen werden in den Fußnoten wie folgt abgekürzt:

CDBRETA	Colección documental del bicentenario de la revolución emancipadora de Túpac Amaru. Lima, Peru: Comisión Nacional del Bicentenario de la Rebelión Emancipadora de Túpac Amaru, 1980-1982. Sieben Bände; zwei enthalten Aufsätze, die anderen Dokumente über die Vorgeschichte der Rebellion, über Bischof Moscoso y Peralta sowie die Prozessakten von 1781 (3 Bände)
CDIP	Colección Documental de la Independencia del Perú. Vol. 2: La rebelión de Túpac Amaru, 4 vols. Lima: Comisión Nacional del Sesquicentenario de la Independencia del Perú, 1971. (Im Internet verfügbar)
MdP	de la Paz, Melchor : Guerra separatista: Rebeliones de indios en Sur América; la sublevación de Tupac Amaru. 2 vols. Lima: Imprenta Torres Aguirre, 1952. Melchor de Paz war als Sekretär zweier Vizekönige ein zeitgenössischer Zeuge der Rebellion. Sein Manuskript von 1786, angelegt als Unterhaltung zweier Männer, wurde erst 1952 durch Luis Antonio Eguiguren veröffentlicht.
NCDIP	Huerto, H. : Nueva Colección Documental de la Independencia del Perú. La rebelión de Túpac Amaru II, 7 vols. Lima: Universidad Peruana de Ciencias Aplicadas. (Im Internet verfügbar)
VdS	del Valle de Siles, María Eugenia. Historia de la rebelión de Túpac Catari, 1781-1782. La Paz: Editorial Don Bosco, 1990. (Im Internet verfügbar)

1.
Peru – ein Kolonialreich entsteht

Als der in Panama lebende, des Lesens und Schreibens unkundige Feldarbeiter Francisco Pizarro aus der armen spanischen Extremadura 1522 von einem sagenhaften Goldland im Süden namens Birú oder Pirú hörte, beschloss er, zusammen mit einigen Kumpanen dorthin aufzubrechen und wie sein entfernter Verwandter Hernán Cortés, der kurz zuvor in das Kernland der Azteken eingefallen war, dem spanischen König ein weiteres Reich zu Füßen zu legen, aber vor allem seine eigene wirtschaftliche Lage und Machtfülle zu vergrößern.

Juristisch stand den Eroberungsplänen nichts im Wege, hatte doch Papst Alexander VI. in der Bulle „Inter Caetera" vom 3. Mai 1493 die neu „entdeckten" Inseln und Länder im Westen unter Spanien und Portugal aufgeteilt, mit der Maßgabe, deren Bewohner zu christianisieren. Unumstritten blieb die päpstliche Schenkung freilich nicht, vor allem als immer mehr Nachrichten über die Grausamkeiten der Eroberer und den rapiden Rückgang der einheimischen Bevölkerung nach Spanien drangen. Schon unter König Fernando el Católico wurden 1512 die „Gesetze von Burgos" (*Leyes de Burgos*) erlassen mit weitgehenden Verfügungen zum Schutz der Indios, die als freie Vasallen der Krone zu behandeln waren. Zwar hatten sie als Gegenleistung zu ihrer missionarischen Betreuung die Pflicht zu arbeiten, waren aber angemessen zu entlohnen und durften in ihrer eigenen wirtschaftlichen Tätigkeit nicht beeinträchtigt werden.

Immer wieder reiste der Dominikaner Bartolomé de las Casas, berühmt durch seine spätere Schrift „Kurze Darstellung der Verwüstung der Westindischen Länder", nach Spanien, um die Missstände in den Kolonien anzuprangern. Unter seinem Einfluss entstand die päpstliche Bulle „Sublimis Deus" (1537), die den Indios das volle Menschsein und ihre Befähigung zum Empfang der Sakramente zusprach. Dennoch ging die Diskussion weiter und gipfelte 1550-1551 in dem Hearing von Valladolid, in dem sich vor allem Bartolomé de las Casas und der Kronjurist Juan Ginés de Sepúlveda gegenüberstanden. Letzterer sah in den Indios eher „homunculi", menschenähnliche Wesen. In einem auf Latein geführten fiktiven Dialog bemühte er Aristoteles, Augustinus und Thomas von Aquin und urteilte, die Indios seien „von Natur aus Knechte, Barbaren, Unzivilisierte und Unmenschen, die die

Herrschaft der Klügeren, Mächtigeren und Perfekten zu ihrem eigenen großen Nutzen annehmen müssen, wie es im Sinne jenes Naturrechts ist, demzufolge die Materie der Form, der Körper der Seele, der Appetit der Vernunft, die wilden Tiere dem Menschen unterworfen sein müssen.“[1]

Las Casas berief sich auf den Vater des Völkerrechts, Luis de Vitoria (1483-1546), der die päpstliche Schenkung für ungesetzlich hielt, nur die Inbesitznahme von Ländern, die unbewohnt („res nullius“) waren, erlaubte, was für die Neue Welt nicht zutraf, und seinen Landsleuten dort nur die friedliche wirtschaftliche Betätigung zugestand. Zwangsmittel wurden nur für den Fall feindlicher Angriffe gerechtfertigt.

Doch zu diesem Zeitpunkt waren in Amerika längst Tatsachen geschaffen worden. Pizarro musste 1524 nach einer desaströsen Fahrt entlang der Küste des heutigen Ekuador nach Panama zurückkehren, um 1526 besser gerüstet einen neuen Vorstoß zu wagen, der zunächst nicht erfolgreicher verlief. Als der Gouverneur Panamas ihn zurückbeorderte, weigerte er sich und harrte mit den „Ruhmreichen Dreizehn“ (*Trece de la Fama*) aus, bis seine Partner Diego de Almagro und Hernando de Luque Verstärkung brachten. In Tumbes touchierte man den Rand des Inkareichs, wurde fürstlich beschenkt und erkannte, dass man für einen weiteren Vorstoß zu schwach war. Zunächst galt es auch, die rechtliche Situation zu klären. Pizarro reiste nach Spanien, wo er die nötigen Vollmachten erhielt, um auf eigene Kosten das Goldland Birú für die Krone zu erobern. Nützliche Ratschläge erhielt er sicherlich von dem sich ebenfalls am spanischen Hof aufhaltenden Hernán Cortés, der dem Aztekenreich den Todesstoß versetzt hatte.

Zurück in Panama rüstete Pizarro seine dritte Expedition aus. Mit etwa 200 Mann und 60 Pferden erreichte er 1531 Tumbes, das in dem zwischen Atahualpa und Huáscar ausgebrochenen Bruderkrieg zerstört worden war, eine Situation, die den Spaniern bei ihrem Vordringen erhebliche Vorteile bringen sollte. Doch Jahre zuvor schon hatte ein weiterer Helfer die potentiellen Gegner dezimiert: das Pockenvirus. Ähnlich hilfreich hatte es die Eroberung Mexikos beschleunigt, war den Eroberern über die zentralamerikanische Landbrücke vorausgeeilt und hatte die den europäischen Viren schutzlos ausgelieferten Indios dezimiert. Ein Opfer war der Inka Huayna Capac, der sich gerade am nördlichen Rand des Tahuantinsuyo, des Inkareichs, im heutigen Kolumbien aufhielt. Kurz nach ihm erlag sein Lieblingssohn und erklärter Nachfolger der Epidemie, dasselbe Schicksal ereilte einige seiner

---

1 Juan Ginés de Sepúlveda: Democrates segundo o De las justas causas de la guerra contra los indios. Ángel Losada (ed.), Madrid 1984, S. 83-84.

wichtigsten Heerführer. Beim Transport der Mumie nach Cuzco wirkte diese als Superspreader und verursachte den Tod Abertausender.

Durch Epidemie und Bruderzwist geschwächt, wurde das einst mächtige Inkareich in kürzester Zeit zur Beute der Eroberer aus dem fernen Spanien. Am 15. November 1532 traf Pizarros aus wenig mehr als 160 Männern bestehende Truppe in Cajamarca ein, wo Atahualpa auf dem Weg nach Cuzco eine Erholungspause einlegte und in ein Treffen mit den von ihm völlig unterschätzten Spaniern einwilligte. Mit einem ähnlichen Überraschungscoup wie Cortez im mexikanischen Tenochtitlán überwältigte Pizarro am darauf folgenden Tag den Inka; die ihn begleitenden Adligen und Soldaten wurden niedergemetzelt. Aus der Gefangenschaft heraus ließ Atahualpa Tonnen von Gold und Silber für seine Freilassung heranschaffen und veranlasste auch die Ermordung Huáscars durch seine Truppen, die schon vor der Ankunft der Spanier einen Großteil der Einwohner Cuzcos getötet hatten. Pizarro lieferte er so den Vorwand, ihn im August 1533 nach seiner Taufe durch Erdrosseln hinrichten zu lassen. Mit der mittlerweile eingetroffenen Verstärkung durch Diego de Almagro erreichten die Spanier auf den vorbildlich ausgebauten Inkastraßen im November das auf 3.400 Metern gelegene Cuzco.

Vor allem Atahualpas General Quizquiz leistete noch Widerstand gegen die Spanier, die immer mehr Unterstützung durch früher von den Inkas unterworfene Volksgruppen erhielten. Die eigentlichen und sehr blutig geführten Kämpfe um Einflusssphären wurden jedoch zwischen den Spaniern selbst, zwischen Pizarro und Almagro, ausgetragen. Nach Almagros Niederlage und Hinrichtung zog sich Pizarro in seine 1535 gegründete Hauptstadt Lima zurück, wo er sich sicher wähnte, aber im Juni 1541 von den Almagristen in seinem Haus ermordet wurde.

Besorgt über das peruanische Chaos und den brutalen Umgang der Konquistadoren mit dem für die dauerhafte Ausbeutung zu schonenden „Menschenmaterial“, erließ Karl V. (Carlos I. in Spanien) 1542 die neuen Indiengesetze (*Nuevas Leyes de Indias*), mit denen der grenzenlose Zugriff auf Land und Arbeitskraft der Einheimischen beschränkt werden sollte. Die zuvor eingeführte Institution der Encomienda („Anempfehlung“), bei der einem Konquistador Indios zugeteilt wurden, die als Gegenleistung für den Bau eines Kirchleins und die Bestallung eines Missionars für ihn arbeiten mussten, versuchte die Krone bald wieder abzuschaffen. Zwar beinhaltete die Encomienda kein Besitzrecht über den Boden der Indiogemeinde, in der Realität konnten sich viele Encomenderos das Land aufgrund der fehlenden Kontrolle durch die Obrigkeit dennoch aneignen, was zur Entstehung der kolonialen Hazienda beitrug. Die Furcht vor der Herausbildung schwer zu kontrollierender Lokalgewalten und die Sorge um den Erhalt der indianischen Arbeitskraft veranlassten die Krone zu ihrer Retourkutsche. Dies führte dazu, dass Gonzalo Pizarro, Franciscos jüngerer Bruder, gegen den aus Spanien entsandten ersten Vizekönig Perus, Blasco Núñez Vela, rebellierte, faktisch der erste in einer langen Reihe von Militärputschen der peruanischen Geschichte. Als der Vizekönig in offener Schlacht bei Quito besiegt und getötet wurde, klingelten in Madrid die Alarmglocken, denn Kaiser Karl fürchtete nun eine Unterbrechung der Edelmetall-Lieferungen aus Amerika, die er für seine Kriege dringend benötigte. Außerstande, größere Truppenkontingente auszustatten, schickte er den mit vizeköniglichen Vollmachten ausgestatteten Priester Pedro de la Gasca, dem es gelang, viele von Pizarros Hauptleuten auf seine Seite zu ziehen und den Aufrührer wider die Krone in der Nähe von Cuzco zu besiegen. Nach der Hinrichtung Gonzalo Pizarros und einer Entschärfung der Indiengesetze kehrte Ruhe in den Reihen der Spanier ein. Ein neuer Vizekönig wurde bestellt.

Nachdem die militärische Kontrolle über das eroberte Gebiet erfolgt war, wurde der Inka-Hochadel entmachtet und auf eine rein repräsentative Rolle reduziert. Entsprechend den zwölf Inka-Familien unterhalb des gottgleichen *Sapa Inka* organisierte man die Inka-Nobilität in zwölf „Häusern" (*panacas*). Jedes dieser Häuser bestimmte zwei Wahlmänner (*electores*); diese 24 wählten aus ihrem Kreis den Königlichen Bannerträger (*Alférez Real*), der in der Prozession zum Tag des Apostels Santiago (Jakobus, dem Schutzpatron Spaniens) als Inka gekleidet die Königliche Standarte trug.

Da die spanischen Eroberer schon zahlenmäßig nicht in der Lage waren, ein Gebiet von der Größe des früheren Tahuantinsuyo mit eigenem Personal zu verwalten, wurden die Provinzgrenzen der Inkazeit übernommen, desgleichen die dort amtierenden Kaziken oder *curacas*. Ob diese von den Inkas eingesetzt worden waren oder ihre Autorität auf die Zeit vorher zurückging, ist im einzelnen Fall unklar. Das Amt der *curacas principales*, denen im Gegensatz zu den einfachen Curacas mehrere Dorfgemeinschaften unterstanden, war erblich und konnte nur von Indios ausgeübt werden, es sei denn, sie galten aufgrund der Heirat ihrer Eltern als Mestizen. Sie genossen erhebliche Privilegien, waren nicht tributpflichtig, konnten nicht zur Zwangsarbeit, der Mita, herangezogen werden, durften Waffen tragen und ein Pferd reiten. Bei Rechtsproblemen mussten sie sich nicht mit der unteren Gerichtsbarkeit auseinandersetzen, sondern konnten sich direkt an die oberste Instanz, die *Audiencia*, wenden, so dass sie den spanischen Provinzbeamten weniger ausgeliefert waren. Sollten sie keinen männlichen Nachfolger haben, stand das Amt auch Frauen offen. Für die erstgeborenen Söhne wurden in Lima und Cuzco spezielle Schulen eingerichtet.

Die in zwei große Verwaltungsbereiche eingeteilten amerikanischen Besitzungen (Neuspanien mit der Hauptstadt Mexiko-Stadt und Peru mit dem Regierungssitz Lima) wurden durch Vizekönige im Auftrag der Krone regiert. Dabei handelte es sich meist um adlige Karrierebeamte, die für eine begrenzte Zeit entsandt wurden und bei ihrer Rückkehr nach Spanien einen umfangreichen Rechenschaftsbericht (*relación de gobierno*) vorlegen mussten. In ihren Händen lag die Aufsicht über die Zivilverwaltung sowie der militärische Oberbefehl. Als Repräsentanten des Königs stand ihnen eine aufwendige Hofhaltung sowie eine Leibgarde zu. Bei ihrer mit allem Prunk gefeierten Einführung gingen sie unter einem Baldachin, eine Ehre, die sonst nur dem König selbst und dem Heiligen Sakrament zuteil wurde.

Das Gegengewicht zu ihrer Macht bildeten die Audiencias, Appellationsgerichte, deren Präsidenten die Vizekönige waren, ohne dass sie in deren Rechtsprechung eingreifen konnten. Die Richter (*oidores*) waren professionelle Juristen, welche die Einhaltung der Gesetze und den Schutz der indigenen Bevölkerung zu gewährleisten hatten. In Peru gab es eine Audiencia in Lima und weit entfernt, in Altoperu, dem heutigen Bolivien, eine weitere in Charcas (heute Sucre). Eine Audiencia in Cuzco wurde erst nach dem Aufstand Túpac Amarus II. eingerichtet.

An die Spitze der Provinzen traten als Vertreter der Krone *corregidores*, die mehrere Funktionen ausübten. Ihnen unterstand die Gerichtsbarkeit ihres Gebietes, sie waren in den Gemeinderäten (*cabildos*) vertreten und gaben bei Stimmenparität den Ausschlag. Von den Curacas erhielten sie die Tributzahlungen und organisierten mit ihnen auch die Mita. Einerseits waren so Konflikte mit jenen Curacas vorprogrammiert, die sich ernsthaft für die Belange ihrer Gemeindemitglieder einsetzen, andererseits ergaben sich bei einer einvernehmlichen Zusammenarbeit für beide Parteien vielfältige Möglichkeiten der Bereicherung zu Lasten der dann weitgehend rechtlosen einfachen Indios. Zwar konnte der Vizekönig Corregidores bestellen, doch deren Amtszeit war auf ein Jahr beschränkt mit der Möglichkeit der Verlängerung um ein weiteres Jahr bei guter Bewährung. In der Regel jedoch hatten die zukünftigen Corregidores ihren Posten, den sie dann fünf Jahre innehatten, in Spanien kaufen müssen. Da ihre Bezahlung, die von Provinz zu Provinz variierte, eher bescheiden war, sahen sie sich gezwungen, innerhalb kürzester Zeit ihre Ausgaben zu kompensieren und sich die Taschen zu füllen.

Schon der berühmte Jurist Juan de Solórzano y Pereira, der ab 1610 für sechzehn Jahre Richter der Audiencia von Lima war und in seinem Hauptwerk, der monumentalen „Política Indiana“ Ordnung in die „indianische“ Gesetzgebung zu bringen versuchte, warnte vor den Gefahren des Ämterverkaufs: „… weshalb es immer angebracht ist, dass man dergleichen Ämter nicht denen geben soll, die sie am meisten anstreben und noch weniger denen, die um sie handeln oder sie für Geld erwerben oder was dergleichen krumme Wege sind, denn aus denen gehen üblicherweise Tyrannen oder Räuber hervor …“[2]

An der Praktik des Ämterverkaufs, der willkommenes Geld direkt in die königlichen Kassen spülte, änderte sich nichts trotz ständiger Kritik aus dem Mutterland und vor allem aus den amerikanischen Kolonien, wo sich hochdienenden Beamten ein Karrieresprung im eigenen Umfeld verwehrt blieb. Die Prognose des Solórzano y Pereira sollte sich bewahrheiten, als im 18. Jahrhundert den Corregidores die zwangsweise Verteilung von Waren an die Indios erlaubt wurde, wodurch sie vollends zur Landplage wurden und damit zum Auslöser vieler Gewaltakte von Seiten der indianischen Bevölkerung, deren bedeutendster der Aufstand Túpac Amarus sein würde. Über die Vermengung von Verwaltungsaufgaben und wirtschaftlichen Eigeninteressen im Amt des Corregidors wird noch ausführlicher zu reden sein.

Nach den Wirren der Anfangszeit zementierte der fünfte Vizekönig, Francisco de Toledo, der von 1569 bis 1581 regierte, die administrativen und rechtlichen Grundlagen, die für die nächsten zweihundert Jahre das Leben in Peru bestimmen sollten. Das gesetzgeberische Wirken dieses „Solon des Vizekönigreiches“, wie er auch genannt wurde, verhinderte gerade noch rechtzeitig, dass die privaten Aktivitäten der Konquistadoren übermächtig und kaum noch kontrollierbar wurden.

Da die Indios rechtlich als Minderjährige und *miserable*s (im Sinne von „minderbemittelt“, „schutzbedürftig“) galten, benötigten sie bei Kontakten mit der Kolonialbürokratie einen Fürsprecher, den *protector de naturales*, ein Amt, das zwar schon existierte, von Toledo aber reformiert und auf solide institutionelle Grundlagen gestellt wurde. Berufen konnte sich der an einer Audiencia angesiedelte Anwalt der Indios auf ein detailliertes, in der ersten Hälfte des 16. Jahrhunderts in Spanien entstandenes Gesetzespaket, das Schutzmaßnahmen enthielt, von denen ein spanischer Arbeiter nur hätte träumen können, deren Umsetzung in Amerika aber in der Praxis mehr als unzureichend war, ja zu Aufständen der Eroberer führte wie dem des Gonzalo Pizarro. Charakteristisch für die fehlende Rechtssicherheit während der gesamten Kolonialzeit ist der Spruch „La ley se acata, pero no se cumple“ (Man achtet das Gesetz, befolgt es aber nicht).

Trotz ihrer Minderjährigkeit im juristischen Sinne wurden die Indios als Erwachsene behandelt, wenn es galt, für die Eroberer einen Mehrwert zu

---

2 Juan de Solórzano y Pereira: Política Indiana. Madrid 1739, libro 5, cap. 2, 4.

produzieren, der nach Spanien abgeführt werden konnte. Für das Recht, auf ihrem angestammten Boden zu leben, der nun in die Verfügungsgewalt der Eroberer fiel, hatten die Indios zunächst einen Tribut zu zahlen: „… denn es ist nur gerecht und vernünftig, dass die Indios, die befriedet werden und uns als Vasallen Gehorsam schulden, uns dienen und einen Tribut entrichten in Anerkennung der Herrschaft, wie es ihre Pflicht als unsere Untertanen und Vasallen ist, denn auch unter sich hatten sie die Gewohnheit, ihren Oberen Tribut zu zahlen."[3]

Der Tribut wurde im Inkareich allerdings nicht pekuniär oder in Naturalien, sondern als Arbeitsleistung abgegolten. Im System der Mita waren alle gesunden Männer zwischen 18 und 50 Jahren erfasst und wurden, je nach Fähigkeit, zu Arbeiten auf den Ländereien des Inkas, des Kults, im Militär oder zu infrastrukturellen Maßnahmen (Straßen, Brücken, Kanäle, Ackerbauterrassen, Vorratshäuser etc.) herangezogen, Tätigkeiten, die überwiegend der Gemeinschaft zugute kamen. Dieses redistributive Ordnungsinstrument des Inkareichs wurde unter der spanischen Kolonialherrschaft in ein extraktives System zugunsten privater Nutznießer umgemünzt, und zwar in doppelter Hinsicht. Die Ureinwohner Amerikas mussten zahlen und arbeiten.

Ideologisch begründeten die Kolonialherren die neu-alte Form der Zwangsarbeit damit, dass die indianische Bevölkerung der Krone Anerkennung und Dank für die empfangenen Wohltaten schuldete, schließlich hatten die Spanier die überlegene europäische Kultur nach Amerika gebracht, vor allem aber die „unschätzbare Gabe" (*don incalculable*)[4] der katholischen Religion und damit die Möglichkeit, das ewige Leben zu erlangen, wofür das Erarbeiten eines wirtschaftlichen Mehrwerts nur angemessen genannt werden konnte.

Um die Tributpflichtigen überhaupt erfassen zu können, mussten die oft weit auseinander siedelnden Indios in Dörfern, Reduktionen, zusammengeführt werden, eine Vorbedingung auch für die Christianisierung. Ab 1570 bereiste Francisco de Toledo fünf Jahre lang sein Vizekönigreich und legte dabei etwa 8000 km zurück. Er vergab Landtitel an Indiogemeinden, legte die Basis für deren Selbstverwaltung, gründete Städte, ließ Kirchen und Hospitäler bauen und Listen der Tributpflichtigen erstellen. Dabei variierten die Abgaben je nach Wirtschaftskraft der betreffenden Region. Für jede Gemeinde wurde aufgrund eines groben Zensus eine Gesamtsumme festgesetzt, die

---

3 Alberto Sarmiento Donate (ed.): De las Leyes de Indias (Antología de la Recopilación de 1681). Mexiko D. F., 1988, S. 179.

4 Juan de Solórzano y Pereira: a.a.O., libro 2, cap. 6, 28.

der jeweilige Curaca einkassieren und dem Provinzgouverneur, dem Corregidor, übergeben musste. Alle fünf Jahre sollte die Liste der demographischen Situation angepasst werden, was in den seltensten Fällen geschah. War nun die Zahl der *tributarios* durch Wegzug oder Seuchen gesunken, musste der Curaca Wege finden, um das Defizit auszugleichen, etwa durch das Ausleihen von Arbeitskräften an Haziendas oder Webereien (*obrajes*), die Verpachtung oder den Verkauf von Gemeindeland. Natürlich bot sich durch das Führen doppelter Listen sowohl dem Curaca wie dem Corregidor eine verlockende Möglichkeit, Geld in die eigene Tasche abzuführen. Vor allem die Corregidores als listenführende königliche Beamte pflegten eine offizielle Tributliste zu führen, die weniger Namen enthielt als eine zweite, private, die auch nicht tributpflichtige, aber arbeitsfähige Personen wie Kinder oder Alte einschloss. Da der Corregidor, wie unter den Inkas üblich, die Familie als Wirtschaftseinheit auffasste, hatte diese alle Verdienstausfälle auszugleichen.

1572 erreichte Toledo die neu entstehende Stadt Potosí, vor dem Cerro Rico, dem Silberberg gelegen, dessen Silberadern der Legende nach von dem Indio Diego de Huallpa, der am Berg seine Lamas weidete, entdeckt worden waren. Trotz der lebensfeindlichen Bedingungen auf 4.800 Metern Höhe vergrößerte sich der Ort rasch und würde bald bis zu 100.000 Einwohner zählen, da zeitweise 80% der weltweiten Silberproduktion aus dem Innern des Berges stammte. Der Vizekönig hatte in erster Linie das Problem der Arbeitskräfte zu lösen. Hier besann er sich auf das System der Mita, das nun der indianischen Bevölkerung als Verpflichtung zur Zwangsarbeit zusätzlich zu den Tributzahlungen aufgebürdet wurde.

Toledo bestimmte, dass insgesamt 16 Provinzen aus Peru und Hochperu *mitayos* nach Potosí zu entsenden hätten. Ein Siebtel der männlichen Bevölkerung im Alter zwischen 18 und 50 Jahren sollte einmal in sieben Jahren zum Frondienst herangezogen werden können und zwar für die Dauer von drei bis vier Monaten in der Landwirtschaft und zehn Monaten im Bergwerk. Für die Reise nach Potosí, die bis zu 1000 km lang sein konnte, war ein Wegegeld auszuzahlen. Der Arbeitslohn in der Mine wurde auf 2 Pesos pro Woche festgesetzt, eine lukrative Regelung für die Minenbetreiber, die freien Arbeitskräften 7 Pesos hätten zahlen müssen. Nach einer Arbeitswoche von sechs Stunden täglich sollte eine Ruhepause von zwei Wochen erfolgen.

Für ungezählte Mitayos war die Reise nach Potosí ein Weg ohne Wiederkehr. In den schlecht belüfteten und kaum abgesicherten Stollen erkrankten die Arbeiter oder starben durch Unfälle. Nicht besser erging es denen, die in den 132 Erzmühlen vor den Toren der Stadt arbeiteten. Toledo hatte das Verfahren der Amalgamierung durch Quecksilber eingeführt. Mit nackten Füßen stapften die Unglücklichen bei eisiger Kälte in großen Bottichen herum, aufsteigende Dämpfe schädigten das Nervensystem und verursachten Lähmungen. Noch gefährlicher war die Arbeit dort, wo das Quecksilber herstammte, aus Huancavelica, südöstlich von Lima auf 3600 Metern gelegen. Auch hier kam die Initialzündung für eine umfangreiche Quecksilberproduktion, die bis Mexiko geliefert wurde, von Toledo, der von einer gewinnbringenden „Heirat“ zwischen den zwei Produktionsstätten schwärmte, die für die Indios bald zum Inbegriff der Hölle wurden.

Toledo vergab in beiden Minenorten Konzessionen an die in Gremien organisierten Minenbetreiber. Ein Fünftel der Silberproduktion, der *quinto*, war für die Krone bestimmt, die der Stadt in Dankbarkeit den Titel „Villa Imperial de Potosí“ verlieh. Ein Teil des Edelmetalls wurde vor Ort in dem ebenfalls auf Anregung Toledos errichteten Königlichen Münzhaus (*Casa Real de la Moneda*) zu Münzen geprägt. Das über dem Eingang prangende lachende Gesicht ist heute eines der beliebtesten Fotomotive der Stadt. Als im 18. Jahrhundert in ganz Peru die Erträge aus den Minenbetrieben zurückgingen, senkten die Bourbonen in der Absicht, die Förderung zu beleben, die Steuer von einem Fünftel auf ein Zehntel und zum Teil noch niedriger. Der königliche Anteil an der Edelmetallproduktion wurde in Barrenform auf den stark bewachten Silberschiffen in die Alte Welt gebracht und erregte das erhöhte Interesse der die Meere unsicher machenden englischen Piraten.

Francisco de Toledos Regentschaft war durch eine umfangreiche Gesetzgebung, aber auch durch Repression geprägt. Letztere richtete sich vor allem gegen die vier Nachfahren Atahualpas, die von ihrem Rückzugsort Vilcabamba einen letzten erbitterten Widerstand gegen die Eindringlinge führten und der 1572 kurz vor Toledos Besuch in Potosí endete.

Francisco Pizarro hatte Manco Cápac II., den Sohn von Huayna Cápac und Bruder Huáscars, als Marionette der Spanier zum Inka gekrönt, doch nach Misshandlungen durch die Pizarro-Brüder gelang ihm die Flucht. Mit tausenden Kriegern belagerte er Cuzco und tötete hunderte Spanier. Schließlich musste er sich zurückziehen und gründete das neue Inkareich von Vilcabamba. Nach seiner Ermordung ließ sich sein Sohn Sayri Túpac auf Friedensverhandlungen mit den Spaniern ein. Im Januar 1558 leistete er, nachdem er auf den Namen Diego getauft wurde, vor dem Bischof von Lima, Jerónimo de Loayza, den Treueid auf den spanischen König und wurde vom Vizekönig Andrés Hurtado de Mendoza zum Essen eingeladen. Dabei soll er einen Faden aus der Tischdecke gezogen und erklärt haben, er begnüge sich mit diesem Faden, aber früher habe ihm der ganze Teppich gehört. Für seine versöhnliche Haltung wurde er mit Landschenkungen belohnt.

Nach seinem frühen Tod folgte ihm sein Bruder Titu Cusi Yupanqui, der zwischen Koexistenz und Widerstand schwankte. Ab 1570 diktierte er in Vilcabamba einem Augustinermönch eine Chronik, in der er auf seinem Machtanspruch über Peru insistierte. Während dieser Arbeit starb er, der Pater wurde verdächtigt, den Inka vergiftet zu haben, woraufhin es erneut zu Gewaltausbrüchen kam. Kaum mehr als ein Jahr noch blieb seinem Halbbruder Túpac Amaru, bis auch er nach heftigen Kämpfen den Spaniern unterlag. Am 24. September 1572 ließ ihn Toledo auf der Plaza de Armas in Cuzco vor Tausenden von Indios enthaupten. Der Legende nach soll der letzte Inka noch angekündigt haben, er werde wiederkommen und das begangene Unrecht sühnen. Vergeblich hatten Kirchenvertreter gegen die Todesstrafe protestiert. Auch König Philipp II. soll Toledos Entscheidung missbilligt haben. Und obwohl sein Spitzenbeamter den jährlichen Ertrag für die Krone aus der Silberproduktion von 200.000 Pesos vor seiner Regentschaft auf 700.000 bis 800.000 an deren Ende gesteigert hatte, wurde der alte und kranke Mann bei seiner Rückkehr nach Spanien 1581 nicht gerade gnädig empfangen. Auf Betreiben des Indienrates wurde eine Untersuchung über Steuerhinterziehung und die Beschlagnahmung seines Vermögens angekündigt. Doch noch vor Vollzug dieser Maßnahme starb Toledo am 21. April 1582.

Durch seine zahlreichen Stadtgründungen und die räumliche Konzentration der Indiobevölkerung in Reduktionen hatte Toledo Peru demographisch zweigeteilt, in eine *República de indios* und eine *República de españoles*, die jeweils ihre eigene Selbstverwaltung hatten. Dass dennoch auf die Dauer keine strikte Apartheid-Politik auf der Basis der „Rassentrennung" durchsetzbar war, hat mit dem Auftauchen eines weiteren Bevölkerungselements zu tun: den aus Afrika verschleppten Sklaven.

Zwar florierte im 16. Jahrhundert der Sklavenhandel noch nicht so, dass größere Kontingente in Peru ausgeschifft wurden. Spanische Schiffe brachten aus dem Mutterland oder der Karibik Sklaven eher als „Beiladung" an die Küsten Perus und Chiles, auch wenn die Krone bereits in den ersten Jahren der Konquista mehr als 300 Lizenzen für deren Einfuhr ausstellte, von denen 258 auf Pizarro und sein Umfeld entfielen.[5] Ursprünglich für die Arbeit in den Minen vorgesehen, stellte sich bald heraus, dass die dem tropischen Westafrika Entrissenen aufgrund ihrer physischen Konstitution für Schwerstarbeit im andinen Hochland nicht zu gebrauchen waren. Verwendung für sie hatte man sehr wohl an der Küste, in den kleinen und mittleren Landwirtschaftsbetrieben um Lima herum und in der Stadt selbst, wo sich bald jede Familie, die nicht als arm gelten wollte, Sklaven hielt. Schon 1593 waren nach einer Schätzung des Erzbistums Lima von den 12.790 Einwoh-

5 José Ramón Jouve Martín: Esclavos de la ciudad letrada – Esclavitud, escritura y colonialismo en Lima (1650-1700). Lima 2005, S. 39.

ner etwa 6.700 Schwarze oder Mulatten. Wenige Jahrzehnte später wurde ein annähernder Gleichstand erreicht (12.00 Spanier gegen 11.000 Schwarze), so dass die etwa 2.000 Indios und Mestizen kaum ins Gewicht fielen, ein Umstand, der bei den Vertretern der Krone ungute Gefühle und nicht nur unterschwellige Ängste aufkommen ließ. Aber der Nachschub, meist über Buenos Aires, aber auch aus Brasilien, riss nicht ab. Nach dem Frieden von Utrecht (1713-14) durften auch englische Gesellschaften Sklaven in Peru an Land bringen.

Dabei lagen die Preise für einen kräftigen jungen Sklaven zwischen 400 und 600 Pesos recht hoch, eine Kutsche war bereits für 300 zu haben. Viele sannen daher auf Möglichkeiten, ihre Investition rentabel zu machen und schickten ihre Sklaven in die Stadt, wo sie ihre Dienste beim Ausladen von Schiffen, beim Warentransport oder auf dem Bau anboten. So erwarb eine Witwe, die ihre finanzielle Situation aufbessern wollte, eine Sklavin und schickte sie auf die Straße, um monatlich 6 Pesos zu verdienen, obwohl die Frau ein zwei Monate altes Kind hatte.[6] Ein Schuster verdächtigte seinen Sklaven, etwas gestohlen zu haben. Er legte ihn in Ketten und gab ihm mehrmals bis zu 150 Peitschenhiebe, bis der wundgeschlagene Mann am Ende den Diebstahl „zugab". Die Bäckerin Petronila Taboada hatte wenig Glück mit ihrem Sklaven Joaquín, der bereits mehrmals geflohen war, weshalb sie ihn die meiste Zeit angekettet arbeiten ließ. Schließlich konnte sie ihn an den Bäcker Juan de la Riva weiterverkaufen, doch auch dort setzte Joaquín seine Fluchtversuche fort.[7]

Wer fliehen konnte, versteckte sich entweder in der Stadt oder außerhalb, in den Schilfwäldern der Küste. Dort entstanden kleine Gemeinschaften von *cimarrones*, entflohenen Sklaven, die nachts zu Überfällen ausrückten oder als Räuberbanden die Verkehrswege unsicher machten. Laut Gesetz waren festgenommene Wegelagerer ohne großes Aufheben zu hängen, weshalb der Galgen auf der Plaza Mayor von Lima selten abgebaut wurde und immer wieder kostenlose Unterhaltung für größere Menschenansammlungen lieferte.

Größer war der Widerstand von Seiten der Sklaven in den ausgedehnten Haziendas der Küstenregion. Genaue Reglements, wie zum Beispiel das der Hazienda Santa Gertrudis de Motocachi, sollten die Kontrolle über das Heer der Arbeiter gewährleisten. So durften diese keinerlei waffentaugliche Gegenstände besitzen. Zum Essen war nur ein abgerundetes Messer erlaubt.

---

6 Alberto Flores Galindo: Aristocracia y plebe. Lima, 1760-1839. Lima 1984, S. 124.

7 Ibid., S. 129.

Wurde den Anweisungen der Kapos nicht Folge geleistet, drohten ein Monat Gefängnis und je fünfzig Peitschenhiebe an den ersten fünf Tagen.[8] Dennoch kam es immer wieder zu spontanen Aufständen und individuellen Racheakten der Geknechteten an ihren Herren und Aufsehern. Relativ geordnet dagegen verlief das Leben in den landwirtschaftlichen Gütern der Jesuiten. Um den Bestand an Arbeitskräften zu erhöhen, verheirateten die Jesuiten ihre Sklaven sehr früh, doch stagnierte die Zahl durch Krankheiten und vor allem eine hohe Kindersterblichkeit. Über zahlreiche Sklaven verfügten die Zuckerrohrplantagen des Ordens, so besaß die Hazienda Santa Beatriz 1767 etwa hundert Sklaven, die Hazienda San Juan zum selben Zeitpunkt sogar 192.[9]

1767 wurde der Jesuitenorden verboten, das Land mit allem toten und lebenden Inventar ging in eine Treuhandgesellschaft, die Temporalidades, über. Den Sklaven, die der bescheidenen Fürsorge der Jesuiten entzogen waren, ging es nun rapide schlechter. Die neuen Herren erhöhten den Arbeitsdruck. Wer die geforderte Leistung nicht mehr erbrachte, weil die jahrzehntelange Arbeit auf den Feldern ihre Spuren hinterlassen hatte, wurde mit gehörigem Preisabschlag verkauft, Familien wurden auseinandergerissen, die „Ware“ in das ganze südliche Südamerika verschifft. So erhielt der Agent (oder Kaufmann) Antonio Loayza am 25. April 1769 von Temporalidades 32 „Stück“ Sklaven (8 Männer, 14 Frauen und 10 Kinder), die er nach Pisco verschiffte, wo man wohl Verwendung für die billig Eingekauften hatte.[10]

Der Anteil der als solche identifizierbaren Afroperuaner an der Gesamtbevölkerung des Vizekönigreichs war Mitte des 18. Jahrhunderts durch die zunehmende Vermischung der „Rassen“ gesunken. Immer wieder konnten Sklaven sich freikaufen, wenn sie vor allem in der Stadt durch wirtschaftliche Betätigung ihren Kaufpreis aufbringen konnten. Manche wurden auch durch ihre Herren in die Freiheit entlassen oder mit Hilfe von Bruderschaften freigekauft. Ehemalige Sklaven oder Mulatten waren in zahlreichen Handwerksberufen anzutreffen, schlossen sich in Zünften zusammen und erstritten sich zunehmend mehr Rechte.

---

8 Wilfredo Kapsoli Escudero: Sublevaciones de esclavos en el Perú s. XIVVV. Lima 1975, S. 106 und 110.

9 Maribel Arrelucea Barrantes: Sobreviviendo a la esclavitud: Negociación y honor en las prácticas cotidianas de los africanos y afrodescendientes. Lima, 1750-1820. Lima 2018, S. 8.

10 Jean-Pierre Tardieu: La gestión por las Temporalidades de los esclavos de las antiguas haciendas jesuíticas (Perú 1768-1815). Algunos aspectos socio-económicos. In: Revista de Indias 2019, vol. LXXIX, num. 277, S. 803-804.

Die peruanische Gesellschaft des 18. Jahrhunderts ist das Ergebnis eines durch Mestizierung gekennzeichneten demographischen Prozesses, der entgegen offizieller Wunschvorstellungen seit dem ersten Moment des „clash of cultures“ eine eigene Dynamik entwickelte. Wenn zu Beginn der Konquista Verbindungen zwischen dem Inka-Adel und den Eroberern wohlwollend betrachtet wurden, stellte die zunehmende Mischlingsbevölkerung bald ein Problem dar, weil man einen zunehmenden Kontrollverlust befürchtete. Ausgehend von dem Konzept der „Reinheit des Blutes“ (*pureza de sangre*), wie es in Spanien nach der Vertreibung der Juden und Moriscos praktiziert wurde, hätte man es von offizieller Seite vorgezogen, wenn die beiden Bevölkerungsgruppen sich nicht miteinander eingelassen hätten, aber die Wirklichkeit zeigte ein anderes Bild, so dass man überlegen musste, welche Privilegien auch den Mestizen und Mestizinnen zugestanden werden sollten. Aus Achtung vor dem 50%igen Anteil spanischen Blutes und der anerkanntermaßen hochstehenden Kultur der Eroberten empfahl sich die Gleichbehandlung des mestizischen Bevölkerunganteils, also Befreiung von Tribut und Zwangsarbeit. Aber konnte dies auch für Abkömmlinge aus der Verbindung von Indios und Schwarzen (*mulatos*) oder, schlimmer noch, Mulatten und Indios (*zambos*) gelten, zumal diese meist unehelichen Status hatten? Für den Kronjuristen Juan de Solórzano y Pereira führte die Vermischung mit einer „servilen und unreinen Rasse“ zur Degeneration des „weißen“ Blutes, und dies wusste er auch etymologisch zu begründen, denn woher kommt der Begriff *mulato*? „Man hält diese Mischung für ungemein hässlich, denn mit diesem Namen soll auf die Ähnlichkeit mit der Natur des Maultiers [*mulo*] hingewiesen werden.“[11]

Die zunehmende Vermischung der drei Bevölkerungsgruppen (Weiße, Indios, Schwarze) stellte die Rassentheoretiker vor immer größere Definitionsprobleme. Die *castas*, „gemischtrassische“ Verbindungen, wurden nach ihrem Anteil an „weißem“ Blut beurteilt. So sind *cuarterones* (Abkömmlinge von Europäern/Europäerinnen und Mestizen/Mestizinnen) genetisch noch zu drei Vierteln europäisch, doch dann wird es kompliziert. Bei den Castas (auch *pardos* = Dunkelhäutige) lassen sich theoretisch bis zu neun Kategorien unterscheiden, die man Mitte des 18. Jahrhunderts in Mexiko und Peru gerne in Castas-Gemälden darstellte und zum Erstaunen der Daheimgebliebenen ins Mutterland exportierte. Darauf wird meist ein Ehepaar mit Kind abgebildet, eine Legende erklärt die Eigenschaften der Mischung. Demnach bezeichnet man zum Beispiel den Sprössling eines *zambo* und einer *mulata*

---

11 Juan de Solórzano y Pereira: a.a.O., libro 2, cap. 30, S. 246.

als *zambahijo*. Sollte sich dieser wieder mit einer *mulata* verbinden, spricht man von *tente en el aire* („Schweb in der Luft", aufgrund der diffusen ethnischen Kontur). Die nächste Stufe, *salta atrás* („Spring zurück"), hat sich schon so weit vom Herrenmenschen entfernt, dass hier, wie schon in den Gruppen oberhalb, Tributpflicht herrscht.

Die Illusion von der Rückkehr zum Tahuantinsuyo, in Vilcabamba geboren, schien mit der Hinrichtung Túpac Amarus im Jahr 1572 ausgeträumt zu sein. Doch die Erinnerung an das Inkareich war dem kollektiven Gedächtnis eingegraben und die andine Kosmovision bestimmte nach wie vor das Denken breitester Volksschichten, trotz der fortschreitenden Akkulturation der indianischen Aristokratie an die Welt der Eroberer. 1553 schrieb Pedro Cieza de León in seiner Chronik: „Ich erinnere mich, alte Indios gesehen zu haben, die, wenn sie sich Cuzco näherten und die Stadt sahen, einen großen Schmerzensschrei ausstießen, der in Tränen überging ob all der Trauer über das Gegenwärtige, und sie dachten an die Vergangenheit, in der sie in dieser Stadt einheimische Herrscher hatten, die sie auf andere Weise als die Spanier in Freundschaft an sich zu binden wussten."[12]

Und noch während die letzten Inkas von Vilcabamba aus einen aussichtslosen Krieg gegen die immer zahlreicheren Eindringlinge führten, entstand ab 1560 in den zentralen Anden die Taki-Onqoy-Bewegung („Krankheit des Tanzes"), die von Huamanga in den zentralen Anden ausging und sich bis Lima, Cuzco, Arequipa und La Paz verbreitete. In rituellen Tänzen kehrte man zur Verehrung der *huacas*, der vorspanischen Naturgottheiten, zurück. Da es nicht möglich war, sich in größeren Gruppen an den heiligsten Huacas, etwa Pachacamac an der Küste oder dem Titicacasee zu versammeln, ohne das Eingreifen der Spanier zu provozieren, kamen die Huacas zu den Menschen, nahmen Besitz von ihren Körpern, ließen sie erzittern, zu Boden stürzen oder in wilde Tänze verfallen. Die Bewegung, in der vor allem die Frauen aktiv waren, fungierte als Ventil für den Leidensdruck unter den Besatzern und der tiefen Niedergeschlagenheit nach dem Zusammenbruch einer Welt. Ihre politische Dimension erhielt das Phänomen durch den Glauben, die Huacas würden zurückkehren, den christlichen Eroberergott verdrängen und das alte Gleichgewicht wiederherstellen.

1560 ist auch das Erscheinungsjahr der ersten Grammatik des Quechua (*Grammatica o arte de la lengua general de los Indios de los Reynos del Peru*). Ihr Autor, der Dominikaterpater Domingo de Santo Tomás, war 1540 nach Peru gekommen und begann in der Küstenregion zu missionieren.

---

12 Pedro Cieza de León: Crónica del Perú – El señorío de los incas. Caracas 2005, S. 327.

Schnell begriff er, dass die Herzen der Einheimischen nur über die genaue Kenntnis ihrer Sprache erobert werden konnten. Sein ebenfalls 1560 erschienenes Wörterbuch (*Vocabulario de la lengua general de los Indios del Perú, llamada Quichua*) gab den missionierenden Amtsbrüdern Lösungsvorschläge für die Übersetzung der christlichen Terminologie an die Hand; so schlug er für „Seele“ gleich zwei, der Vorstellungswelt der Indios nahekommende Begriffe vor. Und noch im selben Jahr legte der Pater in seinem didaktischen Bemühen nach, die Indios zum wahren Glauben zu bekehren, mit einem auf Quechua verfassten Kurzkatechismus (*Platica para todos los Indios*), der mit den Sätzen beginnt:

> „Wawqiykuna, churiykuna, llapaykichikta churiyŝinakta kuyaykichik. Chaypaq Dios ruraqinchikpa kamachikuŝqanta willaŝqaykichik paypa churin paymanta kuyaŝqam kanqaykichikpaq. Chayrayku alli uyariwaychik kay ñiŝqayta:ñuqanchik llapa runakuna mana caballokunaŝina, mana llamaŝinachu, mana pumaŝinachu, mana ima [h]ayka kawsaqkunaŝinachu kanchik. Pay caballokuna, pumakuna, ima [h]ayka kawsaqkuna wañuptin aycha ŝunqunwan, ŝinantin tukuy wañu[n].Ñuqanchik llapa runakuna mana[t]aqmi kayŝina kanchikchu.“[13]
>
> „Meine Brüder, meine Kinder, ich liebe euch wie meine eigenen Kinder. Deshalb werde ich euch die Gebote Gottes, des Schöpfers unserer Tage, erklären, damit ihr, seine Kinder, von ihm geliebt werdet. Hört also, was ich euch zu sagen habe. Wir, die Gemeinschaft der menschlichen Wesen, sind nicht wie die Pferde, die Lamas oder irgendein anderes Tier, denn wenn jene – die Pferde, die Pumas oder die anderen Tiere – sterben, stirbt ihr Fleisch und ihre Seele ebenso. Wir Menschenwesen sind nicht so.“

Das ernsthafte Bemühen, auf eine andere Kultur zuzugehen und trotz einer paternalistischen Grundhaltung Überzeugungsarbeit zu leisten, ist aus diesem Text erkennbar. Der Autor fühlte sich seinen Schutzbefohlenen verpflichtet; auf der politischen Ebene trat er für das Ende der Encomienda ein und beriet die indianischen Dorfgemeinschaften bei der Verteidigung ihrer Rechte. In seiner Platica erwähnt er die Erbsünde der Indios – die Verehrung der Huacas – nur beiläufig.

---

13 Gerald Taylor: La platica de fray Domingo de Santo Tomás (1560). In: Bulletin de l'Institut Français d'Études Andines, Band 30, 2001, S. 440. Die deutsche Version ist eine Übersetzung aus dem Französischen.

Als Domingo de Santo Tomás 1570 starb, bekamen seine kircheninternen Gegner die Oberhand. Der Kampf gegen die unterschiedlichen Aspekte der „Götzendienerei“, insbesondere die Taki-Onqoy-Bewegung, nahm, befreit vom pro-indigenen Humanismus, Fahrt auf. Hier tat sich vor allem der Kleriker Cristóbal de Albornoz hervor, der ab 1570 als kirchlicher Inspizient durch die Lande reiste, immer begleitet von *lenguas* (Zungen = Dolmetschern), da der erst kürzlich über Santo Domingo und Kolumbien eingereiste Gottesmann noch kein Quechua sprach. Doch er wusste bereits, dass man „Macht und Autorität“ benötigte, um den Ureinwohnern ihre Geheimnisse zu entreißen. Seine Erfahrungen im Kulturkampf fasste er in einem „Handbuch zur Entdeckung aller Huacas von Pirú“ zusammen. Am besten eignen sich demnach für diese Aufgabe …

> „… diskrete Kleriker ohne Habgier, welche die Helfer und Entdecker mit Prämien belohnen und die Verheimlicher bestrafen, jeden gemäß seiner Schuld oder seinem Verdienst, indem sie den einen Ämter oder wirtschaftliche Verbesserungen gewähren oder ein Kazikenamt übertragen, und es anderen mit Fug und Recht entziehen und es denen geben, die helfen und die Fähigkeit dazu mitbringen. Und aus meiner Erfahrung heraus ist es so, dass man in der ersten Provinz, wo man tätig wird, mit mehr Strenge als Liebe vorgehen muss, und die andern folgen dann schon.“[14]

Ein netter Nebeneffekt beim Aufstöbern der Huacas war, dass man erhebliche Sachwerte, etwa Kultgegenstände aus Edelmetall, finden konnte, was auch Nachforschungen über entsprechende Lagerstätten von Gold und Silber nach sich zog. Persönlich sicherte sich der geistliche Herr geeignete Ländereien für eine lukrative Landwirtschaft und war zeitweise Domherr der Kathedrale von Cuzco.

Nach der Zerschlagung der Taki-Onqoy-Bewegung um 1570 wurde zu Beginn des 17. Jahrhunderts die Ausmerzung des Götzenkultes (*extirpación de idolatría*) planmäßiger betrieben. Noch zu viele Indios pflegten die alten Kulte, hatten synkretistische Formen der Religionsausübung entwickelt und vertrauten eher ihren Schamanen als den Priestern, und diese nahmen ihre seelsorgerische Arbeit oft nicht sehr ernst, so dass die Kenntnis der katholischen Glaubenslehre, der *doctrina*, unter den Indios nicht sehr verbreitet war.

---

14 Cristóbal de Albornoz: Instrucción para descubrir todas las guacas del Pirú y sus camayos y haziendas [ca 1581-1585]. In: Henrique Urbano y Pierre Duviols (ed.): Relación de las fábulas y ritos de los Incas, Madrid, 1989, S. 198.

Um hier Abhilfe zu schaffen, verfuhr man zweigleisig: Indoktrinierung und Repression, beispielhaft verortet in dem von Indios bewohnten Stadtviertel El Cercado von Lima, wo neben dem neu gegründeten Colegio del Príncipe für die Zöglinge des Inka-Adels auch das Gefängnis für Hexer und Schamanen (*Cárcel de hechiceros*) existierte. Bei dem Versuch, das kulturelle Gedächtnis der einheimischen Bevölkerung zu vernichten, wurde auch das äußere Erscheinungsbild nicht vernachlässigt; so verbot man das Durchbohren der Ohrläppchen und das Tragen von Ohrpflöcken, ein Privileg des Adels schon aus vorinkaischer Zeit, das den Inkas den Spottnamen Großohren (*orejones*) einbrachte. Für die einfachen Indios galt das Verbot, Haare bis auf die Schultern zu tragen.

Unter der Anleitung von Jesuiten wie Francisco de Ávila und Pablo José de Arriaga wurden speziell ausgebildete Teams in die Dörfer entsandt, die zunächst einmal die Pfarrer kontrollieren sollten. Hatten sie gut gepredigt, Katechismusstunden durchgeführt, konnten sie schriftliche Versionen ihrer Predigten vorzeigen? Es wurde verlangt, dass sie Namenslisten über ihre Schäfchen führten, ein C bedeutete: hat gebeichtet (*confesado*), ein weiteres C: ist zur Kommunion gegangen (*comulgado*). Wichtig auch die Kontrolle der Küster, die manchmal den halben Messwein austranken und mit Wasser wieder auffüllten. In den Dörfern waren die Heiler und Schamanen (*curanderos*) zu identifizieren. Wenn sie nur ihr Kräuterwissen anwendeten, war dagegen nichts einzuwenden. Doch häufig praktizierten sie auch die verbotenen Kulte aus vorspanischer Zeit. Wo gab es Huacas oder *mallkis* (Mumien)? Die Curacas sollten kooperieren und diesbezügliche Angaben machen, ansonsten waren Sanktionen denkbar, wie sie Arriaga fordert:

> „… so sollen sie aus ihren Ämtern entfernt und ausgepeitscht und geschoren und in das Santa Cruz-Haus [das Gefängnis für Schamanen] gebracht werden; und wenn sie Mittäter sind, sollen sie aus dem Kazikenamt entfernt, zur Mita gezwungen, ausgepeitscht und geschoren werden. (…) Und diese Bestimmungen soll man ihnen vorlesen und vor jeder Visite erklären, und wenn man alles in ihnen Enthaltene umsetzt, sollte dies genügen, um aus dem ganzen Reich jegliche Form von Götzendienerei zu verbannen."[15]

Jemand, der den Prozess der Zerstörung der andinen Kultur und der gewaltsamen Einführung einer anderen politischen, wirtschaftlichen, sozialen und

---

15 Pablo José de Arriaga: Extirpación de la idolatría del Piru. In: Francisco Esteve Barba: (ed.): Crónicas peruanas de interés indígena. Madrid 1968, S. 239.

kulturellen Ordnung beobachtete und dokumentierte, war Felipe Huaman Poma de Ayala, der um 1534 das Licht der Welt erblickte. Seine beiden Nachnamen Huaman (Falke) und Poma (Puma) verweisen auf die totemischen Tiere der Gegend von Huánuco, aus der seine Familie stammte. Sein Vorname Felipe ist spanisch und der Namenszusatz Ayala dürfte seinem Vater als Anerkennung für treue Dienste auf Seiten der spanischen Eroberer verliehen worden sein. Er selbst führte seine Herkunft mütterlicherseits auf den Inka-Hochadel zurück, für spanische Richter, die sich mit seinen Forderungen nach Gebietsrückgaben auseinandersetzen mussten, war er nur ein einfacher Indio.

Zeitweilig begleitete er Cristóbal de Albornoz bei dessen Kampagne gegen die Götzendienerei, dann wiederum stand er im Dienst von Martín de Murúa, einem Mercedariermönch, der eine „Allgemeine Geschichte von Peru" in drei Bänden veröffentlichte, zu der Poma de Ayala einige Zeichnungen beisteuerte. Das Werk gelangte nach Spanien, erhielt die Druckerlaubnis, verschwand aber bald in verschiedenen Bibliotheken. Poma de Ayala verstand sich mit dem Mercedariermönch immer weniger gut, stellte seine Tätigkeit für ihn ein und widmete seinem Arbeitgeber eine Seite in seiner eigenen ab 1590 entstandenen Chronik, in der er den Mönch zeigt, wie er hinter einer alten, am Webstuhl sitzenden Indiofrau steht und sie mit dem Knüppel zur Arbeit antreibt. Offenbar war der Gottesmann auch Besitzer eines Obraje, einer Manufaktur, in der grobe Stoffe hergestellt wurden.

Poma de Ayala zog nun durch ganz Peru, oft begleitet von seinem Sohn, unterhielt sich mit den Alten, um seine Kenntnisse über das untergegangene Inkareich zu vervollständigen. Zugleich beschrieb und illustrierte er den Zustand Perus unter der spanischen Verwaltung. Das Ergebnis ist ein monumentales Werk, bestehend, je nach Zählweise, aus bis zu 1200 Seiten, von denen 399 ganzseitige Zeichnungen enthalten: *El Primer Nueva Corónica y Buen Gobierno*. Der Titel weist bereits auf die Zweiteilung hin. Der erste Teil ist eine chronologische Darstellung der andinen Kultur von der Sintflut bis zur vizeköniglichen Zeit, die den Anspruch erhebt, „neu" (*nueva*) zu sein, weil sie aus einer gänzlich anderen Perspektive als die bereits existenten oder noch im Entstehen begriffenen Annalen konzipiert ist, nämlich aus der „Sicht der Besiegten", wie sie der französische Anthropologe Nathan Wachtel beschrieben hat.[16]

Der zweite Teil beschreibt die koloniale Gesellschaft und kritisiert, gewürzt mit oft drastischen Illustrationen, die unhaltbaren Zustände im Vize-

---

16 Nathan Wachtel: La vision des vaincus. Les indiens du Pérou devant la conquête espagnole (1530-1570). Paris 1971.

königreich, das eine bessere und gerechtere Verwaltung verdient hätte, deshalb ein Appell für eine „gute Regierung“ (*Buen Gobierno*) im Geiste des Evangeliums.

Pater Murúa in seinem Obraje (aus der Chronik Poma de Ayalas)

Etwa um 1612 scheint der Autor sein Werk abgeschlossen zu haben und beschloss, in Begleitung seines Sohns nach Lima zu reisen, um es dem Vizekönig auszuhändigen, der es an Philipp III. weiterleiten sollte, für den gebrechlichen und eher mittellosen Achtzigjährigen ein aufopferungsvoller Gang. Über sich selbst klagte er in der dritten Person: „Er war sehr müde und sehr alt und hatte kein Maiskorn noch irgendetwas nach so vielen Jahren, die der Autor durch die Welt gezogen war im Dienste Gottes und Seiner Majestät und der Herren Vizekönige, der Herzöge und Grafen, der Marquis und Ratsherren …“[17]

Von berührender Tragik ist ein Kapitel, eingeleitet durch eine Darstellung des mit erhobenem Zeigefinger vor Philipp III. knienden Autors, in dem Poma de Ayala auf Fragen des spanischen Monarchen antwortet. In diesem längeren fiktiven Gespräch huldigt der Chronist dem Monarchen, dessen Autorität er als Weltenherrscher (*monarca del mundo*) anerkennt, doch eher in einer Rolle als Koordinator von vier autonom regierten Reichen: 1) Peru, als dessen Herrscher er seinen Sohn vorschlägt, 2) Guinea, stellvertretend für Afrika, 3) das Christenreich mit Hauptsitz Rom und 4) das Reich des Großtürken für den asiatischen Raum. Poma de Ayala übernahm hier eine Position, die Fray Bartolomé de las Casas dem Vorgänger von Pomas Adressaten, Philipp II., in seiner Schrift „Von den zwölf Bedenken“ (*Tratado de las doce dudas*) unterbreitet hatte. So wie die Mauren und Juden in Spanien unter der Herrschaft der spanischen Krone lebten, so müssten sich entsprechend die Spanier in Peru den autochthonen Regenten unterordnen. Poma erwähnte Las Casas zwar nicht, doch da seine Schrift unter den Dominikanern Perus zirkulierte, dürfte sie auch Poma de Ayala zur Kenntnis gekommen sein.

Dessen monumentales Werk mag Lima erreicht haben, ob es jedoch zu einer persönlichen Übergabe an den Vizekönig kam, ist höchst zweifelhaft. Wahrscheinlich ist sogar, dass die Schrift, die nie gedruckt wurde, nach Madrid gelangte, doch dann verlor sich ihre Spur im Dunkel der Archive, bis sie 1908 von dem deutschen Historiker Richard Pietschmann in der Königlichen Bibliothek Kopenhagen entdeckt wurde. Das Werk ist heute in einer Online-Version verfügbar, womit dem Wunsch des Autors am Ende seines Werks Genüge getan wird: „Und so steht diese Chronik der ganzen Welt und Christenheit zur Verfügung, sogar den Ungläubigen, um Kenntnis von Gerechtigkeit, guter Politik und dem Weltengesetz zu erlangen.”[18]

---

17 El sitio de Guaman Poma/The Guaman Poma Website. A Digital Research Center of the Royal Library, Copenhagen, Denmark 2001, Online-Edition, S. 1097 (1107).

18 Ibid., S. 1168 (1178).

Mehr als 160 Jahre nach Poma de Ayalas Versuch, in der Hauptstadt des Vizekönigreiches persönlich vorzusprechen, um Verbesserungen für die indianische Bevölkerungmehrheit zu erreichen, wird der Kazike José Gabriel Condorcanqui alias Túpac Amaru II. in ähnlicher Mission ebenfalls nach Lima reisen und genauso wenig Gehör finden. Aus der Erkenntnis, dass die koloniale Ordnung nicht reformierbar ist, wird er den Schluss ziehen, das System könne nur mit Gewalt gestürzt werden. Aus der Umsetzung in die Tat wird die größte Bedrohung für die spanische Herrschaft im Laufe der Kolonialzeit erwachsen. Doch auch lange vorher gab es immer wieder kurz aufflackernde Revolten, aber auch massivere bewaffnete Aufstände.

Zu nennen wäre hier der Fall des Abenteurers Pedro Chamijo alias Pedro Bohórquez aus Andalusien, der mal behauptete, ein spanischer Adliger zu sein, mal von den Inkas abzustammen. Mit dieser Identität gelang es ihm als „Inca Hualpa" die Calchaquíes aus dem Nordwesten Argentiniens, die schon mehrmals gegen die Spanier aufbegehrt hatten, militärisch zu organisieren und sich zwei Jahre lang gegen seine Landsleute zu verteidigen, bis sein aus 200 Indios bestehendes Heer besiegt wurde. Am 13. Januar 1667 starb der Rebell in Lima durch die Garotte, die Calchaquíes wurden in andere Gegenden deportiert und als Ethnie ausgelöscht.

Eine wesentlich besser vorbereitete und programmatisch unterfütterte Konspiration gegen die Kolonialmacht ging 1739 von der Bergwerksstadt Oruro im heutigen Bolivien aus, die auch ein bedeutendes Handelszentrum war. Hier gelang es Juan Vélez de Córdova, Sohn eines spanischen Hauptmanns, Criollos, Mestizen und Indios für seine Umsturzpläne zu gewinnen, die eine klare separatistische Zielrichtung hatten. Grundlage der Bewegung war ein „Manifest der Diskriminierungen" (*Manifiesto de agravios*), das nach einer Analyse der kolonialen Unterdrückungssituation das Modell eines Peru ohne Spanier entwarf, von Cuzco aus regiert von einem Nachfahren der Inkas: „Da sich gegenwärtig unter uns jemand in fünfter Generation vom königlichen Blut unserer Inkas abstammend befindet und die Absicht hat, diese Monarchie wiederherzustellen, werden alle Criollos und die Kaziken und alle Ureinwohner gebeten, ihm die Hand für diese heroische Aktion der Restauration und der Befreiung des Vaterlandes zu reichen und von der Tyrannei der Spanier zu säubern, die uns auszehren, so dass jeder Tag uns unserem Ruin näher bringt."[19]

Vélez de Córdova bereitete den Aufstand jahrelang vor und knüpfte Verbindungen nach Cuzco, Cochabamba und an die Küste. Am 8. Juli 1739 soll-

---

19 Boleslao Lewin: Túpac Amaru en la independencia de América. Buenos Aires 1979, S. 69.

ten die Corregidores der umgebenden Provinzen liquidiert und die Audiencia in La Plata, dem heutigen Sucre, zerstört werden. Wenige Tage vor dem Beginn des Aufstands flog die Konspiration durch Verrat auf. Juan Vélez de Córdova und fünf seiner Mitstreiter wurden mit der Garrotte hingerichtet. Vielen gilt das „Manifest der Diskriminierungen" als das erste politische Manifest Hispanoamerikas.

Bezeichnenderweise ging der nachhaltigste Widerstand gegen die von den Eroberern oktroyierte Kultur von jenen Gebieten aus, die sich schon erfolgreich der Expansion des Inkareichs widersetzt hatten. Am Ostabhang der Anden kam es in den von den Asháninka, Amuesha und Campa bewohnten Waldzonen mehrfach zu Angriffen auf die von den Franziskanern gegründeten Missionen. 1737 griff der Curaca Francisco Torote deren Hauptsitz Sonomoro an und tötete drei Patres, zwei Laienbrüder und fünfzehn weitere Personen. Manuel Bajo, einer der Patres, konnte noch fragen: „Francisco, warum tötet ihr uns?" und erhielt als Antwort: „Weil du und die Deinen uns jeden Tag mit euren Predigten und Lehren tötet und uns unsere Freiheit nehmt."[20]

Als sich nach sieben Monaten eine Strafexpedition der Gegend näherte, verzog sich Torote in die Wälder. Jahre später tauchte er in den Scharen eines anderen Rebellen auf: Juan Santos Atahualpa, der die Spanier über viele Jahre hinweg in Atem halten sollte.

Juan Santos war ein Mestize aus Cajamarca oder Cuzco, der bei den Jesuiten gelernt hatte. Er begleitete Mitglieder des Ordens nach Spanien und vielleicht auch nach Afrika. Zurück in Peru hielt er sich im Gebiet der Campa auf, lernte deren Sprache und die anderer Ethnien am Ostabhang der Anden (Quechua und Latein hatte er ebenfalls erlernt), behauptete, ein direkter Nachfahre des von Pizarro ermordeten Inka zu sein, und nannte sich Atahualpa Apu Inca.

Ab 1742 gelang es ihm, verschiedene Ethnien zu gemeinsamen Angriffen auf spanische Niederlassungen anzuführen in der Hoffnung, dass die Rebellion auf das Hochland übergreifen würde. Gegenangriffe endeten für die Spanier aufgrund des schwierigen Terrains wenig erfolgreich bis desaströs. Zwar wurde das Gebiet für den Anbau von Zuckerrohr wirtschaftlich immer interessanter, doch der Vizekönig José Antonio de Mendoza Caamaño y Sotomayor hielt eine weitere Offensive gegen die schwer zu fassenden Indios für kaum finanzierbar und schrieb nach Madrid:

---

20 José Amich: Compendio histórico de los Trabajos, Fatigas, Sudores y Muertes que los Ministros Evangélicos de la Seráfica Religion han padecido por la conversion de las almas de los Gentiles en las montañas de los Andes, pertenecientes á las provincias del Peru. Librería de Rosa y Bouret, Paris 1854 S. 163.

„… dort hausen die Indios eher wie Tiere als wie rationale Wesen; dort leben sie vom Fischfang und von der Jagd, siedeln nicht in Gemeinschaft, sondern leben verstreut in engen Hütten, die sie sich aus den vorgefundenen Bäumen bauen … und in diesem Bewusstsein haben sie sich in den vergangenen Jahrhunderten dem Reich der Inkas nie unterworfen und diese haben auch nicht versucht, ihren Machtbereich dorthin auszuweiten … Man war sich klar, dass auch die stürmischsten Truppen, die sich dort hineinbegeben würden, in unfruchtbarem Bemühen ohne Glanz und Glorie untergehen würden, zumal auch keine Edelmetalle reizten, denn Minen gibt es dort keine.“[21]

Auch Kontaktversuche mit dem Führer der Aufständischen scheiterten regelmäßig. Nur einmal gelang es einem Missionar, den selbsternannten Inka zu treffen. Der bekräftigte, er wolle nach Lima gehen, um sich krönen zu lassen, habe aber nicht die Absicht, andere Reiche zu erobern oder gar nach Spanien zu ziehen. Aber der Vizekönig solle schon einmal die Machtübergabe vorbereiten, sonst werde er ihm den Hals langziehen, wie man es mit Küken tue. Zu diesem Zeitpunkt hatte sich der Rebell von einem noch christlich geprägten Messianismus zu einem indigenen Millenarismus unter völliger Ablehnung der „westlichen“ Kultur entwickelt.

In Spanien war man mit dem halbherzigen Taktieren des Vizekönigs nicht einverstanden, zumal Juan Santos erklärt hatte, er stehe mit den Engländern im Bunde, was sicher übertrieben war, in Madrid aber sehr ernst genommen wurde, denn zum damaligen Zeitpunkt befand sich eine kleine britische Flotte unter Admiral George Anson im Pazifik und brannte die Stadt Paita im nördlichen Peru nieder. Also kam man dem Rücktrittsgesuch des Vizekönigs gerne nach und ernannte als dessen Nachfolger José Antonio Manso de Velasco, der sich in seiner siebenjährigen Amtszeit als Gouverneur von Chile Meriten im Umgang mit den ebenfalls sehr kämpferischen Mapuche erworben hatte. In Peru eingetroffen, versprach der Neue großspurig, das Problem in kürzester Zeit aus der Welt zu schaffen: „Das einzige Mittel, das ich sehe, um sie einem sozialen Leben zuzuführen, ist der mächtige Arm Eurer Majestät, das Donnern der Kanonen und der Respekt vor dem Gewehr, das sie so sehr fürchten.“[22]

---

21 Carta del Virrey, Marqués de Villa García, a Ensenada (Lima, 16 de agosto de 1744). A. G. I., Lima, 983.

22 Diego Arana Barros: Historia Jeneral de Chile, tomo VI. Santiago de Chile 1886, S. 93.

Einlösen konnte Manso de Velasco sein Versprechen indes nicht. Juan Santos, der mit seinen wechselnden Koalitionen und entsprechend der klimatischen Bedingungen unregelmäßige Angriffe durchführte, schien Grundsätze des modernen Guerillakriegs anzuwenden. Sobald er sich massiven Truppenkontingenten gegenüber sah, zog er sich zurück und war nicht zu fassen. Schließlich begnügte sich der Vizekönig mit dem Bau von zwei Forts am Rand des Nebelwalds und dem Aussetzen einer Kopfprämie. Juan Santos, der kein in eine Dorfgemeinschaft integrierter Indio, sondern ein zugereister Mestize war, hatte erreicht, dass der Traum von der Wiederkehr des Inkareichs in der Mitte des 18. Jahrhunderts neue Nahrung erhielt. Sein geschicktes Taktieren brachte ihm den Ruf der Unbesiegbarkeit ein. Die Spur dieser außergewöhnlichen Erscheinung verlor sich im Dunkel der Geschichte.

Die, welche seinen Widerstand vergeblich zu brechen versuchten, sahen sich bald einem sehr viel stärkeren Feind gegenüber: Das stolze Lima, die „Stadt der Könige", wurde durch das bisher stärkste Erdbeben seiner Geschichte zerstört. Zwar hatte schon 1687 ein verheerendes Beben große Schäden verursacht, doch weil damals der erste Stoß noch verhältnismäßig schwach war, konnten sich viele Menschen ins Freie retten. Am 28. Oktober 1746 jedoch schob sich gegen 22.30 Uhr die Nazca-Platte unter die Südamerikanische Platte. Drei bis vier Minuten bebte die Erde mit einer Stärke von 8.6 auf der Richterskala, spürbar von Ekuador bis in den Norden Chiles. Viele Menschen schliefen schon und wurden unter ihren Häusern begraben. Die Türme der Kathedrale stürzten in das Kirchenschiff. Von den 3000 Häusern blieben nur wenig mehr als 20 intakt. Die Zahl der Todesopfer belief sich auf mindestens 1.300 bei einer Bevölkerungszahl von 65.000.

Noch härter traf es den Hafen von Callao. Ein durch das Erdbeben verursachter Tsunami spülte den Ort regelrecht hinweg. Eine 20 Meter hohe Flutwelle zerstörte fast alle im Hafen liegenden Schiffe und katapultierte einige kilometerweit ins Landesinnere. Von den 5.000 Einwohnern Callaos kamen nur 200 mit dem Leben davon. Die Todesrate für Lima und Callao lag mit 8% höher als in Lissabon (5,5%), das neun Jahre später ebenfalls durch ein Beben mit nachfolgendem Tsunami zerstört wurde. Und war es dort der Marquis von Pombal, der statt des schwachen Königs José I. die Aufräumarbeiten und den Wiederaufbau beherzt anging, zeichnete sich in Peru Vizekönig Manso de Velasco durch tatkräftiges Anpacken und zukunftsbezogene Planungen aus.

Gerade war er lebend dem vizeköniglichen Palast entkommen, in dem sich außer seiner Behörde das Königliche Gericht, der Rechnungshof und die Staatskasse befanden und wo nun kein einziger Raum mehr verwendbar

Manso de Velasco vor der zerstörten Kathedrale

war, da drehte er, begleitet von einer Schwadron Soldaten, seine Runden, ließ die Toten begraben, versuchte Plünderungen zu verhindern und ließ zur Abschreckung zwei Galgen in Lima und einen in Callao aufstellen. Leichengeruch lag noch tagelang über der Stadt, auch weil hunderte Pferde und Maultiere unter den Trümmern lagen. Die Angst vor Seuchen war groß. Durch die Ruinen zog die Bevölkerung mit einer Kopie des *Señor de los Milagros* (Herr der Wunder), ein gekreuzigter Christus, den 1651 ein Sklave aus Angola auf eine Mauer gemalt hatte und der das Beben, wie schon 1687, unbeschadet überstand.

Es kostete Überzeugungsarbeit, die Bevölkerung, die Angst vor den mehr als zweihundert Nachbeben und der Gewalttätigkeit der *chusma*, des Mobs, hatte, in der Stadt zu halten. Vor allem die mehr als 10.000 Schwarzen und Mulatten, die im herrschenden Chaos die Gelegenheit sahen, sich für manche Erniedrigung und Misshandlung zu rächen, verbreiteten Angst und Schrecken. An der Plaza de Armas, wo der Vizekönig selbst in einem Zelt kampierte, waren die besseren Häuser zunächst stehengeblieben. Doch auch diese stürzten zusammen, weil das Holz der Türen und Fenster nach und nach gestohlen wurde. Die ganze Stadt musste neu aufgebaut werden. Forderungen nach Verlegung der Hauptstadt lehnte Manso de Velasco ab. Allein für einen Neubau der Kathedrale veranschlagte er 7,5 Millionen Pesos, wohingegen die Reparatur für eine Million zu realisieren war.

Schon vor dem Beben waren die Finanzen Perus so zerrüttet, dass der Vizekönig seine Beamten kaum mehr bezahlen konnte. Da in Europa der Erbfolgekrieg noch nicht beendet war, verlangte der Kriegsminister Marqués de la Ensenada gar, Peru möge mehr Geld schicken, und als die Stadt in Trümmern lag, bat er noch um finanzielle Unterstützung für das Königliche Hospital. In Lima stiegen die Brotpreise, denn wegen der nun fehlenden Schiffe blieben die Weizenlieferungen aus dem Peru angegliederten Generalkapitanat Chile aus. Manso de Velasco verfügte Preiskontrollen, erhöhte Steuern und verkaufte Adelstitel.

Bald ließ der Vizekönig Vorschläge für eine erdbebensichere Bebauung ausarbeiten. Die öffentlichen Gebäude, darunter auch Gefängnisse und Truppenunterkünfte, sollten solidere Steinfundamente erhalten und Türme niedriger gehalten werden; in die Stadtplanung flossen auch Befürchtungen vor sozialen Unruhen ein. Für die oberen Stockwerke der öffentlichen und privaten Gebäude wurden andere Materialien vorgeschlagen. So sollte für die Wände statt der üblichen Lehmziegel (*adobe*) *quincha* verwendet werden, ein mit Lehm verkleidetes Brettergerüst. Der zum Zeitpunkt des Bebens anwesende französische Mathematiker und Architekt Louis Godin, ein Teilnehmer der La Condamine-Expedition, legte ähnliche Pläne vor. Die Absichten der beiden liefen auf eine bescheidenere Bauweise hinaus, was bei den prunksüchtigen Reichen Limas, die den Cabildo, den Stadtrat, dominierten, auf Widerstand stieß. Vor allem ereiferten sie sich über die „Einmischung" eines Ausländers. Als dann der Vizekönig über sein Konzept der Stadtentwicklung auch die Präsenz der Kirche und vor allem der Orden zurückdrängen wollte, war ihm auch die Gegnerschaft des Klerus sicher.

Weniger Widerstand erfuhr der Vizekönig beim Neubau der durch den Tsunami völlig eingeebneten Befestigung von Callao, das stets durch englische Kriegsschiffe und Korsaren bedroht war. Schon am 29. Dezember 1746 billigte er den Entwurf Godins und zweier spanischer Kollegen für den Bau eines Festungswalls. Offenbar flossen die Gelder aus Madrid schneller als für zivile Projekte. Allen Kommunikationsproblemen zum Trotz wusste man am Hof die Arbeit des Vizekönigs zu schätzen und verlieh ihm 1748 den Adelstitel „Conde de Superunda“ (Graf über den Wassern).

Als der Graf schließlich am Ende seiner Kräfte um die Abberufung aus Peru bat, wurde ihm diese 1761 von dem seit Kurzem regierenden Karl III. gewährt. Leider traf er 1762 auf seiner Rückreise über Kuba in Havanna ein, als die Stadt gerade durch die Engländer belagert wurde. Als ranghöchstem Militär vor Ort wurde dem 74jährigen Manso de Velasco die Verteidigung der Stadt übertragen, angesichts der schlechten Ausstattung der Truppen ein zum Scheitern verurteiltes Unternehmen. Die Engländer siegten nach einer Belagerung von 67 Tagen, nahmen den Grafen gefangen und ließen ihn in Spanien an Land, wo er vor ein Kriegsgericht gestellt wurde. Seine Strafe: zehn Jahre Verbannung an einen Ort bei Córdoba, wo er 1767 starb.

Im fernen Peru, achtzig Kilometer südwestlich von Cuzco, der alten Inkahauptstadt, hatte vor wenigen Monaten ein junger Mann namens José Gabriel Condorcanqui das bisher von seinem Onkel geführte Amt des Curaca von Surimana, Tungasuca und Pampamarca übernommen. Da konnte noch niemand ahnen, dass dieser stolze Mestize unter dem Namen Túpac Amaru Geschichte schreiben würde.

2.
Kindheit und Jugendjahre Túpac Amarus

Hoch über dem wild dahinströmenden Fluss Apurimac liegt auf etwa 3500 bis 3600 m über dem Meeresspiegel der kleine Ort Santa Bárbara de Surimana. Dort, in der Königsstraße, der Calle Real, befindet sich das Haus des Curacas und Gouverneurs von Surimana, Pampamarca und Tungasuca, Miguel Condorcanqui Usquiconsa und seiner Ehefrau Rosa Noguera Valenzuela, die in der ersten Märzhälfte 1738 ihren zweiten Sohn zur Welt bringt. Es sind kalte, regnerische Tage und das Kind scheint erkrankt zu sein, so dass es im Haus notgetauft wird. Wieder gesund, erfolgt die reguläre Taufe am 1. Mai in der Kirche von Tungasuca durch den Pfarrer Santiago José López. Wie zur damaligen Zeit Sitte, erhält das Kind zwei christliche Vornamen aus dem Heiligenkalender des Geburtsmonats. Man wählt den des heiligen Josef (19. März) und den des Erzengels Gabriel (24. März), so dass der neue Erdenbürger José Gabriel Condorcanqui Noguera heißt, mit dem Namenszusatz Túpac Amaru, denn der stolze Vater führt seine Herkunft auf den 1572 in Cuzco geköpften Inkaherrscher Túpac Amaru zurück.

Túpac Amaru, der letzte Widerstandskämpfer gegen die Spanischen Eindringlinge, hatte eine Tochter hinterlassen (eine weitere war bald verstorben), Juana Pilcohuaco, die mit dem Spanier Diego Felipe Condorcanqui verheiratet wurde. Das Paar hatte fünf Kinder. Wie üblich, wurden den Nachfahren des Inka-Adels Privilegien zugestanden und ihre Loyalität durch Übereignung von Ländereien belohnt. Im Falle der Condorcanquis erfolgte dies durch den Príncipe de Esquilache, der von 1615 bis 1621 Vizekönig von Peru war. Die Condorcanquis waren ab sofort Curacas principales, geboten über die Gemeinden Surimana, Tungasuca und Pampamarca in der Provinz Canas y Canchis und vererbten ihr Amt und ihre Privilegien an die jeweils nächste Generation weiter, im Unterschied zu einfachen Curacas oder *caciques* mit niederem sozialem Status, oft von den Kolonialbehörden ausschließlich als Steuereintreiber eingesetzt. In Tinta, dem Hauptort der Provinz, residierte als oberster Kolonialbeamter der Corregidor, mit dem die Condorcanquis bei der Einziehung des Tributs, der Auswahl der Mita-Pflichtigen und anderen Verwaltungsakten kooperieren mussten, was immer wieder zu Konflikten führte.

Als José Gabriel zwei Jahre alt ist, stirbt seine Mutter im Alter von gerade einmal 30 Jahren. Irgendwann verbindet sich der Vater in zweiter Ehe mit

Aus einem Comic des Zeichners Juan Acevedo: „Ein neuer Túpac Amaru wurde geboren!" „Da gehen wir jetzt hin." „Schau, es ist ein Junge!" „Sein Name soll José Gabriel sein, einverstanden?" „Sehr schön."

Ventura Monjarrás. Da José Gabriels älterer Bruder Clemente ebenfalls bald stirbt, steht fest, dass die Curaca-Würde später auf den Zweitgeborenen übergehen wird.

Die ersten Jahre verbringt José Gabriel in dem Haus in der Calle Real. Man betritt das einstöckige Gebäude durch einen unscheinbaren Eingang und steht in einem Vorraum, durch den man direkt auf den Hof gelangt. In dem Gebäudeflügel links befinden sich Küche und Essraum sowie die Schlafzimmer, die Räume des rechten Flügels dienen wahrscheinlich als Lager und Werkstatt. Die Rückseite des Hofes wird durch eine Mauer begrenzt, hinter der das Gelände zum tief eingeschnittenen Río Apurimac hin abfällt.

Eine Brücke über den Fluss gibt es erst etliche Kilometer weiter nördlich zwischen Acos und Pillpinto, so dass sich die Streifzüge, die der junge José Gabriel mit seinem Vater unternimmt, vor allem auf die östlich des Apurimac liegenden Dörfer beschränken. Etwa acht Kilometer entfernt liegt Tungasuca und von dort führt der Weg an die Lagune von Pampamarca, beides Ortschaften, die zum Amtsbereich der Condorcanquis gehören. Der Pfarrer von Pampamarca ist der aus Panama gebürtige Antonio López de Sosa, ein Freund der Familie, der im Leben José Gabriels als Mentor und Vertrauter eine große Rolle spielen wird. Oft liefert der Vater das Kind im Pfarrhaus ab, wo ihm López de Sosa Lesen und Schreiben beibringt. Unterrichtet wird auf Spanisch, aber alle beherrschen selbstverständlich auch die Verkehrssprache des Hochlands, das Quechua, wie es die Inkas sprachen. Nicht nur so wird der Junge mit der Zweiteilung in eine dominante und eine dominierte Kultur konfrontiert, er erfährt sie auch im Anblick der auch die kleinsten Ortschaften beherrschenden Kirchenbauten einerseits und der versteckter liegenden Kultorte der animistischen Inkareligion andererseits, heilige Orte wie Felsen, Bäume oder Quellen (Huacas), und meist an den Verkehrswegen oder auf den höchsten Punkten der Hügel liegende Steinhaufen (*apachetas*), so sie noch nicht durch die kulturzerstörerischen Eiferer des invasiven Katholizismus eingeebnet wurden. Die Vorstellungen von einer beseelten Natur, wie sie Cristóbal de Molina 1572 beschrieben hatte, waren im Weltverständnis der Ureinwohner nach wie vor lebendig: „Immer, wenn irgendetwas als besonders wertvoll hervorstach, beteten sie es an und machten es zu einer Huaca. Sie verehrten alle Gipfel von Hügeln oder Bergen, opferten Salz oder andere Dinge, denn sie sagten, wenn sie einen Hang hinaufstiegen und oben ankamen, müsse man ausruhen von der Mühe des Aufstiegs, und das nannten sie dann *apachicta*."[23]

Der Konflikt zwischen einer sich die Erde untertan machenden Glaubensrichtung und dem Respekt vor der Pachamama, der Mutter Erde, tobt sich materiell auch in den unterschiedlichen Produktionsweisen aus und teilt sich

23 Cristóbal de Molina: Ritos y fábulas de los Incas. Buenos Aires 1947, S. 142.

dem Heranwachsenden mit, wenn er seinen Vater zu den in Subsistenzwirtschaft arbeitenden Bauern begleitet und erlebt, wie diese durch Verteilung teils unnützer, aber teuer zu bezahlender Waren in ein vor allem den Kolonialherren nützendes Wirtschaftssystem gezwungen werden sollen.

Bald begreift José Gabriel auch, welch heikle Zwischenstellung Curacas wie sein Vater in der Gesellschaftsordnung einnehmen. Die Kolonialbürokraten erwarten unbedingte Loyalität, gegebenenfalls auch die Mitwirkung an Praktiken, die durch die sehr detailgenaue Gesetzgebung nicht unbedingt abgedeckt sind („Man achtet das Gesetz, aber man befolgt es nicht"). Auf der positiven Seite des Saldos stehen die Privilegien und die herausgehobene Stellung den anvertrauten Indios gegenüber. Und was die Nachfahren des Inka-Adels angeht, zu denen sich die Condorcanquis zählen, so sind sie seit einem Edikt von Karl II., dem letzten spanischen Habsburger, vom 22.3.1697 den spanischen Adligen gleichgestellt.[24]

Der junge José Gabriel kann stolz auf seinen Vater sein, der mit „Don" angeredet wird, der Waffen tragen und ein Pferd reiten darf, der bei feierlichen Auftritten die Insignien des Inka-Adels trägt, sich prachtvoll kleidet und einen Wappenschild sein Eigen nennt, darauf abgebildet: zwei Säulen, durch eine Kette verbunden, ein Motiv, das an das spanische Königswappen mit seiner Devise „Plus Ultra" erinnert, ferner Fabelwesen, Türme und zwei Schlangen (*amaru* = Schlange).[25] Relativierend wäre anzumerken, dass in Cuzco etwa 200 noble Indios leben, die alle ihre Abstammung irgendwie von den letzten Inkas herleiten und es im Vizekönigreich Peru um 1750 2078 Curacas gab, die sich auf ähnliche Weise von den Massen der armen Indiobauern abhoben.[26]

Im Unterschied zu diesen sind die Condorcanquis wohlhabend. Ihre Dörfer liegen in einer regenreichen Gegend mit mildem Klima, Obstbäumen und saftigen Weiden, gut geeignet für die Zucht von Schafen, Rindern und Pferden. Die Familie besitzt Ländereien, die sie teils selbst bewirtschaftet, teils verpachtet hat, ferner Minen bei Surimana, eine kleine Eisenschmelze in Tinta und Kokafelder am Ostabhang der Anden. Die Hauptaktivität des Va-

---

24 Miguel Luque Talaván: "Tan príncipes e infantes como los de Castilla". Análisis histórico-jurídico de la nobleza indiana de origen prehispánico. In: Anales del Museo de América, nº 12, Madrid, 2004, p. 11.

25 Elokhin Kirill Alexandrovich: «Reconciliación» entre los españoles y la nobleza inca en Cuzco a través de una perspectiva heráldica. In: Emblemata Revista Aragonesa de Emblemática XXIII, 2017, S. 21.

26 John Howland Rowe: The Incas under Spanish Colonial Institutions. In: The Hispanic American Historical Review 1957, S. 157.

ters aber ist das Transportgeschäft (*Arrieraje*) mit Maultiertrupps, denn durch das Gebiet führt die Hauptverbindungsstraße über Cuzco nach Lima im Norden (1.100 km) und in der anderen Richtung über La Paz und Potosí (ebenfalls 1.100 km) zu dem an Bedeutung gewinnenden Buenos Aires (weitere 2.200 km) am Río de la Plata. Meist bewegen sich die Maultierkarawanen der Familie zwischen Cuzco und der Bergwerkstadt Potosí, bisweilen darüber hinaus bis Tucumán im Norden des heutigen Argentinien. Entlang der bedienten Strecken entsteht ein dichtes Netz von Wirtschaftspartnern, und mit den gehandelten Waren reisen auch politische Meinungen und Entwürfe von einer anderen und gerechteren Gesellschaftsordnung. In einer Welt ohne Zeitungen sind die Transportunternehmer vor allem Informationsempfänger und -vermittler. Sie erfahren von Aufständen wie dem von Huarochirí (1750) oder vom jahrelangen unbesiegten Widerstand des Juan Santos Atahualpa am Ostabhang der Anden, nicht zu reden von den vielen lokalen und zeitlich begrenzten Gewaltausbrüchen gegen Corregidores, Hacendados, Obrajeros sowie Kirchenleute und tragen die Kunde davon in andere Regionen. Sie erleben unmittelbar die Auswirkungen der bourbonischen Steuerpolitik und die Reaktionen darauf in den verschiedenen Gruppen der Kolonialgesellschaft.

Am 30. April 1750 stirbt José Gabriels Vater im Alter von 48 Jahren. Um den Waisenknaben kümmert sich der Onkel Marcos Túpac Amaru, aber auch der Onkel mütterlicherseits. Irgendwann beschließen sie, die Bildung des Jungen auf eine solidere Basis zu stellen. Für den Inka-Adel und die erbberechtigten Söhne der Curacas principales kommen hier in erster Linie die in Lima und Cuzco existierenden Internate, das Colegio del Príncipe in Lima und das Colegio San Francisco de Borja in der alten Inkahauptstadt in Frage. Dort verbringt José Gabriel mehrere Jahre, so versichert es die biographische Literatur über Túpac Amaru. Der Historiker Carlos Daniel Valcárcel weiß sogar noch mehr: „Aufgrund seines Fleißes wurde er von seinen Lehrern sehr geschätzt.“[27] Die bisher genaueste wissenschaftliche Studie über die beiden Lehranstalten kommt jedoch zu dem Ergebnis, dass es für den Aufenthalt José Gabriels in San Borja keinen einzigen Beleg gibt, da die Schülerlisten der fraglichen Jahre nicht erhalten sind.[28] Gleichwohl ist sein Aufenthalt in der Eliteschule wahrscheinlich, weil andere Angehörige des Condorcanqui-Clans in früheren Jahren dort nachweislich ihre Bildung verbesserten.

---

27 Carlos Daniel Valcárcel: La rebelión de Túpac Amaru. Lima, 1973, S. 38.

28 Monique Alaperrine-Bouyer: La educación de las élites indígenas en el Perú colonial. Lima 2007, S. 202.

Wie qualitativ das Lernangebot um die Mitte des 18. Jahrhunderts war und wie das Curriculum aussah, ist aufgrund der wechselvollen Geschichte der beiden Lehranstalten schwer zu eruieren. Die Idee für die Gründung der Schulen ging auf Francisco de Toledo, den fünften Vizekönig Perus (1569-1581) zurück. Ähnlich wie die Inkas, die Söhne von Curacas nach Cuzco geholt hatten, um sie mit den im Tahuantinsuyo gültigen Gesetzen vertraut zu machen und ihnen, wenn nötig, die Sprache des Staates, das Quechua, beizubringen, wollte sich Toledo der Mittlerrolle der Curacas zwischen den Kolonialherren und den unterworfenen Indios durch ein pädagogisches „Angebot" versichern. Auch im Rahmen der *extirpación de idolatría*, der Ausmerzung der alten Religion, kam dem Konzept eine wichtige Funktion zu. Ein jesuitisches Dokument des 17. Jahrhunderts formuliert folgendermaßen: „... denn wenn die Kinder aus vielen Dörfern und Provinzen dieses Colegio besuchen, dort aufwachsen und im wahren Glauben des Evangeliums unterrichtet werden, gehen sie auf der Grundlage dieser Wahrheit zurück in ihre Dörfer, und wenn sie dort regieren, hat die Kirche in jedem einen eifrigen Soldaten wider den Dämon und für die Zerstörung der Götzendienerei."[29]

Der jüngere Jesuitenorden war später als die Franziskaner und Dominikaner nach Iberoamerika gekommen, hatte sich aber bereits einen hervorragenden Ruf auf dem Gebiet der Erziehung erworben und besaß das Wohlwollen von König und Vizekönig. Der Orden, welcher die Schulprojekte betreiben sollte, war allerdings gespalten, vielleicht sogar mehrheitlich gegen die Pläne, eine Haltung, die von dem Ordensgeneral in Rom bestärkt wurde. Es gab die Befürchtung, die Schüler könnten „das in dem Kolleg Gelernte zu niederen Zwecken missbrauchen und, weil sie die Schule absolviert haben, ein schlimmeres Beispiel geben und größeres Ungemach bereiten, als wenn sie im Haus ihrer Eltern erzogen worden wären."[30]

Ein immerwährendes Problem in der Planungsphase der Schulen und auch später war ihre Finanzierung. Sollte man das Geld aus den Kassen der Gemeinden nehmen, auch dann, wenn sie gar keine Zöglinge entsandten, sollten Stipendien aus der Staatskasse bezahlt werden oder würden sich Sponsoren finden? Sowohl in Lima wie in Cuzco fand sich jeweils ein reicher Stifter, der vor dem nahenden Tod durch ein wohltätiges Werk sein Seelenheil zu kaufen gedachte. Da die Planungen jedoch nicht vorankamen und nach dem Weggang Toledos ganz eingestellt wurden, leiteten die ohnehin nicht sehr motivierten Jesuiten die Gelder um zugunsten anderer Schulen für

---

29 José Antonio del Busto Duthurburu: José Gabriel Túpac Amaru antes de su rebelión. Lima, 1981, S. 47.

30 Monique Alaperrine-Bouyet, a.a O., S. 52.

die Kinder von Spaniern und Criollos. Durch den langen Postweg zwischen Peru und Spanien und die auslaufenden Amtszeiten anderer Beteiligter geschah nun nichts mehr, bis der Vizekönig Príncipe de Esquilache, der mit dem dritten Ordensgeneral der Jesuiten, dem später heilig gesprochenen Francisco de Borja, verwandt war, die Gründung der Schulen mit Nachdruck betrieb. Und da die Jesuiten mittlerweile uneingeschränkt hinter dem Projekt standen, konnten ab 1618 die ersten zwölf Stipendiaten in das Colegio del Príncipe in Lima aufgenommen werden. Wenige Jahre später begann auch der Schulbetrieb des San Antonio de Borja in Cuzco, wo aufgrund der demographischen Struktur im Andenhochland die Schülerzahl die des Colegio del Príncipe überstieg, auch wenn sie von Jahr zu Jahr erheblich schwankte. Der Einzugsbereich der Schule waren die Provinzen Cuzco, Huamanga und Arequipa. Für 1725 verzeichnen die Quellen für Cuzco 20 Schüler, jedoch nicht ausschließlich erbberechtigte Söhne von Curacas, für welche die Schule eigentlich bestimmt war. Auch Kinder aus Inkafamilien ohne Curaca-Amt folgten dem Unterricht, zeitweise auch eine größere Zahl von Waisenkindern.

Für ein etwa 12jähriges Landkind wie José Gabriel dürfte der erste Eindruck vom Schulgebäude nicht gerade erhebend gewesen sein. Das Colegio San Borja liegt schräg hinter der Kathedrale von Cuzco in einer schmalen, düsteren Straße mit dem passenden Namen Calle Ataúd (Sargstraße). Hat man aber das Tor durchschritten, befindet man sich in einem durchaus schönen Gebäude, das noch angenehmer durch den Hof und seinen Garten wird. Es gibt einen großen Unterrichtsraum, das Refektorium, den Schlafsaal, an beiden Enden flankiert vom Zimmer des Rektors und dem des Lehrers. Zwar bemühen sich die Jesuiten, auf die Psychologie der Schüler Rücksicht zu nehmen, aber zugleich sind sie Verfechter der körperlichen Züchtigung. Neben dem Klassenraum liegt eine Gefängniszelle, zeitweise mit einem Block ausgestattet, in den aufmüpfige Eleven mit Händen oder Füßen gespannt werden können. Papier, Federn und Tinte werden gestellt. Ein vorrangiges Erziehungsziel ist es, den Kindern rüdes und ungesittetes Benehmen abzugewöhnen. Untereinander haben sie sich mit *Vuestra Merced* (Euer Gnaden) anzureden, gegessen wird am gedeckten Tisch, wobei jeder seinen Teller und sein Besteck haben muss. Während still gegessen wird, liest ein Schüler die Heiligengeschichte des Tages vor. Gutes Benehmen äußert sich vor allem im Respekt gegenüber Autoritätspersonen und dem Wissen, welchen Platz man bei Festen oder religiösen Feiern einzunehmen hat. Großer Wert wird auf die korrekte Handhabung der spanischen Sprache gelegt, da die späteren Curacas mit den Corregidores und anderen Vertretern der Kolonialbürokratie kommunizieren müssen.

Die Unterrichtsstunden verteilen sich auf vier am Morgen und drei am Nachmittag, eingerahmt von Messen und Litaneien. Über das genaue Fächerangebot in den beiden Schulen herrscht Ungewissheit. Offensichtlich ist das Niveau über längere Zeiträume als nicht sonderlich hoch zu bewerten. Meist beschränkt sich das Curriculum auf Lesen, Schreiben, Rechnen, ein wenig Musik und vor allem Glaubenslehre. Hier ist nach wie vor der Katechismus des Jesuiten Jerónimo Ripalda von 1616 im Gebrauch, dessen Grundmuster ein Wechsel von Fragen und gut zu lernenden und abzufragenden Antworten ist, z. B.:

F.: Aus wie vielen Teilen besteht die christliche Glaubenslehre?

A.: Aus vier Hauptteilen.

F.: Welche sind diese?

A.: Glaubensbekenntnis und Gebote, Gebete und Sakramente.[31]

Die Inhalte des Ripalda, die auch die Grundlage für Übungen im Lesen und Schreiben liefern, werden durch Sprechen im Chor eingetrichtert, auf Spanisch wie auch auf Quechua, denn die Jesuiten haben eine entsprechende Version für Peru und eine andere in Náhuatl für Mexiko erstellt. Ob Lesen und Schreiben auf höherer Ebene als „Grammatik", d. h. als bewußterer Umgang mit Sprache betrieben werden soll, wird zeitweilig kontrovers diskutiert. Es könnte nämlich die Gefahr bestehen, dass die Absolventen mit dem Herrschaftsinstrument Sprache zu ihrem eigenen Nutzen umgehen und am Ende noch verstärkt in die Universitäten oder Priesterseminare drängen, die lange nur Spaniern und Criollos offen stehen.

Laut einem Inventar, das nach der Ausweisung der Jesuiten erstellt wurde, umfasste die Bibliothek des Colegio 257 Bücher. Nichts weiß man jedoch über die Titel und ob die Bücher nur dem Rektor und dem unterrichtenden Personal oder auch den Schülern zugänglich waren.

Ob in der Schule Uniform getragen wird, ist für die Zeit des möglichen Aufenthalts José Gabriels in der Sargstraße nicht bekannt. Bei Auftritten außerhalb der Schule jedenfalls besteht die Kleidung aus Hemd, Kniebundhose, weißen Baumwollstrümpfen, kurzem Schulterumhang aus grobem grünem Stoff ohne Kapuze, schwarzem Hut und einer Schärpe aus rotem Taft von der rechten Schulter zur linken Hüfte. Das Haar soll schulterlang getragen werden, um sich von den gewöhnlichen Straßenkindern abzusetzen.[32]

---

31 Der Ripalda erlebte bis in neuere Zeit zahlreiche Auflagen. Hier zitiert nach: Jerónimo de Ripalda: Catecismo y exposición breve de la doctrina cristiana. Barcelona 1880, S. 11.

32 Revista Universitaria, tomo XLIII, Cuzco 1959, S. 293.

Wenn die jungen Leute aus dem San Borja in Gruppen durch die Stadt streifen, treffen sie oft auf Schüler aus den anderen Colegios, welche die Kirche in Cuzco unterhält. Dann fliegen die Scherzworte, mitunter auch deftige Beleidigungen hin und her. Besonders groß ist die Rivalität zwischen dem Colegio San Bernardo, einer Jesuitengründung, und dem Colegio San Antonio Abad, das von weltlichen Geistlichen geführt wird. Aus irgendeinem Grund wird die dem heiligen Bernhard von Clairvaux gewidmete Anstalt mit dem Esel verknüpft, vielleicht weil die Schüler, meist Söhne reicher Landbesitzer aus der Umgebung Cuzcos, mit dem Esel zur Schule reiten und die Tiere vor dem Gebäude festbinden. Doch den Ruf „He, ihr Bernardo-Esel, wiehert doch mal" kontern sie mit dem Ruf „Ihr Kuchis vom San Antonio, grunzt nur schön" (*cuchi* = Schwein auf Quechua)[33], denn der Namenspatron der Schule, der ägyptische Eremit Antonius Abbas, der im 3. und 4. Jahrhundert lebte, wird häufig mit einem Schwein an seiner Seite dargestellt.

Sollte José Gabriel tatsächlich zwischen 1753 und 1758/1759 die Schulbank des San Borja gedrückt haben, hielt er sich glücklicherweise in der Glanzzeit dieser Institution dort auf. Wo sonst könnte er seine sprachliche Gewandtheit und seine Lateinkenntnisse erworben haben? Die Jesuiten haben die Schule außerdem durch Stiftungen und Käufe auf eine gesunde finanzielle Basis gestellt. So besitzt das Colegio de San Borja einen Obraje, eine Hazienda, Alfalfafelder, verpachtetes Land und vermietete Immobilien – bis zur Vertreibung des Ordens im Jahr 1767. Da wird die Schule umbenannt in Colegio del Sol und verliert an Ansehen. Dies könnte der Grund sein, warum José Gabriel seine eigenen Kinder später nicht zum Schulbesuch nach Cuzco schicken wird.

Wenn José Gabriel in der Freizeit die Straßen der Stadt erkundet, die um die Jahrhundertmitte etwa 40.000 Einwohner zählt, hört er fast nur Quechua, denn die Mehrheit der Indiobevölkerung ist so erdrückend, dass auch alle Nichtindios die Sprache für den täglichen Umgang beherrschen müssen. Und er stößt auf Schritt und Tritt auf die Spuren einer Zeit, als Cuzco der Nabel der Welt war. Viele Gebäude aus der Inkazeit konnten weder durch die zahlreichen Erdbeben noch die Zerstörungswut der Eroberer vollends demoliert werden. Die neuen Herren bauten ihre Kirchen und ihre Häuser auf die Sockel der inkaischen Gebäude. So thront das Santo Domingo-Kloster auf dem, was Pizarro und Konsorten von dem Sonnentempel Coricancha (= Goldtempel) übrig gelassen haben. Schon vor ihrer Ankunft raubten sie die Kultstätte, deren Böden und Wände ganz mit goldenen Platten beschlagen waren, aus,

33 RPP Noticias vom 24.8.2012.

Blick von Cuzco auf die Kirche San Cristóbal und die Festung Sacsayhuamán

denn von hier kam ein großer Teil des Lösegeldes, das Pizarro für die dann doch nicht erfolgte Freilassung Atahualpas gefordert hatte. Für den Jungen aus Surimana, dem der Vater den Stolz auf seine Herkunft tief ins Herz gesenkt hat, muss es eine schmerzliche Erfahrung sein, dort zu stehen, wo früher vor der goldenen Sonnenscheibe der *Sapa Inka* und der Hohepriester die höchsten Feiern wie Krönungen, Hochzeiten und Bestattungen zelebrierten, während in den Mauernischen die in kostbare Tücher gewickelten Mumien der Vorväter auf goldenen Sesseln stille Wache hielten. Das Gold („Schweiß der Sonne") und das Silber („Schweiß des Mondes"), mit dem der Nachbarraum, der Mondgöttin Mama Killa gewidmet, verkleidet war, dienten damals ausschließlich den rituellen und repräsentativen Zwecken des Inka und waren noch nicht zum Schmiermittel einer profitorientierten Gesellschaftsordnung entwürdigt worden. Vielleicht schaut der zwischen katholischer Erziehung und Ahnenverehrung hin und her gerissene José Gabriel deshalb den Jungen, die im Fluss, der die Stadt in zwei Hälften teilt, nach Goldklümpchen suchen, mit eher gemischten Gefühlen zu – vielleicht.

Steigt José Gabriel dann zur Festung Sacsayhuamán auf, kommt er an San Cristóbal, der höchstgelegenen Kirche Cuzcos vorbei, von deren Platz man einen grandiosen Blick auf die einstige Hauptstadt des Tahuantinsuyo genießt. Auf der Rückseite erhebt sich eine Mauer mit elf trapezförmigen Fensteröffnungen, die Reste des Palastes Qollcampata des Manco Inca, welcher der Sage nach mit seiner Schwester Mama Ocllo vom Titicacasee kam, um hier das Zentrum seines Reichs zu errichten. In der Kirche begraben liegt ein

Sohn Huayna Cápacs, Paullu Inca, Halbbruder von Huáscar und Atahualpa. Früh schlug er sich auf die Seite der Spanier und schaffte es, sich im Machtkampf zwischen Almagristen und Pizarristen immer gut mit der jeweils siegreichen Partei zu stellen. 1543 wurde er auf den Namen Cristóbal getauft. Vor dem Palast Qollcampata ließ er eine Eremitage bauen, aus der dann die Kirche San Cristóbal wurde.

Ein paar weitere Höhenmeter, dann wandert der junge Kollegiat aus dem San Borja mit den schmerzlichsten Gefühlen durch die Mauern der Festung Sacsayhuamán, die zwar als Steinbruch für den Bau des spanischen Cuzco gedient hat, aber immer noch durch ihre Ausmaße und die zyklopischen, passgenau ineinander gefügten Steinblöcke beeindruckt. Hierhin brachte man den letzten Herrscher von Vilcabamba, Túpac Amaru, auf den die Familie José Gabriels ihre Herkunft zurückführt. Hier wird er zum letzten Mal auf die Hauptstadt seines untergegangenen Reiches herabgeblickt haben, bevor man ihn unten, auf der Plaza de Armas, in öffentlichem Schauspiel enthauptete, um danach mit verbissener Planmäßigkeit die Relikte der besiegten Kultur auszuradieren. So verschwanden die von Túpac Amaru auf seiner Flucht mitgeführten Mumien seines Vaters Manco Cápac und seines Bruders Titu Cusi Yupanqui, genauso wie der goldene *Punchao* (Idol in Form einer Sonne), in dessen Innern die pulverisierten Herzen der verstorbenen Inkas bewahrt wurden. Und schon längst haben im ganzen Land die Vertreter des neuen Glaubens nach Kräften Jagd auf die sichtbaren Manifestationen der andinen Kosmovision und der inkaischen Kultur gemacht und alles getan, um Denken und Fühlen der Besiegten auf die allein seligmachende römisch-katholische Lehre auszurichten.

Ein Höhepunkt des Kirchenjahres ist in Cuzco die Fronleichnamsprozession im Monat Juni, bei der die größte Pracht zur Schau gestellt wird. Die vorher nicht gerade sauberen Straßen sind vom Unrat befreit worden, an den Rändern reihen sich blumengeschmückte Altäre aneinander. Unter einem Baldachin, dessen Pfosten von den Domherren gehalten werden, geht der Bischof. In seinen Händen hält er die goldene Monstranz aus der Kathedrale. Weihrauchfässer werden geschwungen, von den Balkonen werfen die Damen der feineren Gesellschaft Blumen und versprühen Duftwässer. Hinter den Klerikern schreiten die Mitglieder des Cabildo, es folgen die Bruderschaften mit Christusfiguren und bemalten oder bestickten Fahnen. Ob die Schüler des San Borja und der anderen Colegios in der Prozession mitgehen oder am Straßenrand stehen, erwähnt der Königliche Postinspektor Carrió de la Vandera alias Concolocorvo in seinem Reisebericht von 1775 nicht, allerdings beeindruckt ihn auf ganz besondere Weise der hintere, von den Indios gestaltete Teil des Umzugs:

„Der zweite Teil der Prozession kann durchaus belustigen, doch habe ich auch den Eindruck, dass da eine sehr entfernte Vergangenheit imitiert wird, so dass man eigentlich nicht von einer lächerlichen und schon gar nicht abergläubischen Darbietung sprechen kann: Die Tänze der Indios, die aus allen Pfarreien und Provinzen der Umgebung zusammenkommen, sind in ihrem Wesen sehr ernst, weil diese Nation von ihrer Natur her so ist. Ihr wichtigster Schmuck ist aus massivem Silber, das sie sich von verschiedenen Mestizen leihen, die daraus ein Geschäft machen."[34]

Fraglich ist, ob José Gabriel auch Zaungast der von Carrió de la Vandera beschriebenen weltlichen Feiern wird, deren Höhepunkt die anlässlich der Bürgermeisterwahlen veranstalteten Stierhatzen sind. Dabei werden drei Stiere, denen man Feuerwerkskörper aufgepflanzt und Sterne aus Silber in die Haut gesteckt hat, über die Plaza de Armas und durch angrenzende Straßen getrieben. Professionelle Toreros gibt es nicht, die Stiertreiber sind Mayordomos (Vorarbeiter) nahegelegener Haziendas zu Pferd und ihre Indios als Fußvolk. Verletzungen sind nicht selten, insgesamt aber eine eher vergnügliche Angelegenheit, findet Concolocorvo, der es allerdings versäumt, auch die Meinung der Stiere einzuholen. Abends wird in den Häusern des Corregidors und des Bürgermeisters opulent getafelt und es fließen nicht geringe Mengen von Alkohol die Kehlen hinab.

So wie es keinen bestimmten Zeitpunkt für die Aufnahme in das Colegio de San Borja gibt, endet die Schulzeit, wenn entweder Schüler oder Verwandte den Eindruck haben, dass genug Wissen und Kompetenzen erworben wurden, um im Amt eines Curaca principal bestehen zu können. José Gabriel kehrt in seine Dörfer zurück, wo für den Minderjährigen zunächst noch sein Onkel Marcos das Curaca-Amt ausübt. Dieses hatte er seit 1750, dem Todesjahr von José Gabriels Vater inne. Auch das ererbte Geschäft, das Transportunternehmen, führte er für seinen Neffen und durchlief in dieser Zeit viele Hochs und Tiefs. Fast bankrott war er, als er einmal die Quote der nach Potosí zu entsendenden Indios um einen Mann verfehlte. Der Corregidor nahm ihm einen Zug Maultiere und Waren im Wert von 100 Pesos weg.[35] Als Juniorpartner wächst José Gabriel nun in seine zukünftige prekäre Position zwischen den ihm anvertrauten Indios und den nicht immer gesetzestreu operierenden Kolonialbeamten hinein.

---

34 Alonso Carrió de la Vandera („Concolocorvo"): El Lazarillo de ciegos caminantes. Barcelona, 1973, S. 410.

35 John Howland Rowe, a.a.O., S. 176.

Kaum Informationen gibt es über seine Aktivitäten in den nächsten Jahren. Wahrscheinlich ist er oft zwischen Cuzco und Potosí unterwegs, wo er viele Kontakte knüpft, die Realität in den Dörfern des Altiplano kennenlernt und mit dem Erbe seines Vaters zu wirtschaften lernt. Das sind vor allem 35 Maultierzüge mit etwa 350 Tieren. Transportiert werden die unterschiedlichsten Waren nach Potosí oder in Richtung Lima wie Zucker, Kokablätter, getrocknete Chilischoten, einfache Stoffe oder Quecksilber, das aus Huancavelica kommt und an die Bergbauunternehmen auf dem Weg nach Potosí geliefert wird. Auch andere Familienmitglieder sind im Transportgeschäft tätig. Um die Kosten niedrig zu halten, werden die Waren meist bei verschiedenen Lieferanten abgeholt und einem Abnehmer zugestellt. Hauptauftraggeber sind die reichen Familien aus Cuzco. So verlädt Diego Túpac Amaru, José Gabriels Cousin, Zucker und Textilien aus den Obrajes von Sebastián de Ocampo sowie Chorrillo-Ware (in Heimarbeit gefertigte Stoffe) von Ignacio Fernández de la Cebal und liefert sie an Josef Rico in Potosí. Andrés und Francisco Noguera ziehen mit ihren Maultieren für den reichen Bernardo La Madrid sogar bis ins ferne Salta (im nördlichen Argentinien), um dort dessen Erzeugnisse abzusetzen.[36] Das so betriebene Logistikgeschäft muss ein einträglicher Wirtschaftszweig gewesen sein. Die in Cuzco angesiedelte Zollstation registriert zwei weitere Kollegen José Gabriels, welche die Route nach Potosí bedienen: den Curaca Pedro Vargas aus Combapata (nördlich von Tinta gelegen) sowie Lucas Pomainga aus Quiquijana am Urubambafluss. Beide werden in der großen Rebellion an José Gabriels Seite kämpfen.

Am 25. Oktober 1766 beantragt und erhält José Gabriel nach Vorlage aller erforderlichen Papiere den Titel „Cacique“ und „Legitimer Nachfahre für die Dörfer Surimana, Pampamarca und Tungasuca, als legitimer Sohn Don Miguels, Enkel Don Sebastiáns, Urenkel von Blas Túpac Amaru sowie Ururenkel von Don Diego Felipe Condorcanqui und der Colla [Prinzessin] Doña Juana Pilcohuaco, Tochter des letzten Inka Don Felipe Tupac Amaro.“[37]

Papiere unterschreibt er hinfort mit „Joseph Tupa Amaro“ oder „Joseph Gabriel Thupa Amaro y Condorcanqui Inga“. Seine Unterschrift ist schwungvoll, verschnörkelt und enthält einen stilisierten Vogel, möglicherweise eine Anspielung auf den Geburtsort Surimana, wo es vor der Konquista *suris*, ñanduähnliche Vögel, gegeben haben soll. Das Logistikzentrum

---

36 Scarlett O'Phelan Godoy: Aduanas, mercado interno y élite comercial en el Cusco antes y después de la gran rebelión de 1780. In: Apuntes 19, 1986, S. 61.

37 José Antonio del Busto Duthurburu, a.a.O., S. 73.

Unterschrift Túpac Amarus

José Gabriels befindet sich in der Provinzhauptstadt Tinta in einem eleganten Steingebäude nordwestlich der Plaza Mayor. Von hier aus starten die Karawanen, angeführt vom Leittier, an dessen Hals ein Glöckchen baumelt. Es folgen die Lasttiere mit Personen oder Waren, dann die nicht bepackten Ersatzmulis und schließlich die Jungtiere, die so auf ihr späteres Berufsleben vorbereitet werden und die Befehle lernen, wie „Arre", das Startsignal, oder „So" für „Halt". Genau zu planen, auch unter Kostengesichtspunkten, ist die Versorgung der Tiere, denn nicht überall stehen saftige Weiden zur Verfügung, so dass Zukäufe einkalkuliert werden müssen. Pro Zug ist ein längerer Einsatz im Jahr möglich, danach brauchen die Tiere eine Erholungsphase von mehreren Monaten. In diesem Gewerbe gelten die aus der Umgebung von Cuzco stammenden Maultiertreiber als die besten ihres Fachs.[38]

José Gabriel bewohnt als Curaca das beste Haus am großen Platz von Tungasuca, vor dem jeweils im September um das Patronatsfest am 14. des Monats einer der größten Märkte des südlichen Peru stattfindet. Bis aus Tucumán im heutigen Argentinien kommen Maultierzüchter, um ihre Tiere auf dieser Feria zu verkaufen, die mehrere Wochen dauern kann. Der Schutzpatron des Festes, der *Cristo de los Arrieros,* wird in feierlicher Prozession aus einer wahrscheinlich an der Lagune von Pampamarca gelegenen Kapelle

38 Alonso Carrio de la Vandera (Concolocorvo), a.a.O., S. 234.

in die Pfarrkirche von Tungasuca überführt, um später ebenfalls in einer Prozession zurückgebracht zu werden. Dieser Statue des gekreuzigten Christus, der seinen Kopf auf die blutende Brust gesenkt hält, werden magische Kräfte zugesprochen.[39]

Wenn manchmal despektierlich über José Gabriel als der *arriero* (Maultiertreiber) gesprochen wird, bedeutet dies nicht, dass er neben seinen Lasttieren herläuft; dafür hat er seine Leute, doch kommt es schon vor, dass er die Karawanen begleitet, wenn es um die Pflege oder Vertiefung wichtiger Geschäftskontakte geht, denn neben dem Transportgeschäft betreibt er selbst auch Handel mit unterschiedlichen Waren. Ob er auf diesen Reisen, noch als Adlatus des geschäftsführenden Onkels Marcos, seine spätere Frau kennenlernt oder dazu seinen Geburtsort gar nicht verlassen muss, ist unklar. Denn die Auserkorene Micaela Bastidas ist die uneheliche Tochter von Manuel Bastidas aus Abancay und Josepha Puyucagua aus Surimana. Unehelich zu sein stellt in der damaligen Zeit nicht unbedingt einen Makel dar, denn in der indianischen und mestizischen Bevölkerung leben viele Paare ohne Trauschein zusammen. Schlechter gestellt sind *bastardos*, die von ihren Eltern nicht anerkannt und deshalb auch nicht erbberechtigt sind. Micaela wird als ausgesprochen schönes Mädchen geschildert. Vermögenswerte bringt sie nicht in die Ehe ein, als Frau verfügt sie auch nicht über den Bildungsstand José Gabriels, spricht Quechua besser als Spanisch, ist Analphabetin, was jedoch nichts über ihre Intelligenz und Tatkraft aussagt, wie sich in der späteren Rebellion erweisen wird. Und so traut am 25. Mai 1760 der alte Freund der Familie Doktor Antonio López de Sosa den 22jährigen José Gabriel und die 16jährige Micaela in der Kirche Nuestra Señora de la Purificación zu Surimana. In einem in der Pfarrei von Pampamarca aufbewahrten Dokument werden die Brautleute als „Españoles" aufgeführt, wodurch ihr sozialer Stand gekennzeichnet ist, während sie ethnisch als „Mestizen" und politisch aufgrund der Curaca-Würde des Ehemanns als „Indios" zu qualifizieren wären.[40]

Nicht selbstverständlich für die damalige Zeit scheint ihre Verbindung echter Liebe entsprungen zu sein. Während er sie zärtlich „Mica" oder „Micaco" nennt, ruft sie ihn „Chepe" (die Koseform von José ist Pepe). 1761 kommt ihr erster Sohn, Hipólito, zur Welt. Es folgen Mariano (1762) und Fernando (1769). Zum größeren Familienkreis zählen auch José Gabriels Cousin Diego Cristóbal Condorcanqui und sein Neffe Andrés Mendigure.

---

39 José Antonio del Busto Duthurburu, a.a.O., S. 67.

40 Carlos Daniel Valcárcel: La Familia del Cacique Túpac Amaru (Documentos existentes en la iglesia de Pampamarca). Lima, 1979, S. 41.

Ein gewisser Pablo Astete, der ihn später in Lima kennenlernt, beschreibt ihn folgendermaßen:

> „Ein schlanker Mann, 1,73 m groß, mit einem guten indianischen Profil, Adlernase, lebhaften schwarzen Augen, die größer sind als bei den Indios üblich. Sein Benehmen ist das eines echten Caballero von ausgesuchter Höflichkeit. Den Vorgesetzten gegenüber verhielt er sich würdevoll, den Ureinwohnern des Landes gegenüber korrekt. Er sprach perfekt Spanisch und mit großer Anmut das Quechua. Er lebte im Luxus, und wenn er reiste, wurde er immer von vielen Dienern begleitet, und manchmal von einem Kaplan. Wenn er sich in Cuzco aufhielt, trug er normalerweise einen Gehrock, kurze Hosen aus schwarzem Samt, die damals in Mode waren, Seidenstrümpfe, goldene Schnallen an den Knien und Schuhen, einen Hut aus Biberfell, besticktes Hemd, eine Weste aus Goldlamé (Wert zwischen 70 und 80 Pesos). Er trug langes und gelocktes Haar bis zur Hüfte."[41]

Spätere Porträts bilden ihn oft mit einem hohen Filzhut ab, eine anachronistische Übernahme von Porträts des Vizekönigs Toledo im 16. Jahrhundert. Der damaligen Mode entsprechend trug José Gabriel oft einen Dreispitz mit einer Feder an einer Seite und einem Strohkreuz an der höchsten Stelle.

Als Curaca principal genießt er Privilegien, seine hohe soziale Stellung demonstriert er auch nach außen durch sein elegantes Auftreten; durch seine Geschäfte kann er den Wohlstand seines Hauses vermehren, auch wenn er manchmal Finanzprobleme hat, was aber in Kaufmannskreisen situationsbedingt immer wieder vorkommt. Schließlich muss er eine große Verwandtschaft standesgemäß ausstatten und ernähren, da nicht alle im Transportgeschäft aktiv sein können.

Hohes Ansehen gewinnt er durch seinen Gerechtigkeitssinn, der ihm immer wieder Konflikte beschert aufgrund seiner trotz allem prekären gesellschaftlichen Stellung zwischen den Indios seiner Dörfer und der Staatsgewalt, die in den Händen des Corregidors konzentriert ist. Mit blutendem Herzen muss er jährlich fünfzehn seiner Schutzbefohlenen auswählen und auf den Weg nach Potosí schicken, eine Reise, von der viele nicht zurückkehren. Die Kolonialverwaltung hält an der *mita de Potosí* fest, auch wenn diese längst obsolet geworden ist. Denn die Ergiebigkeit der Silberadern hat ständig abgenommen, so dass manche Minenbesitzer die ihnen zugeteilten In-

---

41 Manuel de Mendiburu: Diccionario histórico-biográfico del Perú, tomo VIII, Lima 1890, S. 109.

dios einfach als Arbeitskräfte weitervermieten. Bei seinen Kontakten mit anderen Curacas wird José Gabriel das Problem diskutiert haben. Schließlich bringt er zumindest die Curacas der Provinz Canas y Canchis dazu, ihm eine Vollmacht auszustellen, die er 1777 bei seinem Besuch in Lima dem Vizekönig mit der Forderung nach Abschaffung der Mita vorlegen wird.

Das nächste große Problem stellen die Tributzahlungen dar, erhoben nach Listen, die mit der tatsächlichen Zusammensetzung der tributpflichtigen Bevölkerung längst nicht mehr übereinstimmen. Gerade in der südlichen Sierra ist die Tributlast besonders hoch, da die Tribute nach Wirtschaftsleistung festgesetzt wurden und hier die früher produktiven Minen existierten. Mittlerweile haben sich die Minenaktivitäten mehr auf Zentralperu verlagert, ohne dass die Tributhöhe angeglichen worden wäre. So kann für Lima um 1772 ein Tribut pro Kopf von 5,4 Pesos errechnet werden, für Cuzco von 6,7 und für La Paz gar von 8,1.[42] Verstorbene Tributpflichtige kann der zuständige Curaca nicht einfach melden und streichen, häufig verlangen die Aufsichtsbeamten einen Abgleich mit den Sterbelisten der Pfarrgemeinde. Andererseits bietet sich durch doppelte Buchführung nicht nur den Corregidores, sondern auch unredlichen Curacas ein weites Feld der persönlichen Bereicherung.

Werden festgesetzte Tributgelder unvollständig oder mit zeitlichem Verzug abgeführt, kennen viele Corregidores keine Gnade. In klarer Überschreitung ihrer Befugnisse spannen manche ihre Curacas in den Block, lassen sie verprügeln oder sperren sie ein. Mit etwas Glück interveniert der *Protector de Naturales,* ein seit den Tagen des Vizekönigs Toledo in Lima, Cuzco und einigen größeren Städten amtierender „Beschützer der Ureinwohner“ zu ihren Gunsten. So schuldet Nicolás Isla, ein Curaca aus der Gegend von Ayacucho 1703 seinem Provinzverwalter 578 Pesos, die er von 86 gelisteten Tributpflichtigen hätte einziehen sollen. Seine Begründung, wegen der großen Armut der Leute habe er den Betrag nicht erheben können, wird zurückgewiesen. Der Streit zieht sich hin, 1704 flieht Don Nicolás, um sich der Festnahme zu entziehen, wird im Mai 1705 aber verhaftet und in das Gefängnis von Huamanga gesteckt. Er und andere Curacas schicken einen Delegierten nach Lima, um die Tributlisten für null und nichtig erklären zu lassen. Im September wird er dann auf Kaution freigelassen.[43]

---

42 Jürgen Golte: Repartos y rebeliones. Túpac Amaru y las contradicciones de la economía colonial. Lima 1980, S. 71.

43 Vigilio Galdo Gutiérrez: Curacas en la Sierra Central Sur Andina, fines del siglo XVII y principios del XVIII. In: III Congreso Peruano. El Hombre y la Cultura Andina – Actas y trabajos. Segunda Serie, Tomo IV, Lima 1978, S. 593.

In einem anderen Fall lässt der Corregidor von Cajamarca Andrés Carlos de Arroyo einen Curaca auspeitschen. Der Protektor der Audiencia von Lima, der Graf Villanueva, schreitet ein und macht dem Provinzoberen den Prozess. In der Urteilsbegründung heißt es, dieser habe es „an Respekt und Rücksichtnahme fehlen lassen, den alle amtierenden Kaziken und die anderen vornehmen Indios verdienen“.[44] Hinter solchen Manifestationen der Milde steht oft die Befürchtung der Behörden, die Indios könnten sich dem Tributzwang durch Abwanderung in andere Regionen entziehen. Solche *forasteros* (Fremde), die mit ihrem Wegzug auch ihren Anspruch auf die Bodennutzung in ihrer Heimatgemeinde verlieren, stellen bald einen bedeutenden Faktor in der demographischen Struktur des Vizekönigreiches Peru dar. Die um Erhöhung des Steueraufkommens bemühte Wirtschaftspolitik der Bourbonen erwägt zu José Gabriels Zeiten, auch die *forasteros* zur Tributleistung heranzuziehen, was der kommenden Rebellion weitere Nahrung liefert.

Die schlimmste Belastung für die indigene Bevölkerung ist jedoch eine andere Erfindung der Kolonialmacht. Nachdem den Corregidores anfangs eigene wirtschaftliche Tätigkeiten untersagt waren, änderte sich dies ab der Mitte des 18. Jahrhunderts mit der Legalisierung des *repartimiento* oder des *reparto de mercancías*, der zwangsweisen Warenverteilung an die Indios, die so durch die Gewährung eines ungewollten Kredits aus ihrer weitgehend autarken Wirtschaftsweise gerissen und in die kapitalistische Güterproduktion und -vermarktung integriert werden. Warum man den einfachen Indio derart „beglücken“ muss, liest sich bei Demetrio Egan, dem Corregidor von Arica, so: „Der Indio an sich ist arm, faul, verschlagen, elend und dem Suff ergeben, der sein Hauptlaster ist; wenn man ihn nicht ans Arbeiten bringt, geht er völlig vor die Hunde.“[45]

Ihm entgegnet ein Kollege, Miguel Feijoo de Sosa, der ab 1757 Corregidor von Trujillo war und für das gesamte Vizekönigreich die Tabaksteuer organisierte, ansonsten als eminent gebildeter Aufklärer betrachtet werden muss: „Dass sie faul bei der Arbeit sind, ist absolut falsch, denn sie sind fleißig und haben eine große Veranlagung für die Landwirtschaft und die mechanischen Künste, was mir besonders aufgefallen ist. Hier innerhalb unserer Mauern gibt es mehr als 2.500 Indios in Berufen wie Schneider, Schuster, Knopfmacher … Diese Qualitäten können ihnen eigentlich nur von Blinden abgestritten werden, die weder Licht noch Farben wahrnehmen. Allerdings

44 Díaz Rementería, Carlos J.: El cacique en el virreinato del Perú – estudio histórico-jurídico. Sevilla, 1977, S. 105.

45 Alfredo Moreno Cebrián: El corregidor de indios y la economía peruana en el siglo XVIII. Madrid, 1977, S. 526.

gibt es auch unter den Politikern einige Skeptiker, die noch nicht einmal die offensichtliche Wahrheit anerkennen."[46] Und an anderer Stelle erklärt er den Alkoholismus unter Indios damit, dass es gerade die Corregidores sind, die ihnen Alkohol verkaufen.

Beide Corregidores sehen als Grundübel in der Ausgestaltung ihrer Tätigkeit den Ämterkauf, die geringe Bezahlung und die Notwendigkeit der Krone, größere fiskalische Einnahmen aus ihren Kolonien zu generieren. Während der in Peru geborene Feijoo als liberaler Intellektueller und Fürsprecher der Indios zwar das Amt des Corregidors nicht grundsätzlich in Frage stellt, wohl aber das System des Reparto abschaffen will, weil es auch seiner Vorstellung vom Freihandel widerspricht, will der aus Spanien eingereiste Ex-Militär Egan nur die Auswüchse des Systems bekämpfen und sieht das Amt des Corregidors auch als Bollwerk gegen den wachsenden Einfluss von Criollos und Mestizen, hinter denen die zu kontrollierende Bevölkerungsmehrheit von Indios, Sklaven und Castas als Gefahr für die Hegemonie Kontinentalspaniens lauert. Auch wenn selbst Egan ein grundsätzliches Unbehagen über die Praxis des Reparto verspürt, hält er aus realpolitischen Gründen dennoch an ihm fest: „Auch wenn der Reparto dem Naturrecht zuwider läuft, ist er für den Indio ein notwendiges Übel. (…) Und wie es auch gegen die Religion ist, Bordelle zu unterhalten, so sind sie doch in Rom und anderen katholischen Städten erlaubt, um Schlimmeres zu vermeiden, und daher ist der für die Indios unter Berücksichtigung ihrer Lebensumstände nötig."[47]

Positiv beeinflusst hat der Reparto offenbar besonders die Lebensumstände des Corregidors Egan. Er selbst gibt seine „Steuererklärung" preis. Demnach konnte er in Arica (im heutigen Nordchile) legal 2.000 Maultiere für 70.000 Pesos und Textilien für 20.000 Pesos verteilen. Dem stehen 71.340 Pesos an Ausgaben gegenüber, und zwar für anfallende Steuern, Einkauf der Waren, Personal, Rechtsanwälte und seine Residenz, letztere soll 15.000 Pesos in fünf Jahren verschlungen haben, erstaunlich bei einem Gehalt von 7.500 Pesos in derselben Zeitspanne. Somit verbleibt ein positiver Saldo von 18.660 Pesos, ein für die damaligen Verhältnisse erklecklicher Gewinn.[48] Der Corregidor weist allerdings darauf hin, dass Zahlungsausfälle und sonstige Verluste, die er auf 10% beziffert, nicht in der Aufstellung enthalten sind,

46 Ibid., S. 527.

47 Alfredo Moreno Cebrián: La línea reformista peruana en la dotación de corregidores y extinción de repartos. In: Actas del Coloquio Internacional „Túpac Amaru y su tiempo". Lima, 1982, S. 391.

48 Alfredo Moreno Cebrián, 1977, a.a.O., S. 516.

genauso wenig verrät er, ob es bei der offiziell erlaubten Warenverteilung geblieben ist.

Eine einsame Stimme in der Wüste wie die des Feijoo de Sosa kann an der immer krasser werdenden Praxis der Warenverteilung nichts ändern. Die Vertreter der Krone, die sich in dem Zwiespalt befinden, Steuereinnahmen für die Staatskasse zu requirieren und andererseits die Schutzbestimmungen für die Indios ernst zu nehmen, entscheiden sich dafür, die ominöse Praxis zu regulieren, „humaner" zu gestalten. Ein königliches Edikt vom 15. Juni 1751 autorisiert die Repartos zwar, ein weiteres Edikt gibt aber bereits einen Monat später, am 17. Juli, verbindliche Tariflisten aus, wonach, von Provinz zu Provinz unterschiedlich, Qualität, Menge und Preis der verteilbaren Güter festgesetzt werden. Im Laufe der nächsten Jahrzehnte verdreifacht sich allerdings das Volumen der Repartos teilweise bis zur (offiziellen) Abschaffung der Praxis nach dem Aufstand von José Gabriel Condorcanqui alias Túpac Amaru, was aber nicht bedeutet, dass sich die Corregidores danach an die Vorgaben halten.

Verteilt werden sollen für die Indios „nützliche" Güter wie Stoffe, Werkzeuge, Maultiere, die sie beim Vorhandensein von Lamas überhaupt nicht benötigen, abgesehen davon, dass man ihnen häufig schlechte Tiere zu überteuerten Preisen aufzwingt. Aber auch Unnützes wie Bücher, Brillen oder Rasierklingen (für bartlose Indios) kommen zur Verteilung, die viele nur bezahlen können, indem sie etwa Lohnarbeit auf landwirtschaftlichen Gütern verrichten. Beschwerden gegen die Praktiken eines Corregidors landen bei dem zuständigen Provinzrichter: dem Corregidor.

In den 70er Jahren des 18. Jahrhunderts, also wenige Jahre vor dem Aufstand Túpac Amarus, bewertet ein gewisser Gregorio de Cangas in einem Bericht an den Vizekönig Amat die Rendite verschiedener Provinzen, indem er das Gehalt des Corregidors in Bezug zu der Höhe der Repartimientos setzt und gibt sogar Rating-Noten. Von „geringem Nutzen" etwa ist der Bezirk Cercado (Lima), denn einem Jahresgehalt von 1.000 Pesos stehen lediglich Waren für 10.000 Pesos in fünf Jahren gegenüber. Der Corregidor von Huarochirí wird mit 800 Pesos etwas geringer entlohnt, darf aber in fünf Jahren Waren im Wert von 140.000 Pesos verteilen. Wertung: Erstklassig! Vergessen wird beim Ranking nicht, wie leicht die Gelder einzutreiben sind und, wenn der Preis in Naturalien bezahlt wird, wie profitabel sie gegen harte Währung eintauschbar sind.[49]

---

49 Ibid., S. 78.

Was sich auf Provinzebene im Produktionsbereich abspielt, spiegelt die Weltwirtschaft im Kleinen exakt wider. Der Corregidor erhält einen Teil des Tributs von den Dorfgemeinschaften in Schafwolle, die er an eine Spinnerei, einen Obraje, weiterreicht, in dem oft Mitayos, also billige indianische Zwangsarbeiter, ihren Frondienst ableisten. Das Produkt des Obraje geht dann über das System des Repartimiento an eben jene Indios zurück, die den Rohstoff und die Arbeitskraft zur Verfügung gestellt haben. Der Corregidor verdient am Verkauf, der Staat an den anfallenden Steuern, der *alcabala,* eine klassische Win-Win-Situation, nur nicht für die Indios, die brutal in ein System gezwungen werden, das einen Mehrwert ausschließlich für die *puka kunka*, die „Rotnacken", und vielleicht einige Kollaborateure unter den Curacas abwirft. Oft ist die Lage der Dorfgemeinschaften so dramatisch, dass sie sich immer häufiger in Gewalt entlädt. Vor allem nach 1720, als durch die bourbonischen Reformen die Steuerschraube noch einmal angezogen wird, kommt es zu Dutzenden von Morden an Corregidores und Unruhen von lokaler Bedeutung, da ein den Unmut kanalisierender Kopf noch fehlt.

Doch die Erfahrungen, die der junge Curaca José Gabriel Condorcanqui mit der Kolonialbürokratie macht, verdichten sich in seinem Innern zu einer immer größer werdenden Wut und irgendwann zu dem Wunsch, die Unzufriedenen zu organisieren und ihnen eine Stimme zu geben. Kurz nach seiner Hochzeit im Jahre 1760 hat José Gabriel erste Erfahrungen mit der Willkür der Corregidores gemacht. Der für die Provinz Canas y Canchis zuständige Provinzobere Gonzalo de Viana hat ihn, wie er im Verhör nach der Rebellion aussagt, in unendliche Bedrängnis mit dem Reparto gebracht, „und einmal gab er ihm zehn Ladungen, die er nach Cuzco bringen sollte, und unterwegs verlor er ein Maultier samt Ladung, die ihn der Corregidor erstatten ließ, und auch die Frachtrate wollte er nicht zahlen."[50] Der Vorfall scheint die offizielle, 1766 erfolgte Anerkennung José Gabriels als Curaca principal für die Dörfer Surimana, Tungasuca und Pampamarca erheblich verzögert zu haben.

Wenn sich José Gabriel anfänglich mit dem Corregidor von Tinta, Pedro Muñoz de Arjona, der von 1766 bis 1771 amtiert, einigermaßen arrangieren kann, ändert sich dies, als es zwischen den beiden zu einem offenen Konflikt kommt. Die Hintergründe sind unklar, entweder kam es bei einer Warenverteilung in Surimana zu einem Tumult, an dem José Gabriel nicht unbeteiligt war, oder es fehlten Tributgelder, denn der Corregidor zwang die Indios, kostenlos Dung als Brennstoff abzuliefern, den sie normalerweise verkauft hätten, weshalb ihnen dieses Geld nun für die Erfüllung ihrer Tributpflicht

50 CDBRETA III, S. 139.

fehlte. Offenbar beschwerte sich einer der Steuereintreiber Muñoz de Arjonas, der Curaca habe ihn bei der Erfüllung seiner Tätigkeit behindert. Der Corregidor enthebt José Gabriel zeitweise seines Amtes, wirft ihn für zwölf Tage in das Gefängnis von Tinta und setzt seinen Kassierer Estéban Zuñiga, einen Mestizen aus Sicuani, als Curaca ein, muss diese Willkürmaßnahme aber rückgängig machen, als José Gabriel juristisch dagegen vorgeht und darauf pocht, dass sein ererbtes Recht und seine Abstammung von den Inkas juristisch höher zu bewerten sei als aktuelle Verwaltungsakte. Wenig später gerät der junge Curaca mit mehreren Steuerbeamten aneinander; der eine stellte ihm nie geliefertes Metall in Rechnung, der andere stiehlt ihm eine Ladung Kartoffeln für 60 Pesos von Feldern, deren Ertrag dem Curaca zugestanden hätte. José Gabriel legt Beschwerde ein und bekräftigt: „Ich schwöre bei Gott und dem Kreuz, dass die Klage, die ich gegen den besagten Don Gerónimo Cano betreibe, gewiss und wahr ist.“[51]

Mit diesen und sicher auch anderen nichtdokumentierten Konflikten wächst der Erfahrungsschatz José Gabriels im Umgang mit den spanischen Autoritäten. Sein gutes Verhältnis mit dem nächsten, humaner agierenden Corregidor Juan Antonio Reparaz bewirkt offenbar, dass José Gabriel die Planung seines Aufstandes zunächst weniger intensiv betreibt. Letztlich wird ihm aber klar geworden sein, dass seine durchaus privilegierte Stellung als Angehöriger des indianischen Adels trotz allem Gefährdungen ausgesetzt ist. Um seine Position als erbberechtigter Curaca, der sich auf die letzten Inkaherrscher zurückführt, abzusichern, beschließt er, das vakante Marquesat von Santiago de Oropesa zu beantragen, ein vererbbarer spanischer Adelstitel, den König Felipe III. 1614 an Ana María Lorenza de Loyola, eine Enkelin des Inka Sayri Túpac, vergab und mit vier Dörfern als Lehen ausstattete. Der Titel wurde in weiblicher Linie weitervererbt, bis die fünfte Marquesa 1741 ohne Erben starb. Per königlichem Erlass vom 16. Oktober 1744 wurde das Lehen zu Lasten der Staatskasse weitergeführt.[52] Anspruchsberechtigt waren nun die direkten Nachfahren des jüngsten Bruders von Sayri Túpac, Túpac Amaru, auf den sich die Familie Condorcanqui zurückführt. Mit der verbrieften Angehörigkeit zum indianischen Hochadel würde José Gabriels bisher eher behauptete als amtlich dokumentierte Abstammung und sein Anspruch auf das Amt des Curaca principal unantastbar. Dummerweise gibt es in

51 José Antonio del Busto Duthurburu, a.a.O., S. 75.

52 John Howland Rowe: Genealogía y Rebelión en el siglo XVIII. Algunos antecedentes de la sublevación de José Gabriel Thupa Amaro. In: Histórica, Vol. VI, Núm. 1, Julio de 1982, S. 66.

Cuzco einen reichen Mestizen namens Diego Felipe Betancour, der bereits seit 1751 den Anspruch auf das Marquesat erhebt, darüber alt geworden ist und seine Bemühungen schon einstellen will, als er von dem Ansinnen des frechen Curacas aus der Provinz erfährt, der ihm den noch gar nicht erworbenen Titel streitig machen will. Der alte Betancour und seine Familie beschließen zu kämpfen. Die mit dem Konflikt befassten Behörden in Cuzco erklären, die Frage könne letztlich nur vor dem Vizekönig in Lima entschieden werden. Dorthin mögen sich die Kampfhähne wenden.

Betancour schickt seine Enkel in die Hauptstadt, nachdem einer von ihnen zuvor in den Kirchenbüchern von Pampamarca nach Dokumenten über die Familie seines Großvaters gesucht und dabei möglicherweise José Gabriel betreffende Papiere entwendet hat. Dieser stellt ein umfangreiches Dossier zusammen, um seine Ansprüche zu begründen, und macht sich reisefertig. Denn für ihn steht viel auf dem Spiel. Man könnte ihm sein Curaca-Amt entziehen, wenn das Marquesat an Betancour fiele. José Gabriel wäre dann ein einfacher Indio, ohne Privilegien, tribut- und mitapflichtig wie alle Indios seiner Dörfer.

Doch es geht ihm nicht nur um seine Person. In Lima will sich José Gabriel als Vertreter aller Curacas seiner Provinz vorstellen und mit Nachdruck zwei Forderungen erheben: Abschaffung der Mita und das Aus für die Zwangsverteilung von Waren, den Reparto. Ende 1776 macht er sich reisefertig und gibt die Führung seiner Geschäfte in die Hände seiner Frau Micaela.

3.
Die Reise nach Lima

In den letzten Apriltagen des Jahres 1777 erreicht José Gabriel Lima, die Hauptstadt des Vizekönigreiches. Über welche der drei möglichen Routen er angereist ist, bleibt im Gegensatz zu seiner Rückreise zehn Monate später im Dunkeln. In der Stadt wird er von seinem Freund Miguel de Montiel, den er in Cuzco kennengelernt hat, empfangen und in einem Haus gegenüber dem 1573 von einer Schwägerin Francisco Pizarros gegründeten Kloster La Pura y Limpia Concepción (Die Reine und Saubere Empfängnis) untergebracht. Bei seinen ersten Erkundungen der Stadt dürfte er die zu diesem Kloster gehörende Kirche mit ihren prachtvollen Altären besucht haben. Seit über hundert Jahren ist dort der Altar Johannes des Täufers mit zwölf Reliefs aus der Werkstatt des Sevillaner Meisters der polychromen Schnitzkunst Juan Martínez Montañés zu bewundern, gipfelnd in der makabren Präsentation des auf einem silbernen Teller liegenden Kopfes des Vorläufers Christi. 2000 Pesos hatte man für die Tafeln bezahlt, die noch ohne die endgültigen Verzierungen nach und nach aus Spanien herangeschafft und vor Ort vollendet wurden. Wie auch in allen anderen Kirchen Limas dominiert hier eine völlig andere Bildsprache als im heimischen Cuzco, wo die indianischen und mestizischen Künstler der „Schule von Cuzco" andines Denken mit christlicher Motivik zu versöhnen trachten, aber auch mit unterschwelligen Botschaften versehen, so Marcos Zapata mit seinem seit zwanzig Jahren in der Kathedrale von Cuzco hängenden Letzten Abendmahl, das Christus und seine Apostel um einen Tisch versammelt, auf dem sich statt Lammfleisch ein gebackenes Meerschweinchen und nebst Maiskolben und anderen regionalen Produkten das aus Mais gefertigte Erfrischungsgetränk Chicha Morada finden. Dass die Quasi-Idylle getrübt wird durch die in einer Diagonale liegende, das Prinzip der Gerechtigkeit negierende Kreuzigungsszene und den einzig dem Betrachter zugewandten Judas mit seinen Silberlingen und den Zügen Francisco Pizarros, macht das Gemälde zu einer Chiffre kulturellen Widerstands und einer Anklage gegen die nun schon zweihundert Jahre währende koloniale Ausbeutung.

Nicht nur die Ikonographie des Kircheninneren ist eine andere als die der ebenfalls im barocken Stil erbauten Kirchen Cuzcos. Wenn José Gabriel ins Freie tritt, glaubt er in einer anderen Welt zu sein. Nun hört er nicht mehr das vertraute Quechua, das in Cuzco nicht nur von Indios gesprochen wird. Diese bilden hier offensichtlich eine Minderheit, sind auch europäischer gekleidet. Die meisten tragen Hemden, nicht wie in Cuzco, wo Indios ausschließlich mit dem *uncu*, einem hemdartigen Kleid ohne Ärmel und Kragen, bekleidet sind. Stark ins Auge fällt der große Anteil von Schwarzen und Mischlingen in jeder Schattierung. Nicht mehr alle sind Sklaven, und die es noch sind, dürfen teilweise einer eigenständigen Tätigkeit nachgehen, um sich eines Tages freikaufen zu können. Groß scheint auch der Anteil derer zu sein, die nur herumlungern, sichtlich verwahrlost sind und auf eine Chance warten, irgendwie zu Geld zu kommen, um den Tag zu überstehen.

Unter den besser Situierten gehört ein großer Prozentsatz dem geistlichen Stand an. Durch ihre schiere Zahl scheinen sie die Stadt zu überfluten. Nie hat der Gast aus dem Hochland derart viele Kuttenträger und Nonnen auf den Straßen gesehen, kein Wunder bei den 26 Männerklöstern, den 14 Frauenkonventen und den 10 Beateríos, die im Rang unter den anerkannten Damenklöstern stehen und stets auf eine Höherklassifizierung hoffen, was aber das Plazet des Papstes oder des Königs erfordert. Hier sammeln sich zahlreiche Frauen, die infolge einer zu niedrigen Mitgift keine Aussicht auf eine halbwegs standesgemäße Verheiratung haben. Viele Nonnen oder Beatas leben, da die Klöster überfüllt sind, bei ihren Familien. Der Nonnenstatus hindert sie nicht daran, sich prachtvoll herauszuputzen. Der gerade amtierende Erzbischof von Lima, Antonio de Parada, rügt die Nachsichtigkeit der Äbtissinnen gegenüber ihren unkontrollierbaren Nonnen und mahnt, keine Novizin solle sich mit Perlen, Diamanten und Goldschmuck behängen. Dabei haben sich schon seit dem 17. Jahrhundert diverse Vizekönige und Päpste bemüht, die Zahl der Klöster zu verringern, jedoch vergeblich. Auch aus Kirchenkreisen wird Klage über den Sittenverfall geführt. Es kursiert der Spruch: „La putería no quita Hidalguía" („Herumhuren tut dem Adelsrang keinen Abbruch"). Weltliche Priester halten sich häufig eine Konkubine, manchmal ist es eine Sklavin, der die spätere Freilassung versprochen wurde.

Ein besonderes Schauspiel bietet besonders die dem nichtkirchlichen Stand angehörende Damenwelt der besseren Gesellschaft; emblematisch für Lima die von vielen ausländischen Reisenden beschriebene *tapada*, bekleidet mit einem wallenden Rock und einem so um Schultern und Kopf geschlagenen Umhang, dass nur ein Auge zu sehen ist. Derart kokettierend, die Männerwelt aufreizend, stolzieren sie durch die Straßen Limas. Schwer zu sagen, ob sich hinter dem Überwurf eine eher reifere Dame oder eine aufblühende Schönheit verbirgt, und es soll vorgekommen sein, dass Männer einer Vorüberrauschenden Komplimente zuwarfen und nicht bemerkten, dass es sich bei der Angesprochenen um die eigene Ehefrau handelte.

Tapadas

Weniger verhüllt zeigen sich die Frauen der Unterschicht, vor allem Mulatinnen. Der andalusische Schriftsteller Terralla y Landa gibt in seiner Schrift „Lima von innen und außen" (*Lima por dentro y por fuera*) einem Freund, der von Mexiko nach Lima ziehen will, Ratschläge und schreibt: „Du siehst viele Mulattinnen sich dem Geschäft widmen, die einen dem des Fleisches, die andern demselben."[53] Und was die tapadas angeht, warnt er vor Annäherung. Hinter dem Schleier könne eine „Negerin oder ein schreckliches Skelett"[54] stecken. Für ihn ist Lima der Inbegriff des Chaos, der Barbarei, des Irrationalen.

Von den etwa 55.000 Einwohnern Limas sind die wenigsten Mutterlandspanier (*chapetones*[55]) oder in Amerika geborene Criollos. Da es erst für

---

53 Esteban de Terralla y Landa: Lima por dentro y por fuera. University of Exeter, 1978, S. 8.

54 Ibid., S. 67.

55 „chapetón" (= Unerfahrener) ist der von den in Amerika geborenen Criollos benutzte

1792 einen halbwegs zuverlässigen Zensus gibt, kann die ethnische Zusammensetzung nur vermutet werden. Für 1792 werden demnach 17% „Spanier" gelistet, worunter Festlandspanier und Criollos zu verstehen sind, 42% gelten als Indios (gegen 74% in Cuzco), 9% scheint für die Mestizos zu gering angesetzt, da wohl auch ein Teil der als Indios gelisteten Einwohner Mestizen gewesen sein dürften, die Castas stehen mit 12% und die Sklaven, also Afroperuaner, mit 20% zu Buche[56]. Der feineren Gesellschaft Limas sind die zahlenmäßig anwachsende Mischlingsbevölkerung und die aufsässigen Sklaven nicht geheuer. Die den Stadtkern umgebende Mauer, eigentlich gegen Piratenüberfälle gebaut, aber militärisch eher nutzlos, da nicht mit Kanonen bestückt, dient eher dazu, die Sklaven und das außerhalb wohnende Subproletariat nachts aus der Stadt fernzuhalten und die Zahl der Überfälle zu minimieren. Auch der aus Spanien gesandte Generalinspekteur (*Visitador*) José Antonio de Areche, der im selben Jahr wie José Gabriel mit großer Machtfülle ausgestattet in Lima eintrifft und sich hauptsächlich um die Erhöhung des Steueraufkommens kümmern soll, sieht die demographische Entwicklung kritisch und regt an, durch mehr Zuzug die dem Mutterland treu verbundene Einwohnerschaft zu erhöhen. Denn auch die Criollos sind unsichere Kantonisten. Wie loyal können sie, die oft in fünfter Generation am Pazifik leben, gegenüber einem Spanien sein, das nur sehr wenige von ihnen gesehen haben? Deutlicher als in Cuzco wird José Gabriel bei seinen Gesprächen mit kreolischen Intellektuellen deren innere Distanz zum etablierten Kolonialsystem und dessen Rechtfertigungsdiskurs spüren und in seine späteren Pläne einbeziehen.

Zunächst jedoch geht es ihm darum, vor der Aufnahme seiner Behördengänge die Stadt und ihre Menschen näher kennenzulernen. Nur vier Straßenzüge von seiner Wohnung am Concepción-Kloster trifft er auf das Herz der Stadt und damit des ganzen Vizekönigreichs, die Plaza Mayor oder Plaza de Armas, wo die „Stadt der Könige" (*Ciudad de los Reyes*) am Dreikönigstag des Jahres 1535 (nach dem Gregorianischen Kalender, am 18. Januar nach dem Julianischen) von dem Haudegen Francisco Pizarro gegründet wurde, dessen Gebeine nun in einem Gewölbe unter der Kathedrale ruhen und José Gabriel beim Betreten des Gotteshauses darüber sinnieren lassen, wie plötzlich und gewaltsam die Kultur seiner Vorfahren zerstört und von den aus Europa herbeiströmenden Besatzern dominiert worden ist.

---

pejorative Terminus für den Mutterlandspanier. Bekommt ihm das Klima nicht, leidet er an der „chapetonada".

56 Compendio de historia económica del Perú, vol. 3: Economía del período colonial tardío. Banco Central de Reserva del Perú (1ª edición digital) 2020, S. 25.

An der Kathedrale werden in einer dritten Bauphase immer noch die Schäden des Bebens von 1746 behoben. Es heißt, die feierliche Einweihung des renovierten Kirchenschiffs sei für das nächste Jahr in Aussicht gestellt. Die Höhe der Türme hat man gegenüber dem Vorbau reduziert. Noch bescheidener aber wirkt auf den Besucher der Anblick des vizeköniglichen Palastes schräg gegenüber, ein langgestrecktes zweistöckiges Gebäude mit einem wenig prachtvollen Eingangstor im Zentrum. Neben der Residenz des Vizekönigs und seiner Verwaltung beherbergt der einen ganzen Straßenblock umfassende Komplex auch die Audiencia und die zentrale Kasse. Hier wird José Gabriel in wenigen Tagen nach Rücksprache mit seinen orts- und amtskundigen Ratgebern vorsprechen, seinen Prozess voranbringen und seine Forderungen nach besseren Lebensbedingungen für die Indios auf den Tisch legen.

Wenn sich José Gabriel umschaut, bemerkt er der Kathedrale gegenüber das Gebäude des Cabildo, der Stadtverwaltung, und auf der vierten Seite zahlreiche Geschäfte und Verkaufsstände. Im Zentrum des Platzes steht ein steinerner Brunnen, um ihn herum lagern die Marktfrauen und bieten ihre Waren an. Ein reger Verkehr von bepackten Maultieren und Pferden sorgt für Lärm, Schmutz und Gestank. Da der Platz nicht gepflastert ist und es so gut wie nie regnet, wird viel Staub aufgewirbelt. Manchmal steht auf dem Platz auch ein Galgen, Stierkämpfe gibt es allerdings nicht mehr, da 1766 in der Amtszeit des Vizekönigs Amat eine Arena auf der anderen Seite des Rimac-Flusses eröffnet wurde. Auch eine Hahnenkampfarena hatte der Vizekönig der vergnügungssüchtigen Einwohnerschaft geschenkt.

José Gabriel hätte die Klassenunterschiede in Lima kaum besser studieren können als auf der Plaza Mayor, wo hohe Beamte in ihren Kutschen sich einen Weg durch das einfache Volk vorbei an den Markt- und Verkaufsständen bahnen und Priester und Nonnen den zahlreichen Kirchen und Klöstern der Stadt zustreben. Ein anderer Reisender, der Abbé Courte de la Blanchardière, der von 1745 bis 1749 in Peru weilte, hatte vermerkt: „Es gibt in Lima jede Menge Gold, Silber und Edelsteine und trotzdem ist die Mehrheit der Bevölkerung sehr arm, wobei wenig gebettelt wird. Das alles ist keineswegs verwunderlich, wenn man weiß, dass der spanische König jedes Jahr durch eine geschickte Politik beträchtliche Summen aus dem Land zieht.“[57] Innerhalb von zehn Tagen wurde der Franzose viermal bestohlen, erhielt aber auch ein äußerst wertvolles Geschenk von einem Geistlichen, nämlich einen Kno-

---

57 René Courte de la Blanchardière: Nouveau voyage fait au Pérou. Paris 1751, S. 127-128.

Plaza Mayor mit vizeköniglichem Palast (LimaPalacioVirreinal.tiff)

chen der heiligen Rosa von Lima, der ersten Heiligen Lateinamerikas. Etwas skeptisch fragte der Abbé nach einem Echtheitsbeweis, woraufhin man ihm ein von drei Notaren unterzeichnetes Zertifikat ausfertigte. In einem mit Gold und Smaragden verzierten Reliquiar brachte der Geistliche den Knochen nach Paris und übergab ihn dem Pfarrer von Saint-Sulpice.

Auch das Grab der Heiligen Rosa in der Basilika Santa Domingo, nur einen Häuserblock westlich des Vizeköniglichen Palastes gelegen, wird José Gabriel besucht haben. Schließlich kennt er die der Heiligen zugeschriebene Prophezeiung, der zufolge die Macht in Peru an die Indios zurückfallen wird, wenn die spanischen Herrscher genauso lange regiert haben wie die Inkas. Dies konnte 1750 der Fall sein, als es in Lima und Huarochirí tatsächlich zu Aufständen gegen die Kolonialherren kam. Nun regiert Spanien noch immer, aber auch die fatale Jahreszahl 1777 mit den drei Sieben bietet Anlass zu wilden Spekulationen. So hat im März 1776 der Mestize Juan de Dios Tupa Orcoguaranca Espinoza in einer Kneipe in Cuzco nach dem Genuss von Maisbier (*Chicha*) verkündet, die Indios würden sich erheben und die Corregidores, Alcalden und andere Weißgesichter töten. Dies sei sicher, denn die Indios von Cuzco hätten bereits einen König ernannt, der sie regieren solle. Vor Gericht gezerrt, benannte der wohl wieder nüchtern gewordene Angeklagte als Urheber des Gerüchts eine mit ihm verfeindete Person und das Ganze löste sich in Wohlgefallen auf.

Vom Palast des Vizekönigs sind es nur wenige Schritte bis zum Fluss Rimac, über den eine einzige Brücke führt. Der Fluss, ein eher schwaches Rinnsal, kann in der Zeit der Schneeschmelze in den Anden gewaltig anschwellen. Jenseits des Flusses reihen sich zunächst stroh- und schilfgedeckte Hütten aneinander, in denen die einfachen Handwerker und Tagelöhner hausen. Hier, im Viertel San Lázaro warten auf die Vergnügungssüchtigen zahlreiche Kneipen, Tavernen, Spelunken (*tambos*, *chinganas* oder *chicherías* genannt), in denen die sauer verdienten Pesos auf den Kopf gehauen werden und Räuber ihre Beute versaufen. Ab und zu versuchten Mitglieder der Stadtverwaltung, durch Verbote mehr Ordnung zu schaffen, doch ein Ablehnungsbescheid aus späterer Zeit besagt: „Das totale Verbot hätte schlimmere Konsequenzen, denn in einer Bevölkerung dieser Größe muss man dem gemeinen Volk eine seiner Schicht angemessene Erholung gönnen, so wie den kultivierten Leuten ihre Cafés und Weinhäuser.“[58]

Im Angesicht der Elendsbehausungen und seiner meist nur in den Tag hinein lebenden Bewohner mögen den Begleitern José Gabriels die bekannten Verse des Lyrikers und Satirikers Juan del Valle Caviedes (1645-1697) in den Sinn gekommen sein:

Privilegien des Armen
Der Arme ist dumm, wenn er schweigt,
und wenn er spricht, ein Plappermaul;
weiß er was, salbadert er nur,
und wenn er nett ist, ein Schlitzohr;
ist er höflich, nur aufdringlich,
leidet er nicht, überheblich;
feige, wenn er bescheiden ist,
ist er entschlossen, dann spinnt er,
wenn tapfer, dann zu waghalsig,
eitel, wo er nur diskret ist;
ein Schleimbolzen, wenn er gehorcht,
lehnt er ab, ein grober Klotz;
fordert er was, ist er dreist,
seine Verdienste schätzt man nicht;
seine Würde fällt keinem auf,
seine Kleidung ist ungepflegt;
arbeitet er, ist er gierig,
und ist’s genau anders herum:
ein heilloser Fall, wenn er ruht.
Das sind vielleicht Privilegien![59]

---

58 AGI Lima 773 in: Alberto Flores Galindo: Aristocracia y plebe. Lima, 1760-1830. Lima 1984, S. 178.

59 Obras de don Juan del Valle Caviedes (Clásicos Peruanos I). Lima 1947, S. 211.

Doch nur 900 Meter nach der Brücke und den Behausungen der einfachen Leute erwartet den Gast aus den Anden ein vor wenigen Jahren angelegtes Wunderwerk, die Alameda, eine Allee aus acht Baumreihen mit etwa 600 Weiden, verschönert noch durch drei Brunnen. Eine mittlere Piste ist für Reiter und die zirka 3000 Kutschen der feineren Gesellschaft bestimmt. Links und rechts verlaufen Gehwege für Fußgänger. Diese für die amerikanischen Kolonien einzigartige Parkanlage nach Sevillaner Vorbild endet in der Nähe der vom Vizekönig Manuel Amat y Junyent errichteten Stierkampfarena. Bald wurde der lauschige Ort zu einem bevorzugten Treffpunkt legaler und heimlicher Liebespaare. José Gabriels Begleiter können ihm manche Skandalgeschichte erzählen, und wenn in einer besonders prachtvollen Kutsche eine in kostbare Gewänder gekleidete Frau mit einem achtjährigen Jungen vorbeifährt, werden sie ihm zuraunen: „Die Perricholi!" Da die Gaceta de Lima, die einzige Tageszeitung des Vizekönigreichs, vor zehn Jahren ihr Erscheinen eingestellt hat und ohnehin nur in Lima kursierte, bedarf es weiterer Erklärungen zu der vorbeirauschenden Schönheit, die in Lima jeder kennt.

Die Perricholi, eigentlich Micaela Villegas, entstammt einfachsten Verhältnissen. Früh begann sie zu singen und Theater zu spielen. Als der Vizekönig Manuel Amat sie im Corral de Comedias sah, verliebte sich der 61jährige sofort in die 19jährige Komödiantin und machte sie zu seiner Maitresse. Limas aristokratische Gesellschaft hatte sie als Künstlerin verehrt und verurteilte sie jetzt als Hure. Unbeirrt hielt der Vizekönig jahrelang zu ihr, verhalf ihr zu Reichtum und ließ in der Nähe der Alameda ein prachtvolles Haus für sie bauen. Sie gebar ihm 1770 einen Sohn, Manuel, der Junge in der Kutsche. Als sie im Streit einen Theaterimpresario ohrfeigte, brach der Vizekönig mit ihr, um sich ein Jahr vor seiner Abreise nach Spanien mit seiner „Miquita" wieder zu versöhnen. Später würde sie heiraten, ein eigenes Theater eröffnen und sich als Geschäftsfrau betätigen. Nach dem Tod seines Vaters würde Manuel ins ferne Katalonien reisen, um sein Erbe einzuklagen, als uneheliches Kind aber abgewiesen werden. Das Bild der von vielen verleumdeten, eigenständigen, unternehmerischen, wohltätigen Micaela Villegas inspiriert noch Generationen von Schriftstellern und Komponisten, genannt sei hier nur Jacques Offenbach mit seiner Opera buffa „La Périchole".

José Gabriel unternimmt in den ersten Wochen seiner Anwesenheit in Lima noch zahlreiche Erkundungen, allein oder in Begleitung seiner immer zahlreicher werdenden Freunde. Keine zwei Straßenzüge von seiner Unterkunft entfernt stößt er bei einem seiner nächsten Spaziergänge auf den Palast der Inquisition. Dass er als Indio vom *Santo Oficio* nichts zu befürchten hat, ist ihm wohl klar, doch worin besteht die Existenzberechtigung dieser früher als Staat im Staate gefürchteten Institution, deren Macht seit dem Beginn der bourbonischen Herrschaft ständig bröckelte? Seine vom Gedankengut der Aufklärung infizierten Begleiter wissen sehr wohl, dass sie als Leser von Rousseaus *Contrat Social* und ihre Freunde aus den Freimaurerlogen im Visier der Inquisitoren und ihrer Zuträger stehen, auch wenn sie die Bedrohung nicht als erheblich einschätzen. Die Arbeit der Inquisition beschränkt sich vor allem auf die Zensur von Druckwerken, das Aufspüren von Kryptojuden und Lutheranern (53 von insgesamt 319 aktenkundigen Fällen im 18. Jahrhundert), die Bestrafung von Bigamisten (77), von Hexerei und Zauberei (90), die Ächtung blasphemischer und skandalöser öffentlicher Äußerungen (49) und kirchenintern auf Fälle von „solicitatio ad turpia“ (20), worunter sexueller Missbrauch im Zusammenhang mit der Beichte zu verstehen ist.[60]

Trotz ihrer perversen Verfasstheit und ihrer schaurigen Methoden gehen auf das Konto der Limenser Inquisition „nur“ – im Vergleich zu den Hexenverfolgungen in Mitteleuropa – 32 Morde, und der letzte und einzige im 18. Jahrhundert belegt exemplarisch ihren Niedergang. 1736 wurde die aus Toledo stammende María Francisca Ana de Castro als heimlich das Judentum Praktizierende den Flammen übergeben, obwohl sie Reuebekundungen abgegeben haben soll und aus Spanien Order ergangen war, ihr Leben zu schonen. Offenbar ging es dem Inquisitor Cristóval Sánchez Calderón um eine Machtdemonstration, was den Vertreter der weltlichen Macht, den Staatsanwalt Mateo de Amusquíbar veranlasste, den Kirchenfürsten der Korruption anzuklagen. Er habe sich an den konfiszierten Gütern seines Opfers persönlich bereichert, ein Motiv, das auch anderen Inquisitionsprozessen zugrunde gelegen hatte. Tatsächlich wurde der als Lebemann berüchtigte Inquisitor verhaftet und nach Spanien abgeschoben, durfte aber 1747 nach Lima zurückkehren. So konnte er seinen ehemaligen Stellvertreter Diego de Unda wieder treffen und ein Jahr später an seiner Beerdigung teilnehmen, nachdem der frühere Zechgenosse in den Armen einer Geliebten verstorben war.

Auch im 18. Jahrhundert konnten heterodoxes Gedankengut oder loses Mundwerk seinen Urhebern gefährlich werden. Als der blinde Mercedariermönch und stadtbekannte Volksdichter Fray Francisco de Castillo (Spitzname: „el Ciego de la Merced“) sich der Aufgabe stellte, ein Gedicht mit dem vorgegebenen Vers (*pie forzado*) „Gott und Teufel sind gleich viel wert“ enden zu lassen, entging er dem ausgelegten Fallstrick, indem er dichtete:

---

60 http://www.gabrielbernat.es/espana/inquisicion/ie/ia/inquiscionperu/inquiscionperu.html (abgerufen Febr. 2021).

Ein berühmter Schreiner schnitzte
einen Christus aus Pinienholz,
und machte noch einen Teufel,
sehr hübsch, und stellte beide aus.
Da kam ein ziemlich bekannter
und reicher Organist vorbei
und fragte: „He, Don Antonio,
was sollen die beiden kosten?“
Und er: „Mein Herr, weil Ihr es seid:
Gott und Teufel sind gleich viel wert“.[61]

Weniger Glück hatte 150 Jahre früher der Baccalaureus Juan Bautista del Castillo, der sich in der Kneipe mit einem Dominikaner über die Frage stritt, ob Adam, der erste Mensch, einen Bauchnabel hatte. Der Mönch glaubte, mit allerlei theologischen Spitzfindigkeiten beweisen zu können, dass Adam sich in Nichts von seinen Nachfahren unterschied, während der mehr naturwissenschaftlich orientierte Baccalaureus aufgrund der fehlenden Mutter nicht vom Vorhandensein der Geburtsnarbe ausging. An der Diskussion ergötzte sich halb Lima, nur die Inquisition mochte der Angelegenheit nichts Komisches abzugewinnen. Man stellte Nachforschungen an und entdeckte, dass der aus Portugal stammende Vater Juan Bautistas ein *marrano*, ein heimlicher Jude war und der Sohn offenbar auch. So wurde er am 10. Juli 1608 in einer feierlichen Zeremonie und im Beisein des Vizekönigs auf dem Friedhof der Kathedrale verbrannt.

Drei Jahrzehnte später, am 23.1.1639, beförderten die über die „Reinheit des Blutes“ (*limpieza de sangre*) wachenden Rassen- und Religionsfanatiker im größten Autodafé in der Geschichte der Limenser Inquisition elf Juden in den Tod, die meisten von ihnen angesehene Geschäftsleute mit weitreichenden Verbindungen nach Europa. So entledigte sich die „rechtgläubige“ Kaufmannschaft einer lästigen Konkurrenz, erhebliche Vermögenswerte konnten zunächst anderen Nutznießern zugeführt werden, doch letztlich endete die judeophobe Bereicherungsaktion mit der Zerstörung eines durch die jüdischen Kaufleute aufgebauten internationalen Netzwerks, ein veritables Desaster für den Handel Perus.

Unter den Hingerichteten ist besonders bemerkenswert der Fall des Arztes Francisco Maldonado da Silva. Als Sohn eines portugiesischen Juden im ar-

---

61 Ricardo Silva-Santisteban (ed.): Poesía Peruana: Antología General, tomo II: de la Conquista al Modernismo. Lima 1984, S. 335.

gentinischen Tucumán geboren, wurde er katholisch erzogen, rejudaisierte sich aber im Erwachsenenalter, nahm an sich selbst die Beschneidung vor und versuchte, auch seine im Kloster lebende Schwester an die Religion der Väter heranzuführen. Die aber wandte sich entsetzt an ihren Beichtvater, der wiederum die Inquisition informierte. Maldonado da Silva, der damals als erster examinierter Mediziner in Chile praktizierte, wurde nach Lima verbracht, wo er für zwölf Jahre in den Verliesen des Heiligen Offiziums verschwand. Seine Forderung, mit den besten Limenser Theologen zu diskutieren, wurde erstaunlicherweise erfüllt. Zwölfmal stellte er sich seinen *calificadores* entgegen, verteidigte teils in lateinischer Sprache das mosaische Gesetz, schmuggelte gar einen Brief an seine Glaubensbrüder in Rom aus dem Verlies, das sich, nachdem er schon jahrelang dort geschmachtet hatte, mit den aus ihrem Wirkungskreis herausgerissenen Kaufleuten füllte. Mit aus Maisblättern gefertigten Stricken konnte er nachts aus seiner Zelle klettern und seinen Haftgenossen Mut zusprechen. Mit ihnen zusammen erlitt er den Tod auf dem Scheiterhaufen. Ein weiteres, im Gefängnis gestorbenes Opfer wurde „in effigie" verbrannt.

Zwar haben die bourbonische Zentralgewalt, verschiedene Vizekönige und teilweise auch das Erzbistum die Macht der Inquisition beschnitten, doch als zahnlosen Tiger kann man sie noch nicht bezeichnen. Als Gedankenpolizei und Bollwerk gegen systemzerstörende Ideen funktioniert sie nach wie vor. So wird zum Beispiel die Inquisition per Königlichem Dekret vom 20. April 1778 angewiesen, alle verfügbaren Exemplaren des „perversen" Romans „Das Jahr 2440" (*L'An 2440*) öffentlich zu verbrennen. Der Autor dieses 1771 erschienenen Werks, Louis-Sébastien Mercier, erwacht darin im Jahr 2440 in einem schöneren Paris ohne despotische Erbmonarchie. In Frankreich verboten, erschien das Werk 1772 in London und wurde bald in mehrere Sprachen übersetzt. Es ist diese Art von Literatur, die es vor allem nach der Unabhängigkeitserklärung der Vereinigten Staaten von 1776 unter allen Umständen zu unterdrücken galt.

So vollzieht sich der Gedankenaustausch Túpac Amarus mit Gegnern des Kolonialsystems in seiner Unterkunft oder anderswo denn auch eher in der Form konspirativer Treffen. Die Verbindungen knüpft vornehmlich Miguel de Montiel, der die Unterbringung José Gabriels organisiert hat, eine schillernde Person. Auch er führt seine Herkunft auf den letzten Inka zurück. Aus der Gegend von Cuzco stammend, bereiste er schon mit fünfzehn Jahren weite Teile Perus und des heutigen Boliviens, schiffte sich in Lima nach Spanien ein und reiste nach England weiter, wo er mehrere Jahre verbrachte und das englische Regierungssystem schätzen lernte. Nach Peru zurückgekehrt, ist er überzeugt, man müsse die Spanier, die Amerika widerrechtlich besetzt halten, vertreiben, und wenn die Indios dazu nicht imstande sind, solle man die Engländer um Hilfe bitten, die „eine bessere Regierung hätten“.[62]

Montiel betreibt hinter dem Friedhof der Kathedrale einen kleinen Laden, vielleicht ist er auch nur ein *cajonero*, der seine Waren aus Kisten heraus verkauft. In der Nähe arbeitet der ebenfalls aus Cuzco stammende Schreiber Mariano de la Barreda, dessen Kenntnisse der vizeköniglichen Bürokratie für den aus dem Hochland angereisten Kaziken von großem Wert sind. Sowohl Montiel wie Barreda sind gleichermaßen José Gabriels engste Vertraute in Lima und spätere Mitwisser der revolutionären Umtriebe. Zu ihren Gesprächen an Montiels Verkaufsstand gesellt sich bisweilen ein weiterer Cusqueño, der Priester Vicente Centeno, eine mysteriöse Persönlichkeit, über den man wenig weiß, der den Behörden aber so suspekt ist, dass man ihn nach der Niederschlagung des Aufstands vernehmen will, doch da weilt er nicht mehr unter den Lebenden. Barreda seinerseits hat unter falschem Namen die Hauptstadt verlassen, kann aber in der Provinz Tarma festgenommen werden. Aus den Verhören geht hervor, dass Túpac Amaru seine Pläne „in Lima neun Personen von Kategorie anvertraute, die ihn aufforderten, zur Tat zu schreiten und nicht nach Spanien zu reisen“.[63]

Zu José Gabriels Bekanntenkreis in Lima zählt sogar ein *oidor*, ein Richter der Audiencia, namens Pedro Bravo de Rivera. Über welche Kanäle der Kontakt der beiden vonstatten ging, ist unklar. Jedenfalls dürfte José Gabriel große Hoffnung in dieses Mitglied des obersten Richtergremiums im Vizekönigreich Peru gesetzt haben, der die mitgebrachten Unterlagen des Kaziken inoffiziell prüft und für korrekt befindet. Als José Gabriel zwei Wochen nach seiner Ankunft in Lima von den Behörden angeforderte Dokumente nicht fristgerecht vorlegen kann, wird er auf Betreiben des Betancour-Clans inhaftiert, eine gänzlich ungesetzliche Maßnahme, da indianische Funktionsträger nicht wegen einer Ordnungswidrigkeit festgesetzt werden dürfen. Hier erweist sich die Unterstützung des Richters Bravo de Rivera unmittelbar nützlich, da dieser ihn aus dem Gefängnis frei bekommt und sogar seine Kutsche schickt, um ihn abzuholen. Für das spätere Verfahren insgesamt kann der Gönner allerdings wenig bewirken, da die Audiencia aus insgesamt acht Zivil- und vier Strafrichtern besteht, von denen die meisten Criollos sind. Gerade steht per königlichem Dekret vom 11. März 1776 eine Aufstockung um vier aus Spanien zu entsendende Mitglieder bevor, um so den Einfluss

62 Daniel Valcarcel: La rebelión de Túpac Amaru. Lima, 1973, S. 48.

63 CDBRETA IV, 2, S. 50.

der „amerikanischen“ Spanier zu verringern und das Gericht wieder völlig unter die Kontrolle der Krone zu bringen.

Neben Vertretern der Freimaurerlogen von Lima, die mehrheitlich antimonarchistisch eingestellt sind, lernt José Gabriel auch Professoren der Universität San Marcos kennen. Diese Institution befindet sich seit etwa einem Jahrzehnt in einer Phase der Erneuerung. Noch 1767 gab es dort neben juristischen fast nur theologische Lehrstühle, insgesamt achtzehn, die fest auf die Scholastik des Thomas von Aquin eingeschworen waren. Doch schon seit dem 17. Jahrhundert haben vor allem in jesuitischen Kreisen die Ideen des Probabilismus immer mehr Anhänger gefunden. Nach dieser Lehre ist die absolute Wahrheit nicht erkennbar, alles Wissen beruht nur auf Wahrscheinlichkeit, woraus als moralphilosophische Konsequenz folgt, dass eine Handlung dann erlaubt ist, wenn stichhaltige Gründe für sie sprechen. Die politische Sprengkraft des Probabilismus liegt in der Überzeugung, dass ein Untertan einem Befehl, den er für ungesetzlich hält, nicht gegen seine Auffassung gehorchen muss. Weiter gedacht ergibt sich daraus, dass ein Volk das Recht hat, sich gegen einen Tyrannen zu erheben.

Die Krone war alarmiert und musste tätig werden. Fast zeitgleich mit dem Verbot des Jesuitenordens erließ Karl III. 1768 ein Edikt gegen die Probabilisten im Universitätsbereich. Vizekönig Amat übertrug am 20. Februar 1769 das Königliche Gesetz auf seinen Amtsbereich durch ein Dekret, das die Professoren und Graduierten von San Marcos verpflichtete, keine probabilistischen Tyrannenmordtheorien zu lehren und diese Verpflichtung in die Universitätsverfassung aufzunehmen.[64]

Es war aber auch Amat, der dafür sorgte, dass endlich Disziplinen wie Arithmetik, Algebra, Geometrie und Physik ihren Platz im Universitätswesen einnahmen. Und so konnte man in San Marcos bald erstaunt die Theorien eines gewissen Isaac Newton aus Europa zur Kenntnis nehmen. In Cuzco forderte der hoch angesehene Ignacio Castro, Rektor des Real Colegio de San Bernardo, ein Bekannter José Gabriels, bei der Einführung des neuen Bischofs im Jahr 1771: „Schluss mit eitlen Spitzfindigkeiten; man soll Physik studieren und nicht die Natur den Ideen anpassen, sondern die Ideen den in der Natur beobachteten Effekten.“[65]

In Lima dürfte José Gabriel auch einen weiteren Bekannten aus Cuzco getroffen haben, der zu einem der brillantesten Intellektuellen des Vizekönigreiches aufgestiegen ist. José Baquíjano y Carrillo de Córdoba (1751-

64 Felipe Barreda Laos: Vida intelectual del Virreinato del Perú. Lima, 1964, S. 207.

65 Ibid., S. 221.

1819) entstammt einer begüterten Familie, war mit vierzehn Jahren bereits Doktor in Zivilem und Kanonischem Recht, diente zwei Jahre lang dem Bischof von Cuzco als Sekretär und reiste 1773 nach Spanien. Zum einen wollte er die neuesten philosophischen Strömungen vor allem der französischen Aufklärung näher studieren, zum anderen hoffte er, auf eine hohe Richterstelle in Amerika befördert zu werden. Leider verfiel er in Madrid dem Spiel und wurde nach Peru zurückgeschickt, wo der nun 26jährige 1777 ankommt und kurz danach einen juristischen Lehrstuhl an der Universität von San Marcos erhält. Er ist ein Verfechter neuerer Unterrichtsmethoden, propagiert die Ideen der Enzyklopädisten und tritt für die Meinungsfreiheit ein. Nach der Niederschlagung des Aufstands von Túpac Amaru wird er am 27.8.1781 als Vertreter der Universität seine berühmte Rede beim Amtsantritt des neuen Vizekönigs Agustín de Jáuregui halten und vehement gegen Unterdrückung und für die Rechte der Indios eintreten. Baquíjano y Carrillo ist außerdem Freimaurer. In Lima steht er dem „blauen“ York-Ritus nahe und wurde bei seinem Aufenthalt in Spanien, wo er seinen Freund, den ebenfalls aus Peru stammenden Aufklärer und Voltaire-Freund Pablo de Olavide wiedertraf, mit dem „roten“ Schottischen Ritus vertraut. Zurück in Lima versucht er beide Riten miteinander zu vereinen. Höchstwahrscheinlich ist durch ihn auch José Gabriel mit den Ideen der Freimaurerei bekannt geworden.

Wie die Gesellschaft der Dissidenten, die sich regelmäßig zu Diskussionen in José Gabriels Unterkunft trifft, jeweils zusammengesetzt ist, entzieht sich unserer Kenntnis. Doch dürften hier im Wesentlichen zwei Positionen vertreten gewesen sein, eine reformistische und eine radikalere, die auf ein Ende der Kolonialherrschaft abzielte. Von Huaman Poma de Ayala, der Anfang des 17. Jahrhunderts seine 1189-seitige Schrift *Primer Nueva Corónica y Buen Gobierno* vergeblich dem spanischen König zur Kenntnis bringen wollte, kann die konspirative Gesellschaft um José Gabriel nichts wissen. Das Werk erreichte seinen Adressaten, König Felipe III., nie und tauchte erst 1908 in der Königlichen Bibliothek zu Kopenhagen wieder auf.

Derselben Motivation, Missstände anzuprangern und Abhilfe einzufordern, entsprang in unmittelbarer Vergangenheit ein *Exclamación Reivindicacionista* (Aufschrei der Forderungen) betiteltes Memorandum aus der Feder von Fray Calixto de San José Túpac Inca, einem mestizischen Franziskanerbruder, der seine Herkunft mütterlicherseits auf den Inka Túpac Yupanqui zurückführte. Anlässlich der Feierlichkeiten zur Thronbesteigung von Fernando VI. hatten ihn führende Indiovertreter gebeten, ihre Erwartungen an den neuen Herrscher zu Papier zu bringen. So entstand ein Dokument, das auf verschiedene Forderungen hinauslief wie Aufhebung der Mita, Freiheit des Warenverkehrs, Abschaffung des Amtes der Corregidores, Schulen für die Kinder der Indios und eine strikte Befolgung der seit 1542 formulierten Indiengesetze (*Leyes de Indias*) mit ihren weitgehenden Bestimmungen zum Schutz der Urbevölkerung. Das den Indios auferlegte koloniale Joch vergleicht der Autor mit dem Schicksal der Juden: „Es scheint, dass uns Ägypter und nicht Spanier beherrschen, Pharaonen und nicht Katholische Könige, Nabuccos und nicht christliche spanische Könige.“[66]

Die Schrift enthielt explizit die Warnung, wenn die Übel nicht abgeschafft würden, könnte dies fatale Konsequenzen für die Krone haben. Fray Calixto ließ das Werk 1748 heimlich drucken, verteilte es an Indiovertreter in Lima und Cuzco, erhielt auch Zuspruch von Jesuiten des Colegio San Borja und machte sich mit einem Mitbruder unter Umgehung aller Kontrollen über Buenos Aires und Lissabon nach Madrid auf, um seine Schrift dem spanischen König vorzulegen. Tatsächlich gelang es ihm, Fernando VI. ein Exemplar zuzustecken, als dieser in seiner Kutsche an ihm vorbeifuhr. Spätere Nachfragen ergaben, dass der Monarch die Schrift tatsächlich gelesen und an den Indienrat zur Beurteilung weitergegeben hatte, wo sie offenbar in den Mühlen der Bürokratie versackte. Hartnäckiges Nachbohren führte zu nichts.

In Madrid traf Fray Calixto mehrere noble Indios aus Cuzco, darunter Juan de Bustamante Carlos Inga, der sich am Hof aufhielt und sich ebenfalls um Verbesserungen für seine Indios bemühte. Zusammen mit Julián Cirilo y Castilla aus dem mexikanischen Tlaxcala und Felipe Tacuri Mena aus Lima bildeten sie ein veritables panamerikanisches Netzwerk, das Auswege aus der zerstörerischen Akkulturation an das Kolonialregime suchte. Der Mexikaner begeisterte Tacuri Mena für das Projekt von Schulen unter ausschließlicher Führung von Indios, so dass dieser wiederum nach Lima schrieb, um für die Idee des Cirilo y Castilla zu werben: „Dieser Herr sagt, dass unser Verderben darin zu suchen ist, dass wir in zu großer Nähe zu diesen Raben leben.“[67]

Als der Brief auf die Reise ging, weilte Fray Calixto schon nicht mehr in Spanien. Man hatte ihn zunächst nach Valencia geschickt, wo er als Pater ordiniert wurde. 1753 durfte der frustrierte Mönch nach Lima zurückkehren, wo er in seiner Zelle so häufig Gleichgesinnte empfing, dass dem Vizekönig die Angelegenheit verdächtig vorkam, zumal zu dem Aufstand von Juan Santos Atahualpa am Ostrand der Anden noch 1750 die Rebellionen von Lima und Huarochirí hinzugekommen waren. Man durchsuchte seine Zelle nach

---

66 Francisco A. Loayza: Fray Calixto Tupak Inka, Lima, 1948, S. 10.

67 Ibid., Transkription des Briefes S. 80-83.

subversiven Schriften, verhängte Hausarrest in einem Kloster bei Lima und beförderte den aufsässigen Pater 1757 nach Spanien zurück, wo er bis zu seinem Tod im Jahr 1782 in dem Kloster San Francisco del Monte de Adamuz bei Córdoba unter der Aufsicht seines Ordens lebte.

Sowohl die reformistische Strömung, die für eine Gleichbehandlung aller Schichten der kolonialen Bevölkerung eintritt, wie auch der militante Inka-Nationalismus, der die Kolonialherren aus dem Land werfen will, wurden im Wesentlichen von einer Schrift inspiriert, den *Comentarios Reales de los Incas* von Gómez Suárez de Figueroa, bekannter als Garcilaso de la Vega el Inca. 1539, nur wenige Jahre nach der Zerstörung des Inkareiches, kam er in Cuzco als Sohn des spanischen Konquistadoren Sebastián Garcilaso de la Vega und der Prinzessin Isabel Chimpu Occlo, einer Nichte des Inka Huayna Cápac, zur Welt. Zwar trennte sich der Vater bald von der Prinzessin, um eine Spanierin zu heiraten, doch stattete er seine Exfrau mit erheblichen finanziellen Mitteln aus und ließ dem Sohn die bestmögliche Erziehung angedeihen. Aus erster Quelle, von mütterlichen Verwandten oder alten Amautas, den Lehrern des Inkahochadels, sog er begierig die Geschichte und die Kultur seiner Vorfahren auf. Nach dem Tod des Vaters ging der 21jährige Garcilaso für immer nach Spanien, studierte unter dem Einfluss der Humanisten Literatur und Geschichte und veröffentlichte 1609 in Lissabon, das damals zu Spanien gehörte, den ersten Teil seiner *Comentarios Reales de los Incas*, denen 1617 der zweite Teil *Historia General del Perú* folgte, ein von dem Cordobeser Verleger gewählter Titel, denn Garcilaso, der erste Schriftsteller Lateinamerikas, war im Jahr zuvor gestorben, übrigens am selben Tag, dem 23.4.1616, wie Miguel de Cervantes, den er persönlich gekannt hatte.

Der Mestize Garcilaso, durch seine Eltern dem Inka-Hochadel sowie den Invasoren aus dem katholischen Spanien zugehörig, vermittelt in seinem Werk eine mestizische Sicht der geschichtlichen Ereignisse. Anders als Pedro Sarmiento de Gamboa, der in seiner *Historia Índica* von 1572 die Inkas als Tyrannen darstellt, die andere Völker unterdrückten, verklärt er den Inkastaat als Reich der Gerechtigkeit und der Wohlfahrt, in dem niemand hungern musste. Als Eroberer anderer Ethnien waren die Inkas, den Römern vergleichbar, bestrebt, diese auf eine höhere kulturelle Stufe zu heben und barbarische Sitten wie Kannibalismus und Menschenopfer auszurotten. Damit bereiteten sie den Siegeszug der christlichen Religion vor, womit die Konquista hinreichend legitimiert ist.

Den von den Spaniern in Cajamarca hingerichteten Atahualpa stellt Garcilaso negativ dar, da er gegen seinen Halbbruder Huáscar intrigiert und nach der alleinigen Macht über das Tahuantinsuyo gestrebt habe. Die Darstellung der Inkaherrscher endet mit Túpac Amaru, der 1572 in Cuzco hingerichtet wurde. Unter den verschiedenen Schreibweisen seines Namens (auch Topa Amaro, Thupa Amaru etc.) entscheidet sich Garcilaso für Túpac Amaru.

In den Vorworten zu *La Florida del Inca* über die Eroberungszüge im Süden der heutigen USA sowie zu der späteren *Historia General del Perú* wendet er sich an die „Indios, Mestizen und Criollos des großen und reichen Imperiums Peru“ und schafft so ein Bewusstsein für die territoriale und nationale Einheit seiner Heimat, die sich nicht auf den Geburtsort Cuzco beschränkt, sondern das gesamte Tahuantinsuyo meint. Später würde José Gabriel Túpac Amaru noch die *negros*, die Afroperuaner, einschließen, die zu Garcilasos Zeit noch keine Rolle gespielt hatten. Die revolutionäre Sprengkraft seiner Auslassungen liegt in Garcilasos logischer Folgerung, Peru müsse auch von den angesprochenen Indios, Mestizen und Kreolen und nicht von abgesandten Vizekönigen und einer aufgestülpten Bürokratie aus Chapetones regiert werden.

Nun dürfte die Erstausgabe seiner Kommentare von 1609 in der Neuen Welt kaum bekannt geworden sein. Die Neuauflage von 1723 hingegen fand unter den gebildeten Indios und Mestizen des südlichen Peru aufmerksame Leser und entfaltete eine ungeheure Wirkung. Man war nun nicht mehr ausschließlich auf unsichere mündliche Quellen angewiesen, wenn man sich auf die Zeit vor dem Auftauchen der *puca cunca*, der „Rotnacken“ bezog, sondern konnte nun trotz vieler Irrtümer in den Details auf einer breiten Datenbasis argumentieren. Der Historiker John Rowe urteilt: „Die neue Edition von Garcilaso kam wie ein Blitz aus heiterem Himmel über sie. Wir können uns kaum vorstellen, welche Wirkung dieses bescheidene Buch ausübte.“[68] Hinzu kommt, dass der Verleger der Neuauflage unter Pseudonym in seinem Vorwort Bezug nahm auf eine angebliche Prophezeiung des 1618 hingerichteten Piraten und Spanienhassers Sir Walter Raleigh (im Text: Gualtero Raleg), derzufolge die Inkas durch Vermittlung Englands wieder auf den Thron gelangen und die Knechtschaft der Indios ein Ende finden würde. Zwar wird diese Prophezeiung auf Latein zitiert, doch gab es gebildete Curacas wie José Gabriel Condorcanqui, die in den Schulen der Jesuiten ausreichende Sprachkompetenzen erworben hatten. Im Zweifelsfall brauchte José Gabriel nur seinen Mentor, den Pfarrer López de Sosa zu fragen. Es ist anzunehmen, dass José Gabriel mit seinen Vertrauten in Lima, vor allem mit Miguel Montiel, das Werk Garcilasos immer wieder diskutiert und die aktuelle Verfasstheit des Vizekönigreiches Peru mit der Regierungsform der Inkas verglichen hat.

---

68 John Howland Rowe: Los Incas del Cuzco: Siglos XVI – XVII – XVIII. Cuzco 2003, S. 353.

Ein Reflex der Garcilaso-Lektüre ist sicher in der Art und Weise zu sehen, wie die Indios von Lima 1748 an der Proklamations-Zeremonie für Fernando VI. teilnahmen. Für Anlässe wie Thronbesteigungen oder Hochzeiten spanischer Monarchen sowie die Amtseinführung von Vizekönigen hatte sich ein komplexes Zeremoniell herausgebildet, das Reden, Lyrikwettbewerbe, Prozessionen und Spiele vorsah. An den Prozessionen konnten Menschen aus dem einfachen Volk allenfalls als Mitglieder religiöser Bruderschaften oder Handwerksgilden teilnehmen. Da Lima zwei Jahre nach dem Erdbeben noch mit dem Wiederaufbau beschäftigt war, sprach sich der Cabildo aus Kostengründen gegen die Feierlichkeiten aus, der Vizekönig Manso de Velasco bestand jedoch auf ihrer Durchführung, auch um die aus Lima aufs Land geflüchteten Aristokraten wieder in das städtische Leben einzubinden.

Trotz aller Widrigkeiten durfte also gefeiert werden, und als besonders spektakulär wurde eine Prozession von Indios bestaunt, die Inkaherrscher darstellten, mit Ausnahme Atahualpas und in umgekehrter Reihenfolge, wodurch die militärische Niederlage ausgeklammert wurde. Wie die Prozession genehmigt wurde und wer die Inkadarsteller waren, ist weitgehend unbekannt. Da die Veranstaltung höchst kostenintensiv war und prachtvolle Gewänder und Schmuck zur Schau gestellt wurden, müssen sie wohlhabend gewesen sein. Alle trugen als Zeichen der Herrscherwürde die *Mascapaycha*, welche in der Inkazeit nur dem obersten, dem *Sapa Inka*, zustand. Insgesamt also eine höchst ambivalente Veranstaltung: einerseits huldigte man dem neuen spanischen König, zum andern trat man als Nation in Erscheinung. Als beim Ablegen der königlichen Insignien Tränen flossen, wurde dies von den Zuschauern als Zeichen der Trauer über die verflossene Größe interpretiert. In seinem Rechenschaftsbericht, den Manso de Velasco wie jeder Vizekönig am Ende seiner Amtszeit ablegen musste, korrigierte er den entstandenen Eindruck, denn drei der Inkadarsteller hatten zwei Jahre später an den Aufständen von Lima und Huarochirí teilgenommen und waren enthauptet worden. Es war nicht Trauer gewesen, sondern Zorn! Deshalb Mansos Empfehlung, keine Prozessionen mit königlichen Insignien mehr zu gestatten, die Indios besser zu beobachten und Aufzüge nur innerhalb der Gilden zu genehmigen. Schon 1760, anlässlich der Inthronisation von Carlos III., gab es dann doch wieder separate Inka-Aufzüge. Auch wurde in einem Schauspiel die Eroberung Perus dargestellt. Der Widerstand der Indios endet, als ein spanisches Schiff anlegt und das Kreuz an Land bringt, eine Interpretation der Geschichte ganz im Sinne Garcilasos, der das Inkareich als Vorstufe zur Herrschaft des Christentums darstellt. Dennoch würde nach dem Aufstand Túpac Amarus die Schrift Garcilasos verboten werden und die Anordnung ergehen, in den Vizekönigreichen von Peru und La Plata (Buenos Aires) alle auffindbaren Exemplare zu vernichten. Das Gleiche galt für John Miltons „Paradise Lost“ von 1667, ein Verbot, das 1784 noch auf die französischen Enzyklopädisten ausgeweitet wurde, was nicht verhinderte, dass viele Intellektuelle des Vizekönigreichs sie in ihren Bibliotheken stehen hatten.

Ob Meerschweinchen beim letzten Abendmahl, Inka-Prozessionen oder ein Buch aus der ersten Mestizengeneration, das von der Größe einer untergegangenen Zivilisation kündet, das Bewusstsein von der Würde autochthoner kultureller Werte ist in diesem letzten Drittel des 18. Jahrhunderts gewachsen und wird in Verbindung mit den Ideen der Aufklärung, welche die Regierungssysteme von Gottes Gnadentum in Frage stellten, bald seine wahre Sprengkraft entfalten.

Im Juli des Jahres 1777 beginnt José Gabriel, vor der Real Audiencia seine Klage um Übertragung des Marquesats von Oropesa vorzubringen. Zu diesem Zweck hat er ein Aktenbündel von mehr als fünfhundert Blatt vorbereitet, von denen sich nur etwa die letzten hundert erhalten haben. Dabei legt er stets Wert darauf, als Indio zu gelten, was für die Sache selbst nicht erheblich ist, da auch frühere Träger des Titels als Mestizen gelten müssen, wenngleich sie eine Linie ihres Stammbaums auf einen *Sapa Inka* zurückführen konnten. Dies trifft auch auf Betancour zu, der in seiner Ahnenlinie sowohl Inka-Adel wie auch französisches blaues Blut vorzuweisen hat. Beide Stammbäume bilden mit ihren legitimen, halblegitimen und unehelichen Altvorderen und nicht wenigen Blindstellen letztlich ein unentwirrbares Geflecht, das beiden Parteien die Möglichkeit bietet, frühere Verbindungen und die Authentizität von Geburtsnachweisen bei ihren Gegnern in Frage zu stellen. So wird von der Betancour-Partei der Vorwurf erhoben, José Gabriels Mentor, der Pfarrer Antonio López de Sosa, habe Urkunden gefälscht. José Gabriel wiederum glaubt, im Stammbaum seines Widersachers imaginäre Vorfahren nachweisen zu können. Nun haben die Betancours seit mehreren Generationen Ahnenpflege betrieben und vermögen so manches offizielle Dokument zu ihren Gunsten vorweisen, deren Faktengrundlage José Gabriel mit guten Argumenten in Frage stellt. Betancour selbst kämpfte seit 1751 um seinen Anspruch auf das Marquesat; schon Vizekönig Amat hatte ihn als legitimen Nachfahren des 1572 hingerichteten Túpac Amaru anerkannt, der Cabildo von Cuzco unterstützte sein Anliegen mehrmals. Eigentlich wollte der alte Mann Mitte der siebziger Jahre einen Schlussstrich unter den von den Behörden bewusst verschleppten Prozess ziehen, da meldete sich dieser Kazike aus der Provinz, der seinen Namen José Gabriel Condorcanqui mit dem Zusatz Túpac Amaru schmückte, für Betancour ein dreister Angriff auf seine angestammten Rechte. Undenkbar für ihn, dass angesichts der Rituale und Tabus, welche das Leben der obersten Inkakaste regelten, eine Ñusta, eine veritable Prinzessin, einen einfachen Kaziken vom Land geheiratet hätte. Krank und entkräftet übergibt Betancour die Angelegenheit an die Ehemänner zweier Enkelinnen, Buenaventura Ladrón de Guevara und Vicente José García, mit denen der verarmten Familie neues Kapital zugeflossen ist. Während Betancour in Cuzco verbleibt, haben sich seine Vertreter schon vor José Gabriel nach Lima aufgemacht. Vor allem García kämpft mit harten Bandagen für den Großvater seiner Frau, will zum Beispiel juristisch bewirken, dass ein an José Gabriels Haus in Pampamarca angeblich angebrachtes königliches Wappen entfernt werden soll.

Eigentlich steht bereits im Juli 1777 fest, dass José Gabriel seine Ansprüche auf das Marquesat nicht wird durchsetzen können; zu erfolgreich agiert der Betancour-Clan sowohl in Lima wie auch in Cuzco. Dort rückt Diego Betancour per Königlichem Dekret vom 25. November auf den Posten eines der vierundzwanzig Wahlmänner (*Electores*) nach, die den *Alférez Real de los Incas* (Königlicher Inka-Fähnrich) zu bestimmen haben, ein mit Privilegien, viel Würde und keiner wirklichen Macht ausgestattetes Amt, das die Krone 1545 der Inka-Nobilität als Dank für ihr Mitwirken bei der „Eroberung und Befriedung“ Perus gestiftet hatte. Wer diesem illustren Kreis angehört, hat sein Echtheitszertifikat als Nachkomme des *Sapa Inka* in der Tasche. Warum sich José Gabriel nie für das Amt des Wahlmanns bewarb, bleibt unklar. Seine Chancen wären angesichts der Feindschaft der Cuzco-Inkas gegenüber einem Kaziken aus der Provinz wohl eher niedrig gewesen. Der alte Betancour kann bei angeschlagener Gesundheit seinen Triumph noch bis zu seinem Todestag am 29. Juli 1779 genießen; das Marquesat wird weder ihm noch José Gabriel zugesprochen.

Doch José Gabriel hat noch eine weitere Mission zu erfüllen. Im Oktober 1776 hat er dem Schreiber José Palacios in Cuzco eine Vollmacht der Kaziken seiner Provinz vorgelegt, die ihn beauftragt, für die Indios von Canas y Canchis die Befreiung von der Mita von Potosí vor der Königlichen Verwaltung in Lima zu bewirken. Dort legt er offenbar wegen Gesundheitsproblemen den umfangreichen Text erst am 23. Juli der Audiencia vor. In seinem Schriftstück beklagt José Gabriel, dass die Verpflichtung zur Arbeit im weit entfernten Potosí regelrecht zur Entvölkerung seiner Dörfer führe. Wenn die Mitayos nicht schon auf dem Weg dorthin umkommen, ruiniert die schwere Arbeit in den Stollen vollends ihre Gesundheit:

> „Zusätzlich zu der Zeit, die sie für die Reise benötigen, kommen sie völlig entkräftet an und sind der harten Arbeit nicht mehr gewachsen. Hinzu kommen die Schikanen, die sie während ihres Aufenthalts erdulden müssen, und es scheint, dass die schlechte Behandlung der In-

dios wie selbstverständlich geworden ist, obwohl sie doch als nötige und nützliche Arbeitskräfte gelten sollten. Aus den Anzeigen gegenüber den Bürgermeistern unserer Dörfer gehen die erfahrenen Grausamkeiten klar hervor; die unstatthaften Arbeiten, die ihnen auferlegt werden und die erlittenen Übergriffe wurden von dem Antragsteller in gebührender Form dokumentiert, und wenn auch die Indios selbst nicht als glaubwürdig geschätzt werden, sind sie alles in allem unglückliche Menschen, welche die ganze Last der Arbeit tragen. Es wäre ein Frevel, die Missstände zu verheimlichen, deren Opfer diese Indios sind, die Eurer Majestät und Eurer Exzellenz Mitgefühl verdienen."[69]

Als weitere Missstände beklagt er die Nichtzahlung des Wegegelds und die ungesetzliche Weiterverleihung der Arbeiter an skrupellose Unternehmer. Der zuständige Staatsanwalt stellt in Frage, ob die Zahl der mitapflichtigen Indios im Verhältnis zur Bevölkerung tatsächlich überhöht ist. Da er hierfür keine klaren Belege findet, leitet er die Causa im September 1777 an den Generalinspekteur Areche weiter.

Areche nimmt das Anliegen ernst und findet, das Problem müsse unverzüglich einer Lösung zugeführt werden, da man den Indios kaum zumuten kann, zwei- bis dreihundert Meilen bis Potosí zurückzulegen, um in der Mine unter Missachtung aller Schutzbestimmungen ausgebeutet zu werden. Diese krasse Form der Schinderei ist weder Areche von Mexiko noch dem Vizekönig Guirior von seinem früheren Posten in Kolumbien her bekannt, wo in den Minen meist Lohnarbeiter eingesetzt werden. Der Generalinspekteur hat bald nach seiner Ankunft in Lima einem früheren Kollegen in Mexiko geschrieben und dabei auch das von José Gabriel kritisierte System des Reparto angesprochen:

„Dieses Land ist mit dem Ihren in keiner Weise vergleichbar. Dort herrscht im Allgemeinen Gerechtigkeit, hier allerorten nur Tyrannei. Dort nehmen die Indios, was sie nötig haben, hier was der Corregidor an sie verteilt. Dort wird, was man braucht, frei erworben, hier zwingt man ihnen das Zugeteilte auf. Und das macht aus diesen Provinzen regelrecht ein Pulverfass. Die Bischöfe protestieren gegen dergleichen Missbrauch, alle wissen Bescheid. Aber alle schauen sich an, ohne Anstalten zu machen, den Missstand zu korrigieren. Der Mangel an anständigen Richtern, die Mita der Indios und der Provinzhandel verwan-

---

69 Boleslao Lewin: Túpac Amaru. Su época – su lucha – su hado. Buenos Aires 1973, S. 40.

deln diesen Teil Amerikas in einen Leichnam. Die Corregidores haben nichts anderes im Sinn als ihre Interessen … Ach, mein lieber Freund! Das alles hier geht dem Untergang entgegen, wenn diese abscheulichen Übergriffe nicht korrigiert werden, denn das währt schon zu lange und das tragische Ende steht bevor. Hier zählt nur das private, nicht das öffentliche Interesse."[70]

Areche stellt Überlegungen an, die zwangsweise Warenverteilung, den Reparto, abzuschaffen, die Corregidores angemessen zu bezahlen und so aus den auf maximalen Profit hinarbeitenden Händlern, die sie faktisch sind, loyale und gesetzestreue Beamte zu machen. Den Verlust für die Staatskasse müsste man dann durch eine Erhöhung des Tributs und auch der ein oder anderen Steuer ausgleichen, wobei sich natürlich die Frage nach der Akzeptanz durch die betroffene Indiobevölkerung stellt. Nicht nur die Indios dürften in dieser Maßnahme lediglich eine Umverteilung der auf ihnen lastenden Abgaben sehen, auch der Vizekönig, hinter dem sich die Interessengruppen der lokalen Bourgeoisie formieren, ist entschieden gegen die Reformversuche des forschen Generalinspekteurs, der glaubt, seine zuvor in Mexiko als Assistent des damaligen Generalinspekteurs und jetzigen Kolonialministers Gálvez praktizierte Politik auf die gänzlich andere Situation in Peru übertragen zu können. So kommt es zu einem regelrechten Kleinkrieg zwischen dem bei den Limenser Aristokraten beliebten Guirior und dem verhassten Eindringling Areche, eine Auseinandersetzung, deren erste Runde letzterer gewinnen wird, da es ihm gelingt, die Absetzung und Rückberufung Guiriors durch die Krone zu veranlassen.

In dieser Konstellation hat José Gabriels Anliegen kaum Chancen, durch die hohen Herren positiv beschieden zu werden. Auch wenn er im Prinzip Recht hat, wird der aus den Anden angereiste Kazike wohl eher als Störfaktor wahrgenommen, der mit seinem Auftreten die etablierten Hierarchien brüskiert. Und so greift man zum besten aller Mittel, um ihn ins Leere laufen zu lassen: Sein Antrag hat Formfehler. Man bemängelt, nicht von allen Kaziken, die José Gabriel zu vertreten vorgibt, lägen die notariell beglaubigten Vollmachten vor. Eigentlich könne er auch nicht schlüssig beweisen, dass er derjenige ist, der er zu sein vorgibt. Und so lautet Areches Antwort: „Man soll dem Vertreter der Kaziken sagen, dass sein Schriftstück nicht die nötige Vollmacht enthält, um die von ihm beabsichtigte Aufhebung der Mita zu bewirken; und so soll er sich in seine Dörfer zurückziehen und dort auf die

70 Alberto Flores Galindo: Túpac Amaru II – 1780. Antología. Lima 1976, S. 110-111.

Verfügung warten, die von seinem Sitz aus der Herr Superintendent der Mita erlassen wird …"[71]

Jahre später wird er seinem Protektor Gálvez nach Madrid melden: „Das Übel der Repartos oder der Handel der Corregidores hat in den Provinzen das letzte unerwartete Extrem erreicht. Die Trägheit der Gerichte in Lima konnte nicht verabscheuenswürdiger sein, denn wirklich jede Klage war mit Geld niederzuschlagen, wie ein jeder zu bestätigen und nicht zu negieren imstande war, damals wie heute, und nur mit größter Mühe kann, wie Eure Exzellenz wohl weiß, eine so tief verankerte Unsitte ausgemerzt werden. Der Indio (so müssen wir es einfach sagen) litt sichtbar darunter. Er fand nirgendwo Schutz."[72]

Auch Pedro Cevallos, der an der Spitze des neugegründeten Vizekönigreichs La Plata steht, weiß, dass es im Bereich der Audiencia von Lima noch keinen einzigen Richterspruch gegen die Praxis der Warenverteilung gegeben hat, ganz im Gegensatz zur Audiencia de La Plata mit Sitz in Buenos Aires, was aber auch nichts ändert, da die Corregidores regelmäßig in Berufung gehen, ungeschoren davonkommen und ihr Unwesen weitertreiben: „… und daraus resultierten Todesfälle, Aufstände und andere schwerwiegende Schäden und Auswüchse, über die Eure Majestät informiert wurde."[73] So schreibt der Vizekönig nach Madrid im Jahre 1778, also zwei Jahre vor dem großen Aufstand José Gabriels, der sich dann Túpac Amaru nennen wird.

Der hat mittlerweile seine Finanzen aufgebraucht und muss sich von Montiel und anderen Freunden Geld borgen. Auch gesundheitlich ist ihm der Aufenthalt in Lima nicht bekommen. In manchen Dokumenten ist die Rede von *chujchu* (Wechselfieber), was ihn nötigt, sich auf der Rückreise von einem Arzt begleiten zu lassen. Ein letzter Behördengang führt ihn zum Zollamt, um beim Verlassen der Stadt durch das Barbones-Tor seine Einkäufe und Mitbringsel für die Familie ausführen zu können, darunter drei farbige Kleider, drei Umhänge, fünf Bücher, ein Astrolabium, mehrere Hüte, Zimt, Nelken, Pfeffer, eine Kaffeemühle, ein Messbuch, Papier und weitere Kleinigkeiten.[74] Die Genehmigung wird am 30. Dezember erteilt, so dass José Gabriel die „Stadt der Könige" am letzten Tag des Jahres 1777 verlassen kann.

---

71 CDIP II, 2, S. 82.

72 AGI Lima 1041, in: Jürgen Golte: Repartos y rebeliones. Túpac Amaru y las contradicciones de la economía colonial. Lima 1980, S. 138.

73 Ibid., S. 139

74 José Antonio del Busto Duthurburu: José Gabriel Túpac Amaru antes de su rebelión. Lima, 1981, S. 116.

Am östlichen Ende der ummauerten Stadt passiert er zunächst den *Cercado de Indios*, eine Art Ghetto, das von einer drei Meter hohen Mauer mit drei Zugängen umgeben ist. Dort hatte man in der Mitte des 16. Jahrhunderts die verstreut lebenden Indios zusammengefasst, um sie besser im christlichen Glauben unterrichten und vor Übergriffen der Spanier schützen zu können. Umgekehrt waren diese des Nachts vor vagabundierenden Indios sicher, weil dann das zur Stadt führende Tor verschlossen war. In diesem nur von Indios bewohnten Viertel befand sich auch das von den Jesuiten bis zu deren Ausweisung im Jahre 1767 betriebene Colegio del Príncipe für die Elite der Urbevölkerung, die so zu Vermittlern zwischen der Krone und der einfachen Indiobevölkerung herangezogen wurde. Auf der Fassade prangten die Königlichen Schwerter, aber auch die *Mascapaycha*. Wie im Colegio San Francisco de Borja in Cuzco, das José Gabriel besucht hat, trugen die Schüler möglicherweise Uniform und lernten nach einem ähnlichen Curriculum.

Schließlich erreicht José Gabriel das Barbones-Tor, benannt nach den langbärtigen Patres des Bethlemiterordens, der in der Nähe eine Art Rehaklinik für Indios betreibt, die vorher im Santa-Ana-Krankenhaus behandelt worden sind. Nach Erledigung der Zollformalitäten liegt die Stadt endlich hinter ihm, in der er Freunde gewonnen, tiefe Einblicke in die Maschinerie der Kolonialverwaltung erhalten und in seinen Angelegenheiten nichts, aber auch gar nichts erreicht hat. Falls er vor seiner Reise noch geglaubt hatte, durch das Präsentieren von Fakten und Argumenten Reformen anstoßen zu können, ist nun jede Hoffnung auf Verbesserungen für seine Schutzbefohlenen zerstört worden und sein eigener Status als Kazike, dem sein Amt qua Erbe garantiert schien, ist erneut unsicher geworden. Micaela Bastidas wird später sagen: „Meinem Mann haben sie in Lima die Augen geöffnet.“[75]

Der Weg führt ihn nun nach Osten durch das Tal von Pachacamac und bald in höhere, gesündere Regionen. In dem auf mehr als 3000 Metern gelegenen Huarochirí, wo 1750 eine Rebellion blutig niedergeschlagen wurde, berät sich José Gabriel mit mehreren Kaziken, unter ihnen höchstwahrscheinlich Mitglieder der Familie Ninavilca, die ihr Amt seit Inkazeiten ausübt und aus deren Reihen Ignacio Quispe Ninavilca hervorgehen wird, ein Guerillaführer während der Unabhängigkeitskämpfe und Mitglied der Verfassungsgebenden Versammlung von 1827/28. In vielen Gesprächen, über die es verständlicherweise keine schriftlichen Quellen gibt, kann José Gabriel in trauter Runde seine in Lima gemachten Erfahrungen verarbeiten. Als er schließlich nach weiteren strapaziösen Tagesetappen den Fluss Apurimac erreicht, fühlt er sich wieder zuhause und kann seinen Blick auf die Zukunft richten.

---

75 CDBRETA IV, S. 13.

4.
Konfliktzone Cuzco und der Beginn des Aufstands

Während José Gabriel sich in der gewohnten Umgebung wieder um seine geschäftlichen Belange kümmert und die Vorbereitungen für den Aufstand nach seinen negativen Erfahrungen in Lima verstärkt, geht in Lima der Machtkampf zwischen den beiden von Madrid entsandten Bevollmächtigten der Krone, dem Generalinspekteur Areche und dem Vizekönig Guirior, in die nächste Runde. In ihrer Sorge um das Wohl der Bevölkerungsmehrheit liegen die Einschätzungen der beiden nicht weit auseinander, praktische Konsequenzen werden aber durch das Kompetenzwirrwarr hintertrieben, wie aus der rüden Abweisung des Bittstellers José Gabriel Condorcanqui zu ersehen ist.

Um seinen Informationsstand über die Situation im Land zu verbessern und verlässliche Auskünfte über die Tätigkeit der unterschiedlichen Akteure wie Corregidores, Landbesitzer, Betreiber von Minen und Webereien und deren Auswirkungen auf das Leben der indianischen Bevölkerung zu erhalten, wendet sich Guirior in einem Schreiben vom 27. August 1778 vertraulich an Miguel Feijoó de Sousa (1718-1791). Er hätte keinen besseren Berater als diesen Doktor in Kanonischem Recht finden können, der auf den unterschiedlichsten Politikfeldern tätig war. Zweimal hat er das Amt des Corregidors versehen, zuletzt in Trujillo, wo er auf Bitten des Vizekönigs Conde de Superunda ein genaues Wirtschaftsprofil dieser Gegend im nördlichen Peru erstellte, inklusive Studien über Erdbebentätigkeit und Niederschlagsmengen. Für den nachfolgenden Vizekönig Amat führte er das Tabakmonopol wieder ein, reformierte die Buchführung des Königlichen Schatzamtes und mischte in der Überführung der jesuitischen Güter in eine Treuhandgesellschaft mit. Auf die Anfrage Guiriors hin verfasst Feijoó de Sousa ein umfangreiches, mit zahlreichen historischen Exkursen und Zitaten antiker Philosophen, aber noch mehr handfesten Fakten gespicktes Gutachten, das er seinem obersten Dienstherrn am 10. September 1778 zustellt. Darin kommt er zu dem Schluss: „Gegenwärtig ziehen alle am selben Strang, nämlich die grausamsten Feinde dieser unglücklichen Nation zu sein, profitieren von ihrer Arbeit, enthalten ihnen mit Unterdrückung und Tyrannei den schuldigen Lohn vor, um sie so vollends zu vernichten. Es ist deutlich sichtbar, wie sehr sie sich von den menschlichen und göttlichen Gesetzen entfernen und sich so durch fremden Schweiß bereichern.“[76]

Auf die Frage, ob man das Amt des Corregidors reformieren oder abschaffen solle, äußert sich Feijoó unmissverständlich: „Diese handeltreibenden Richter sind angsteinflößender als Räuber. Der Räuber fürchtet den Arm des Gesetzes, der handeltreibende Richter aber macht sich eben jenes Gesetz zu seinem Vorteil zunutze.“[77] Der gelehrte Herr schreibt sich derart in Rage, dass er sich mit einem Verweis auf den römischen Dichter Catull rechtfertigt, der einen auf dem Forum herumtobenden Philippus fragte „Cur latras?“ („Was bellst du da?“), worauf dieser seine Antwort zu dem Wortspiel nutzt: „Video latrones“ („Ich sehe Räuber“)[78], kurz gesagt, man hätte das Amt des Corregidors nie einrichten dürfen. Perspektivisch sieht Feijoó nur zwei Möglichkeiten: Entweder richten die Corregidores die Bewohner ihrer Provinzen zugrunde oder diese beseitigen die blutsaugenden Tyrannen.

Während die guten Absichten des Vizekönigs ins Leere laufen, da er im Streit mit Areche den Kürzeren zieht und 1780 die Heimreise antreten muss, treibt derjenige, der als Túpac Amaru II. die Warnung Feijoós vollziehen und für die Abschaffung der Corregimientos sorgen wird, seine Vorbereitungen für den Aufstand voran. Doch zunächst sind es andere, die in einer durch die bourbonischen Reformen schwieriger gewordenen Welt Widerstand leisten.

Zwar hatten die Bourbonen schon in den ersten Jahrzehnten des 18. Jahrhunderts Anstrengungen unternommen, um die Verwaltung effizienter zu gestalten, das Militärwesen zu optimieren sowie Bildung und Gesundheit zu verbessern, was große Investitionen voraussetzte, die durch ein höheres Steueraufkommen aufzubringen waren. Doch diese Modernisierungspolitik nahm erst unter Carlos III. so richtig Fahrt auf, als José de Gálvez 1776 zum Kolonialminister ernannt wurde und als erste einschneidende Maßnahme die Gründung des Vizekönigreiches Río de la Plata mit der Hauptstadt Buenos Aires durchsetzte, just in dem Moment, als in Lima der mit vielen Vorschusslorbeeren bedachte neue Vizekönig Manuel Guirior ankam, der sich zuvor als Vizekönig von Nueva Granada (heute Kolumbien, Venezuela, Panama) dort um die regionale Wirtschaft und Kultur große Verdienste erworben hatte. Ähnliches erwarten die Criollos und Mestizen Perus nun auch für sich. Doch ein bedeutender Teil des Vizekönigreiches, Alto Perú, das heutige Bolivien, wird nun abgetrennt, viele Warenströme werden umgeleitet. Es ist nun einfacher, Importe im Hafen von Buenos Aires in Empfang zu nehmen statt

---

76 Melchor de Paz: Guerra separatista. Rebeliones de indios en Sur América. La sublevación de Tupac Amaru. Lima 1952, tomo II, S. 356.

77 Melchor de Paz, a.a.O., S. 333.

78 Melchor de Paz, a.a.O., S. 341.

den gefährlichen Seeweg um Kap Hoorn zu wagen. Immer mehr Waren, vor allem Textilien aus Spanien, drängen nach Südamerika, wo ohnehin in diesem Sektor eine Überproduktion herrscht. Mit dem Freihandelsdekret von 1778 liberalisiert Carlos III. den Seeverkehr. Gehandelt werden darf nun zwischen dreizehn spanischen und zweiundzwanzig amerikanischen Häfen. Transporteure wie die Condorcanquis spüren die Neugliederung der Verwaltungszonen unmittelbar durch den Wegfall vieler Fuhren, da die Konkurrenten im Vizekönigreich La Plata darauf bestehen, die bedeutenden Märkte in Alto Perú wie La Paz, Oruro und Potosí zu bedienen.

Die *alcabala*, eine Mehrwertsteuer auf den Verkauf von bestimmten Produkten, war 1772 von 2% auf 4% erhöht worden. 1776 steigt sie nun auf 6% und betrifft auch bisher nicht steuerpflichtige Waren, vor allem die von Indios auf die Märkte gebrachten landwirtschaftlichen Erzeugnisse wie Mais oder Koka. Da die erste Steuererhöhung aufgrund lokaler Gegebenheiten nicht immer durchgesetzt wurde, bedeutet die strikte Anwendung der zweiten Erhöhung für viele eine steuerliche Mehrbelastung von 200%. Die Zahlung in Naturalien wird von den Steuerinspektoren immer weniger angenommen, immer mehr Händler füllen die Listen der Steuerschuldner.

Die Situation verschärft sich ab 1777 mit der Ankunft des Generalinspekteurs Areche, der nach Peru geschickt wurde, um die bourbonischen Reformen gegen den Widerstand der Criollos und auch des Vizekönigs durchzusetzen. Ein flächendeckendes und effizientes Steuermanagement will Areche durch die Errichtung von Zollstationen erreichen, wo die ankommenden Waren zunächst deponiert und dann taxiert werden. Auch wenn die anfallenden Zölle laut Gesetz erst nach Jahresfrist bezahlt werden müssen, wird vor Ort vielfach auf sofortiger Zahlung bestanden. Dass verderbliche Güter manchmal so lange lagern müssen, bis sie nicht mehr zu vermarkten sind, empört vor allem die Indios, die Mais oder Kokablätter auf die Märkte bringen. Überhaupt verstehen sie die Regularien nicht und sind im Umgang mit Bargeld wenig erfahren. Natürlich haben die Herren Zollbeamte sonntags frei, die Zollstation ist geschlossen, aber viele Märkte finden just am Tag des Herrn statt. Handelt es sich bei den Waren um Stoffe, so müssen diese ausgepackt oder ausgerollt und ihre Länge vermessen werden. Es ist nun nicht mehr möglich zu mogeln, indem man nur die halbe Länge der mitgeführten Stoffe angibt. Dass die landwirtschaftlichen Erzeugnisse der Indiobauern *(productos de la tierra)* wie *chuño* (gefriergetrocknete Kartoffeln), gedörrtes Hammelfleisch, Chilischoten, Käse und Butter von der *alcabala* ausgenommen sind, interessiert viele Zöllner nicht, die ihre Machtposition nach Gutdünken ausweiten, so dass immer häufiger der Ruf erschallt: „Es lebe der König, nieder mit der schlechten Regierung!“ Im Jahr 1776 warnt der Bischof von Arequipa: „So ist die Unterdrückung also eine lebenslängliche, und wenn einmal der Zeitpunkt kommt, da die Geduld erschöpft ist, muss ein allgemeiner Aufstand befürchtet werden, nicht nur der Indios, sondern auch der Mestizen und der Spanier [gemeint sind wohl die Criollos], denn alle stöhnen unter diesem unerträglichen Joch.“[79]

Vier Jahre später entlädt sich die Wut in Arequipa. An den Wänden tauchen Schmähschriften mit Drohungen gegen den Corregidor Balthasar de Sematnat und den Zollinspektor Juan Bautista Pando auf, denn Areche hat einen Sonderzoll von 12,5% auf Alkohol verfügt, eine einschneidende Maßnahme für eine Region mit einer bedeutenden Weinproduktion. Da der Kolonialminister Gálvez den Einfluss der Criollos in der Verwaltung zurückdrängen will, hat er Areche angewiesen, leitende Posten bevorzugt an Spanier oder andere Europäer zu vergeben, zum Missfallen der Criollos, die sich diskriminiert fühlen. Damit vermeidet er auch, dass Beamte zu sehr in ihrer Region verwurzelt sind und mit ihrem Gegenüber zu einer Art modus vivendi kommen. Juan Bautista Pando, der Zollinspektor von Arequipa, ist Spanier. Und so kann man eines Morgens an der Tür der Kirche Santa Marta lesen: „Sematnat: Passt auf Euren Kopf auf, und auch Deine Kumpane, die Herren Zöllner, die ohne Erbarmen aus weit entfernten Ländern gekommen sind, um uns die Eingeweide herauszureißen!“[80]

Am 13. Januar 1780 versammelt sich eine große Menschenmenge vor dem Zollgebäude, Steine fliegen, begleitet von Schmähreden. Am nächsten Tag wird das Gebäude gestürmt, Akten fallen dem Feuer anheim und 2.500 Pesos verschwinden auf Nimmerwiedersehen. Der erschreckte Corregidor Sematnat lässt die Zollstation schließen und verspricht den Aufrührern Straffreiheit. Doch in derselben Nacht verwüstet die aufgebrachte Menge das Haus Sematnats und befreit die Häftlinge des Gefängnisses. Bemerkenswert ist, dass sich unter die Aufständischen, meist einfache, barfüßige Leute in Ponchos, auch besser Gekleidete, ja sogar Berittene gemischt haben, offenbar Mestizen oder Criollos, denn ein Gerücht besagt, dass Semanat einen Zensus durchführen will, um auch Mulatten und Mestizen tributpflichtig zu machen. Um die Situation zu beruhigen, verfügt der Corregidor, dass niemand in der Stadt Waffen wie Messer, Pistolen, Dolche oder Schwerter tragen darf, dass die Chicha-Kneipen um 19 Uhr schließen müssen, von Sklaven aber zu keiner Tageszeit betreten werden dürfen. Abends müssen die

79 Jürgen Golte: Repartos y rebeliones. Túpac Amaru y las contradicciones de la economía colonial. Lima 1980, S. 168.

80 Boleslao Lewin: La rebelión de Túpac Amaru y los orígenes de la emancipación americana. Buenos Aires 1967, S. 155.

Toreinfahrten von Läden und Gastwirtschaften beleuchtet sein. Dennoch kann er nicht verhindern, dass sich eine große, offenbar gut organisierte Menschenmenge auf das Stadtzentrum zubewegt. Mittlerweile hat es der Corregidor geschafft, eine Reitermiliz zusammenzustellen, die den Zug aufhält, in dem von Indios bewohnten Ortsteil Miraflores einige Hütten niederbrennt und mit etlichen Gefangenen in die Stadt zurückkehrt. Am 18. Januar werden an drei auf der Plaza Mayor von Arequipa errichteten Galgen sechs Rebellen erhängt.

In La Paz ist der Zollinspektor gar ein Italiener aus Genua, Bernardo Gallo. Schon 1777 gab es Tumulte um die Zollstation und Gallo erhielt einen Brief mit einer klaren Warnung: „Diesen räuberischen alten Hahn (spanisch: gallo) soll man lebendig rupfen, in Stücke schneiden und in den Fluss werfen."[81] So langsam beschleicht den Zollinspektor das Gefühl, die Drohung könne ernst gemeint sein. Er schreibt an die Vizekönige in Lima und Buenos Aires und bittet um seine Versetzung – vergeblich. 1780 klebt an einer Mauer eine Schmähschrift, die drei Galgen mit Erhängten zeigt, am mittleren baumelt ein Hahn. Wenig später stürmt eine wütende Menge die Zollstation. Bernardo Gallo kommt dabei wie angedroht zu Tode.

Weiter östlich, im Dorf Macha in der nördlich von Potosí gelegenen Provinz Chayanta kämpft Tomás Katari gegen den Curaca Tomás Bernal, der sein Amt, auf das er als Mestize keinen Anspruch erheben kann, ergaunert hat und exzessive Tribute erhebt. Eine Beschwerde bei der Audiencia ist erfolgreich, aber der Corregidor Joaquín Alós weigert sich, die Vorgaben des Gerichts umzusetzen. Wie vor ihm schon José Gabriel Condorcanqui bei dessen Reise nach Lima glaubt auch Tomás Katari noch, die Missstände hätten ihren Ursprung in einer korrupten Kolonialverwaltung und könnten durch einen unendlich gütigen König im fernen Spanien behoben werden. Also wendet er sich an den Souverän, von dem er Rettung erhofft: „Ist es denn möglich, Großer Herr, überaus mächtiger König des grandiosen Spaniens und der armseligen Indios, dass Eure Majestät einer einzelnen Person erlaubt, von Anbeginn an das Blut seiner bescheidenen und schutzlosen indianischen Tributzahler zu trinken …?"[82]

Da die Antwort auf sich warten lässt, beschließt Katari, die lange Reise nach Buenos Aires zu Fuß anzutreten, wo seine Angelegenheit tatsächlich am 4. Dezember 1778 Gehör vor dem Vizekönig Juan José de Vértiz findet,

---

81 Scarlett O'Phelan Godoy: Rebellions and Revolts in eighteenth Century Peru and Upper Peru. Köln / Wien 1985, S. 188.

82 CDIP II, 2, S. 245.

dem einzigen je in Amerika geborenen Vizekönig. Obwohl dieser eine Verringerung des Tributs verfügt, widerfährt Tomás Catari auch nach seiner Rückkehr keine Gerechtigkeit. Der Corregidor zieht die Causa mit Verfahrenstricks in die Länge. Als Tomás Katari beginnt, die Funktion des Curaca auszuüben, wird er in Chuquisaca, dem heutigen Sucre, inhaftiert. Ein Vertrauter Kataris behauptet, der Vizekönig habe die Tribute halbiert und Katari sei im Besitz eines entsprechenden Dokuments. Im Mai 1779 wird er von einer aufgebrachten Indioschar befreit, aber im Juni erneut eingekerkert. Aus dem Gefängnis heraus schreibt er Briefe an die Behörden. Im April 1780, nach anderen Quellen im August, wird er erneut befreit, kehrt in sein Dorf zurück und beginnt, seines Amtes als Curaca zu walten. Im Dezember 1780 – der Aufstand des José Gabriel Túpac Amaru hat inzwischen begonnen – wird Katari auf Betreiben eines leitenden Richters der Audiencia ein letztes Mal gefangen genommen und abtransportiert. Bevor ihn die verfolgenden Indios befreien können, wird er in eine Schlucht gestürzt und stirbt. Die Indios töten den Richter, einen Minenbetreiber und mehrere Soldaten. Die Leichen lässt man unbeerdigt liegen, damit aus ihnen kein neues Leben entstehen kann. So wie Tomás Katari geglaubt hatte, in Spanien müsse ein unendlich gütiger König herrschen, der von den Untaten seiner Landsleute in Amerika nichts weiß und sie auch nicht billigen würde, sind auch seine Gefolgsleute überzeugt, die Krone habe mit den Spaniern in Amerika wenig zu schaffen und habe sogar verfügt, sie und andere Europäer zu töten.

So manche Schmähschrift verkündet eine ähnliche Botschaft. Im Bereich des Vizekönigreichs La Plata dichtet ein anonymer Protestler im März 1780:

Hoch lebe unser Monarch,
Tod den falschen Ministern!
Und hoch lebe immer La Plata![83]
Doch um leben zu können,
braucht es Leute von Substanz,
und es verdienen zu sterben,
die wider die Gerechtigkeit sind
und die unersättlich rauben
unter dem Deckmantel des Zolls.[84]

83 Gemeint ist hier die 1539 gegründete Stadt La Plata, auch Charcas genannt, die 1839 in Sucre umbenannt wurde und heute die offizielle Hauptstadt Boliviens ist.

84 CDIP II, S.156.

José Gabriel Condorcanqui ist gut vernetzt und wird über seine Gewährsleute über die Rebellionen in seinem Umfeld bestens unterrichtet gewesen sein. Bald kommt es in seiner unmittelbaren Nähe, in Cuzco, zu einem weiteren Aufstand, der allerdings über die Planung kaum hinausgeht. Wie oft beginnt alles mit Wandzeitungen. Eine von ihnen spielt auf den im Juni 1779 ausgebrochenen spanisch-englischen Krieg an, der im Zusammenhang mit der Unabhängigkeitserklärung der Vereinigten Staaten steht. In Peru geht das Gerücht um, die Engländer seien schon in La Habana und kämen bald auch nach Peru, um die Sklaven zu befreien. Und so klebt eines Morgens folgende Schmähschrift an einer Mauer in Cuzco:

> Ich scheiße auf die nette Union
> von Spaniern und Franzosen:
> ich scheiße dreihundert Mal
> auf die große Kriegskampagne;
> ich scheiße auf das Schwert
> und auf den Schützengraben;
> ich scheiße auf all den Krempel
> von Mörsern und Kanonen;
> und ich scheiße ein für allemal
> auf die großmächtigen Herren.[85]

Die sich anbahnende Verschwörung gegen die Kolonialbürokratie wird auch als „Rebellion der Silberschmiede" bezeichnet. Im Rahmen der Steueroptimierung ist der *Quinto Real*, eine 20%ige Abgabe auf das geförderte Silber, die wegen der immer geringer werdenden Ausbeute abgesenkt worden war, wieder auf das ursprüngliche Niveau angehoben worden. Und nicht nur das: In Zukunft darf nur noch amtlich geprüftes und versteuertes Silber verwendet werden. Dies trifft Minenbesitzer, aber vor allem die in einem Gremium zusammengeschlossenen Silberschmiede von Cuzco, die das Silber verarbeiten, nun keine Schmuggelware mehr annehmen können und einen höheren Preis für ihr Material zu bezahlen haben. Logische Folgen sind eine Verteuerung ihrer Produkte und geringere Bestellungen von Seiten der Kirche, aber auch von Privatleuten, die ihre Ersparnisse krisensicher in Gold- oder Silberwaren anzulegen pflegen.

Direkt tangiert von der bevorstehenden Einrichtung einer Zollstation in Cuzco sind außerdem Haziendabesitzer und Betreiber von Chorrillos, klei-

---

85 Boleslao Lewin: La rebelión de Túpac Amaru y los orígenes de la emancipación americana. Buenos Aires 1967, S. 164.

nen Webereien, deren Produkte erstmals unter die auf 6% erhöhte *alcabala* fallen sollen. So kommt es zu einer Verschwörung verschiedener Betroffener, die leider verraten wird, denn in der Fastenzeit beichtet Ildefonso Castillo, Verwalter eines Chorrillo, dem Augustinermönch Gabriel Castellanos und erzählt von der geplanten Rebellion. Der Pater vergisst das Beichtgeheimnis und schreibt am 31. März 1780 einen Brief an die Behörden. Daraufhin lässt der Corregidor von Cuzco Castillo festnehmen und intensiv verhören.

Bald kennt man den aus elf Personen bestehenden Kreis der Verschwörer und kann sie vor Gericht zerren. Der Anführer, Lorenzo Farfán de los Godos, ist Haziendabesitzer und selbst ein Steuereinnehmer, der befürchtet hat, dass man ihn durch eine Person aus Lima ersetzen könnte. Die Verschwörer im Alter von 24 bis 44 Jahren sind bis auf einen Indio allesamt Criollos, vier sind Gold- oder Silberschmiede, die anderen arbeiten in der Landwirtschaft oder in Webereien.[86]

Während des Prozesses beteuern die Angeklagten, sich nicht gegen den König verschworen zu haben. Sie hätten geglaubt, die neuen Steuergesetze beruhten nicht auf einem königlichen Edikt, sondern seien ausschließlich eine Maßnahme des Generalinspekteurs Areche.

Einer der Verschwörer war der Curaca von Pisac im Urubamba-Tal, Bernardo Tambohuacso, der versprochen hatte, beim Ausbruch der Rebellion tausende Indios zu mobilisieren. Er kann fliehen und verschanzt sich in der Nähe von Pisac. Als er einem Pfarrer droht, mit seinen Indios gegen Cuzco zu ziehen, konfisziert der Corregidor des ebenfalls im Urubamba-Tal gelegenen Calca die Besitztümer Tambohuacsos und mobilisiert eine Truppe aus Milizionären, um den aufständischen Indio zu ergreifen. Dieser erfährt, dass seine Mitverschworenen am 29. Juni in Lima den Tod am Galgen gefunden haben. Er ergibt sich und wird am 17. November in Cuzco hingerichtet.

Farfán de los Godos und drei seiner Mitverschwörer sind zur Vollstreckung des Urteils („gewöhnliche Todesstrafe durch Erhängen") nach Lima transportiert worden. Die Art und Weise, wie mit ihnen verfahren wird, gibt einen Vorgeschmack auf die Grausamkeit, welche sich ein Jahr später an den Hauptakteuren der großen Rebellion austoben wird. „Sie sollen an den Schwanz eines Pferdes angebunden, weggeschleift und nach Vollzug des Urteils gevierteilt und an den öffentlichsten Orten als abschreckendes Beispiel und als Erinnerung an ihre abscheulichen Verbrechen ausgestellt werden."[87]

---

86 Scarlett O'Phelan Godoy, 1985, a.a.O., S. 196.

87 CDBRETA I, S. 70.

Aus einer gewissen Distanz beobachtet José Gabriel Condorcanqui auch diesen Aufstand wider die Kolonialmacht. Nach späteren Aussagen seines Schwagers Antonio Bastidas reagiert er mit Unverständnis über den Tod Tambohuacsos. Wie konnte dies geschehen, wieso war es den Indios nicht möglich, das Leben des Curaca zu retten? Und eine wichtige Lehre zieht er aus dem misslungenen Aufstandsplan: Vorbedingung für eine erfolgreiche Revolution ist die Kontrolle über Cuzco, das Zentrum des indianischen Perus.

In der ehemaligen Hauptstadt des Inkareiches ist man alarmiert, zumal sich herausgestellt hat, dass die Stadt sehr schlecht darauf vorbereitet ist, Aufstände durch die Indios der Umgebung oder Rebellionen von innen heraus niederzuschlagen:

> „Die wenigen Waffen beschränkten sich auf zweihundert Gewehre, die der Stadtrat Jahre zuvor aus Lima angefordert und auf eigene Kosten herbeigeschafft hatte, so wie auch das Depot zu ihrer Aufbewahrung samt hundert Lanzen aus eigenen Mittel errichtet worden war. Nach der Bestandsaufnahme dieser Waffen ging man unverzüglich daran, deren Mängel zu beheben, ebenso verfuhr man mit den Lafetten und dem Zubehör der sechs Artilleriewaffen, wobei die Ausgaben von ihrem Hauptmann Marcos de la Cámara getragen wurden.“[88]

Von einer regulären Truppe kann kaum gesprochen werden. In aller Eile werden Milizen aus Freiwilligen und Reservisten zusammengestellt, die im Ernstfall die Stadt gegen Aufrührer verteidigen sollen.

José Gabriel muss sich nach seiner Rückkehr aus Lima zunächst daran gewöhnen, dass zwei neue Akteure sein Umfeld bestimmen. Da ist der neue Corregidor der Provinz Canas y Canchis, Antonio Juan de Arriaga. Aus dem Baskenland stammend, fuhr er lange zur See, teils im Auftrag seines Bruders, teils organisierte er für die spanische Krone Waffentransporte nach Buenos Aires und Montevideo. Später kontrollierte er als Vertreter der Krone in Buenos Aires den Warenverkehr mit dem Mutterland und wurde Hauptmann der Milizen. Als solcher war er für die Verteidigung von Buenos Aires vor potentiellen Angriffen zuständig und beteiligte sich an der Besetzung des am anderen Ufer des Río de la Plata gelegenen und lange von Portugal kontrollierten Colonia de Sacramento. Da seine Gesundheit gelitten hat, erhält er als Dank für geleistete Dienste das Corregimiento von Canas y Canchis. Hier trifft er nun einerseits auf den Curaca José Gabriel Condorcanqui, anderer-

---

88 NCDIP I, S. 141.

seits begegnet er einem alten Feind aus argentinischen Tagen wieder, mit dem er in Tucumán in einem Konflikt zwischen weltlicher und kirchlicher Gerichtsbarkeit aneinandergeraten war und der nun Bischof von Cuzco ist: Juan Manuel Moscoso y Peralta, eine schillernde Persönlichkeit, die für den weiteren Gang der Ereignisse wichtig ist.

Juan Manuel Moscoso y Peralta wurde 1723 in Arequipa, der drittgrößten Stadt im Vizekönigreich Peru, in eine wohlhabende Familie geboren. Beide Elternteile führten ihre Abstammung auf die ersten Eroberer Perus zurück; königliche Schenkungen bildeten den Grundstock ihres über die Generationen noch vermehrten Vermögens. Der junge Juan erhielt die beste Bildung, die damals in Peru möglich war, zunächst in Lima, dann in Cuzco, an dessen Universität er zum Doktor der Theologie promoviert wurde. Zurück in Arequipa heiratete er. Bei der Geburt eines Sohnes starb seine Frau, kurz danach auch das Kind. Er wurde 1754 zum Priester geweiht und stieg in der kirchlichen Hierarchie rasch auf. 1771 wurde er zum Bischof von Tucumán ernannt, ein Amt, das er 1773 antrat. Der begüterte Kleriker muss von seinem Gehalt nicht leben, im Gegenteil: Seiner Kathedrale stiftet er eine goldene Monstranz; ähnlich freigebig wird er sich auch an den späteren Stationen seiner Laufbahn erweisen. 1779 folgt der nächste Karrieresprung auf den prestigereicheren Bischofsstuhl von Cuzco.

Mit einer großen Machtfülle ausgestattet, beschließt Moscoso für seinen Bereich ein Bündel an Änderungsmaßnahmen, ohne dass er deswegen als Kirchenreformer gelten kann. In den mehr als zwei Jahrhunderten, in denen die Kirche sich zu der Institution entwickelt hat, die mehr als andere den geographischen Raum prägt und besetzt, bis sie zu einem Staat im Staat geworden ist, haben sich viele Fehlentwicklungen eingestellt, die nach Reformen rufen. Der pastorale Auftrag ist immer mehr hinter das Bemühen um die Optimierung der materiellen Ausstattung der Pfarreien und der Kirchendiener zurückgetreten, so dass sich die Konflikte mit der weltlichen Macht zugespitzt haben und die Zumutungen für das einfache Kirchenvolk ins Unerträgliche gestiegen sind. Zu der Belastung durch Tribut und Steuern treten erhebliche Kosten für die „Serviceleistungen“ der Kirche. So müssen laut Tariflisten Indios 2 Pesos für eine einfache Messe bezahlen, 4 für ein gesungenes Hochamt, mit Prozession beläuft sich die Servicegebühr auf 12 Pesos. Auch der soziale Status spielt eine erhebliche Rolle im komplexen Tarifgefüge. So kommen bei Totenmessen für Sklaven 4 Pesos in die Pfarrkasse, 6 Pesos für freie Mulatten und 10 für Mestizen.[89] Ist nichts zu holen, liegt es

89 Scarlett O'Phelan Godoy, 1985, a.a.O., S. 115.

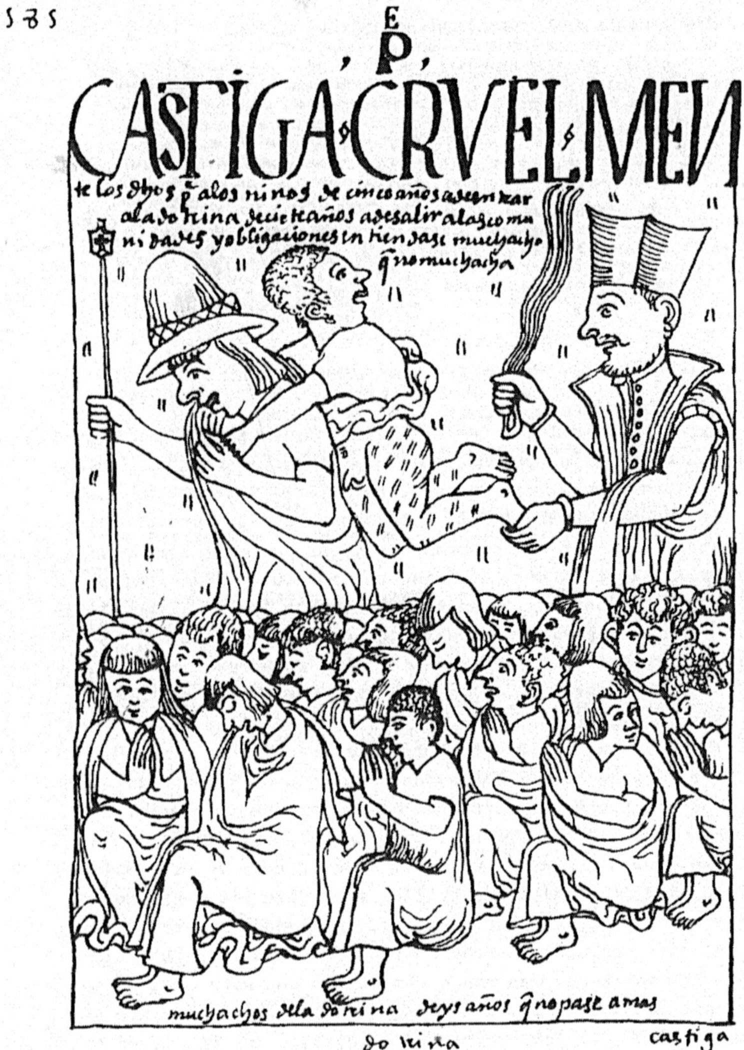

Ein Dorfpfarrer vermittelt die christliche Glaubenslehre (aus der Chronik Poma de Ayalas)

im Gutdünken des Pfarrers, nichts zu verlangen oder die christliche Beerdigung wegen Nichtzahlung zu verweigern. Gern lässt sich der geistliche Obwalter der Gemeinde aber auch in Naturalien entlohnen, etwa mit einer Kuh oder einem Schaf. Um die Kosten etwa einer Beerdigung für ein vierjähriges Kind in die Höhe zu treiben, werden Glockengeläut, Vigilien und andere Zeremonien abgerechnet. Da verwundert es nicht, dass Kinderleichen einfach in Flüsse oder Höhlen geworfen werden, wie nebst anderen drastischen Beispielen einer „Beschreibung der Stadt Cuzco" aus dem Jahr 1768 zu entnehmen ist.[90]

Ein großer Aktivposten im Kirchenbesitz ist Land, das verpachtet oder selbst bewirtschaftet wird, besonders wertvoll, wenn Mitapflichtige zur Verfügung stehen. Auch sonst profitiert der weltliche Klerus von den bezahlten oder unbezahlten Dienstleistungen der Küster, Klöckner oder Haushälterinnen. So lasst zum Beispiel in dem Dorf Moho, westlich des Titicacasees gelegen, der Pfarrer Juan Valentín de Gamboa seine hunderte Köpfe umfassende Herde von den Indios seines Dorfes hüten. Bezahlung sehen sie selten, geht ein Tier verloren oder stirbt, müssen sie es ersetzen. Auch lässt er sein Vieh häufig auf die Gemeindewiesen treiben. In seinem Haushalt arbeiten unentgeltlich mehrere Gemeindemitglieder, die zur Kasse gebeten werden, sobald ein Teller oder ein Löffel fehlt. Damit nicht genug, unterhält der geistliche Herr im Ort acht kleine Läden, in denen überteuerter und mit Wasser verdünnter Alkohol verkauft wird, was zusätzliche Einnahmen von 5.000 Pesos im Jahr generiert. Die Indios klagen, „dass er uns nicht lehrt oder predigt oder die christliche Lehre, den Glauben und das Gesetz Jesu Christi erklärt, sondern uns Branntwein gibt und uns zwingt, Messen zu bestellen oder Ehen zu schließen."[91]

Eine wichtige Einnahmequelle sind christliche Feste, die von den Bruderschaften organisiert werden. Diese Bruderschaften, die sich dem Kult eines bestimmten Heiligen verschrieben haben, sind wichtige Mittler zwischen den Gemeindemitgliedern und den weltlichen und geistlichen Institutionen. Einnahmen erzielen sie meist aus ihren in Nachbarschaftsarbeit bewirtschafteten Feldern. An ihrer Spitze steht ein *alférez* (Fahnenträger, heutige Bedeutung: Leutnant), der die Verpflichtung hat, pro Fest ein „Almosen" von etwa 50 Pesos an die Kasse der Pfarrei abzuführen. Um diese Einnahmequelle besser sprudeln zu lassen, erhöhen findige Pfarrer die Zahl der Feste und benennen mehrere *alféreces* mit der entsprechenden Steigerung des Almosenaufkommens.

Der weltlichen Macht sind die Praktiken der Vertreter Gottes in den Indiogemeinden schon lange ein Dorn im Auge. So schreibt Vizekönig Amat

---

90 CDIP II, 1, S. 41.

91 Nicholas A. Robins: Priest-Indian Conflict in Upper Peru. The Generation of Rebellion, 1750-1780. Syracuse 2007, S. 84.

1776: „Das Handeln der Pfarrer in Peru hat kein anderes Ziel als Prunk, Eitelkeit und Eigennutz. Selbst der bescheidenste Anwärter auf dieses Amt fragt nicht, wie er seine pastorale Mission ausführen kann und interessiert sich nicht wirklich für den Dienst an der Kirche, sondern fragt nur, wie zahlreich und einträglich die ihm anvertrauten Schäfchen sind.“[92]

Wenn es darum geht, aus der indianischen Bevölkerung einen maximalen Nutzen für die Kolonialherren herauszupressen, stehen weltliche und geistliche Institutionen natürlich in Konkurrenz zueinander. Deshalb kommt es immer wieder zu Konflikten etwa zwischen den Corregidores, denen es obliegt, Tribut und Steuern einzutreiben, und der weltlichen Priesterschaft, die ihre Pfründe verteidigt und zu optimieren versucht. Auf einer höheren Ebene geht es bei Streitigkeiten auch um eine Auseinandersetzung zwischen weltlichem und kanonischem Recht. Dazwischen stehen als Beobachter oder als Unterstützer einer der beiden Seiten Curacas wie José Gabriel Condorcanqui. Bald soll sich in seinem unmittelbaren Umfeld diese Spannung in einem heftigen Konflikt entladen.

Sofort nach seinem Amtsantritt verlangt Bischof Moscoso von den *doctrineros*, den Pfarrern seines Bistums, innerhalb einer bestimmten Frist eine genaue Aufstellung über die Zahl der Gläubigen sowie ein Inventar der Besitztümer abzuliefern. Unklar ist, ob der Bischof mit dieser Maßnahme die Indios vor übermäßigen Abgaben schützen oder im Gegenteil die Kirchenkasse durch effizientere Bewirtschaftung der Pfarreien auffüllen will. Jedenfalls löst die Verfügung vom 19. September 1779 bei seinen Untergebenen diffuse Ängste aus. Justo Martínez, der Pfarrer von Yauri, meldet sich krank und legt die angeforderte Dokumentation nicht vor, so dass Moscoso im Januar 1780 den Besitz des Martínez für beschlagnahmt erklärt und den Saumseligen nach Cuzco vorlädt. Als der sich stur stellt, schickt Moscoso einen Bevollmächtigten nach Yauri, einen gewissen Vicente de la Puente, selbst Pfarrer von Coporaque, um die Situation zu klären. In seinem Dorf hat sich besagter de la Puente höchst unbeliebt gemacht, so dass sich eine Front gegen ihn aufbaut und er mehrmals bedroht und schließlich durch Steinwürfe aus dem Dorf vertrieben wird. Der Curaca von Coporaque, Eugenio Sinanyuca, unterstützt seine Indios und bildet eine Front mit seinem Freund, dem Corregidor Antonio de Arriaga, der sich nun offen gegen seinen Erzfeind aus alten Tagen, Bischof Moscoso, positioniert. Sinanyuca und Arriaga sammeln Beweise gegen den Bischof, um ihn wegen schlechter Amtsführung, gewürzt mit einem Hinweis auf sein reges Sexualleben, bei dem Visitador Areche in

92 Jürgen Golte: Repartos y rebeliones. Túpac Amaru y las contradicciones de la economía colonial. Lima 1980, S. 166.

Lima anzuschwärzen, der allerdings dem Bischof die Stange halten wird. Auf dem Land kocht die Stimmung hoch, es kommt zu Zusammenstößen zwischen den Leuten de la Puentes und den Indios. In Coporaque ziehen Dorfbewohner mit einem leeren Sarg durch den Ort und drohen, man werde aus dem Schädel des de la Puente Chicha trinken, wenn man ihn erwische. Diesen Eindringling wolle man „noch nicht einmal gemalt sehen“![93]

De la Puente ist ziemlich machtlos und muss sich zurückziehen. Wutschnaubend schreibt er nach Cuzco und beklagt sich über die Gottlosigkeit des Curaca Sinanyuca und seiner zwei Söhne José Mariano und Manuel Asencio. Auf das Konto der drei gingen, so der Pfarrer, „zweitausend Verbrechen“. Als er noch in Yauri weilte, hätten die Söhne Stoffbehänge vom Altar genommen, sie bei Karnevalstänzen wie Fahnen geschwenkt und auf die Vorhaltungen des Priesters nur mit Drohungen geantwortet. Außerdem: „Niemals kommen sie zur Messe oder zur Glaubenslehre; während der Fastenzeit sind sie nicht nur bei keiner einzigen Predigt anwesend, man kann sie auch nicht dazu bewegen, an der vorbereitenden Prüfung für die Beichte oder die Kommunion teilzunehmen. Sie verkünden öffentlich, dies sei eine ungehörige Zeremonie meinerseits.“[94]

Unglaublich! Später schickt de la Puente eine Anklageschrift nach Lima, in der er Arriaga beschuldigt, das Gesetz zu sabotieren, und er mahnt: „Diese Pflichtverletzungen dürfen, Exzellenz, nicht ungestraft bleiben. Die Indios brauchen wenig, um sich zu erheben ...“[95]

Am 27. Juli 1780 greift Bischof Moscoso zu seiner stärksten Waffe und exkommuniziert den Corregidor Arriaga „wegen der Unterstützung gotteslästerlicher Indios“. Der wiederum holt zum nächsten Schlag aus und meldet nach Lima, Moscoso habe bei der Rebellion des Farfán de los Godos auf dessen Seite gestanden, und was den de la Puente betrifft, so habe der seine Indios tyrannisiert und lebe außerdem in sündiger Verbindung mit einer gewissen María Josefa Alarcón und deren Kindern, was eigentlich niemand entrüstet haben dürfte, denn dass Priester Konkubinen halten, ist absolut normal, und schon Poma de Ayala hatte Anfang des 17. Jahrhunderts in seiner Chronik, die sich ausführlich auch mit den *curas doctrineros*, den Gemeindepfarrern, auseinandersetzt, den Mestizierungsprozess auf diese verbreitete Praxis zurückgeführt.[96]

93 Luis Miguel Glave Testino: Sociedad campesina y violencia rural en el escenario de la gran rebelión indígena de 1780. Historica, vol. XIV, nº 1, julio 1990, S. 58-59.

94 Túpac Amaru y la Iglesia. Antología. Lima 1983, S. 174.

95 Ibid., S. 182.

In Lima sympathisiert man keineswegs mit Arriaga und dessen Praktiken als Provinzverwalter, kann sich aber kein rechtes Bild über die Lage im entfernten Cuzco machen und drängt schließlich Moscoso zur Zurücknahme der Exkommunikation gegen Arriaga, die am 28. September 1780 erfolgt, was allerdings dessen erlittenen Prestigeverlust in einer von der Katholischen Kirche geprägten Welt nicht repariert.

Nicht unerheblich für den Konflikt zwischen Arriaga und Moscoso ist die Tatsache, dass jener ein Spanier, ein *chapetón* oder *godo* ist, letzterer ein Criollo, dessen Familie seit Generationen in Peru lebt und das „Mutterland" Spanien nie kennengelernt hat. Die Spannungen zwischen diesen im Vizekönigreich temporär oder dauerhaft lebenden Minderheiten haben im Lauf der Zeit zugenommen, nicht unbemerkt von der Kolonialverwaltung in beiden Kontinenten. Als sich die Rebellionen und Übergriffe auf Staatsbeamte mehren und in ein Klima der Gewalt münden, schreibt Domherrr Simón Ximénez Villalba aus Cuzco einen vertraulichen Brief an den Vizekönig. Was er zu sagen hat, solle er niemandem anvertrauen, noch nicht einmal seinem Kopfkissen. Die Lage in Cuzco, der alten Hauptstadt, sei entscheidend für Krieg oder Frieden. Ein Umsturz dort könne nur von den Criollos ausgehen und würde die sonst passiven Indios mitreißen, denn „der Amerikaner ist in jeder Hinsicht oberflächlich, außer in seiner angeborenen Gegnerschaft zum Spanier", und: Der hochgestellte Criollo ist der beängstigendste Gegenpol zu allem, „was nach Spanien riecht. Er ist so heimtückisch, dass er selbst, wenn er Loyalitätsbekundungen abgibt, gegen alle Entscheidungen des Königs und seiner Minister konspiriert, und es ist leichter, ihm das Leben zu nehmen als seine Intrigen aufzudecken."[97]

José Gabriel beobachtet die Vorgänge, ohne selbst Stellung zu beziehen. Wichtiger sind ihm seine eigenen Aufstandspläne, deren erstes Opfer Arriaga sein wird. Mit Moscoso steht er sich bisher sehr gut. Seinen Curaca-Kollegen Eugenio Sinanyuca schätzt er, denn er weiß, dass er seine Indios verteidigt, manchmal fehlenden Tribut aus eigener Tasche bezahlt und, wie er selbst, gegen die Mita von Potosí kämpft. Sinanyuca könnte ein wertvoller Partner sein, wenn es zum Aufstand kommt, eine Fehleinschätzung, wie sich bald herausstellen wird.

Nach seiner Rückkehr aus Lima hat José Gabriel gezwungenermaßen dem Corregidor seine Dienste angeboten. Das Verhältnis der beiden ist anfangs sogar ausgesprochen gut. Man hilft sich gegenseitig aus, leiht sich bei Bedarf

---

96 El sitio de Guaman Poma/The Guaman Poma Website. A Digital Research Center of the Royal Library, Copenhagen, Denmark 2001, Online-Edition, S. 589.

97 CDIP II, 2, S. 152.

Geld, schickt Geschenke oder lädt zum Essen ein. Wenn es stimmt, dass Arriaga Pate bei der Erstkommunion einer der beiden älteren Söhne José Gabriels ist[98], könnte man die beiden Männer regelrecht als *compadres* (Gevatter) bezeichnen.

Lange freilich währt dieses gute Einvernehmen nicht, wenn es denn laut der wenigen existierenden Quellen überhaupt bestanden hat. Mit dem oft jähzornigen Corregidor ist nicht gut Kirschen essen. Und natürlich fühlt er sich als Exsoldat und vor allem als Spanier über den Indiokaziken an seiner Seite erhaben. Solange ihm dieser nützlich ist, achtet er ihn als Partner. Doch da wo seine Geschäftspraktiken auf das Unverständnis und den Widerstand von indianischer Seite stoßen, ist ein Ende der fragilen Harmonie vorprogrammiert. Für José Gabriel wird es immer schwieriger, seine Verpflichtungen als Erfüllungsgehilfe der Kolonialbürokratie mit der Fürsorge für die Indios seiner Gemeinden zu vereinbaren. Wie soll er die nötige Anzahl an Arbeitspflichtigen rekrutieren, wenn viele Indios aus den Dörfern geflohen sind, um als *forasteros* (Fremde) in anderen sozialen Zusammenhängen ein weniger geknechtetes Leben zu führen, und die Verbliebenen ihre Felder bewirtschaften müssen, da sie neben dem eigenen Unterhalt auch noch Tribut und sonstige Abgaben aufbringen müssen? Im Juli 1780 trifft aus Cuzco ein Schreiben des aus dem Baskenland gebürtigen Unternehmers Pablo Astete ein, der auf seine Zwangsarbeiter wartet: „Mein lieber Herr und Meister: Über den Beleg, den ich beifüge, werden Sie feststellen, dass die dreißig Indios, um die ich Sie bat, nicht gekommen sind. Deshalb verzögern sich meine Arbeiten, also schicken Sie mir unverzüglich zehn Mitte des Monats …“[99]

Neben der unzureichenden Bereitstellung von Mitayos ist es aber vor allem die Praxis des Reparto, an der sich der Konflikt entzündet: Dem Corregidor der Provinz Canas y Canchis, auch Tinta genannt, ist es erlaubt, in fünf Jahren Waren für 112.500 Pesos zu verteilen. Doch in der Hälfte der Amtszeit hat Arriaga bereits einen Warenwert von 300.000 Pesos in den Büchern stehen, wie José Gabriel am 5. März 1781 in einem langen Schreiben an den Visitador Areche melden wird.[100] Unter den verteilten Gütern sind unsinnige,

---

98 José Antonio del Busto Duthurburu: José Gabriel Túpac Amaru antes de su rebelión. Lima 1981, S. 121.

99 CDIP II, 2, S. 181. Pablo Astete bekleidete als begüterter Spanier den Rang eines Oberst der Milizen. In dieser Funktion kämpfte er nach dem Beginn des Aufstand gegen Túpac Amaru. 1811 war er am Sieg der Royalisten gegen die argentinischen Unabhängigkeitskämpfer in der Schlacht von Huaqui beteiligt, unterlag ihnen aber wenige Jahre später in den Gefechten von Tucumán und Salta.

100 NCDIP III, S.720.

für die Indios völlig nutzlose Dinge wie Brillen, Heiligenbilder, Spielkarten, Spitzenklöppelei oder Seidenstrümpfe. Von dem Züchter Juan Martínez erwirbt er 100 „dürre Maultiere“, für die er den lächerlichen Betrag von 6 Pesos bezahlt, um sie dann teuer zu verteilen, und das in einer Region, in welcher die Qualität der Tiere für das Transportgeschäft elementar ist.[101]

Bald sehen sich die zunehmend verarmten Indios außerstande, den Warensegen zu bezahlen, und auch den halbjährlich zu entrichtenden Tribut können sie immer seltener aufbringen. Im ersten Fall sind sie Schuldner des Corregidors, im zweiten Fall stehen sie beim Staat in der Kreide, und für das Einsammeln dieser Kopfsteuer ist der Curaca, also José Gabriel, zuständig. Der weiß um die Nöte seiner Indios und betreibt das Einsammeln des Tributs mit immer geringerem Nachdruck, so dass er dem Corregidor Verzug melden muss. Als Arriaga nach der Aufhebung seiner Exkommunikation am 6. Oktober 1780 nach Tinta zurückkehrt, wird dort ein Festbankett zu seinen Ehren veranstaltet. Vor oder während des Essens beschimpft der Corregidor den anwesenden José Gabriel vor allen Gästen als „rebellischen Indio“, dem er schon seine Unverschämtheit austreiben wird, und droht schließlich, ihn via Buenos Aires nach Spanien deportieren zu lassen, wo er großen Einfluss habe. Doch dann fällt ihm ein einfacheres Verfahren ein, er werde, so schreit er, den Curaca nebst Frau und Kindern aufhängen lassen.[102] Unter dem Eindruck dieser Hasstiraden kehrt José Gabriel nach Tungasuca zurück. Er weiß, dass der Corregidor ihn nicht an den Galgen bringen wird, da er als Curaca principal nur der Gerichtsbarkeit der Audiencia untersteht. Aber die Verschleppung nach Spanien? Wie weit der Einfluss Arriagas auf die vizeköniglichen Instanzen wirklich geht, entzieht sich ihm und lässt Besorgnis aufkommen. José Gabriel muss nun endlich handeln.

Am 2. November 1780, am Allerseelentag, erhält José Gabriel eine Einladung des Pfarrers von Yanaoca, Carlos Rodríguez, seinen Namenstag und auch den seiner Majestät König Carlos III. zu feiern. Der 4. November, an dem das Treffen stattfinden soll, ist der offizielle Gedenktag für den am 3. November 1584 verstorbenen Erzbischof von Mailand Karl Borromäus (italienisch: Carlo Borromeo). Eingeladen zu dieser samstäglichen Feier sind ebenfalls, nebst möglicherweise nicht dokumentierten Gästen, der Pfarrer von Pampamarca und alte Vertraute von José Gabriel, Antonio López de Sosa und … der Corregidor Antonio de Arriaga, der von einer Tour durch

---

101 Scarlett O'Phelan Godoy: Aduanas, mercado interno y élite comercial en el Cusco antes y después de la gran rebelión de 1780. In: Apuntes 19, S. 62.

102 José Antonio del Busto Duthurburu, a. a. O., S. 123.

höher gelegene Dörfer hinzustößt. Bei der Namenstagsfeier, die wohl im Innenhof des Pfarrhauses unter der vor dem Regen schützenden Galerie stattfindet, führt niemand Protokoll, so dass über den Inhalt der Gespräche nichts bekannt ist. Möglicherweise ging es dem Gastgeber um eine Versöhnung zwischen dem Curaca und dem Corregidor, möglicherweise wird auch laut gestritten, das Ende ist jedoch eher harmonisch, denn als der Corregidor gegen 16 Uhr aufbricht, um noch vor Einbruch der Dunkelheit Tinta zu erreichen, wo er Korrespondenz zu erledigen hat, lädt José Gabriel ihn nach Tungasuca ein, was Arriaga ablehnt. Als José Gabriel erklärt, ihn begleiten zu wollen, wehrt er auch dieses Angebot ab. Mit seinen Leuten, einem Schreiber namens Felipe Bermúdez und zwei Sklaven, macht er sich mit seinen Maultieren auf den Weg, der in zwei Stunden zu schaffen ist. José Gabriel schlägt den in nördlicher Richtung führenden Weg nach Tungasuca ein. Auf halber Strecke biegt er nach rechts ab und steigt über ein tief eingeschnittenes Tal auf, um den höchsten Punkt des Weges zwischen Yanaoca und Tinta zu erreichen, den Pass von Jilayhua. Von dort ist im Norden die Lagune von Pampamarca zu erblicken, der Weg führt dann hinab nach San Bartolomé de Tinta. Hier, an dieser einsamen Stelle, hat José Gabriel seine Leute postiert. Lange muss er nicht warten, da taucht Arriaga samt Gefolgschaft auf. Aus ihrem Versteck hervorbrechend, versperren ihm José Gabriel und seine Indios den Weg. Der Corregidor reagiert sofort, greift nach seiner Pistole, kann aber keinen Schuss mehr abgeben, da er mit einem geschickten Lassowurf von seinem Reittier geholt wird. Der Schreiber wird leicht verletzt, die Sklaven, die in einigem Abstand folgen, leisten keinen Widerstand, weshalb auch? Arriaga und seine Begleiter werden gefesselt abseits des Weges abgelegt und mit dem Tode bedroht, falls sie schreien sollten. Um Mitternacht kommt José Gabriel, der sich zwischenzeitlich nach Hause begeben hatte, zurück und lässt die Gefangenen nach Tungasuca bringen, wo sie im Keller seines Hauses eingesperrt werden. Die Rebellion des José Gabriel Condorcanqui, der ab sofort meist als Thupa Amaro oder Joseph Gabriel Tupa Amaro Inga zeichnen wird, hat begonnen.

5.
Die Hinrichtung des Corregidors und erste Kriegshandlungen

Die Aufstandspläne des Thupa Amaro Inga, wie sich José Gabriel jetzt meist nennt – später wird sich allgemein die Schreibung Túpac Amaru durchsetzen –, nahmen konkrete Gestalt an, nachdem er aus Lima zurückgekehrt war und seine Freunde ihn von dem ursprünglichen Plan abgebracht hatten, nach Spanien zu gehen, um seine Anliegen am Hof zu vertreten. Bei seinen Reisen im Süden des Vizekönigreichs Peru, von dem 1776 Alto Perú, das heutige Bolivien, abgespalten und dem Vizekönigreich La Plata zugeschlagen wird, hat er ein Netz von Curacas sowie Gewährsleuten und Verbündeten aus dem Kreis der Criollos und Mestizen geknüpft, die alle entschlossen sind, die immer größere Belastung durch Zölle und Steuern abzuschütteln und das schon seit Generationen auf den Säulen Mita und Tribut fußende Ausbeutungssystem abzuschaffen. Der Konflikt mit Antonio de Arriaga, die niedergeschlagenen Rebellionen in Cuzco und Arequipa und der noch andauernde Kampf des Tomás Katari gegen die Kolonialbürokratie haben ihn bewogen, den Beginn des großen Aufstands vorzuziehen. In die konkreten Pläne sind nur wenige Vertraute eingeweiht, allen voran Túpac Amarus Gefährtin Micaela Bastidas. Während des monatelangen Aufenthalts ihres Gatten in Lima hat sie seine Verwaltungsaufgaben in Surimana, Tungasuca und Pampamarca übernommen, hat mit den Behördenvertretern verhandelt, die Maultiertrecks ausgerüstet und die Geschäftsverbindungen gepflegt, tatkräftig unterstützt von dem ältesten Sohn Hipólito und anderen Familienangehörigen.

Nun sitzt der Corregidor gut bewacht in Túpac Amarus Haus in Tungasuca und der vorbereitete Plan wird Zug um Zug umgesetzt. Zunächst gilt es, die Ausrüstung mit Waffen zu verbessern und die finanziellen Mittel aufzustocken. Arriaga, dem erklärt wird, seinen Arrest habe der König angeordnet, muss seinem Kassierer Manuel San Roque nach Tinta schreiben, er solle so schnell wie möglich kommen, alles geprägte Silber, Feuer- und Blankwaffen sowie die Schlüssel des Cabildo, der Gemeindeverwaltung, mitbringen. Es ginge um die Bekämpfung von Piraten, die an der Küste gelandet seien. Túpac Amaru begibt sich mit mehreren Maultieren nach Tinta und überbringt selbst den Brief, so dass der Kassierer keinen Argwohn schöpft. So ist es ihm möglich, 22.000 Pesos Bargeld, geprägtes Silber, 90 Gewehre und zwei Kisten mit Säbeln und Waffen aus dem Besitz des Corregidors abzutransportieren.[103] Der Kassierer begleitet ihn und wird in Tungasuca festgenommen.

Am 5. November muss Arriaga ferner an Bernardo de la Madrid, den Besitzer des Obraje von Pomacanchi und alten Geschäftspartner Túpac Amarus, sowie an den Galicier Juan de Figueroa, den Aufseher des Obraje Quipococha, schreiben mit der Bitte, sie mögen wegen dringender Gespräche nach Tungasuca kommen. Danach wolle er nach Cuzco gehen, um nach der Aufhebung der Exkommunikation seine Rehabilitation zu betreiben. Die Angeschriebenen treffen ein, um ebenfalls inhaftiert zu werden. Als Arriaga aufgefordert wird, Briefe an andere Corregidores zu schreiben, damit diese sich unverzüglich nach Tungasuca begeben, weigert er sich. Hier springt sein Schreiber Felipe Bermúdez ein, der ab sofort mit den Rebellen zusammenarbeitet und zum wichtigsten Sekretär von Micaela Bastidas werden wird. Die Kommunikation nach dem etwa 20 Meilen (110 km) entfernten Cuzco wird durch das Aufstellen von Posten unterbunden, damit die Kunde von dem Ausbruch der Rebellion die zweitgrößte Stadt des Vizekönigreichs möglichst spät erreicht. Will jemand den Corregidor sprechen, heißt es, er sei sehr beschäftigt, könne gerade nicht empfangen oder habe einen Ritt in die Bergdörfer unternommen.

Auf dem Platz vor Túpac Amarus Haus wird ein Galgen errichtet. Der Curaca lässt den Pfarrer López de Sosa rufen, um einem Kranken die Sterbesakramente zu spenden. Zu seiner Verwunderung trifft der Pfarrer auf den Corregidor und fragt, wieso er sich in dieser Situation befinde. Die Antwortet lautet, er sei zum Tode verurteilt worden. Túpac Amaru, der dem Corregidor ein Bild des dornengekrönten Christus in die Zelle gebracht hat, bestätigt und erklärt, er habe seit 26 Tagen den Befehl des Generalinspekteurs Areche, den Corregidor hinzurichten, und sei nun schon im Verzug. Die Art der Hinrichtung wird dem Corregidor am 8. November mitgeteilt: Tod durch Erhängen, für einen Spanier eine besonders schmachvolle Weise, aus dem Leben zu scheiden.

Gefragt, ob López de Sosa nicht zugunsten von Arriaga interveniert habe, wird Micaela Bastidas später in einem Verhör antworten, der Priester habe gefragt, warum ihr Mann das tue und ob er denn keine Frau und Kinder habe. Túpac Amaru habe gesagt, er wisse, was er tue. Die drei anderen anwesenden Priester, darunter der Kaplan Ildefonso Bejarano, hätten geschwiegen.[104]

---

103 Daniel Valcárcel: La rebelión de Túpac Amaru. Lima 1973, S. 64.

104 CDBRETA IV, S. 42.

López de Sosa selbst wird später bei seiner Befragung aussagen, er habe das Dokument mit dem Befehl zur Tötung des Corregidors sehen wollen, aber Túpac Amaru habe behauptet, es weitergegeben zu haben an die *tierras de arriba*, das Hochland, denn auch dort sollten die Corregidores getötet werden.[105] Arriaga, so der Pfarrer, habe ihm seinen ganzen Besitz für die Kirche von Pampamarca geben wollen, wenn er ihn rette – vergebens. López de Sosa und sein Kaplan bleiben in der Nacht vor der Hinrichtung bei dem Corregidor.

Wie weit López de Sosa, der alte Mentor Túpac Amarus, in den Aufstand involviert war, und wie groß die Sympathien des Bischofs Moscoso für den Rebellen anfänglich waren, bleibt unklar. Jedenfalls beschuldigen Miguel de Arriaga, der Bruder des Corregidors, und Eusebio Balza de Verganza, sein Neffe, bereits am 24. Dezember in einem Schreiben an den Vizekönig den Bischof und sein Umfeld des Komplizentums. Der Brief ist überliefert in einer „Die nackte Wahrheit oder die zwei Gesichter eines Bischofs" übertitelten Schrift eines „unparteiischen Geistlichen", hinter dem wohl niemand anders zu vermuten ist als der Neffe Eusebio Balza de Verganza. Dort heißt es, der tapfere und selbstlose Corregidor habe keine Chance gehabt gegen die „kirchliche Kurie von Cuzco": „Don Antonio de Arriaga war Soldat und kannte seine Pflichten. Er führte einen einsamen Kampf gegen ein Heer von Klerikern, die es gewohnt waren, nicht nachzugeben, und die ihre Gerichtsbarkeit über die von Eurer Majestät aufgezeigten Grenzen ausdehnen wollen."[106]

Zur Entlastung des Pfarrers von Pampamarca kann gesagt werden, dass er und auch andere, die nicht zum engeren Kreis der Aufständischen gehören, von den Leuten Túpac Amarus so gut bewacht werden, dass es ihnen unmöglich ist, Tungasuca zu verlassen oder Nachrichten nach außen zu befördern.

Am 10. November haben sich auf dem Platz von Tungasuca hunderte, nach anderen Quellen tausende Criollos, Mestizen und Indios aus der Provinz Tinta versammelt, herbeizitiert durch von Arriaga unterschriebene Briefe. Die Spannung ist groß, denn niemand weiß, was der Corregidor ihnen Wichtiges zu verkünden hat. Die Angekommenen müssen sich in drei Kolonnen aufstellen: Criollos und Mestizen, bewaffnet mit Gewehren, Säbeln und Stöcken, in zwei Kolonnen, und in einer dritten die Indios mit Stein-

105 CDBRETA III, S. 92.

106 Francisco A. Loayza (ed.): La verdad desnuda o las dos faces de un obispo. Escrita en 1780 por un imparcial religioso. Lima: 1943, S. 53.

schleudern.[107] Ein Priester geht mit einer Monstranz in das Haus. Man glaubt, dass der Corregidor krank ist. Dann erscheint Túpac Amaru, in schwarzen Samt gekleidet, auf seinem Schimmel und erklärt, die Alcabala-Steuer, alle Zölle und die Mita von Potosí seien abgeschafft und in diesem Zusammenhang müsse man dem so „schädlichen Corregidor Arriaga das Leben nehmen".[108]

Es ist Mittag, als der Corregidor aus dem Haus geholt wird, begleitet von drei Priestern. Man entfernt von seiner Kleidung das Rangabzeichen eines Milizhauptmanns und nimmt ihm seinen Amtsstab ab. Dann muss er den Uniformrock ablegen und eine Mönchskutte überziehen. Die Aufgabe des Henkers hat Antonio Oblitas übernommen, je nach Quelle ein ehemaliger Sklave des Corregidors, wahrscheinlicher aber ein freier Mulatte. Möglicherweise hat er gerade Malerarbeiten am Haus Túpac Amarus ausgeführt, später wird er ein nicht erhaltenes Gemälde des Rebellen mit den königlichen Insignien anfertigen. Oblitas legt dem Corregidor den Strick um den Hals, doch als er die Todesstrafe vollziehen will, reißt der Strick und beide fallen hin. Dass jemand dem Corregidor noch zurufen kann, er solle sich in die Kirche retten, ist vielleicht nur eine dramatische Note einer einzigen Quelle. Schnell hat man einem Maultier den Strick abgenommen, so dass Oblitas das Urteil vollstrecken kann. Die Menge verstreut sich, die Auswärtigen dürfen den Ort nicht verlassen. Die Leiche hängt noch bis Samstag, dem Tag danach, am Galgen. López de Sosa füllt das Sterbedokument aus und beerdigt dieses erste Opfer der Rebellion am darauf folgenden Montag.

Der so ums Leben gebrachte Corregidor reiht sich ein in eine Serie von weniger „geordnet" und in pseudolegalem Rahmen getöteter Kollegen. Schon häufiger haben bis aufs Blut ausgebeutete Bauern die sichtbare Verkörperung ihres Leidens einfach totgeschlagen. 1730 wurde der Corregidor von Cotabambas in der Region Cuzco niedergeknüppelt, gesteinigt und bis zur Unkenntlichkeit verstümmelt liegengelassen. Die Augen hatte man ausgestochen. 1771 wurde der Corregidor Joseph del Castillo von den Indios des Dorfes Jesús de Machaca, etwa fünfzig Kilometer südlich des Titicacasees gelegen, auf identische Weise ins Jenseits befördert, worin ein kulturelles Muster erkennbar wird. Laut Poma de Ayala bestraften die Inkas gewöhnliche Verbrecher durch Stockschläge und Steinwürfe. Gefangenen Kriegsgegnern wurden die Augen ausgestochen.[109]

---

107 MdP I, S. 232.

108 Daniel Valcárcel, a.a.O., S. 64.

109 Scarlett O'Phelan Godoy: El „castigo ejemplar al traidor" durante la gran Rebelión

Um sein Leben fürchten muss nach der Hinrichtung Arriagas auch Bernardo de la Madrid, der sich seit dem 5. November in Túpac Amarus Gewahrsam befindet, teils in derselben Zelle wie Arriaga. Wie es ihm in der Gefangenschaft erging, berichtet er zwei Monate später in einem langen Brief, adressiert an die Stadtoberen von Cuzco:

> „Als ich zwei Stunden in diesem fatalen Gefängnis saß, erhielt ich ein Schreiben des Rebellen, in dem er mich drängte, an Don Fernando Cabrera [Corregidor der Nachbarprovinz Quispicanchis] zu schreiben, damit er mir zur Hilfe käme, andernfalls würde es mir sehr schaden; blind vor Wut, weil ich mich in Gefangenschaft eines meiner Diener befand, der mir als Maultiertreiber gedient hatte, um meine Waren nach Potosí zu bringen, antwortete ich ihm, dass ihm, sobald ich wieder frei wäre, Schlimmeres widerfahren würde als das, was er mir antat. Kurz darauf befahl der Rebell, mich an den Füßen anzuketten, was seine Wächter schnellstens ausführten."[110]

Im Laufe seiner Gefangenschaft glaubt de la Madrid mehrmals, kurz vor der Hinrichtung zu stehen, etwa als man ihm einen Priester schickt, der ihm die Beichte abnehmen soll. Schließlich wendet er sich an Micaela Bastidas, erinnert sie an all die von ihm empfangenen „Wohltaten" und bittet um Gnade. Micaela wartet auf einen Brief ihres Mannes, der wohl entscheiden werde, wie mit dem Gefangenen zu verfahren sei; de la Madrid glaubt zu verstehen, dass der Galgen gemeint ist. Später allerdings wird man ihm die zwanzig Pfund wiegenden eisernen Fußfesseln abnehmen, und irgendwann darf er sogar Micaela zur Kirche begleiten und ihr den Sonnenschirm halten.

Zum Zeitpunkt der Hinrichtung Arriagas ist an eine so humane Behandlung jedoch nicht zu denken. Da der Gefangene sich geweigert hat, den Corregidor Cabrera in die Falle zu locken, zieht Túpac Amaru am 11. November mit tausenden Indios und einigen Mestizen in Richtung Quiquijana, dem Hauptort der Nachbarprovinz Quispicanchis, um Fernando Cabrera gefangen zu nehmen. Der Corregidor, ein Malagueño und Cousin zweiten Grades des mächtigen Kolonialministers José de Gálvez, kann jedoch knapp entkommen und mit der Kasse nach Cuzco fliehen, wo er als erster die Nachricht vom Aufstand überbringt. Túpac Amaru zieht weiter in Richtung Cuzco, nicht ohne vorher das aus kastilischen Stoffen bestehende Warenla-

---

de 1780-81. In: Conquista y resistencia en la historia de América. Barcelona 1991, S. 169-170.

110 CDIP II, 2, S. 396.

ger des Corregidors zur freien Bedienung der Einwohnerschaft auf die Straße geworfen zu haben.

Der Curaca von Quiquijana, Antonio Solís Quivimasa, der sich selbst als *inca natural* bezeichnet, hat Túpac Amaru geholfen, das Haus des Corregidors auszuräumen, hat ihn mit Biskuits und Schnaps bewirtet und zum Mittagessen eingeladen, was der Rebellenführer aus Zeitgründen abgelehnt hat. Er hat ihn der Unterstützung seiner Leute versichert, hat drei Galgen auf dem Platz aufstellen lassen, dann aber nichts mehr unternommen. Als ihm Túpac Amaru später mit Konsequenzen droht, wenn er es an der versprochenen Hilfe fehlen lässt, nimmt der Curaca die Beine in die Hand und läuft, bis er Cuzco erreicht und dort das Gesehene am 19. November zu Protokoll gibt.[111]

Auf dem weiteren Vormarsch zerstören die Rebellen zunächst die Obrajes von Pomacanchis und Parapuquio und befreien die zum Teil angeketteten Arbeiter, darunter sechsjährige Kinder. Túpac Amaru lässt Unmengen von Textilien unter die Arbeiter und die Dorfbewohner verteilen und requiriert nicht unerhebliche Geldbeträge. Er hätte es vorgezogen, die Anlagen selbst zu schonen, aber die Wut der dort versklavten Indios ist so groß, dass sie die Gebäude in Brand stecken. Die Ketten werden eingeschmolzen, um daraus Waffen herzustellen. Diego Cristóbal Túpac Amaru, der ebenfalls im Fuhrgeschäft tätige Cousin José Gabriels, gibt an, dass die Maultierzüge oft von den völlig ausgehungerten Arbeitern der Textilbetriebe bestohlen wurden und nennt ausdrücklich den Obraje von Parapuquio.[112] Für den Besitzer des ebenfalls niedergebrannten Obraje von Pomacanchis, Isidro Guisasola, ergibt sich ein geschätzter Verlust von 100.000 Pesos. Der gebürtige Spanier, der nach der Vertreibung der Jesuiten günstig einige Liegenschaften übernommen hatte, verfügt allerdings mit Minenanteilen und einer Zuckerrohrmühle über weitere wirtschaftliche Standbeine. Auf mehreren Estancias grasen die Tiere, deren Wolle das Rohmaterial für seine Webstühle liefern. Die fertigen Produkte wiederum gehen an die Corregidores, die sie im Rahmen des Reparto unter die Indios verteilen, ein ausgeklügeltes Modell „freier" Marktwirtschaft unter den Bedingungen des Kolonialismus.

Auf die Corregidores als greifbare Verkörperung des Ausbeutungssystems hat es Túpac Amaru vor allem abgesehen. Er nutzt das Netzwerk von Curacas und Angehörigen seines Familienclans, um Order in die Dörfer zu schicken, damit die Corregidores gefangen und getötet werden. Dabei beruft er sich auf einen angeblichen Auftrag des Generalinspekteurs Areche, wenn er

---

111 CDBRETA III, S. 85-88.

112 CDIP II, 3, S. 130.

stereotyp schreibt: „Ich habe den Befehl, die Corregidores auszulöschen, ich teile es Ihnen mit, damit Sie genauso verfahren." Die Adressaten der Schreiben sollen Kopien anfertigen lassen und öffentlich aushängen, „damit niemand Unwissen vorschützen kann".[113] Meist folgt die Androhung strenger Strafen oder gar der Todesstrafe, wenn die Dokumente von ihrem Platz an den Wänden abgelöst werden. Auf diese Weise sorgt Túpac Amaru in einer Zeit ohne Massenkommunikationsmittel für eine flächendeckende und schnelle Verbreitung seiner Ideen. Der enorme Output José Gabriels und Micaelas an Briefen, Edikten und anderem Schriftgut wäre kaum möglich ohne den Einsatz nichtindianischer Schreiber wie Mariano Banda, José Esteban Escarcena, Manuel Galleguillos oder Fernando Bermúdez, der an jenem 4. November zusammen mit dem Corregidor Arriaga gefangengenommen wurde und nun für die Rebellen arbeitet, ja später sogar eine bewaffnete Kolonne anführen wird. Auch der Galicier Juan de Figueroa, der durch das erzwungene Schreiben Arriagas in die Gefangenschaft gelockt wurde, als er gerade an einer Brücke in Tinta arbeitete, dient Túpac Amaru als Waffen- und Artilleriemeister, gießt schlechte Kugeln und lädt die Kanonen falsch oder mit Erde statt Pulver, so dass regelmäßig das Ziel verfehlt wird, wie er in seinem späteren Prozess beteuert.[114]

Neben denen, die gezwungenermaßen mitmachen, um ihre Haut zu retten, gibt es zumindest in der ersten Phase der Rebellion auch Spanier, Criollos oder Mestizen, die auf der Seite Túpac Amarus stehen, wobei im damaligen Sprachgebrauch die Zuordnungen nicht klar definiert sind und oft von „Spaniern" gesprochen wird, wenn allgemein Menschen mit nichtindianischem Aussehen gemeint sind. Und genau sie versucht Túpac Amaru mit Ausnahme der eindeutig als *chapetones* erkennbaren Europäer auf seine Seite zu ziehen. Von Beginn des Aufstandes an verlässt sich Túpac Amaru auf die aus Sicuani stammende Familie Castelo, in den Akten als „Spanier" geführt, obwohl keiner von ihnen je spanischen Boden betreten hat. Der sechzigjährige Andrés Castelo wohnt schon seit vielen Jahren in Tungasuca und ist ein enger Vertrauter Túpac Amarus, der ihn nun zu seinem „Kommissionär" ernennt und in die Dörfer schickt, um Curacas, Richter und andere Amtsträger nach Tungasuca zu laden. Später wird er Maultiere sowie Kriegsgerät requirieren und

---

113 NCDIP III, S. 41.

114 „Der Tyrann betraute mich mit der Pflege der Waffen. Ich akzeptierte es, um am Leben zu bleiben. Aber habe ich sie vielleicht gepflegt? Statt sie einsatzfähig zu machen, habe ich sie unbrauchbar gemacht. Nennt man das dem Rebellen dienen und ihn bei seinem Unternehmen unterstützen?" CDBRETA V, S. 448. Tatsächlich wurde Figueroa freigesprochen.

Kämpfer für die Rebellentruppe anwerben, die er bei den beginnenden Kampfhandlungen zeitweise auch befehligt.

Auch den Curaca Diego Choquehuanca von Azángaro, das in Richtung Titicacasee gelegen ist, lässt er wissen, er habe durch höheren Befehl den Auftrag erhalten, im Sinne der öffentlichen Ordnung die Corregidores zu beseitigen und Choquehuanca solle entsprechend verfahren. Seit dem 14. November sitzt der Corregidor der Provinz Azángaro, Pedro de Vallina, als Gefangener José Gabriels in dessen Keller und fürchtet, wie Arriaga ermordet zu werden. Er versichert, er sei ein in Lima geborener Criollo und verheiratet mit einer Choquehuanca-Enkelin. Nachdem er so seine Haut gerettet hat, wird er gezwungen, drei Briefe an die Choquehuancas zu schreiben und sie auch zu überbringen, womit er der Gefangenschaft und Schlimmerem entkommt. Der vermeintliche Verbündete Túpac Amarus versichert nach Erhalt der Schreiben dem Corregidor postwendend und schriftlich seine absolute Loyalität zum spanischen König: „Ich bitte Sie inständig, mir sowie dem gesamtem Haus und meinem Sohn José Choquehuanca ein Zeugnis der Treue auszustellen und dem Hof, dem Vizekönig, der Audiencia und dem Herrn Generalinspekteur das untadelige Benehmen und die Loyalität gegenüber unserem Katholischen Monarchen, Don Carlos III., König von Spanien und dieser Herrschaftsgebiete, mitzuteilen."[115]

Der Choquehuanca-Clan führte die Curaca-Würde auf die Zeit des Inka Huayna Cápac zurück und ist in dreihundert Jahren zu einer der reichsten indianischen Familien zwischen Cuzco und La Paz aufgestiegen. Ein Sohn ist – für einen Indio noch eher ungewöhnlich – zum Priester geweiht worden, zwei Töchter sind mit Spaniern verheiratet. Im Patio des Familiensitzes in Azángaro soll ein steinerner Turm aus vorspanischer Zeit gestanden haben. Die zu Wohlstand und Würden gekommene Familie kontrolliert etwa 30.000 Indios und hat, wie auch viele andere Curaca-Familien aus dem Titicacabecken, kein Interesse, das in Generationen Erlangte auf das Spiel zu setzen. Sie steht fest auf der Seite der Royalisten und fühlt sich als geachteter Teil der indianischen Nobilität dem Kaziken aus dem kleinen Tungasuca, der den Kampf um das Marquesat von Oropesa nicht gewinnen konnte, deutlich überlegen. Spätere Schreiben Túpac Amarus, der Choquehuanca immer noch als potentiellen Verbündeten sieht, gibt der Angeschriebene ungeöffnet den Behörden weiter.

Nach der Hinrichtung Arriagas ist Túpac Amaru mit einer immer größer werdenden Anhängerschar durch die eigene Provinz Canas y Canchis und

115 NCDIP III, S. 44-45.

die Nachbarprovinz Quispicanchis gezogen, hat Obrajes zerstört, deren Erzeugnisse verteilt, Häuser von Corregidores geplündert und Geld und Ausrüstung requiriert, ohne auf Widerstand zu stoßen, da in der Gegend kein reguläres Militär existiert. Die nächsten einsatzbereiten Einheiten befinden sich, weit entfernt, in Arequipa. Die verhassten Corregidores hat er für vogelfrei erklärt und würde auch vor weiteren Morden nicht zurückschrecken, wenn er ihrer habhaft werden könnte. Mestizen, Criollos und die Vertreter des Klerus werden (noch) geschont, da er sie als Bündnispartner braucht.

Am 14. November kehrt der Inka nach Tungasuca zurück und entfaltet eine rege propagandistische Tätigkeit. Am nächsten Tag verfasst er allein sechs Edikte, fünf Briefe und gibt drei Befehle aus. Im „Edikt für die Provinz Lampa“ behauptet er, der König habe ihm den Auftrag erteilt, gegen die Corregidores und ihre Bediensteten vorzugehen. Als Gouverneur der Provinz setzt er seinen Cousin Bernardo Sucacagua ein und gibt ihm die Vollmacht, den Corregidor der Provinz gefangen zu nehmen und verfügbare Soldaten in die Reihen der Rebellen einzugliedern. Der Cousin soll Abschriften an öffentlichen Plätzen aushängen und zur Abschreckung Galgen errichten.

Lampa, das auf der Strecke zum Titicacasee liegt und noch etwa 40 km Luftlinie von der größeren Stadt Puno entfernt ist, kommt eine gewisse strategische Bedeutung zu, da aus dieser Richtung und aus La Paz bewaffnete Royalisten dem Rebellenheer in den Rücken fallen könnten, wenn dieses sich zur Eroberung Cuzcos anschickt. Deshalb versucht Túpac Amaru vor allem auch die in diesem Handelszentrum ansässigen Criollos auf seine Seite zu ziehen. An sie direkt wendet er sich wenige Tage später in einem Schreiben mit dem folgenden Text:

> „Don Josef Gabriel Tupac Amaru, Ynca von Königlichem Blut und vom direkten Stamm der Könige von Peru – Hiermit verkünde ich den Criollos, Landsleuten der Provinz Lampa, dass ich in Anbetracht des Jochs, das sie so stark bedrückt, und der Tyrannei derer, die ihr Amt ohne jegliches Mitleid mit unserem Unglück ausüben, das mich so verzweifelt macht, beschlossen habe, diese unerträgliche Last abzuschütteln und die schlechte Regierung zurückzudrängen, die wir vonseiten derer, die dieses Korpus bilden, erfahren haben, weshalb auf öffentlichem Schafott der Corregidor dieser Provinz Tinta starb, zu dessen Verteidigung aus der Stadt Cuzco einige Chapetones herbeieilten, wobei sie einige meiner geliebten Criollos mit sich rissen, die ihre Kühnheit und ihren Wagemut mit dem Leben bezahlten. Ich habe Mitleid mit den Criollos, meinen Landsleuten, denen mein Wunsch gilt, dass

ihnen nicht der geringste Schaden widerfahre, vielmehr mögen wir wie Brüder in Gemeinschaft leben und die Europäer vernichten.
Und so verkünde ich allen Landsleuten, dass sie, wenn sie diesen Beschluss annehmen, keinen Schaden an Leib und Besitz erleiden werden; sollten sie aber diesen meinen Hinweis missachten und gegenteilig handeln, werden sie ihr Verderben erfahren und meine Sanftmut wird sich in Wut verwandeln und ich werde diese Provinz in Schutt und Asche legen; und ich bin mir gewiss, dass ich die Kraft dazu habe, denn ich verfüge über 70.000 Indios, abgesehen von den Criollos, und auch aus anderen Provinzen habe ich Zulauf und alle stehen unter meinem Befehl, und so sollen meine aus Liebe und Milde geborenen Hinweise nicht gering erachtet werden.
Die Herren Priester werden entsprechend ihrem Status gewürdigt werden, desgleichen die Kleriker und Klöster, denn mein einziger Wunsch ist, die aus so vielen Räubern bestehende schlechte Regierung abzusetzen, Drohnen, welche den Honig aus unseren Waben stehlen. Bald werde ich mir über Eure Absichten klar sein und werde wissen, wie Ihr Euch entscheidet, dann werde ich die Loyalen belohnen und die Rebellen bestrafen, und Ihr werdet erkennen, wozu dies alles gut war und werdet keine Unwissenheit vortäuschen können. Dies habe ich Euch zu sagen. Tungasuca, heute am 21. November 1780. Don Josef Gabriel Tupac Amaru Ynca."[116]

Abgesehen von der semantischen Umwertung, die Verfechter des Status Quo als „Rebellen" zu bezeichnen und „Loyalität" als Tugend der Aufständischen zu requirieren, verfolgt Túpac Amaru mit seiner Botschaft vor allem das Ziel, die in Amerika geborenen Spanier, die Criollos, auf seine Seite zu ziehen und sie gegen die Chapetones, die europäischen Spanier, auszuspielen, indem er ihnen Garantien bietet, aber auch eine klare Drohung ausspricht, falls sie sich anders positionieren sollten. Eine weitere Garantie gilt ohne Einschränkung den Kirchenvertretern, was die unter mannigfaltigem priesterlichem Missbrauch leidenden Indios vielfach nicht so gesehen haben dürften. Als der Inka wenig später das in großer Höhe gelegene und von einer schon immer rebellischen Bevölkerung bewohnte Livitaca besucht, fordern die Indios klar, die Priester zu vertreiben. Túpac Amaru belehrt sie, die Kleriker seien notwendig, denn „wer sollte uns im Moment des Todes Absolution erteilen?"[117] Nach der Ernennung eines Richters geht er zur Kirche und befiehlt, das Bild „unseres Herrn" zu enthüllen.

116 CDIP II, 2, S.303 und CDIP II, 2, S. 293-294 (mit minimalen Änderungen).

Von Tungasuca aus beschwört er am 16. November in einem anderen Dokument die Einheit von Indios, Mestizen, Criollos sowie der Priester und anderer „distinguierter Personen, die Freundschaft geschlossen haben mit den Menschen Perus". Sie sollen sich seiner Bewegung zum „Wohl dieses Reiches"[118] anschließen, um die Chapetones zu vertreiben. Mit knappen Worten verspricht er den Sklaven die Freiheit, wenn sie ihre Herren verlassen, was dazu geführt hat, dass der Text in der späteren hagiographischen Darstellung Túpac Amarus mit der Überschrift „Erlass über die Freiheit der Sklaven" (*Bando de libertad de los esclavos*) versehen wird, obwohl schon im nächsten Halbsatz allen, die sich seinen Absichten widersetzen, also auch den Sklaven, die nicht in das Rebellenlager flüchten wollen, härteste Strafen angedroht wird. Dass die Sklaven überhaupt erwähnt werden, dürfte wohl taktische Gründe gehabt haben, denn am Tag zuvor hat der Corregidor von Cuzco die Haziendabesitzer aufgefordert, alle Sklaven, die älter als 16 Jahre alt sind, in die Stadt zu bringen. Die etwa dreihundert Sklaven des Bistums Cuzco gelten als loyal. Schon früher waren Sklaven gegen aufständische Indios eingesetzt worden, denn „sie sind von Natur aus Gegner der Indios … und immer standen die Schwarzen bei von Indios angezettelten Tumulten auf unserer Seite".[119] Tatsächlich werden sich nur wenige ehemalige Sklaven im Rebellenlager einfinden, und auch dort nur in dienender Funktion. Größere Resonanz könnte der Inka unter den viel zahlreicheren Sklaven finden, die in den Plantagen an der Küste schuften, doch die wissen noch nichts von dem Aufstand.

Túpac Amaru vergisst auch seinen Unterstützerkreis in Lima nicht. An Miguel Montiel und Mariano de la Barreda schreibt er, sie mögen sich sofort auf den Weg machen, notfalls zu Fuß. Bereits vier Provinzen habe er erobert.

Was aber hatte sich unterdessen im Lager der angegriffenen Staatsmacht getan? Fernando Cabrera, der dem Zugriff Túpac Amarus entkommene Corregidor von Quispicanchis, erreichte Cuzco am frühen Morgen des 12. November und überbrachte die Nachricht von dem Aufstand. Unklar ist, ob Bischof Moscoso bereits vorher informiert war und die Nachricht noch zurückhielt, weil er angeblich mit dem ihm wohlbekannten José Gabriel sympathisiert. Offenbar hat der Bischof schon der Rebellion des Farfán de los Godos wenige Monate vorher positiv gegenübergestanden und trat später

117 Eulogio Zudaire Huarte: Don Agustín de Jáuregui y Aldecoa. Pamplona 1978, S. 126.

118 NCDIP III, S. 41.

119 CDBRETA II, S. 1038. Es handelt sich um Aussagen des Anwalts Dr. Munive, der im Juni 1781 zwei Kollaborateure Túpac Amarus verteidigt.

aktiv dafür ein, die Bestrafung der Angeklagten abzumildern. Und mit dem nun getöteten Corregidor Arriaga ist er schon lange verfeindet. Diese Zweifel sollen später zu Untersuchungen führen, die sich am Ende in Wohlgefallen auflösen werden, zumal sich der Kirchenmann durch sein Verhalten nach dem 12. November als der Kollaboration unverdächtig erweist.

Noch am frühen Morgen des 12. November alarmiert der Corregidor von Cuzco, Fernando Inclán Valdez, die wichtigsten Amtsinhaber und stellt eine Kriegsjunta zusammen. Man bilanziert die schon bekannten Verluste (75 Gewehre, 22.000 Pesos Tributgeld, der zerstörte Obraje von Parapuquio) und rechnet zusammen, was man selbst an Mannschaften und Ausrüstung zur Verfügung hat, und das ist leider nicht sehr viel. Im Waffensaal des Cabildo befinden sich 200 Gewehre samt Munition und 100 Speere, die dem Hauptfeldwebel Joaquín de Valcárcel anvertraut werden. In Ermangelung eines stehenden Heers werden alle, die als Milizionäre gelten können, aus der Reserve geholt und in einem ehemaligen Jesuitenkloster untergebracht. Auf den Hauptverkehrswegen sollen Posten die Kommunikation der Rebellen unterbinden, denn „ihre Briefe und Papiere dürfen nicht an die Indios dieser Stadt und das gemeine Volk gelangen".[120] Später wird man noch noble Indios aus den acht Kirchengemeinden Cuzcos bitten, sich quasi als Geiseln bei den Truppen in besagtem Jesuitenkloster aufzuhalten, damit sie nicht auf falsche Gedanken kommen. Auch wird vorgeschlagen, die reguläre Truppe aus Arequipa anzufordern, die den Rebellen in den Rücken fallen könnte. Über die weiteren Operationen des Gegners weiß man nichts, schätzt die Möglichkeiten der Verteidigung aber skeptisch ein, so dass man sofort ein Schreiben an den Vizekönig mit der Bitte um Unterstützung aufsetzt, das am nächsten Tag qua Bote nach Lima befördert wird, wo es am 24. November ankommen wird.

Da es in der Junta Differenzen über das weitere Vorgehen gibt, reißt Bischof Moscoso kurzerhand die Initiative an sich und organisiert eine Art Einheitsfront gegen Túpac Amaru. Die einsatzfähigen Männer werden in vier Gruppen eingeteilt. Es werden Prozessionen veranstaltet. Man holt den *Señor de los Temblores* aus der Kirche, eine Christusstatue, die 1650 die Stadt beim Erdbeben beschützt hatte, sowie den bei den Spaniern besser bekannten Erzengel Michael. Um finanzielle Unterstützung gebeten, spendet Moscoso 12.000 Pesos, 18.000 kommen von verschiedenen Orden. Ignacio de Castro, der Pfarrer von San Jerónimo und einer der gelehrtesten Köpfe des Landes, leiht 40.000 Pesos. Der Bischof formiert schließlich gar eine

120 CDIP II, 1, S. 101.

„Kompanie“ aus Klerikern, die bewaffnet unter einer lila Fahne über die Plaza de Armas von Cuzco ziehen, was allerdings nicht bei allen auf Wohlgefallen stößt. Selbst in größter Not sei eine derartige Aktion nicht statthaft. Andere Stimmen erinnern daran, dass sich Ähnliches 1678 zugetragen habe, als Lima durch die Engländer bedroht wurde. Und ein dalmatinischer Bischof habe gar eine venezianische Marine-Expedition gegen die Türken angeführt.[121]

Am 17. November schreibt Moscoso an den Vizekönig Jáuregui und schildert, wie es Túpac Amaru gelungen ist, mit der falschen Behauptung, vom spanischen König beauftragt worden zu sein, 10.000 Indios und 600 bis 700 Mestizen und Spanier (gemeint sind wohl eher Criollos) unter seinem Kommando zu versammeln. Die Perspektiven für das mehr oder weniger wehrlos daliegende Cuzco sind düster. Was könnte passieren, wenn der Rebell nach der Brandschatzung der Obrajes die alte Inkahauptstadt erreicht?

> „Ehrlicherweise, Exzellenz, kann ich nicht hinreichend ausdrücken, wie aufgewühlt mein Herz war und ist angesichts der unheilvollen Verwüstungen und derer, die im Falle einer Invasion der Stadt noch zu befürchten sind, wie Schändungen, Raub, Todesfälle und Vergewaltigungen von Gott geweihten Jungfrauen. Ob dieser begründeten Furcht lebt die noble und loyale Einwohnerschaft der Stadt in großem Kummer; dabei gibt es nicht den geringsten Grund dafür, dass ein rebellischer und sich den abscheulichsten Verbrechen hingebender Rebell die mächtigen und hehren Rechte unseres vielgeliebten Monarchen in Abrede stellt …“[122]

Spätestens seit diesem Brief und seinem engagierten Einsatz für die Verteidigung der Stadt dürfte Bischof Moscoso über jeden Verdacht der Kollaboration mit Túpac Amaru erhaben sein. Und noch am selben Tag kann er einer Vorausabteilung von hundert Mann seinen Segen geben, welche die Kriegsjunta unter das Kommando des Basken Tiburcio Landa und des Corregidors von Quispicanchis, Fernando Cabrera, stellt, der sich ja erst vor wenigen Tagen dem Zugriff Túpac Amarus entziehen konnte. Hinzu kommt eine Hilfstruppe aus etwa siebenhundert Indios, Zambos, Mestizen und Sklaven, zusammengetrommelt und befehligt von den königstreuen Kaziken Pedro Ximénez Sahuaraura und Andrés Chillitupa.

---

121 CDIP, II, 2, S. 420.

122 NCDIP III, S. 50.

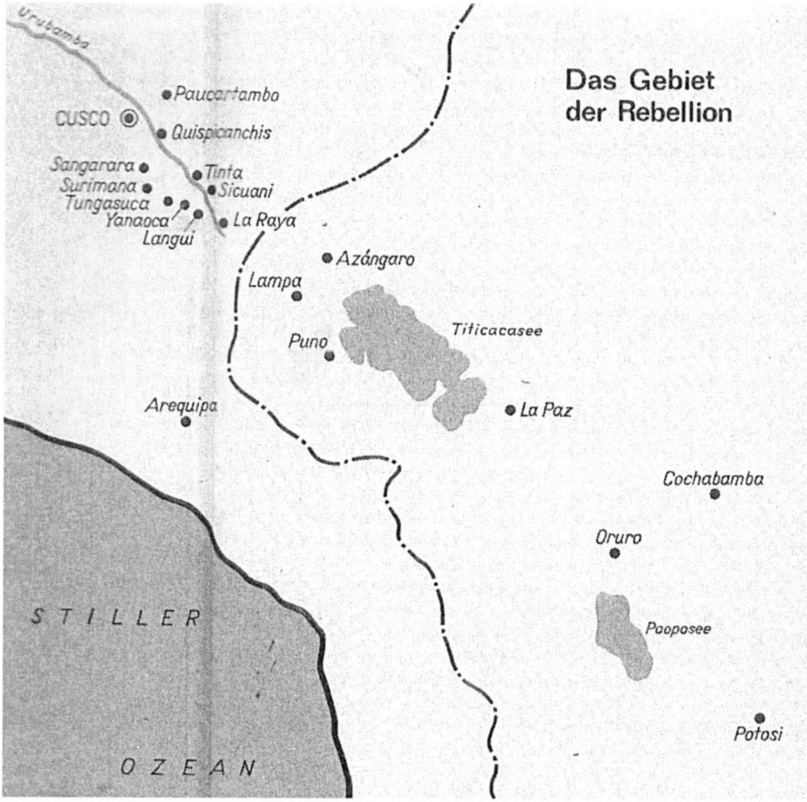

Gebiet der Rebellion

Die Truppe zieht nach Süden, um den Rebellen in seiner Provinz Tinta zu stellen. In dem Ort Urcos erhält Fernando Cabrera den Befehl, sich zu verschanzen und auf Verstärkung zu warten. Er ignoriert die Order und marschiert weiter, um in den Abendstunden das auf 3.700 m gelegene Dorf Sangarará zu erreichen. Auch Tiburcio Landa, motiviert durch ein auf Túpac Amaru ausgesetztes Kopfgeld, hat es in einem Eilmarsch bis Sangarará geschafft. Er schlägt vor, eine Anhöhe hinter dem Ort zu besetzen, denn von dort müssten die feindlichen Scharen den Ort erreichen. Cabrera, der das Kommando hat, argumentiert, seine Truppen hätten seit dem Morgen nichts gegessen, auch solle man kein Camp im Freien aufgeschlagen, da ein Schneesturm drohe. Er glaubt, man könne sich am besten in der Kirche schützen, die von einem mit einer Mauer abgeschlossenen Friedhof umgeben ist. Zwei mitgeführte kleinere Kanonen werden so postiert, dass durch die

Kirchentür nach außen gefeuert werden kann. In der Nacht kommt es mehrmals zu einem Fehlalarm. Doch am Morgen des 18. November, etwa um 4 Uhr, ist Túpac Amaru, über die Bewegungen des Gegners stets bestens informiert durch seine Spione, mit einer zahlenmäßig überlegenen Truppe vor Ort, nähert sich unbemerkt und besetzt den Friedhof. Nur die wenigsten Mitglieder der Rebellenarmee besitzen eine Schusswaffe. Die meisten Indios sind nur mit Stöcken, Keulen und Steinschleudern ausgestattet. Auf die Kirchentür geht ein Hagel von Steinen nieder. Als sich der Neffe des Obrajebesitzers Guisasola heraustraut, verliert er durch einen gezielten Steinwurf ein Auge und die halbe Wange. Der Inka fordert die Royalisten zur Übergabe auf und verspricht Schonung. Aber Cabrera und Landa lehnen jede Verhandlung ab. Als mehrere Mestizen aus der Kirche fliehen wollen, werden sie mit gezogenem Schwert daran gehindert, einige kommen dabei um. Die Kanonen, die nur durch die Kirchentür schießen können, töten einige Indios auf der Seite der Rebellen. In der Kirche scheint sich das dort gelagerte Pulver entzündet zu haben. Durch die Explosion stürzen eine Wand und ein Teil der Decke ein. Nach einer anderen Darstellung soll Túpac Amaru befohlen haben, das Gebäude anzuzünden, nachdem er den Pfarrer aufgefordert hat, das Allerheiligste aus der Kirche herauszubringen.[123] In der nun entstehenden Panik drängen viele ins Freie, wo sie von den dort postierten Indios erschlagen werden. Um elf Uhr ist das Gemetzel beendet. Über die Opferzahl divergieren die Angaben beträchtlich. Moscoso hängt seinem noch nicht abgeschickten Brief an den Vizekönig ein weiteres Schreiben an und spricht von 800 Toten, was sicher übertrieben ist. Eine andere Quelle spricht von 576 Toten und 28 verwundeten Criollos, die Túpac Amaru versorgen lässt. Von den Indios seiner eigenen Truppe kommen 15 um und etwas mehr als 30 werden verletzt.[124] Sowohl Sahuaraura wie auch Landa und sein Waffenbruder Cabrera befinden sich unter den Toten. Als Túpac Amaru die Leiche Cabreras entdeckt, soll er ihm gegen den Kopf getreten und gesagt haben: „Der befindet sich wegen seines Dickschädels in dieser Lage."[125] Wahrheit oder eine erfundene Anekdote des Chronisten? Jedenfalls zahlt Túpac Amaru dem Pfarrer von Sangarará 200 Pesos für die Beerdigung der Toten. Er verspricht ihm, die Kirche wieder schöner aufzubauen und entlässt ihn.

Juan de Mollinedo, der die Truppe Cabreras als Feldkaplan begleitet hat, zählt auf dem Friedhof 395 Tote und schätzt, dass zahlreiche weitere in der

---

123 MdP I, S. 246.

124 Túpac Amaru y la Iglesia. Antología. Lima 1983, S. 212.

125 MdP I, S. 246.

Kirche liegen. Da er durch einen Steinwurf verletzt wurde, lässt Túpac Amaru seine Wunde versorgen und will ihn als Gefangenen nach Tungasuca bringen. Nach einem Fluchtversuch wird er wieder eingefangen, kann aber schließlich doch nach Cuzco entkommen, wo er am 22. November einen ausführlichen schriftlichen Bericht anfertigt.[126]

Dass diese erste militärische Konfrontation mit dem Rebellenheer zu einem Desaster für die Royalisten wird, ist vor allem auf taktisches Unvermögen und die fehlende Koordination der beteiligten Kontingente zurückzuführen. Moscoso bezeichnet die Aktion als „unklug, überstürzt und waghalsig".[127] Aus dem nordwestlich von Sangarará gelegenen Paruro war der Corregidor Ruiz de Castilla mit 1.300 Mann im Anmarsch, er kommt jedoch zu spät und kehrt schnell in seine Provinz zurück, um diese zu verteidigen, da man über die Bewegung der Rebellenarmee völlig im Ungewissen ist, aber einen Vorstoß Túpac Amarus nach Norden in Richtung Cuzco für wahrscheinlich hält.

Als dort die Nachricht von der Niederlage der Königlichen ankommt, lässt Bischof Moscoso die Exkommunikation Túpac Amarus, die er am 17. November verfasst und nach dem Massaker von Sangarará aktualisiert hat, veröffentlichen:

> „Hiermit sei öffentlich verkündet, dass José Túpac Amaru, Kazike von Tungasuca, vollständig exkommuniziert wird (de excomunión mayor), als Brandstifter der öffentlichen Kapellen und der Kirche von Sangarará, als Straßenräuber und verräterischer Rebell gegenüber unserm Herrn, dem König, als Aufrührer, Friedenszerstörer und Usurpator der Königlichen Rechte, und gleiches gilt für alle, die ihn unterstützen und begünstigen, die ihn begleiten, so sie nach Kenntnisnahme dieses Zensurakts die Verbindung mit ihm nicht unterbrechen und ihm weiterhin in seinem schändlichen Vorhaben beistehen; und bei derselben Strafe soll niemand sich unterstehen, diesen Erlass von seinem Ort an der Kirche, wo er angebracht wurde, zu entfernen; und nur uns steht das Recht der Absolution zu. Gegeben in der Stadt Cuzco, Juan Manuel, Bischof von Cuzco."[128]

Die Bezeichnung „excomunión mayor" bezieht sich kirchenrechlich auf § 1334 des Codex Canonum Ecclesiarum Orientalium, der den Ausschluss

---

126 CDBRETA I, S. 429-434.

127 NCDIP III, S. 105.

128 NCDIP III, S. 48.

vom kirchlichen Leben und den Entzug der Sakramente durch das Verbot erweitert, öffentliche Ämter und Funktionen auszuüben. Sollte dies doch geschehen, wären alle Handlungen des Exkommunizierten null und nichtig.

Bischof Moscosos Maßnahme ist ein Bannstrahl, der den gläubigen Túpac Amaru hart trifft. Stets hat er seinen Mitstreitern eingeschärft, den Vertretern des Klerus Respekt zu erweisen. Bei seinen Ausritten führt er einen Hausaltar mit und lässt sich häufig von zwei Kaplänen begleiten, einer von ihnen ist der Mercedarier Nicolás de Torres, ein anderer der Dominikanerpater Isidro Rodríguez, der nach seinen späteren Aussagen von Túpac Amaru gefangen genommen wurde, als er gerade Almosen für sein Kloster sammelte. Zutiefst gläubig ist auch Micaela Bastidas, die eine Verfügung erlässt, dass die Aufständischen als Zeichen des Glaubens das Kreuz an Mützen und Hüten tragen sollen, denn „unser heiliger Glaube ist mit der höchsten Achtung zu bewahren, und genauso müssen die Diener Jesu Christi, die Herren Priester, respektiert werden, damit Gott uns bei unseren christlichen Zielen hilft.“[129] Das hindert sie bisweilen nicht daran, Kirchen schließen zu lassen, um das feindliche Agieren der Pfarrer zu unterbinden, so wie ihr Gatte Befehl erteilt, die Aushänge mit dem Text der Exkommunikation von den Kirchen entfernen zu lassen.

Die sich schnell verbreitende Nachricht über die Exkommunikation des Inkas wird ihre Wirkung vor allem auf seine einfachen Gefolgsleute nicht verfehlt haben. Obwohl die meisten von der christlichen Lehre nur eine vage Vorstellung haben, ist ihnen doch die rituelle Ausgestaltung des religiösen Lebens in ihrer Gemeinde mit dem Pfarrer als Respektsperson und den Festen und Prozessionen in Fleisch und Blut übergegangen. Und nun soll ihren Anführern und ihnen selbst ewige Verdammnis drohen, wenn sie auf dem einmal beschrittenen Weg fortfahren. Viele zögern, sich der Revolution anzuschließen, andere halten es mit den Royalisten. Bischof Moscoso wird später genüsslich kommentieren, dass die königstreuen Indios es unterließen, die Habseligkeiten der getöteten Feinde an sich zu nehmen oder auch nur anzufassen, da sie von Gottlosen stammten und somit unreines Gut seien. Zunächst weist der Bischof seine Priester an, in ihren Pfarreien zu bleiben, den Gläubigen auf Quechua ins Gewissen zu reden und vor allem Informationen über die Rebellen nach Cuzco zu liefern.

Noch aber verspricht sich der Bischof selbst nicht viel von seiner Maßnahme. Er erlebt eine Stadt in Panik: „Wir finden uns alle zurückgeworfen in den Zustand allergrößten Elends“.[130] Viele sind schon aus der Stadt geflohen,

---

129 CDBRETA IV, S. 14-15.

selbst Mitglieder der Junta de Guerra haben sich aus dem Staub gemacht. Zehn Tage später wird er sich in einem Brief an den Generalinspekteur Areche darüber beklagen, dass nicht wenige desertiert sind. So ist der Kämmerer José Andia, der zugleich die „Kompanie der Adligen" befehligen sollte, mit viel Geld verschwunden. Moscosos Kommentar („Es fehlen Worte, um die abscheuliche Abnormität dieses Verbrechens zu beschreiben")[131] sagt viel aus über den Charakter dieses leicht erregbaren Gottesmannes, der auch noch miterleben muss, wie der Erzdiakon Simón Ximénez Villalba, begleitet vom Kanonikus José Mozo, von der Fahne geht. Die beiden Spanier haben es nicht für nötig gehalten, ihren Dienstherrn, den Criollo Moscoso, um Erlaubnis zu fragen. Ihr Vorgehen werden sie damit rechtfertigen, dass sie Spanier sind und Túpac Amaru es vor allem auf die Chapetones abgesehen hat. Nicht nur die psychologische Wirkung auf die in der Stadt Verbleibenden ist fatal, der Bischof glaubt, dass Túpac Amaru über die Lage in Cuzco bestens informiert ist „wegen der Spione, die er natürlich im gemeinen Volk der uns umgebenden Indios, Cholos und Mestizen hat."[132] Wenigstens die kirchliche Bürokratie funktioniert weiter, denn der Bischof hat nicht vergessen, die flüchtigen Priester sofort von der Gehaltsliste streichen zu lassen.

Was das Kräfteverhältnis zwischen den beiden Lagern angeht, glaubt Moscoso, dass Túpac Amaru 10.000 Indios und 600 bis 700 Mestizen und Criollos hinter sich hat. Nach dem Desaster von Sangarará hält er die aus Lima ursprünglich angeforderten 600 Soldaten für nicht ausreichend. Selbst eine Zahl von 2.000 wäre in der aktuellen Lage noch zu wenig. Aber woher sollen diese Kräfte kommen?

Auf die Bekämpfung eines gut vorbereiteten und mehrere Provinzen betreffenden Aufstands war die Kolonialverwaltung denkbar schlecht vorbereitet. Im Gegensatz zum Mutterland gab es in den amerikanischen Besitzungen der Krone kein geordnetes Militärwesen. In Zeiten der Krise verließ man sich auf ad hoc zusammengerufene Milizen, die kleinere Aufstände bekämpften und Piraten abwehrten, schlecht ausgerüstet und ausgebildet waren und bei fehlendem Bedarf wieder aufgelöst wurden. Die Milizen erfüllten ihre Aufgabe, die interne Kontrolle in den Kolonien aufrechtzuerhalten, konnten auch einzelne Piratenschiffe abwehren, standen aber Angriffen einer Seemacht wie der britischen ziemlich wehrlos gegenüber. Als Admiral Edward Vernon

---

130 NCDIP III, S. 53.

131 CDIP II, 2, S. 316.

132 a.a.O., S. 316. Als Cholos bezeichnet man Indios, die spanische Sitten und Kleidung angenommen haben.

seinen König Georg II. von seinem Plan überzeugte, durch Besetzung der befestigten Häfen von La Habana (Kuba), Portobelo (Panama) und Cartagena de las Indias (Kolumbien) die Spanier aus der Karibik zu vertreiben, wurde es ernst. Portobelo konnte innerhalb weniger Stunden besetzt werden. Als am 13. März 1741 die britische Flotte mit 200 Schiffen, bestückt mit 2000 Kanonen und einer Besatzung von mehr als 25.000 Mann, vor Cartagena auftauchte, schien die Stadt verloren. Die Spanier verfügten nur über sechs Schiffe und 2.000 Mann, darunter Zivilisten und Indios. Dass die Operation mit einem beschämenden Rückzug der Briten endete, die etwa 10.000 Tote beklagten, ist hauptsächlich mit kapitalen Fehlern der Briten zu erklären.

Die spanische Krone war alarmiert, der Marineminister bat die Wissenschaftler Jorge Juan und Antonio de Ulloa, die zuvor eine Expedition durch Ekuador und Peru unternommen hatten, um einen vertraulichen Bericht über den Zustand der pazifischen Häfen und die interne Verfassung der Kolonien. Der nur wenigen Personen zugängliche Geheimreport (*Noticias secretas de América*) von 1747, der erst im 19. Jahrhundert in zwei Bänden veröffentlicht wurde, enthält einen schonungslosen Bericht nicht nur über die katastrophale Nachlässigkeit in der Wartung der Verteidigungsanlagen und den Zustand der Flotte, sondern auch über Schmuggel, Korruption, Spannungen zwischen den demographischen Gruppen, Missbrauch der Kirchenvertreter und Unterdrückung der Indios.

Eine nachhaltige Wirkung auf die Verteidigungspolitik hatte die Bestandsaufnahme von Jorge Juan und Antonio de Ulloa zunächst nicht. Als die Briten 1762 während des Siebenjährigen Kriegs La Habana angreifen, sind vorher zur Verteidigung dieses wichtigsten Hafens der Karibik zwar Kriegsschiffe und Truppen aus Spanien eingetroffen, die den Briten aber zahlenmäßig unterlegen sind. In La Habana selbst sind 4.753 Freiwillige, Milizionäre, registriert, die allerdings schlecht ausgerüstet sind und es oft vorziehen, nicht vor Ort zu erscheinen.[133] Die Briten, deren Verluste hauptsächlich auf das Gelbfieber zurückgehen, können die Stadt besetzen, die 1763 durch den Vertrag von Paris im Austausch gegen Florida und Menorca an Spanien zurückgegeben wird.

Der personellen Bestückung von Armee-Einheiten in den Kolonien stand auch das Misstrauen gegenüber der nichtspanischen Bevölkerung entgegen. Noch Mitte des 17. Jahrhunderts hatte König Felipe IV. verfügt, man solle keine Einheiten aus Mestizen, Farbigen und Mulatten aufstellen. Indios durf-

---

133 Allan J. Kuethe: Las Milicias Disciplinadas en América. In: Allan J. Kuethe und Juan Marchena (eds.): Soldados del Rey. El ejército borbónico en América colonial en vísperas de la Independencia. Castelló de la Plana 2005, S. 108.

ten ohnehin nicht im Waffengebrauch ausgebildet werden. Eine stets umstrittene Ausnahme waren die Jesuitenkolonien, die zur Abwehr von Sklavenjägern aus Brasilien bewaffnete Einheiten aus Indios unterhielten. Ansonsten wurde streng darauf geachtet, dass Indios nicht nur keine Waffen trugen, sondern auch keinerlei Kenntnisse über die Herstellung und die Funktionsweise von Waffen erlangen konnten. So heißt es in einer Gesetzessammlung: „Die Waffenschmiede dürfen die Indios nicht in ihrer Kunst unterweisen noch ihnen gestatten, in ihrem Haus zu leben, bei einer Strafe von 100 Pesos oder der Landesverweisung nach Gutdünken des Vizekönigs oder Gouverneurs."[134]

Nach der Erfahrung von La Habana und angesichts der fortbestehenden Bedrohung durch Großbritannien war der Ausschluss der in Amerika Geborenen vom Militärwesen nicht mehr aufrechtzuerhalten. 1763 wurde damit begonnen, die kubanischen Milizen in disziplinierte Militäreinheiten (*milicias disciplinadas*) umzuwandeln, wobei die spanischen Veteranen die Oberaufsicht behalten und die Waffenarsenale streng kontrolliert werden sollten, ein Modell, das bald auf die anderen spanischen Territorien übertragen wurde. Als die Nachricht von der Rebellion Túpac Amarus Lima erreicht, ist man allerdings noch weit davon entfernt, über ein gut ausgerüstetes, in Kriegstechniken unterrichtetes und sofort einsatzbereites Heer zu verfügen. Deshalb wird schnellstens eine Vorausabteilung von 200 Milizionären eines Regiments mobilisiert, das aus *pardos libres*, also freigelassenen Sklaven und Mulatten besteht.

Doch noch ahnt man an der Küste nichts von der Gefahr, die sich in den Bergen des südlichen Perus zusammenbraut. In Cuzco verstärkt man die Stadttore, schließt kleinere Zugänge zur Stadt und versucht eine Bestandsaufnahme der in Privatbesitz befindlichen Waffen. Die sechs Kanonen, über die die Stadt verfügt, sind in schlechtem Zustand und werden instand gesetzt. Vier von ihnen sind leicht beweglich, die zwei schweren Geschütze postiert man auf der Plaza Mayor. Alles auffindbare Material fließt in die Produktion von Pulver und Gewehrkugeln. Speere und Lanzen werden hergestellt, um den Mangel an Feuerwaffen zu kompensieren. Mit großer Erleichterung erleben die verängstigen Cuzqueños am 22. November die Ankunft des Corregidors von Abancay, Manuel de Villalta, der den Rang eines Oberstleutnants bekleidet, 200 disziplinierte Männer – in Uniform! – mitbringt und nicht wenige Flüchtlinge, die sich in Richtung Abancay aufgemacht hatten, in die

---

134 Recopilación de Leyes de los Reynos de las Indias, Tomo II, Título V, Ley XIV. 1681 (Internet, abgerufen Juli 2024).

Stadt zurücktreibt. Einige Tage später erscheint auch der Corregidor von Andahuaylas, Antonio Villalba, mit 1.000 Mann, von denen viele im ehemaligen Jesuitenkolleg San Borja untergebracht werden, in dem Túpac Amaru höchstwahrscheinlich die Schulbank gedrückt hatte. Solange noch kein Kampfeinsatz bevorsteht, bringt der zum „Politkommissar“ gewandelte Villalba die Männer ideologisch auf Linie. Leider sind den zunächst als Retter gefeierten Villalta und Villalba, wie sich Moscoso in einem Brief vom 29. November an den Vizekönig beklagt, die Hände gebunden durch die zerstrittene Junta de Guerra, in der es nur um „Etikette, Zwietracht und innere Unstimmigkeiten geht, welche wertvolle Zeit in Anspruch nehmen und höchst schädlich sind.“[135] Mittlerweile glaubt der Bischof, dass Túpac Amaru bis zu 100.000 Indios hinter sich versammelt hat und anstrebt, als Nachfolger der Inkas, auf die er seine Abstammung zurückführt, die Regentschaft in der Stadt und langfristig in Peru zu übernehmen. In einem Brief an Areche drängt er auf schnelle Hilfe und malt die Zukunft in schwärzesten Tönen: „Ein angezündetes Gotteshaus bei den ersten Angriffen der Rebellion zeigt, was uns die Zukunft erwarten lässt.“[136]

Doch wie gut bewaffnet sind die Truppen des zukünftigen Inka, die überwiegend aus Indios bestehen, für die Schusswaffen bisher außer Reichweite waren? Túpac Amaru hat bei der Vorbereitung seines Aufstands sicher auch an die Bewaffnung seiner Truppe gedacht. Wie Teodoro de Croix, der von 1784 bis 1790, also nach dem Aufstand, Vizekönig von Peru wird, in seinem Rechenschaftsbericht behauptet, hatte Túpac Amaru „schon Jahre zuvor alle möglichen Blank- und Feuerwaffen angesammelt, die er über den Handel erwarb, der von dieser Hauptstadt mit den inneren Provinzen des Reiches getrieben wird.“[137] Die Menge der so erworbenen Waffen dürfte, bedenkt man die begrenzten finanziellen Mittel und den Umfang des möglichen Schmuggelguts, kaum für eine nur ansatzweise Bewaffnung des Rebellenheers ausgereicht haben. Vergrößert wird das Arsenal durch die von Spaniern, vor allem den Corregidores requirierten und von den Gegnern im Kampf erobertenWaffen. Der Sieg von Sangarará hat nicht nur einen beträchtlichen Zuwachs an solchem Beutegut gebracht, er hat auch Túpac Amarus Glauben an den Erfolg seiner militärischen Mission gestärkt. Als seine überall aufgestellten Wachposten einen Brief abfangen, in dem ein Domherr aus La Paz

135 NCDIP III, S. 57.

136 Ibid., S. 106.

137 Memorias de los Virreyes que han gobernado el Perú, tomo V, Lima 1859, S. 78. https://archive.org/stream/memoriasdelosvi01hacigoog/memoriasdelosvi01hacigoog_djvu.txt, (abgerufen März 2023).

von einem Bekannten in Cuzco Auskünfte über die Lage in der alten Inkahauptstadt erbittet, übernimmt es Túpac Amaru, dem sicherlich verblüfften Fragesteller zu antworten. Er erklärt, weshalb dem Treiben der Corregidores ein Ende gesetzt werden musste, glaubt, dass Bischof Moscoso unter Druck steht, aber eigentlich mit den Aufständischen sympathisiert. Er selbst wisse, dass Truppen aus Lima im Anmarsch seien, glaubt aber nach seinem Aufenthalt dort sagen zu können, dass diese allenfalls dazu taugten, „Spatzen totzuschießen und Maisbrei zu mampfen".[138] Ihm ginge es darum, die „schlechte Regierung" abzuschaffen und alle „Chapetones zu vertreiben, die sich gegen meine gesunden Befehle stellen."[139]

Um Menschen für dieses Programm zu gewinnen, verfährt Túpac Amaru zweigleisig. Auf Quechua führt er Gespräche mit Curacas und anderen indianischen Funktionsträgern, auf Quechua erobert er kraft seines Charismas auch die Herzen der Bauern, die sich zurückversetzt fühlen in die Zeit der Inkas, wenn er, bekleidet mit den königlichen Insignien, hoch zu Ross erscheint und das Ende eines dreihundertjährigen Ausbeutungssystems verkündet. Ein militärischer Lagebericht der Gegenseite fragt, wie lange Gott den Kirchenschänder von Sangarará, „diesen neuen Moses, der die Kette seiner Brüder zerbricht",[140] wohl noch gewähren lässt. An die nichtindianische Bevölkerung mit Ausnahme der Spanier wendet sich der Inka vor allem in Edikten, abgefasst in stilistisch tadellosem Spanisch, die über ein ausgeklügeltes Verteilersystem überall im südlichen Peru auftauchen und für ein gemeinsames Reich von Indios, Criollos, Mestizen und Castas werben, wobei die zukünftige Regierungsform noch unklar bleibt. Welchen Status der spanische König dann einnehmen wird, lässt Túpac Amaru offen. Immerhin hat er behauptet, in seinem Auftrag gegen die „schlechte Regierung" vorzugehen. Die Frage, ob sich Túpac Amaru in Tungasuca zum Inka krönen ließ oder dies vorhatte, wird von Historikern kontrovers diskutiert und ist durch die Quellen nicht klar zu beantworten.

Die zivile wie militärische Kommandostruktur spiegelt Túpac Amarus Vorstellung von einer pluriethnischen Gesellschaft nur ansatzweise wider. Ein aus fünf Personen bestehendes Beratergremium setzt sich anfänglich nur aus Criollos und Mestizen zusammen, zu ihnen gesellt sich jedoch bald Micaela Bastidas, José Gabriels Gattin. Das Kommando über das in Kompanien eingeteilte Heer übergibt der Rebellenführer mit Ausnahme von zwei tribut-

138 CDIP II, 2, S. 462.

139 Ibid., S. 463.

140 Ibid., S. 421.

pflichtigen Indios an Criollos und Mestizen. Der einzige mit besonderen Funktionen betraute Afroperuaner ist Antonio Oblitas, der das Todesurteil an Antonio Arriaga vollstreckte und nun die Aufgabe übernommen hat, ein glorifizierendes Porträt des Inkas anzufertigen. Auch die Soldhöhe ist unterschiedlich: Zwei Pesos pro Tag erhalten die Indios, vier die Mestizen, diese werden auch besser mit Koka und Kleidung versorgt.

Unabhängig vom Rebellenheer operieren auch einige von indianischen Curacas oder Landbesitzern aufgestellte Gruppen. Besonders die Kazikin von Acos, Tomasa Tito Condemayta, wird mit Micaela Bastidas zur wichtigsten weiblichen Protagonistin des Befreiungskampfs. 1740 geboren, gehört sie altem Inka-Adel an und kennt José Gabriel schon seit Kindertagen. Als sie vom Aufstand ihres Freundes hört, schickt sie ihren Mann Tomás Escalante, einen Criollo, mit den drei Kindern nach Cuzco und stellt sich mit einem Frauenheer an die Seite Túpac Amarus. Sie ist wohlhabend und kann aus ihrem eigenen Vermögen für den Unterhalt der Truppe sorgen, die schon in Sangarará zum Einsatz kommt. In Briefen an Micaela weist sie darauf hin, wie schwer sie es hat, sich als Frau durchzusetzen („Als Frau habe ich hart gekämpft, um mich in meiner Stellung zu behaupten").[141] Der hochverehrten „Gobernadora" Micaela macht sie auch Vorschläge zur personellen Umbesetzung, wenn ihr herrschsüchtige Männer in die Quere kommen. An der Spitze eines Frauenheers wird sie die Brücke von Pilpinto, die in der Nähe ihres Dorfs über den Apurimac führt, gegen die aus Lima anrückenden Truppen verteidigen.

Auf Seiten der Royalisten steht nicht nur der Choquehuanca-Clan, sondern auch eine ganze Reihe einflussreicher Kaziken aus der Nähe von Cuzco. Von entscheidender Bedeutung in den zukünftigen Kämpfen wird Mateo García Pumacahua, der Curaca von Chinchero, sein. Die Familie führt ihre Abstammung auf den Inka Huayna Cápac zurück. Mateo erhält eine ausgezeichnete Erziehung und ist wahrscheinlich Schüler des Colegio San Borja, wo er den etwa gleichaltrigen José Gabriel kennengelernt haben dürfte. 1773 wird ihm der Hauptmannsrang verliehen. Er befehligt eine Miliz nobler Indios der Provinz Chinchero. Mit ihnen und Tausenden einfacher Indios greift er auf Seiten der Royalisten in die Bekämpfung des Aufstandes ein und wird zu einer entscheidenden Stütze der Königlichen.

Nicolás Rosas, der Curaca von Anta, ist eigentlich ein Criollo, der die Tochter des früheren indianischen Curacas geheiratet hat und nun für seine Frau das Curaca-Amt ausübt. Anta ist eines der größten und wirtschaftlich

141 CDBRETA III, S. 492.

Dorfkirche in den Anden

stärksten Dörfer im Umland von Cuzco, denn drei Viertel seiner Felder sind bewässert. Rosas steht stellvertretend für eine Reihe „indianischer" Clans, die durch Heirat mit wohlhabenden Criollos verbunden sind, den Stolz über ihre tatsächliche oder behauptete Abstammung von den letzten Inkaherrschern pflegen und sich unendlich erhaben fühlen über solche Provinzgrößen wie José Gabriel Condorcanqui, der sich jetzt Túpac Amaru nennt.

Der Aufstand Túpac Amarus ist so von den Anfängen an nicht einfach ein hauptsächlich von Indios geführter Krieg gegen eine invasive Macht, die ein ausbeuterisches Kolonialsystem aufgebaut hat, sondern auch ein Krieg zwischen verschiedenen indianischen und mestizischen Bevölkerungsgruppen, die schlicht nichts mehr zu verlieren haben oder sich mit den Mächtigen arrangiert haben. Sie bilden in beiden Lagern die Mehrheit und zahlen auch den höchsten Blutzoll.

6.
Rebellen versus Royalisten

Nach dem Sieg von Sangarará über die zusammengewürfelten und in Kriegstaktik reichlich unerfahrenen Truppen von Landa und Cabrera samt ihrer indianischen Hilfstruppen ist die einhellige Meinung im Lager der Rebellen, man werde sich nun in Richtung Cuzco bewegen. Am nächsten Tag zieht sich Túpac Amaru zunächst nach Tungasuca zurück. Mit den erbeuteten Waffen kann er einen Teil seiner Truppe ausstatten; für die Tausende, die ihm jetzt aus den Dörfern der Provinz Canas y Canchis zuströmen, reicht ihre Zahl bei weitem nicht aus, so dass die meisten nur mit Steinschleudern in den Kampf ziehen. Ein Abstecher in das Sangarará benachbarte Quiquijana, wo zwei Obrajes ausgenommen werden, lässt neben fast 20.000 Pesos und großen Mengen an dort gelagerten Woll- und Baumwollstoffen auch etliche Feuerwaffen und zwei kleine Kanonen in die Hände der Rebellen gelangen.

Auch in der Provinz Paruro gibt es etliche Obrajes, welche die Aufständischen am liebsten dem Erdboden gleichmachen würden. Túpac Amaru verhindert ihre Zerstörung, da er ihre Besitzer, meist wohlhabende Criollos aus Cuzco, nicht gegen sich aufbringen will. Offenbar glaubt er, dass er ohne die Sympathie der Mittelschicht und tätige Unterstützer in der alten Inkahauptstadt kaum deren Kontrolle übernehmen wird. Die Unsicherheit, wie groß sein Rückhalt dort schon ist, mag der Grund dafür sein, dass er gegen den Rat seiner engsten Berater und vor allem seiner Frau Micaela zögert, mit seinen Truppen nach Cuzco zu ziehen. Dabei wäre es zu keinem Zeitpunkt der Rebellion einfacher gewesen, mit seinen zwar mangelhaft ausgerüsteten, aber hoch motivierten Truppen die fast wehrlos daliegende Stadt einzunehmen, ein schwerwiegender strategischer Fehler. Später wird er dem Domherrn von La Paz, dessen Brief an einen Freund in Cuzco, wie schon erwähnt, er abgefangen hat, erklären, er wolle kein gewaltsames Eindringen in Cuzco, „denn ich handle als Christ und versuche zu verhindern, dass die Stadt verwüstet wird, und in ihr die Klöster, und ich will nicht, dass es ein Gemetzel an Nonnen, Frauen und Kindern gibt.“[142]

Da Ende November traditionell die Zeit ist, in der die Maultierzüge aufbrechen, um ihre Waren an die Abnehmer zu liefern, funktioniert Túpac

---

142 MdP I, S. 330.

Amaru einige der Tropas um und belädt sie mit Zucker, Kleidung und weiterer Ausrüstung. Sendboten werden in die auf dem Weg der Truppe liegenden Dörfer geschickt, um die logistischen Probleme zu lösen.

Mit großem Geschick übernimmt Micaela Bastidas von Tungasuca aus Planungsaufgaben. Sie befiehlt, diktiert Erlasse, gibt Passierscheine aus, rekrutiert Kämpfer und droht den von ihrem Mann eingesetzten Gouverneuren, wenn sie seine Order nicht zur vollen Zufriedenheit umsetzen. Die in Tungasuca gefangen gehaltenen Spanier und Criollos fürchten sie mehr als ihren Mann. Als der Studienregens des Klosters La Merced von Cuzco auf der Rückreise von Arequipa in Tungasuca an der Weiterreise gehindert wird, wendet er sich mit der Bitte um einen Passierschein an Micaela, die einen starken Eindruck auf ihn macht und seinem Frauenbild offenbar gar nicht entspricht, so dass er sie in seinem späteren Bericht als „sobrevaronil“[143] (übermännlich) bezeichnet. Micaela bittet ihn, als Hausgeistlicher und Beichtvater in Tungasuca zu bleiben. Er lehnt freundlich ab und versucht, mit Geschenken – einem Weinschlauch und einer Dose mit Keksen – ihre Gunst zu gewinnen. Wein habe sie genug, meint sie, und zahlt ihm vier Pesos für eine Messe. Auch zwei Begleiter, die sich als Priester ausgeben, erhalten den gleichen Betrag. Nach einem Rosenkranzgebet mit der versammelten Hausgemeinschaft stellt sie den Passierschein aus und entlässt die Gäste aus Cuzco, die noch einen Blick in den Speisesaal erhaschen können, wo auf den Tischen wertvolles Silbergeschirr, verschiedene Weine und üppige Speisen auf Micaela und ihren Anhang warten müssen, denn plötzlich trifft die Nachricht ein, der Inka befinde sich in Gefahr in dem Ort Velille. Micaela soll sofort eine bewaffnete Truppe zusammengestellt und nach einem Marsch von mehr als zehn Kilometern erfahren haben, dass ihr Mann als Sieger aus einem Scharmützel hervorgegangen ist.

Über das Anekdotische hinaus wird klar, dass Micaela und andere Rebellinnen wieder die Stellung einnehmen, welche die Frauen in der indigenen Gesellschaft innehatten, wo niemand ihnen die Fähigkeit absprach, in führender Stellung tätig zu sein. Hier wirkt trotz der vordergründigen Dominanz der kirchlichen Lehre die uralte Verehrung für die Erdmutter Pachamama nach, der Garantin allen Lebens, der Vermittlerin von materieller und spiritueller Welt, die nur scheinbar hinter der christlichen Gottesmutter zurückgetreten ist.

Der Aufstand breitet sich rasch aus, laut einem anonymen Bericht, der 1836 in Buenos Aires erschien:

---

143 Ibid., S. 292.

„Selten hat man eine schlimmere Verwüstung gesehen und ein Feuer, das sich so schnell über große Distanzen ausgebreitet hat, wobei zu bemerken ist, dass auf einer Linie von 300 Meilen von Cuzco bis an die Grenze von Tucumán, darin gelegen 24 Provinzen, überall zugleich das Feuer der Rebellion entbrannt ist, wenn auch mit Unterschieden in den Exzessen von Grausamkeit.“[144]

Diese Unterschiede ergeben sich logisch aus der rudimentären Kommunikation zwischen den verschiedenen Gruppen von Aufständischen, die sich in wechselnder Stärke und Zusammensetzung auf schwierigem Terrain bewegen und nicht immer von Túpac Amaru kontrolliert werden können. Noch ist der Inka bestrebt, die Criollos und Mestizen auf seine Seite zu ziehen, und verhindert so manchen Gewaltakt. Vor allem die Kirche und ihre Diener stehen unter seinem besonderen Schutz. An dem Besitz der Landpfarrer vergehen sich die Rebellen selten, an ihnen selbst nie. Trotz der Exkommunikation, die sich herumgesprochen hat, auch wenn man die entsprechenden Edikte von den Mauern entfernt hat, wird Túpac Amaru wiederholt mit den größten Ehren empfangen. Unter einem Baldachin nähert er sich der Kirche, die Pfarrer reichen ihm Weihwasser, enthüllen vor ihm das Bild des Herrgotts und laden ihren Gast zum Essen ins Pfarrhaus ein. Der Pfarrer von Oropesa nimmt ihm sogar die Beichte ab,[145] ein Verhalten, dass allerdings keineswegs repräsentativ für den Klerus im Rebellengebiet ist und auch der Angst geschuldet sein könnte.

Als Indios aus Chumbivilcas eintreffen und sich über ihren Pfarrer beschweren, der gegen die Rebellion predigt, schickt Túpac Amaru seine engen Mitarbeiter Felipe Bermúdez und Ramón Ponce in den Ort, um den Pfarrer festzunehmen. Das an der Kirche angebrachte Exkommunikationsedikt wird durch ein Schreiben ersetzt, in dem der Inka auffordert, königstreuen Pfarrern kein Wort zu glauben und sie festzunehmen. Eine Belohnung wäre jedem, der so handelt, sicher.

Am 22. November verlässt Túpac Amaru Tungasuca, begleitet von seinem 19jährigen Sohn Hipólito, und bewegt sich nach Süden. Er hat von einer Allianz der Corregidores von Azángaro, Chucuito, Carabaya, Lampa und Puno erfahren. Aus Puno, der Stadt am westlichen Ende des Titicacasees, kommt ihm der Corregidor Joaquín de Orellana mit 130 Gewehrschützen und weiteren Fußtruppen entgegen, um den Aufstand einzudämmen. Zu be-

---

144 Anónimo: Relación histórica de los sucesos de la rebelión de José Gabriel. Teddington 2006, S. 12.

145 CDBRETA III, S. 145.

fürchten ist weitere Gegenwehr aus Arequipa; sollten noch Truppen aus Cuzco dazustoßen, befände sich der Inka in der Zange, so dass er beschließt, zunächst seine Basis im Süden bis hin zum Titicacasee zu erweitern, um dann gestärkt den Sturm auf Cuzco zu wagen.

Micaela, die in und um Tungasuca das Kommando übernommen hat, schreibt ihrem Mann schon am nächsten Tag den ersten Brief und schärft ihm ein, Nahrung nur von den engsten Vertrauten entgegenzunehmen; zu groß ist ihre Sorge, José Gabriel könnte vergiftet werden. Bis März 1781 wird sie ihm insgesamt neunzehn Briefe schreiben, beziehungsweise schreiben lassen, da sie Analphabetin ist und zudem Schwierigkeiten mit der spanischen Sprache hat, so dass sie wohl auf Quechua diktiert und ihre Schreiber die Botschaft in die entsprechende Form gießen. Als Anrede wählt sie meist „Hijo Chepe" (Chepe-Sohn) oder „Chepe mío" (Mein Chepe), während seine Antwort meist mit „Hija mía" (Meine Tochter) beginnt.

Túpac Amaru begibt sich zunächst nach Coporaque, um jemanden festzunehmen oder unschädlich zu machen, von dem er eigentlich Unterstützung erwartet hätte. Mit Eugenio Sinanyuca, dem amtierenden Curaca des Ortes, hatte er sich immer gut verstanden, ihn sogar freundschaftlich seinen „Cousin" genannt. Sinanyuca genoss hohes Ansehen bei seinen Indios, auch wenn dies nicht immer so gewesen war. Sein Vorgänger Cristóbal Sinanyuca war von den Behörden abgesetzt worden, da er ein heilloser Säufer war. Die Einführungszeremonie für Eugenio wollte er verhindern, indem er die Indios, die er mit Chicha und Schnaps abfüllte, gegen ihn aufhetzte, jedoch vergebens. Eugenio wurde ein korrekter Curaca, der bei Konfliktfällen mit den Spaniern zu verhandeln verstand. So waren einige Mitapflichtige aus Coporaque vorzeitig aus Potosí zurückgekehrt. Eugenio Sinanyuca ließ sie festnehmen, da die illegale Beendigung des Mita-Verhältnisses Konsequenzen für das ganze Dorf haben konnte. In einem Brief an den Corregidor beklagte er, seine Indios seien in der Minenstadt misshandelt worden. Schließlich kam es zu einer Einigung: Die Männer wurden auf Kaution freigelassen.

In dem Konflikt zwischen Arriaga und Bischof Moscoso hielt Sinanyuca zu seinem Freund Arriaga, dessen Steuereintreiber er zeitweilig war. Zu Tumulten kam es, als er und die meisten seiner Indios dem von Moscoso eingesetzten Priester die traditionellen Geschenke und Arbeitsdienste verweigerten. Der sagt später aus, „sie hetzten die Gläubigen am Fronleichnamstag auf und wollten ein Dokument aufhängen, wonach ich keine Abgaben bekommen und als Pfarrer abgelehnt werden sollte."[146] Als Arriaga von Túpac

146 Túpac Amaru y la Iglesia. Antología. Lima 1983, S. 168.

Amaru hingerichtet wird, entscheidet sich Sinanyuca mit seinen Söhnen für die Royalisten und rüstet zum Kampf gegen den neu ernannten Inka, wahrscheinlich auch, weil er in seinem Amt noch nicht bestätigt worden ist und nun bemüht ist, seine Position zu konsolidieren. Túpac Amaru hat ihm zwar noch geschrieben, er möge ihn trotz des Todes von Arriaga mit seinen Leuten unterstützen, aber Sinanyuca ist nach Caylloma geflohen, hat den Brief an den dortigen Richter übergeben und gebeten, ihm den nötigen Schutz zu gewähren, „damit seine Indios sich nicht infizieren".[147] Túpac Amaru beschließt, nach Caylloma zu ziehen, um den verräterischen „Cousin" gefangen zu nehmen. Das wird ihm erst Ende Dezember gelingen. Sinanyuca wird dann vorgeben, zu ihm übertreten zu wollen und bei der nächsten Gelegenheit nach Cuzco entfliehen. Bis zu seinem Tod im Jahr 1804 wird er dann unangefochten das Curaca-Amt ausüben.

Bevor der Inka nach Caylloma zieht, schreibt er an Micaela, sie möge ihm seinen Artilleristen Juan Antonio Figueroa mit der erst kürzlich erbeuteten „großen Kanone" samt Fahrgestell und Pulver schicken. Aber auch in der umgekehrten Richtung erfolgt eine Lieferung: „Tochter Mica. Hier sende ich Dir zwei Chapetones, die große Lust verspürt hatten, mir das Leben zu nehmen. Du wirst Befehl erteilen, sie sicher unterzubringen. (…) Und höre nicht auf, mich dem Herrgott zu empfehlen. Dein Chepe."[148]

In der Provinz Chumbivilcas will Túpac Amaru den Corregidor festnehmen. Doch der konnte fliehen, weil ihn der Pfarrer Antonio Areta als Frau verkleidete und aus Velille, dem Hauptort der Provinz, herausschmuggelte. Da Túpac Amaru weiterziehen muss, benennt er als Bevollmächtigten Valeriano Bejarano, einen in Velille lebenden Spanier, und weist ihn an, die Güter und Papiere des geflohenen Corregidors zu beschlagnahmen. Bejarano gehorcht, schließt das Haus ab, fühlt sich aber überfordert, als er noch für die öffentliche Ordnung verantwortlich gemacht wird. Vor allem soll er für Diebstahl, Lügen und Trunkenheit drastische Strafen verhängen, analog zu den drei im Inkareich geltenden Regeln: nicht stehlen, nicht lügen, nicht müßig sein. Pfarrer Areta rät dem Vertreter Túpac Amarus, nach Cuzco zu fliehen. Bejarano zögert, will sein Vieh nicht im Stich lassen, folgt dann aber doch dem Rat des Pfarrers und tritt in Cuzco einer berittenen Kompanie bei. Fray Areta wiederum öffnet das Haus des Corregidors und nimmt Sachen heraus. Das erfährt Micaela Bastidas. Wütend befiehlt sie, Aretas Haus zu beschlagnahmen und ihn gefangen nach Tungasuca zu bringen. Areta flieht nach

---

147 CDIP II, 2, S. 402.

148 NCDIP III, S. 163.

Cuzco und will sich unter den Schutz des Bischof begeben, denn als Spanier fürchtet er um sein Leben. Der schnell jähzornige Moscoso droht, ihn zu exkommunizieren, wenn er nicht auf seinen Posten zurückkehrt. Wohl oder übel gehorcht Areta. Wieder unter den ihm noch verbliebenen Gläubigen, wird er plötzlich mutig, entfernt einen Galgen, den der neue Vertreter Túpac Amarus namens Juan de Dios Valencia auf der Plaza aufstellen ließ. Seine Indiogemeinde warnt er vor jeglicher Kommunikation mit den Aufständischen, setzt die früheren Bürgermeister wieder in ihre Ämter ein und fordert sie auf, die vor Weihnachten fälligen Abgaben einzusammeln. Als man ihm ein Schreiben, vermutlich aus dem Hauptquartier von Tungasuca, übergeben will, lehnt er den Erhalt ab. In der Folge versammeln sich Befürworter der Rebellion vor seinem Haus, Areta tritt vor die Tür und wird durch mehrere Steinwürfe verletzt. Er darf sich im Haus Juan de Dios Valencias ins Bett legen. Danach soll er sich nach Tinta begeben, was ihm Todesängste beschert. Er setzt einen Brief an Túpac Amaru auf und fleht ihn an, in seinem Haus in Velille bleiben zu dürfen. Einer der Bewacher, nicht mehr ganz nüchtern, stört sich an der Anrede in Aretas Brief und zwingt ihn, den Adressaten des Schreibens als Hoheit anzusprechen. Nachts kommt ihm ein Mestize zu Hilfe, der ihn durch eine Nebentür aus dem Haus bringt und bei sich in einem Kellerloch versteckt, wo er sich nicht lange in Sicherheit wägen kann, denn man ist dem Fluchthelfer auf die Spur gekommen, der nach unverblümter Gewaltandrohung das Versteck verrät. Auf Maultierrücken wird der Kirchenmann, der anderthalb Tage nichts gegessen hat, nach Tinta befördert. Dort lebt er zwei Monate als Gefangener Túpac Amarus, darf allerdings auf die Straße und zur Kirche gehen. Er trifft auf einen ebenfalls gefangenen Augustinermönch. Die beiden spionieren und interessieren sich vor allem für die Korrespondenz Túpac Amarus mit Leuten aus Cuzco. Einige der Absender können sie identifizieren, so habe, wie der Augustiner fast zwei Jahre später aussagt, der Notar José Palacios, ein Verwandter Micaelas, Lebensmittel für die Rebellen bereitgestellt und der Rechtsanwalt Julián Capetillo informiert, dass Cuzco wehrlos daliege und es an der Zeit sei, die Stadt zu besetzen.[149] Als die beiden weiter in den Unterlagen schnüffeln wollen, platzt die Mutter Diego Túpac Amarus herein und nimmt die Dokumente an sich.

Was Fray Areta nach seiner Befreiung so ausführlich zu Protokoll gibt[150], ist symptomatisch für die Stellung und die Aktivitäten des Klerus im Rebel-

149 CDIP, II, 3, S. 423. Capetillo und Palacios wurden nach Niederschlagung der Rebellion der „Untreue zum Staat“ angeklagt und nach Spanien abgeschoben.

150 CDBRETA III, S. 129-134.

lengebiet. Von einem Sieg der Aufständischen haben die von ihren Pfründen lebenden Dorfpfarrer wenig Gutes zu erwarten, einer Unterstützung Túpac Amarus steht das Verdikt der Exkommunikation entgegen und Bischof Moscoso hat noch vor dem Desaster von Sangarará strikte Order erteilt, vor Ort zu bleiben, „damit sie die Bewegungen des Rebellen beobachten und sie uns per Eilboten mitteilen."[151] Dort wo um ihr Leben fürchtende Priester desertieren, ersetzt der Bischof sie durch charakterlich gefestigte Patres aus den Klöstern Cuzcos und zahlt ihnen die anfallenden Spesen. Der Bischofspalast von Cuzco mutiert so zu einer Geheimdienstzentrale, in der ein Dutzend Schreiber bzw. Sachbearbeiter damit beschäftigt sind, Kontakte aufrechtzuerhalten und eingehende Nachrichten auszuwerten, die dann der Kriegsjunta zur Verfügung gestellt werden.

Im Rebellengebiet wird der ländliche Klerus so zu einer Fünften Kolonne, die mehr oder weniger offen gegen die Revolution arbeitet. Während der Abwesenheit ihres Mannes lässt Micaela deshalb Wachen an den Wegen nach Cuzco aufstellen, die Durchreisende nach Schriftstücken durchsuchen. Tauchen verdächtige Dokumente auf, werden die Träger schlimmstenfalls umgebracht oder, falls sie Priester sind, festgenommen. Micaela selbst erlebt, dass ihr der Besuch einer Kirche verwehrt werden soll, weil sie der zuständige Kaplan mit Hinweis auf das Exkommunikationsdekret verschlossen hat. Nach massiven Drohungen öffnet er das Gotteshaus am nächsten Tag wieder und zelebriert die Messe im Beisein Micaelas.

Antonio López de Sosa, Túpac Amarus langjähriger geistlicher Beistand, sowie dessen Kaplan Ildefonso Bejarano haben zwar bei der Hinrichtung Arriagas assistiert und diesen Akt als gerechte Strafe für einen Feind der Kirche verteidigt, doch zum Zeitpunkt der Exekution war die Exkommunikation Arriagas durch den Bischof ja wieder aufgehoben worden. Moscoso schreibt am 13. November, López de Sosa solle den Kaziken José Tupa Amaro treffen und auf ihn einreden, „er möge von seinem Unterfangen ablassen, mit dem er alle Dörfer, durch die er zieht, verwüstet, schlimme Veränderungen verursacht und den Leuten Schaden zufügt."[152] Auch wenn dieser erste Brief des Oberhirten den Pfarrer wegen der kriegerischen Aktivitäten nicht erreicht, beginnt Micaela, den Geistlichen in ihrem Umfeld zu misstrauen. An José Gabriel schreibt sie: „Ich habe erfahren, dass der besagte Bejarano und der Pfarrer von Yanaoca gemeinsam beschlossen haben, mich und meinen

---

151 CDBRETA II, S. 286.

152 CDBRETA III, S. 89.

Sohn an unsere Feinde auszuliefern."[153] Pfarrer Carlos Rodríguez von Yanaoca trifft seinen Amtskollegen López de Sosa zeitgleich, am 25.11.1780, und übergibt ihm ein zweites Schreiben Moscosos, diesmal mit dem Befehl, nach Cuzco zu kommen. Mit nichts als der Kleidung auf dem Leib erscheint er tatsächlich drei Tage später in der alten Inkahauptstadt und wird vernommen.[154] Bejarano bleibt in Tungasuca.

Micaela berichtet im nächsten Brief an ihren Gatten vom Verschwinden ihres Geistlichen und warnt: „All das macht mir große Sorgen, denn wir befinden uns unter Feinden, und ein plötzlicher Verrat kann uns treffen; ich sage dir das, damit du gewarnt bist."[155]

Am selben Tag schreibt auch Túpac Amaru seiner Frau, kündigt an, er werde in fünf oder sechs Tagen bei ihr sein (tatsächlich wird er erst am 14. Dezember nach Tungasuca zurückkehren), fordert Geld für die Bezahlung der Truppen an und endet: „Ich bitte Gott, Dich noch viele Jahre zu beschützen. Livitaca, 26. November 1780. Dein Chepe."[156]

Carlos Rodríguez, in dessen Pfarrhaus Túpac Amaru am 4. November auf den Corregidor Arriaga traf, bevor er ihn auf dem Nachhauseweg überfiel, bleibt in seiner Pfarrei, die nur wenige Kilometer von Tungasuca entfernt liegt, und predigt unentwegt gegen die Rebellion. Dennoch bittet er Micaela um fünfzig Pfund Zucker und schickt ihr dafür zehn Pesos, wenige Zeilen, die ihm später Probleme bereiten werden. Er wird sich dann herauszureden, indem er sein Vorgehen als List bezeichnet, um ein gutes Einvernehmen mit den Rebellen vorzutäuschen. Jeden Abend lässt er allerdings, quasi als konterrevolutionären Akt, eine Prozession mit einer Madonnenfigur durch den Ort ziehen und verhilft Spaniern zur Flucht. Túpac Amaru will er gefragt haben, ob er nicht fürchte, von Gott wegen der über das Land gekommenen Gewalt bestraft zu werden, worauf er nur die pauschale Antwort bekam, man müsse die betrügerischen Corregidores bestrafen. Als Micaela am 30. November mit mehr als 2.000 Indios in Yanaoca erscheint, will er sie nicht mit königlichen Ehren empfangen und hindert ihre Leute daran, die Glocken der

---

153 CDBRETA II, S. 305.

154 Der Prozess gegen López de Sosa und Bejarano dauert mehrere Jahre und endet mit der Verschickung der beiden Priester nach Spanien. Der unter Depressionen leidende López de Sosa stirbt in einem Kapuzinerkloster bei Madrid, Bejarano leidet unter dem Klima von Sigüenza und sehnt sich in das Hochland Perus zurück. Auch er stirbt in Spanien.

155 CDIP II, 2, S. 304.

156 CDIP II, 2, S. 305.

Kirche zu läuten. Micaela droht, sein Haus beschießen zu lassen, aber Rodríguez bleibt stur.[157]

Andere Priester in den „befreiten" Gebieten arrangieren sich mit der faktischen Macht und schreiben höfliche Briefe an Micaela, die „Señora Gobernadora", wenn sie Schutz oder Hilfe brauchen. So beklagt sich ein kranker Kaplan, er sei von einem Burschen namens Gregorio Chávez, der nachts durch ein Loch in der Wand bei ihm eingedrungen sei, um 200 Pesos erleichtert worden. Der Übeltäter sitze nun zwar im Gefängnis, streite aber alles ab und wolle ebenfalls an Micaela appellieren, ihm die Freiheit wiederzugeben. Der Schreiber bittet die „Mutter der Armen", zu seinen Gunsten tätig zu werden, „derweil ich unsern Herrgott bitte, Eurer Gnaden viele Jahre zu schenken. Es küsst die Hand Eurer Gnaden der zu Euren Füßen liegende Kaplan Martín Castilla." Im folgenden Brief beklagt sich der Kaplan, der Missetäter sei nun über alle Berge.[158]

Am 28. November erhält Micaela einen Brief ihres Mannes, in dem er mitteilt, er wolle sich nach Caylloma begeben. Dorthin ist der „Verräter" Sinanyuca geflohen. Caylloma, Hauptort der gleichnamigen Provinz, liegt nördlich von Arequipa auf 4.370 Höhenmetern. Die Gegend ist reich an Silbererzen, die dort schon seit der Inkazeit abgebaut werden, weshalb die Kolonialherren in dem Ort eine *caja real*, eine Art Regionalbank, eingerichtet haben, in der Tributgelder und ein Teil der Edelmetalle aufbewahrt werden. Bei der Annäherung der Rebellentruppen wird der Großteil des Bestandes schleunigst ausgeräumt und nach Arequipa in Sicherheit gebracht. Auf dem Weg begegnet der Schatzmeister einer kleinen, mit 30 Gewehren bewaffneten Truppe, die Caylloma schützen soll. Er macht ihnen die Sinnlosigkeit des Unternehmens klar, worauf die Truppe sich nach Arequipa zurückzieht. In Caylloma trifft eine Vorhut der Rebellen ein, die herzlich begrüßt wird. In der Zone ist es seit zehn Jahren immer wieder zu Aufständen gegen die Corregidores gekommen, die ihre Warenverteilung hier mit besonderer Brutalität betreiben. Vor allem werden den Indios Maultiere in meist schlechtem Zustand aufgezwungen, in einer Gegend, wo man mit den vorhandenen Lamas besser zurecht kommt. Für die Bezahlung des Reparto müssen die Indios 50 bis 60 Tage im Jahr arbeiten, ganz zu schweigen von anderen Abgaben.[159]

---

157 Charles F. Walker: The Tupac Amaru Rebellion. Cambridge 2016, S. 77-78.

158 CDBRETA II, S. 323-324.

159 Nelson Manrique: Colonialismo y pobreza campesina. Caylloma y el Valle del Colca, siglos XVI – XX. Lima 1986, S. 160.

Túpac Amaru ist bei der in Caylloma einziehenden Truppe nicht dabei, da er mit dem Gros seiner Armee nach Lampa abdreht, wo sich das von mehreren Corregidores zusammengestellte Heer befindet. Was der Inka in diesem Moment nicht wissen kann: Die Nachricht von seinem Aufstand hat am 24. November gegen Mitternacht Lima erreicht. Eine Kriegsjunta tritt zusammen, die José del Valle y Torres, den Generalinspekteur der Armee, zum Oberbefehlshaber der zu entsendenden Truppe ernennt. Benito Mata Linares, Richter der Audiencia, wird die Organisation und Abwicklung der zu erwartenden Prozesse übernehmen, und selbstverständlich wird auch der Generalinspekteur Areche mit den Soldaten nach Cuzco reisen. Gerne wäre auch Vizekönig Guirior mit von der Partie, aber das wird von der Junta und Areche abgelehnt, schließlich muss auch die Sicherheit Limas gewährleistet werden, zumal sich Spanien und Frankreich im Krieg gegen England befinden, das seine nordamerikanischen Besitzungen nicht aufgeben will. Um den Hafen von Callao nicht schutzlos zurückzulassen, kann zunächst nur eine Vorhut von 200 Milizionären, allesamt Mulatten oder Afroperuaner (*pardos* = Braune), unter der Führung des Obersten Gabriel de Avilés losgeschickt werden. Auf dem Weg soll Avilés, der mit 409 Gewehren und 12.000 Patronen ausgestattet ist, weitere Kräfte rekrutieren und ein Kontingent aus Arequipa mitnehmen. Auf derselben Route soll das Hauptheer so bald wie möglich folgen. Am 28. November verlässt der Vortrupp die „Stadt der Könige" und wird aufgrund von Krankheiten und der schlechten Wegverhältnisse Cuzco erst am 1. Januar 1781 erreichen.

Angesichts der Truppenbewegungen der Rebellen südlich von Cuzco fürchtet der Gemeinderat von Arequipa um die Sicherheit der Stadt. Vom Ausbruch der Rebellion hat man in Ayacucho erst drei Wochen später erfahren, als ein Schreiben des Cabildo von Cuzco mit der Bitte um Hilfe eintrifft. Eine direkte Intervention erscheint schwierig. Immerhin verspricht man die Aussendung von 200 Mann, die aber erst noch ausgebildet werden müssen. Vorrangig ist zunächst, die Kontrolle über die Stadt zu behalten, die ja seit der Einrichtung einer Zollstation im Januar von Unruhen erschüttert wird. Immer wieder tauchen an den Mauern Schmähschriften auf, hinter denen wahrscheinlich die in der Stadt stark vertretenen Händler stecken, meist Criollos und Mestizen. So kann man lesen:

Túpac Amaru, der König
Amerikas, unser Befreier,
behandelt mit Härte nur
den europäischen Tyrann;
den getreuen Landsmann aber,

gleich welcher Hautfarbe er ist,
den nimmt er unter seinen Schutz,
als Gerechten ohnegleichen,
als Tapferen lieben ihn gar
seine schlimmsten Konkurrenten.

Allerdings bedient sich auch die Gegenseite des Mediums der Mauern:

Nun hat der Indio doch frech
Criollos dazu ermuntert,
der rüden Truppe zu folgen
die tückisch sich gebildet hat,
doch muss der Rebell begreifen,
und hier täuscht er sich offenbar,
dass ein Criollo die Lüge
erkennt und den Pöbel mahnt,
dass er als Vater und König
nur den spanischen verehre.[160]

Eine Kriegsjunta unter Vorsitz des Corregidors Balthasar de Sematnat soll Maßnahmen ergreifen gegen „die niederträchtigen Pläne des perversen Tupa Amaro, sich dieser Stadt und aller angrenzenden Provinzen des Königreichs zu bemächtigen".[161] Sematnat stellt einen 10-Punkte-Plan zur Verteidigung der Stadt auf. Drei Kompanien à fünfzig Mann sollen die Zugänge zur Stadt bewachen, drei weitere werden im Innern stationiert. Die Bewaffnung muss dringend verbessert werden, vor allem durch Zukäufe. Ein paar alte Glocken können vor Ort umgegossen werden. Aus den Küstenstädten Ica und Arica sowie aus Peru werden Gewehre und Pedreros (Kanonen, die mit Steinkugeln befüllt werden) angefordert. Der Nachschub soll per Schiff an einen südperuanischen Hafen gebracht werden, damit nichts in die Hände der Rebellen fällt. Der Cabildo verfällt in seiner Sitzung vom 28. November sogar auf die Idee, die Geistlichen könnten „wegen der Dringlichkeit der Situation ihre Waffen, die sie zum Vergnügen haben, zur Verfügung stellen."[162]

---

160 Boleslao Lewin: Túpac Amaru en la independencia de América. Buenos Aires 1979, S. 72-73. Die Übersetzung verzichtet auf den Reim, behält aber das Silbenmaß bei (Achtsilber).

161 CDIP IV, S. 50.

162 Lorenzo Huertas: El movimiento de Túpac Amaru en Ayacucho. In: Flores Galindo, Alberto (ed.): Túpac Amaru II – 1780. Antología. Lima 1976, S. 87.

Da die Unruhen vom Januar, die von Sematnat niedergeschlagen wurden, noch in bester Erinnerung sind, ist besonders darauf zu achten, dass den Indios keine gefährlichen Waffen in die Hände fallen: "Mit List und Vorsicht soll man die unter den Indios vorhandenen Lanzen einsammeln und ihnen Steinschleudern und Stöcke aushändigen, in deren Gebrauch sie geschickter sind, und hier soll man ohne sichtbares Misstrauen vorgehen."[163]

Indiobauern, die sich nicht den Rebellen anschließen, sind andererseits auch denkbar wenig motiviert, als Kanonenfutter für ihre Ausbeuter in den Kampf zu ziehen. Teilweise müssen sie erleben, dass man ihnen die im Rahmen des Reparto verteilten Maultiere wieder wegnimmt, um Kriegsmaterial zu transportieren. Nicht nur sie, auch Mestizen, Mulatten, arme Criollos oder Spanier ziehen es vor, sich durch kurzfristiges Verschwinden von ihrem Wohnort der Eingliederung in die Milizen zu entziehen.

Auf dem Weg nach Süden entfernt sich Túpac Amaru immer mehr von Tungasuca. Micaela ist verzweifelt; als sie erfährt, dass ihr Gatte sich in Yauri aufhält, das 150 Kilometer von Cuzco entfernt liegt, schreibt sie ihm einen Brandbrief:

> „Mein Chepe: Du machst mich noch ganz fertig, denn du bewegst dich sehr langsam und ziehst durch die Dörfer, und hältst dich sogar völlig sorglos zwei Tage in Yauri auf, und die Soldaten langweilen sich zu Recht und alle gehen in ihre Dörfer. Ich habe keine Geduld mehr, das alles zu ertragen, ich bin fähig, mich den Feinden zu ergeben, damit sie mir das Leben nehmen, denn ich sehe den geringen Nachdruck, mit dem du diese ernste Sache betreibst, die uns alle das Leben kosten kann; wir sind von Feinden umgeben und unser Leben ist keineswegs sicher, und deinetwegen sind alle meine Kinder in höchster Gefahr und auch alle anderen auf unserer Seite."[164]

Doch als der Inka den Brief erhält, ist er schon weitergezogen und hat seine Truppe in drei Kolumnen aufgeteilt. Zuvor musste er erfahren, dass Micaelas Cousin Simón Noguera, der als Kundschafter unterwegs war und Dokumente für die Provinz Lampa mit sich führte, in der Hazienda Queque von dem Vorarbeiter erkannt, von den alarmierten Royalisten gefangen genommen und nach Lampa transportiert wurde. Dort hielt eine Junta aus mehreren Corregidores der Gegend Gericht über ihn. Nachdem der junge Mann gestanden hatte, an allen Operationen des Inka seit der Hinrichtung Arriagas

---

163 CDIP IV, S. 49.

164 CDIP, II, 2, S. 329-330.

beteiligt gewesen zu sein, wurde er zum Tod durch Erhängen verurteilt. Die Corregidores überwachten persönlich die Vollstreckung des Urteils. Als die Nachricht Micaela erreicht, bricht sie in Tränen, dann in Wut aus und will die in Tungasuca festgehaltenen Personen umbringen, was José Gabriel bei seiner späteren Rückkehr verhindern wird. Er selbst schickt seine zweite Division nach Queque, um die Hazienda zu zerstören. Die Gebäude werden niedergebrannt, nachdem man reichlich Lebensmittel erbeutet und das Vieh für die Verpflegung der Truppe mitgeführt hat.

Miguel de Urbiola, der Corregidor von Carabaya und einer der am Todesurteil gegen Simón Noguera Beteiligten, befehligt eine Truppe von 2.000 Mann, deren Bewaffnung er zum Teil aus eigenen Mitteln finanziert hat. Doch als die Rebellen sich nähern, fliehen die meisten seiner Leute oder laufen über. Urbiola selbst kann sich im letzten Moment ein Maultier greifen und entkommt. Er und andere Corregidores der Gegend werden noch lange bittere Klage über die fehlende Unterstützung aus Cuzco führen, und von dort aus wird man sie der Unfähigkeit und der Feigheit bezichtigen.

Am 7. Dezember überschreitet die wieder vereinigte Rebellenarmee den auf 4350 Metern gelegenen Pass La Raya und betritt damit die zum Vizekönigreich La Plata gehörende Puno-Region, die reich an Viehbestand ist, wichtig für die Versorgung der Truppe. Die Grundbesitzer sind geflohen, mussten aber ihre Tiere zurücklassen. Besondere Härte lässt Túpac Amaru gegen die Besitzungen des Choquehuanca-Clans walten, denn er verdächtigt Diego Choquehuanca, den mächtigen Curaca von Azángaro, am Tod Simón Nogueras beteiligt gewesen zu sein. Außerdem kann er nicht verzeihen, dass der alte Patriarch seine Bitte um Unterstützung der Rebellion abgelehnt und sich sofort auf die Seite der Royalisten geschlagen hat. Er selbst befindet sich in Arequipa in Sicherheit, aber ein Sohn, eine Tochter, drei Neffen und ein Enkel fallen den Rebellen zum Opfer, der Hauptsitz der Familie wird verwüstet.

Im entfernten Lima ereignet sich an jenem 7. Dezember Erstaunliches: der Generalinspekteur Areche und der Vizekönig Guirior dekretieren einvernehmlich die Abschaffung des Reparto oder Repartimiento, der zwangsweisen Warenverteilung an die Indios: „Wir kamen zu der Überzeugung, dass hinsichtlich der sogenannten ‚Repartimientos', die so wohlwollend die königliche Güte gestiftet hat, wobei sie hauptsächlich das öffentliche Wohl, vor allem das der Indios, im Blick hatte, eine lange und traurige Erfahrung gezeigt hat, dass sie diese Armseligen zugrunde richten, da sie ihnen Schäden aller Art zufügen …"[165]

---

165 NCDIP III, S. 192.

Und das – so heißt es weiter –, obwohl doch eigentlich alles zum Besten geregelt war: die Tariflisten, Menge und Qualität der Waren, das Inkassoverfahren etc. Was ein José Gabriel durch Bittgesuche nicht erreichen konnte, ist durch die kriegerischen Aktivitäten eines Túpac Amaru Inka plötzlich möglich geworden. Einschränkend sei erwähnt, dass die schon verteilten Waren bezahlt werden müssen, für Streitfälle wird eine Schiedsstelle unter Aufsicht von Richtern der Audiencia eingerichtet, und auch nach der Niederschlagung des Aufstands werden Corregidores sich nicht völlig von der Institution des Reparto verabschieden.

Am 9. Dezember marschiert Túpac Amaru auf seinem prachtvoll geschmückten Schimmel in Lampa ein, wo er „mit aller Grandezza und unter Baldachin, wie in anderen Dörfern auch"[166] empfangen wird. Flüchtlinge aus der Gegend, die später in Arequipa eintreffen, schildern die imposante Wirkung seines Auftretens. Bewaffnet mit Donnerbüchse, Pistole und Schwert, war er in blauen Samt mit Goldborten gehüllt, darunter trug er den Unku, eine knielange Tunika, als Zeichen der Inkawürde, an einer goldenen Halskette hing eine Sonnenscheibe aus demselben Metall, seine Kopfbedeckung war ein Dreispitz. Neben ihm ritten vier Maskierte, nach einem anderen Bericht waren es „zwei stattliche blonde Männer, die wie Engländer aussahen".

In Lampa räumt der Inka die Residenz des Corregidors Vicente Oré aus und brennt sie nieder. Der Corregidor hat noch wenige Tage vorher einen Brief an den Vizekönig geschrieben und seine desolate Situation geschildert. Mit seinen Amtskollegen hat er versucht, eine kleine Truppe aufzustellen, um die Rebellen zu bekämpfen. Mehr als achtzig Feuerwaffen waren nicht aufzutreiben, und einige davon sind schlicht unbrauchbar, ganz zu schweigen von den abgemagerten Pferden, denn offensichtlich droht aufgrund anhaltender Dürre eine Missernte: „Das trockene Wetter hat die Lebensmittel so rar werden lassen, dass sich die Bewohner mit der harten Notwendigkeit konfrontiert sehen, sich von Wurzeln zu ernähren ..."[167] So ist es kaum verwunderlich, dass die Sympathien nicht nur der Indios dem Rebellen zufliegen, der die Befreiung von Steuern und Abgaben aller Art verspricht. Dem Corregidor bleibt nur noch, seinem Schreiben ein paar eingesammelte Edikte Túpac Amarus als Beleg beizufügen und resigniert „die geringe Wertschätzung, die diese Leute für Eure Majestät empfinden",[168] zu konstatieren.

---

166 Zitiert in: Carlos Daniel Valcárcel: La Rebelión de Túpac Amaru. Lima 1973, S. 91.

167 CDBRETA I, S. 263.

168 Ibid., S. 263.

So erhält Túpac Amaru überall Unterstützung durch die örtliche Bevölkerung. Auf der Suche nach verbliebenen Chapetones, die es zu vertreiben oder zu liquidieren gilt, bewegt er sich durch ein ihm bestens vertrautes Terrain auf das Titicacabecken zu. Puno, die größte Stadt am Ufer des Sees, auf 3.800 Metern gelegen, sollte zu einer spanischen Bastion ausgebaut werden. Als die erwartete Hilfe aus Cuzco, La Paz und Arequipa ausbleibt, wird die Stadt von dem Corregidor Orellana vorläufig aufgegeben. Er selbst und seine bescheidene Miliz wären bei der Flucht fast in die Hände der Rebellen gefallen, können sich aber unter Verlust von Waffen und Munition retten. Da der Inka nicht überall sein kann, agieren manche Rebellengruppen nach eigenem Gutdünken und töten Criollos und Mestizen, die sie von den Chapetones nicht unterscheiden können.

Aber wie soll es nun weitergehen? Gerüchte besagen, der Inka wolle seinen Eroberungszug bis Potosí fortsetzen, andere glauben, die Rückkehr nach Tinta stünde bevor. Diese Ungewissheit und die Entfernung von seinem Stammsitz ermuntern die Provinzen um Cuzco zum Vorstoß nach Süden und erhöhen die Verzweiflung bei den Zurückgebliebenen. Nach Micaelas Brandbrief schreibt auch Tomasa Tito Condemayta, die Curaca von Acos, am 9. Dezember besorgt an die befreundete Micaela:

> „Ich muss Euer Gnaden darüber unterrichten, dass man mir verlässlich mitgeteilt hat, dass die von Cuzco entschlossen sind, an diesem Montag mit denen von anderen Provinzen auszuschwärmen. Dieses Subjekt, dass ich als Richter in Livitaca eingesetzt habe, Juan Zubizarreta, ist mit all seinen Leuten in Richtung Cuzco gezogen, aber in Paruro wurde er festgenommen. Von überall her, von Quiquijana und dem ganzen Tal werden sie kommen, um uns einzukreisen. Sie wissen, dass der Inka weit weg ist. Wenn wir nicht aufpassen, bereiten sie uns einen Hinterhalt. Ich weiß nicht, was wir tun sollen. Nicht dass sie unvorbereitet über Sie her fallen. Mir verursacht das Ausbleiben von Don José große Schmerzen. Hoffentlich bringt ihn Gott so schnell wie möglich her …“[169]

Einen Tag später schreibt Micaela abermals an Ihren Mann und fordert ihn dringend auf, nach Tungasuca zu kommen: „Du hast meine Briefe sehr wenig beachtet und versuchst wohl, mich den Hörnern des Stiers auszuliefern. Lass nicht zu, dass man mir das Leben nimmt, denn deine Abwesenheit war der Grund für dies alles.“[170]

---

169 CDBRETA III, S. 491.

170 CDIP II, 2, S. 343.

Ferner klagt sie, man habe zu wenig Leute und die seien nicht immer zuverlässig. So habe Francisco Sucacahua, der von Túpac Amaru in Quiquijana eingesetzt worden war, seinen Befehlen zuwider gehandelt. Folglich diktiert Micaela einem ihrer Schreiber die Order, den Verräter festzunehmen und nach Tungasuca zu bringen. Unaufhörlich auf Nachrichten reagierend, versucht sie, die bedrohliche Situation um sich herum unter Kontrolle zu halten.

Es ist fraglich, ob Túpac Amaru den letzten Beschwerdebrief seiner Frau noch erhalten hat. Jedenfalls beschließt er selbst, den weiteren Vormarsch nach Osten abzubrechen und in sein Stammquartier zurückzukehren. Am 13. November gibt er Befehl aus, zweitausend Spanier (gemeint sind wohl eher Criollos und Mestizen) und Indios aus Azángaro sollen sich bis zum 17. des Monats in Tungasuca einfinden, wo sie sich mit Truppen aus fünf weiteren Provinzen vereinen werden, „damit wir ein für alle Mal mit den rebellischen Chapetones aufräumen und von da an in Frieden leben werden.“[171]

Nach mehr als dreiwöchiger Abwesenheit trifft Túpac Amaru wieder in Tungasuca ein und muss feststellen, dass die in seinem Kernland zurückgelassenen Verbände unter Problemen wie schlechte Bewaffnung, Unterversorgung und Disziplinlosigkeit leiden. So trifft gerade ein Schreiben an Micaela aus Acomayo (nordwestlich von Sangarará gelegen) ein, in dem der dort stationierte Marcos de la Torre um Hilfe bittet. Man solle ihm hundert Soldaten mit Waffen und Munition schicken und einen vernunftbegabten Hauptmann dazu, um die Dörfer von Acomayo zu regieren, denn „die Leute hier sind schlimmer als Huftiere“.[172] Ein Tomás Guaca aus Pomacanchi beklagt sich, die Soldaten der Gegenseite würden von den Bürgermeistern mit Nahrung versorgt, während er nichts habe.

Schließlich setzt sich das Heer Túpac Amarus in Bewegung und marschiert auf Cuzco zu. Unterschiedliche Quellen beziffern die Truppenstärke auf 20.00 bis 60.000 Mann, Zahlen, die mit Vorsicht zu betrachten und wahrscheinlich zu hoch gegriffen sind, auch wenn wahrscheinlich die vielen mitmarschierenden Hilfskräfte und Familien dazugerechnet werden. In Cuzco gerät man zunehmend in Panik. Nach wie vor ist die Ausstattung der Verteidiger defizitär und trotz der Notlage erwarten die Mitglieder der Milizen ihren Sold. Der Corregidor Fernando Inclán Valdez kann 8.420 Pesos an Spenden einsammeln, der Prior des Augustinerklosters steuert 23.541 Pesos bei[173], von der Einwohnerschaft kommen Kleiderspenden für die Truppe.

---

171 Túpac Amaru y la Iglesia. Antología. Lima 1983, S. 216.

172 CDIP II, 2, S. 356.

173 CDIP II, 1, S. 15.

Der Vorhut unter Gabriel Avilés, die am 28. November Lima verlassen hat, werden Eilboten entgegengeschickt, um sie zu schnellerem Marschieren zu bewegen. Am 20. Dezember bricht auch das Hauptkontingent unter dem zum Feldmarschall beförderten José del Valle auf und will über Arequipa Cuzco erreichen. Auf dem Weg soll in den aufständischen Provinzen die Ordnung wiederhergestellt werden. Bischof Moscoso wendet sich vehement gegen diese Route, da in der regenreichen Zeit die Flüsse anschwellen und die Verpflegungsmöglichkeiten zwischen Arequipa und Cuzco denkbar schlecht sind. Er setzt durch, dass der Kleriker Nicolás de Oré der Truppe entgegengeschickt wird, um sie auf direkterem Weg nach Cuzco zu leiten. In dem küstennahen Ica trifft der Bote noch rechtzeitig auf die Soldaten und kann sie zur Kursänderung über Ayacucho und Abancay bewegen.

Noch vor dem Abmarsch nach Cuzco schickt Túpac Amaru am 23. Dezember ein Schreiben an die Einwohner von Arequipa und kündigt an, dass er bald dort erscheinen und sie von „soviel Räubereien" befreien werde, sowie von „perversen Zwängen und Drohungen durch das Königreich Europas, das uns in höchstem Maße mit Feindschaft begegnet ist". Weiter warnt er vor dem „Erzgauner Sematnat", den die Einwohner festnehmen sollen, bis er selbst kommen und ihn seiner entsprechenden Strafe zuführen werde.[174] Auch wenn in vielen anderen Botschaften Túpac Amarus als Ziel nur die Abschaffung der „schlechten Regierung" benannt wird, scheint in diesem Schreiben ein erster Hinweis auf ein separatistisches Programm vorzuliegen. Nachdem er anfangs behauptet hatte, der spanische König habe ihn mit der Eliminierung der Corregidores betraut, geht er immer mehr dazu über, die Vertreibung aller Spanier zu fordern, gleichzeitig aber immer noch zu versuchen, die Criollos und Mestizen als Bündnispartner zu gewinnen. Doch welche Verfassung für ein spanierfreies Peru schwebt ihm vor? Als sein Berater und Sekretär José Esteban Escarcena bei einer Besprechung in Tinta äußert, er habe da etwas Gutes gefunden, fragt Túpac Amaru, was es denn sei. Und als er hört „ein paar schöne Gesetzbücher", wird er wütend: „Was haben Sie nur mit Gesetzen? Diese Bücher taugen nur zum Einwickeln von Empanadas oder Biskuits. Ich werde ein paar wirklich starke Gesetze erlassen."[175]

Wenn Túpac Amaru 1777 noch geglaubt hatte, er könne auf juristischem Weg und durch persönliche Fürsprache Verbesserungen für sich und seine Indios erreichen, ist ihm dieses Grundvertrauen in die Sinnhaftigkeit der kolonialen Gesetzgebung abhanden gekommen. In Lima wurden ihm die Au-

---

174 Túpac Amaru y la Iglesia. Antología. Lima 1983, S. 209.

175 CDBRETA V, S. 140.

gen geöffnet, wie Micaela es ausdrückte. Deshalb knüpft er an die teils drakonische Gerichtsbarkeit der Inkas an, wenn er in den besetzten Dörfern Galgen aufstellen lässt, für erstmalig verübte Straftaten fünfzig Peitschenhiebe und für den Wiederholungsfall die Todesstrafe vorsieht.[176] Vor seiner Rückkehr nach Tungasuca hat er in den Dörfern des Südens Richter einsetzen lassen mit dem klaren Befehl, „jedem angetroffenen Chapetón das Leben zu nehmen".[177] Flüchtende Criollos seien festzunehmen und zu ihm zu schicken.

Dennoch zögert er bei der Annäherung an Cuzco, die Stadt im Sturm zu nehmen. In seinem Hauptquartier muss es zwischen ihm und Micaela, welche die Mehrzahl der Berater auf ihrer Seite weiß, zu einem heftigen Streit gekommen sein. Túpac Amaru will Bernardo de la Madrid, der seit Beginn der Rebellion sein Gefangener ist, als Bote nach Cuzco schicken. Als José Esteban Escarcena ein entsprechendes Schreiben aufsetzen soll, weigert er sich zunächst und meint, dies sei verlorene Zeit, der Inka solle „in diese Stadt Cuzco mit Feuer und Schwert eindringen".[178] Daraufhin will Juan Antonio Figueroa, glaubt man seiner späteren Aussage, von Gewalt abgeraten und Escarcena als gottlosen Menschen beschimpft haben, der an den Galgen gehöre, wenn er das Leid der Einwohner in Kauf nehme. Figueroa setzt sich durch und Escarcena muss widerwillig das Schreiben aufsetzen, das ihm der Inka diktiert. De la Madrid wird es am 3. Januar 1781 nach Cuzco bringen und natürlich dort bleiben. Angeblich war es die Absicht Figueroas, seinem spanischen Landsmann so die Freiheit zurückzugeben.

Zwar hat die Truppe unter José del Valle erst am 20. Dezember Lima in Richtung Cuzco verlassen, doch da tobt schon am selben Tag die Schlacht um die Brücken über die Flüsse Apurimac, im Westen Cuzcos gelegen, und den östlichen Vilcanota, der aus der Puno-Region kommt, auch Urubamba heißt und durch das „Heilige Tal der Inkas" fließt. Beide Flüsse, die in der regenreichen Zeit mächtig angeschwollen sind, müssen von den Hilfstruppen überquert werden, um Cuzco und das Hauptkampfgebiet zu erreichen. An der Brücke von Pilpinto über den Apurimac haben sich Indios aus dem nahegelegenen Acos unter Führung ihrer Kazikin Tomasa Tito Condemayta heftige Kämpfe mit Milizen aus Paruro geliefert und vergeblich versucht, das Bauwerk zu verbrennen. Am Vilcanota hat jemand Stellung bezogen, der in einer späteren Phase der Rebellion von großer Bedeutung sein wird. Diego

176 David Cahill: Violencia, represión y rebelión en el sur andino: la sublevación de Túpac Amaru y sus consecuencias. Lima 1999, S. 15.

177 CDIP II, 2, S. 415.

178 CDBRETA V, S. 120.

Cristóbal Túpac Amaru ist der Cousin des Inka. Der Chronist Melchor de Paz beschreibt ihn folgendermaßen: „Besagter Rebell ist weiß, etwa 28 Jahre alt, mager, spitznasig, sehr ernst, mit kleinen Augen, sehr fähig, kurz angebunden, Spanisch spricht er mit Einsprengseln, schreibt sehr anmutig und diktiert mit großer Lockerheit.“[179]

Diego Cristóbal versucht mit einer Truppe von etwa 6.000 Indios von Norden her, den sich nähernden Hilfstruppen den Zugang nach Cuzco zu versperren, indem er Brücken zerstört. Wenn es ihm gelingt, die Kontrolle über das Urubamba-Tal, die einstige Kornkammer des Inkareichs, zu erlangen, ist Cuzco von wichtigen Nahrungslieferungen abgeschnitten. Entlang des Urubamba wird Getreide, Mais und Zuckerrohr angebaut, Produkte, die durch die bourbonische Reform besteuert werden sollen. An den Hängen wächst der Kokastrauch, ferner gibt es Salinen. Seit einigen Jahren gärt es in den Dörfern der Gegend. Es kommt zu Angriffen auf Corregidores, Curacas und Priester. 1779 fiel eine aufgebrachte Menge aus dem Dorf Maras in den Ort Urubamba ein, zerstörte 22 Häuser, riss das Gefängnis ein und verbrannte einen Teil des Königlichen Archivs. Der Corregidor und der zufällig anwesende Bischof von Cuzco, der Vorgänger Moscosos, wurden mit Steinen beworfen. Die Tatsache, dass die Indios „sich nach dem Aufstand noch viele Nächte lang bewaffnet in festen Gruppen dort aufhielten“[180], lässt einen gewissen Organisationsgrad vermuten.

Für Diego Cristóbal ist es deshalb leicht, seine Reihen mit zu allem entschlossenen Indiobauern aufzufüllen. Zwar haben mehrere Corregidores und Curacas der Gegend Kräfte zusammengezogen, um die Rebellen zu bekämpfen, aber noch können sie dem Ansturm der Aufständischen nicht standhalten, die in Calca jeglichen Widerstand auf besonders brutale Weise brechen, indem sie viele Criollos und Mestizen umbringen, nach Angaben der Gegenseite auch Frauen und Kinder nicht verschonen und sogar in die Kirche eindringen, um die dort Schutzsuchenden zu töten. Die Horrormeldung über die Geschehnisse in Calca wird von den Royalisten genutzt, um mit der Behauptung, die Rebellen wollten alle Criollos und Mestizen töten, einen Keil in die Reihen der Aufständischen zu treiben.

In Pisac allerdings treffen die Rebellen auf einen starken Gegner, der in Zukunft entscheidend auf Seiten der Royalisten mitmischen wird: Mateo García Pumacahua, der Curaca von Chinchero. Warum er sich von Anfang

---

179 MdP II, S. 159.

180 Scarlett O'Phelan Godoy: Cuzco 1778: El movimiento de Maras, Urubamba. In: El Hombre y la Cultura Andina, segunda serie, tomo III, Lima 1980, S. 433.

an gegen Túpac Amaru positioniert, ist unklar. Möglicherweise spielt die Rivalität zwischen der Cuzco-Fraktion von Curacas, die sich alle als direkte Nachfahren der Inkas fühlen, und dem anmaßenden Kollegen Condorcanqui aus drei kleinen Dörfern der Provinz Tinta eine Rolle.

In Chinchero hat Pumacahua unmissverständlich klar gemacht, auf wessen Seite seine Indios zu kämpfen haben. Auf dem Platz stehen zwei Galgen als Warnung, mobilisiert werden alle männlichen Bewohner, die älter als zehn Jahre sind. Zusammen mit den von anderen Curacas zusammengetriebenen Indios besiegt er die Truppe von Diego Cristóbal an der Pisac-Brücke. Ein Priester berichtet von 120 Toten, viele Leichen seien den Fluss hinabgetrieben worden. Die Flüchtenden werden die Hänge hinauf verfolgt, nur wer sich in den Schluchten verstecken kann, kommt mit dem Leben davon. Zwei Tage später schreibt Bischof Moscoso an den Vizekönig, der Pfarrer von Huayllabamba habe keine Beerdigungen vorgenommen, da die Toten unwürdige Barbaren gewesen seien, die nur noch dem Namen nach Christen waren. Und er kommentiert zufrieden: „So werden die Unsrigen mutiger, atmen wieder auf und schütteln den panischen Schrecken ab, der ihnen die in Sangarará erlittene Niederlage verursacht hat.“[181] Als seinen eigenen Beitrag zu dem Sieg betont er, wie gut es gewesen sei, dass er seine Pfarrer trotz deren Bitten, sich in Sicherheit bringen zu können, angewiesen habe, vor Ort zu bleiben, die Bewegungen der Rebellen zu beobachten und weiterzumelden, um diese Informationen der Kriegsjunta zur Verfügung stellen zu können. Zur Verunsicherung vieler Indios dürften auch die ständigen Predigten der Pfarrer beigetragen haben, die vor der ewigen Höllenverdammnis warnten, denn die Exkommunikation Túpac Amarus gilt ausdrücklich auch für alle, die ihn unterstützen. Im Hinblick auf die zu erwartenden Kämpfe um Cuzco erteilt der Bischof dem Curaca Mateo Pumacahua einen völligen Ablass „für die Stunde seines Todes“[182], den er zu gegebener Zeit auch wird einlösen müssen, denn als eines Tages dreißig Indios aus Túpac Amarus Heer desertieren und nach Chinchero zurückkehren, vergibt ihnen Pumacahua nicht und lässt sie hinrichten. Für seine Tat wird er zwar gerügt, aber nie angeklagt. Nur der Chronist Melchor de Paz kritisiert, dass die eigenmächtige Handlung nicht mit dem Kriegsrecht zu vereinbaren sei. Schließlich habe die spanische Verwaltung Überläufern Vergebung versprochen. Entschuldigend fügt Melchor de Paz allerdings hinzu: „…aber die Unkenntnis des Gesetzes und die gesunde Absicht des Kaziken lassen seinen Exzess lo-

181 CDBRETA I, S. 185.

182 Juan José Vega: José Gabriel Túpac Amaru. Lima 1969, S. 83.

benswert erscheinen.“[183] Und so werden die „Trompeten von Chincheros“, wie die Truppen des Pumacahua genannt werden, die Gegner weiter in Angst und Schrecken versetzen.

Das Tal von Cuzco wird im Norden entlang der nach Lima führenden Straße außerdem durch den Curaca von Anta, Nicolás de Rosas, geschützt, der sich wie Pumacahua, obgleich Criollo, zur Aristokratie der Cuzco-Indios zählt. Im Süden Cuzcos, wo der Zugang zur Stadt durch den hier fließenden Río Huatanay nicht durch Berge geschützt ist, haben sich Rebellengruppen bis auf etwa 15 Kilometer genähert. Offenbar schlecht organisiert, werden sie am 21. Dezember bei Angostura von einer schnell zusammengestellten Truppe unter dem Befehl des Oberfeldwebels Francisco Laisequilla vernichtend geschlagen. Je nach Quelle kommen zwischen 100 bis 300 Rebellen um. Laisequilla kehrt nach Cuzco mit vier auf Lanzen aufgespießten Köpfen und fünfundzwanzig Gefangenen zurück, von denen zwei gehängt werden. Melchor de Paz kommentiert: „Die Anordnung, die Stadt mit den aufgespießten Köpfen zu betreten, kam äußerst gelegen, denn nachdem auf der Plaza Mayor der Sieg mit dieser Zurschaustellung, die das Volk noch nie gesehen hatte, gefeiert worden war, schöpfte die Stadt neuen Mut …“[184]

Die bisherigen unkoordinierten Versuche, Cuzco unter die Kontrolle der Rebellen zu bringen, sind vorerst gescheitert. Túpac Amaru plant, zum Jahreswechsel durch eine groß angelegte Belagerung die einstige Hauptstadt des Inkareiches zur Aufgabe zu zwingen.

---

183 MdP I, S. 280.

184 Ibid., S. 277.

7. Von der Belagerung Cuzcos zur Gefangennahme Túpac Amarus

In der Zeit zwischen Weihnachten und Neujahr wächst die Anspannung unter der Einwohnerschaft von Cuzco. Zwar hat man Angriffe einzelner Rebellengruppen in der Nähe der Stadt abwehren können, über die Bewegungen des Hauptheers Túpac Amarus ist jedoch wenig bekannt. Ein Informant aus Tinta will erfahren haben, dass der Inka plant, an den Weihnachtstagen Cuzco zu erobern. Bischof Moscoso lässt Wachen auf den Kirchtürmen aufstellen und seine Priester im Waffengebrauch trainieren. Die Stadt wird abgeriegelt, um Nachrichten über die Verteidigungsmaßnahmen nicht nach außen dringen zu lassen. Auf der Plaza de Armas sind Kanonen aufgestellt. Sechs Gruppen von Milizionären werden gebildet, die aber streng überwacht werden müssen, da sich in ihren Reihen Agenten der Gegenseite befinden könnten. Moscoso verfügt, dass die Mitternachtsmette an Heiligabend durch Frühmetten bei Sonnenaufgang zu ersetzen sei, um schwer zu kontrollierende Bewegungen von Menschenmassen in der Nacht zu vermeiden.

Die Furcht vor dem Feind im Innern ist nicht unbegründet. Wie aus späteren Verhören hervorgeht, soll der Schreiber José Palacios, ein Cousin Micaela Bastidas, dem Hauptquartier in Tungasuca berichtet haben, er verfüge über ein starkes Gift, mit dem man führende Persönlichkeiten Cuzcos liquidieren könne. Er habe bereits „Experimente mit der Wirksamkeit des Giftes an einigen Hunden durchgeführt und die seien augenblicklich krepiert.“[185] Zur Anwendung kommt diese heimtückische Waffe allerdings nicht.

Die Rebellen versuchen trotz der Rückschläge am Urubamba von Norden her bis zur Festung von Sacsayhuamán vorzudringen, von wo aus man Cuzco unter sich liegen sieht. Eine Vorhut unter Antonio Castelo nähert sich über den Camino Real, den Königlichen Weg der Inkas, und verwüstet auf der Suche nach Proviant zahlreiche Haziendas. Der Plan, im Urubambatal weitere Mitkämpfer zu gewinnen, geht nicht auf, weil größere Ortschaften umgangen werden und die Curacas der Gegend sich entweder als Unterstützer oder Geiseln der Royalisten in Cuzco befinden. Die vor Ort verbliebenen Pfarrer haben ihre Schäfchen eindringlich vor einer Unterstützung der Re-

185 CDBRETA V, S. 153.

bellen gewarnt und auf die dem Seelenheil abträgliche Exkommunikation hingewiesen, ein Propagandaeffekt, der wenige Jahre später in einer Rückschau der Ereignisse als besonders nützlich unterstrichen wird.

Eine entscheidende Rolle in der konkreten Situation spielt der Priester von Urcos, der Informationen über die Marschroute Castelos nach Cuzco weitergibt. Eine berittene Truppe unter Joaquín Valcárcel und Joaquín Laisequilla schwärmt aus und kann am Abend des 2. Januar gegen 18.30 Uhr die unvorbereitete Rebellentruppe bei Saylla vernichtend schlagen. Unter den angeblich mehr als 300 Toten sollen sich bedeutende Rebellenführer, die schon in ihren Zelten schliefen, befunden haben. Ein kleiner Hügel hat die anrückenden Royalisten vor den Rebellen verborgen, so dass sie selbst nur einen Toten zu beklagen haben. Eine Flagge mit dem Wappen Túpac Amarus wird erobert. Castelo selbst kann entkommen, was angesichts seines späteren „Verrats"[186] die Vermutung aufkommen lässt, er habe sich hier schon von der Rebellion distanziert. Anstatt die überlebenden Rebellen weiter zu verfolgen, ziehen sich Valcárcel und Laisequilla nach Cuzco zurück, weil sie um die schlechte Ausbildung ihrer Leute und die mangelhafte Bewaffnung wissen.

Für das indianische Fußvolk findet Bischof Moscoso in seinem Brief vom 3. Januar an den Generalinspektor Areche lobende Worte, und zufrieden weist er auf die Wirkung der von ihm ausgesprochenen Exkommunikation hin, denn entgegen der üblichen Verhaltensweise des siegreichen Soldaten, Beute zu machen, hätte kein Indio die Leichen gefleddert, „denn es handelte sich um Exkommunizierte".[187]

Am Tag vor dem Gemetzel von Saylla, am 1. Januar 1781, hat Oberst Gabriel de Avilés mit seiner Mulattentruppe aus Lima ungehindert, wenngleich total erschöpft durch den Aufstieg in ungewohnte Höhen, Cuzco erreicht. Die Rebellen haben es versäumt, ihn in der Pampa de Anta, etwa 30 Kilometer vor Cuzco, am Weiterkommen zu hindern. Die Ankunft der relativ gut ausgebildeten Mulattentruppe verbessert die Stimmung in der Stadt, die bereits 3.200 Milizionäre aus den umliegenden Provinzen beherbergt.[188]

Túpac Amaru hat mit seinem Hauptheer von 6.000 Mann Tungasuca verlassen und in Ocororo, zwölf Kilometer vor Cuzco, sein Lager aufgeschlagen. Bevor er sich zu weiteren militärischen Aktionen entschließt, schreibt er

186 Antonio Castelo zog sich nach der Belagerung Cuzcos nach Sicuani zurück, rief zur Meuterei gegen Túpac Amaru auf, ergab sich später den Royalisten und wurde zum Tode verurteilt.

187 CDIP II, 2, S. 383.

188 Laut Meldung von Avilés an Vizekönig Jaúregui. In: Remedios Contreras (ed.): Agustín de Jáuregui: Relación de gobierno. Perú (1780-1784). Madrid 1982, S. 171.

zunächst drei Briefe. Der erste ist an Bischof Moscoso adressiert. Hier weist er noch einmal darauf hin, dass es es seine Pflicht sei, das Land von „gewissen Phänomenen, Corregidores genannt," sowie der drohenden Errichtung von Zollstationen zu befreien, deren Existenz mit der Diktatur eines zweiten Pizarro gleichzusetzen wäre. Auch wenn man ihn im Moment für einen Rebell halten möge, der König Karl untreu geworden sei, werde die Zeit erweisen, dass er ein loyaler Vasall Seiner Majestät sei und er sich in keinerlei Hinsicht von der Kirche entfernt habe. Wenn seine Forderungen erfüllt seien, könne er sich ruhig, um Gnade bittend, in sein Theben zurückziehen, letzteres eine Anspielung auf Epaminondas von Theben, der 371 v. Chr. in der Schlacht von Leuktra die Vorherrschaft Spartas gebrochen hatte.[189]

Adressat des zweiten Briefes ist der Cabildo von Cuzco. Nachdem die Stadt grausam gegen einige seiner Anhänger verfuhr, indem sie diese hinrichten ließ, fordert er nun die Übergabe der Stadt. Geschehe dies nicht, könne er keinen Augenblick mehr zögern, sich den Zugang mit Feuer und Schwert zu verschaffen. Die Stadt würde dann die ganze Härte der göttlichen Gerechtigkeit erfahren, die von so vielen Personen mit Füßen getreten wurde. Hinreichender Beleg für die fortwährenden Misshandlungen seien „die Tränen dieser Unglücklichen, die ihre Augen seit drei Jahrhunderten vergießen. Dieser Zustand hat ihnen nie erlaubt, den wahren Gott kennenzulernen. Vielmehr haben sie mit all ihrem Schweiß und ihrer Arbeit zum Wohlergehen der Corregidores und Pfarrer beigetragen." Nach diesen Drohungen und Klagen wird Túpac Amaru ansatzweise programmatisch, wenn er verkündet, in jeder Provinz solle ein *alcalde mayor* (vielleicht am ehesten mit „Landrat" zu übersetzen) aus der „indianischen Nation" ernannt werden, der ein moderates Gehalt beziehen solle. Weitere gewissenhafte Funktionsträger sollen sich um die Verwaltung der Justiz und die Verbreitung des Christentums kümmern. Vor allem aber müsse in Cuzco eine Audiencia wie in Lima eingerichtet werden, um den Bewohnern einen direkteren Zugang zur Rechtspflege zu ermöglichen. An ihrer Spitze solle als Präsident ein „Vizekönig" fungieren. Nicht näher definiert wird, ob auch dieser ein Indio sein müsse. Nach allen bisherigen Verlautbarungen kann ausgeschlossen werden, dass hier an einen Spanier zu denken ist. Dennoch versichert der Briefeschreiber, er wolle die Herrschaft des spanischen Königs nicht anzweifeln und billige auch den gemeinsamen Handel „zum Erhalt des gesamten Reiches".[190]

---

189 CDIP II, 2, S. 377-78.

190 CDIP II, 2, S. 378-380.

Ein drittes, als Edikt tituliertes Schreiben richtet sich an die „geliebten Landsleute der Stadt Cuzco“. Darin tritt Túpac Amaru Behauptungen entgegen, er handle gegen die Gesetze. Tatsächlich gehe es ihm nur um die Beseitigung von Ungerechtigkeiten. Auch wenn gegen seine Mitstreiter grausam gehandelt worden sei, indem man sie ohne vorherige Beichte gehängt oder zu Tode geschleift habe, könne er Vergebung üben, so man die Waffen strecke und die Stadt übergebe. Um sicherzustellen, dass alle hinreichend informiert worden seien und niemand Unwissenheit vortäuschen könne, solle das Edikt in Cuzco ausgehängt werden.[191]

Am 3. Januar schickt Túpac Amaru drei Emissäre mit den Briefen nach Cuzco. Der Franziskaner Domingo Castro, Kaplan Ildefonso Bejarano und der seit Anfang November in Tungasuca gefangen gehaltene Bernardo de la Madrid übergeben die Botschaften gegen 18 Uhr, werden verhört – die zwei Kleriker durch den Bischof persönlich – und gefragt, ob sie in das Rebellenlager zurückkehren wollen, was sie verneinen. Sie seien dort schlecht behandelt worden. De la Madrid bittet, ihn zum Offizier zu ernennen und ihm Leute zuzuteilen, um an der Verteidigung der Stadt mitzuwirken, was ihm vorsichtshalber noch nicht gewährt wird. Weder Bischof Moscoso noch der Cabildo gedenken, die Schreiben zu beantworten oder das Edikt publik zu machen. Auch eine Frist von zwölf Stunden zur Reaktion auf die Schreiben lassen sie verstreichen.

Ein schlüssiges politisches Programm ist den Briefen nicht zu entnehmen, was sicher der Rücksichtnahme auf den Adressatenkreis geschuldet ist, der sich überwiegend aus Criollos und Mestizen zusammensetzt. Ihnen gilt Túpac Amarus Rhetorik, wenn er von „meinen geliebten Criollos“ oder „meinen geliebten Landsleuten“ spricht, die er nicht durch radikale Zukunftsvisionen erschrecken will. So wie zweihundert Jahre früher Huamán Poma de Ayala den Zusammenbruch einer Kultur erlebt und in seiner Chronik dokumentiert hat, könnten nun umgekehrt die Nutznießer des kolonialen Systems befürchten, fortan in einer für sie verkehrten Welt leben zu müssen, wie es einer der ihren in Versform den Wänden von Arequipa und Cuzco anvertraut. In einer „Mahnung an die Söhne Perus von einem seiner Landsleute“ überlegt der Verseschmied, was ein Sieg Túpac Amarus für seinesgleichen bedeuten würde:

Er würde uns arbeiten lassen,
ganz so, wie sie für uns schuften,
so wie man sie jetzt herabsetzt,

191 CDBRETA I, S. 330-331.

werden sie uns erniedrigen.
Und niemand könnte mehr hoffen
auf Haus, Hazienda und Reichtum.
Niemand gelänge zu Ehren,
wir wären alle Plebejer.
Dann wären wir ihre Indios,
und sie die mächtigen Herren.[192]

Trotz der Spannungen zwischen den Spaniern und den in Amerika geborenen Criollos und Mestizen eint beide die Furcht um den Verlust von Macht und Privilegien, so dass die Hoffnung Túpac Amarus auf eine Beteiligung am Aufstand illusorisch und seine zögerliche Haltung ein schwerer taktischer Fehler ist, der ihm schon lange von Micaela und seinem engeren Stab vorgeworfen wird. Dabei verfügt der beratungsresistente Inka mittlerweile über zehntausende Anhänger, die zum Sturm auf Cuzco bereitstehen und die er nicht durch schriftliche Äußerungen beeindrucken oder motivieren muss. Allein seine Erscheinung und seine Brandreden auf Quechua lassen ihn als Wiederverkörperung des Inka erscheinen. Auch mehr als zweihundert Jahre unter spanischer Herrschaft haben die kollektive Erinnerung an vermeintlich bessere Zeiten unter den Söhnen des Sonnengottes Inti nicht verblassen lassen.

Es rächt sich nun, dass die Indiobevölkerung von den Kolonialherren nur als billige oder gar kostenlose Arbeitskräfte betrachtet und keine Strukturen geschaffen wurden, aus denen ernstgemeinte und attraktive Akkulturationsangebote hervorgegangen wären. Als Vertreter der Institution, die dafür über das ideologische Instrumentarium verfügt, liefert Bischof Moscoso in einem Brief an den Generalinspekteur Areche hierzu die beste zeitgenössische Analyse:

„Seit langer Zeit schon besteht mein Schmerz darin zu sehen, wie die Indios unseres Amerikas von den Maximen ihres Heidentums so durchdrungen sind, so an ihren Riten und den Gebräuchen ihrer Vorfahren hängen und sich so ihren abergläubischen Dogmen und Traditionen verschrieben haben. Und mein Verdruss steigert sich noch, wenn ich erkenne, dass sie sich nach mehr als zweihundert Jahren Konquista nicht den Plänen unserer politischen Führung, der Strenge unserer Gesetze und der Sicherheit unserer Religion unterworfen haben …

192 Boleslao Lewin: Tupac Amarú en la independencia de América. Buenos Aires 1979, S. 68.

Diese Einheimischen sehen, dass unsere Sorge nichts anderem gilt, als ihre Arbeitskraft auszunutzen und von ihren Erzeugnissen zu profitieren, und man hat in der Regel versäumt, aus ihren Herzen und ihrem praktischen Handeln die Hinwendung an ihre Altertümer auszumerzen …

Die Indios sind so geartet, dass sie mehr beeindruckt werden von dem, was sie sehen, als von dem, was man ihnen sagt. Sie haben die Bilder ihrer Vorfahren vor Augen, die Wappen, mit denen die Könige ihre Großväter adelten, und folglich verehren sie diejenigen, die sie für die Verfechter ihrer Ehre halten, und sie neigen denen zu, die ihnen dieses Glück verschaffen, und so haben sie eine derart lebendige Erinnerung an deren Grundlagen, dass sie wünschen, jene goldenen Jahrhunderte mögen wiederkommen, um in ihnen leben zu können.“[193]

Am 4. Januar trifft in Cuzco die Nachricht von der Abschaffung der Repartimientos ein, eine Maßnahme, die Moscoso für höchst lobenswert hält. Noch am selben Tag informiert der Bischof den Vizekönig über die Briefe und das Edikt Túpac Amarus, die er seinem Schreiben im Original beilegt und mit den Attributen „kühn und unverschämt“[194] versieht. Die Zahl der sich der Stadt nähernden Rebellen beziffert er vorsichtig auf 20.000, auch wenn manche von der doppelten Anzahl ausgehen, wobei beide aus der speziellen Situation heraus geborene Schätzungen maßlos übertrieben sein dürften. Positiv vermerkt der Bischof den Verteidigungswillen der Cuzqueños, die Präsenz der von mehreren Corregidores in die Stadt gebrachten Milizen sowie die von den Strapazen des langen Marsches erholten zweihundert Mulatten unter Oberst Avilés.

Als keine Antwort auf sein Ultimatum erfolgt, führt der Inka am 6. Januar, dem Dreikönigstag, seine Truppen auf die Anhöhen von Puquín und Piccho im Westen der Stadt, die von den Truppen des Curaca von Anta, Nicolás Rozas, nicht verteidigt werden können. Von unten sind die mitgeführten Wagen und das zur Verpflegung bereitgestellte Vieh zu erkennen. Aus vier Kanonen, darunter eine größeren Kalibers, wird geschossen, wohl um möglichen Verbündeten unten in der Stadt einen letzten Anstoß zum Eingreifen zu geben, wie einige Überläufer berichten, welche die Nähe der Stadt nutzen, um sich abzusetzen.

---

193 zitiert in: Jügen Golte: Repartos y rebeliones. Túpac Amaru y las contradicciones de la economía colonial. Lima 1980, S. 185.

194 NCDIP III, S. 69.

Bei verschiedenen Scharmützeln gibt es auf beiden Seiten einige Tote. Ein am 10. Januar abgefasster Bericht hebt den Mut der Frauen von Cuzco hervor, die den in vorderster Linie postierten Milizionären erfrischende Getränke und geeignete Steine für ihre Schleudern bringen. Die Bewohnerinnen der am Stadtrand gelegenen Gassen harren in ihren Häusern aus. „Furcht sah man nur bei den Vornehmen, die Zuflucht in den Kirchen, Klöstern und Konventen suchten“.[195]

Ein Versuch, den Hang von Puquín zu stürmen, endet fatal, als ein ortsunkundiger Offizier der aus Lima stammenden Mulattenmiliz fünfundzwanzig seiner Leute den Berg hinauftreibt und fünfzehn von den vorteilhafter positionierten Rebellen erschlagen werden. Dabei gehen zwanzig Gewehre samt Bajonetten sowie achtzehn Säbel verloren. Den Flüchtenden werden Schmähungen auf Quechua nachgerufen, die natürlich völlig unverstanden bleiben.

Ein Vordringen der Rebellen in die Stadt wird durch das Eintreffen einer Kompanie unter Simón Gutiérrez verhindert. Da aber zwischen der von den Rebellen besetzten Höhe und der Stadt ein tiefer Graben liegt, kann und will keine der Parteien den Vorteil der Höhe aufgeben, so dass mit Kanonen auf die jeweils andere Seite geschossen wird, ohne größeren Schaden anzurichten. Außerdem erschwert einsetzender heftiger Regen jede Bewegung auf dem schwierigen Terrain. Am 8. Januar wächst sich diese Wetterlage zu einem regelrechten Unwetter aus. Die Sichtweite wird immer geringer. Die Feuerwaffen versagen ihren Dienst. Noch vor kurzem hat Juan Antonio Figueroa, der Artillerist Túpac Amarus, seine Kanonen auf die Stadt, besser gesagt, über die Stadt schießen lassen, so dass sie keinen Schaden anrichten konnten. Auch viele Gewehre will er unbrauchbar gemacht haben, bevor er sich nun selbst in die Stadt absetzt. Da die Verteidiger von Cuzco für ihre Kanonen kaum mehr Munition besitzen, schießen sie mit Schrapnellgeschossen, die mit Nägeln gefüllt sind und für Verluste unter den Belagerern sorgen. Wieviel Opfer die andere Seite verzeichnet, ist kaum einzuschätzen, da Tote sofort aus der Kampfzone entfernt werden. Einzelnen Rebellen gelingt es, in die Stadt einzudringen, einige kehren zurück und berichten, andere werden gestellt und getötet, manche bleiben und mischen sich unter die Einwohner.

Ebenfalls am 8. Januar treffen unvermutet der Corregidor von Paruro und der Curaca von Huanoquite mit 8.000 Milizionären von Süden her in Cuzco ein. Auf dem Weg dorthin haben sie die Nachhut Túpac Amarus angegriffen und auseinandergetrieben. Im Osten der Stadt gelingt es Diego Cristóbal

195 CDIP II, 2, S. 429.

Túpac Amaru nicht, den Río Urubamba zu überqueren und nach Cuzco vorzudringen, da Oberst Gabriel de Avilés sich ihm mit einem Teil seiner Leute entgegenstellt. Pumacahua, der Curaca von Chinchero, hält die Festung von Sacsayhuamán besetzt, so dass Cuzco von Norden und Osten her geschützt und der Plan der Rebellen, die Stadt zu umzingeln, gescheitert ist. Ein weiterer Feind des Inka, Diego Choquehuanca, ist mit tausenden Indios im Anmarsch.

Am Morgen des 9. Januar schickt der Inka den in Sangarará gefangen genommenen Francisco Bernales mit einer weiteren Botschaft an den Cabildo in die Stadt. Er behauptet, große Geländegewinne gemacht zu haben und droht: „Die daraus sich ergebenden unheilvollen Konsequenzen zwingen mich, Ihnen vor Augen zu halten, dass meine Indios mich drängen, ihnen den Zugang zur Stadt und deren Plünderung zu erlauben. Wenn dies geschehen sollte, werden von ihr nur noch Ruinen und Asche übrigbleiben.“[196] Beruhigend fügt er hinzu, dass er wohl wisse, wie besorgt die Einwohnerschaft von Cuzco über den Einnahmeausfall durch die Abschaffung des Repartimiento sei, aber er könne versichern, dass durch die mit ihm kämpfenden Criollos und Mestizen ein Ausgleich erfolgen würde. Als auf diesen etwas naiven Bluff keine Antwort erfolgt, beginnt bei ungünstigster Wetterlage ein stundenlanger Kampf, teils Mann gegen Mann. Mit Geschrei und beim ohrenbetäubenden Lärm von Blasinstrumenten versuchen die Indios vergeblich, die Verteidiger zu überrennen. Auch Túpac Amaru soll sich auf seinem Schimmel ins Getümmel gewagt haben. Ob auf der anderen Seite auch Bischof Moscoso sich in die Kampfzone begeben hat, wie in einer Quelle behauptet wird[197], ist fraglich. Eher glaubhaft ist, wie der Chronist Melchor de Paz berichtet, dass er die Unterkünfte der Soldaten gesegnet hat und, „Vivat Rex in eternum“ rufend, durch die Stadt gezogen ist, worauf die Damen von Türen, Fenstern und Balkonen Tücher geschwenkt und die Herren ihm mit ihren Hüten zugewunken haben.

Im Lager der Rebellen haben viele Indios seit mehreren Tagen auf den Höhen über Cuzco im strömenden Regen, nur durch ihre Ponchos notdürftig geschützt, ausgeharrt und sind nun total erschöpft. Als sie sehen, wie viele Nichtindios sich im Laufe der Kämpfe absetzen, desertieren auch sie. Zudem bleibt die erwartete Verstärkung durch Diego Cristóbal aus.

---

196 Ibid., S. 394.

197 Es handelt sich um die 1784 erschienene Schrift „Estado del Perú“ von Rafael José Sahuaraura Tito Atauchi, der Bischof Moscoso gegen Anschuldigungen, die Rebellion begünstigt zu haben, in Schutz nimmt.

Als am späten Morgen des 10. Januar der Regen nachlässt und der Himmel sich aufhellt, ist von den Belagerern nichts mehr zu sehen. Sie haben in der Nacht ihre Position geräumt und sich zunächst auf ihren Ausgangspunkt, die Höhe von Ocororo, zurückgezogen. Truppen aus der Stadt inspizieren das Lager, finden die große Kanone, einen Behälter mit Pulver, Maultiere, Pferde, Kühe, und ein Mestize erbeutet stolz das Reisebett Túpac Amarus mitsamt einem seidenen Baldachin aus dem Besitz des Corregidors Arriaga. Der vorsichtige Oberst Avilés fürchtet einen Hinterhalt und verzichtet darauf, die abziehenden Rebellen zu verfolgen.

Weshalb der unbesiegte Túpac Amaru seine Truppen so plötzlich zurückzieht, ist nicht schlüssig zu beantworten. Hat er verstanden, dass entgegen seiner Einschätzung die Unterstützer in der Stadt zu schwach waren, wollte er sich nicht auf eine lang anhaltende Belagerung einlassen oder scheute er weiteres Blutvergießen und die materiellen Zerstörungen einer Stadt, die er als künftiges Herrschaftszentrum vorgesehen hatte? Ein entscheidender Faktor könnte auch die zunehmende Desertion aus den eigenen Reihen gewesen sein oder auch die Nachricht, aus La Paz seien größere Truppenkontingente in Anmarsch. Zudem war dem Inka bewusst, dass die aus Lima entsandten Truppen bald auf dem Altiplano ankommen mussten. In seiner Antwort auf den bereits erwähnten abgefangenen Brief eines Domherrn aus La Paz überschätzt er die eigenen Kräfte, wenn er sich über seine Gegner mokiert. Selbst wenn sich die Truppen aus La Paz mit denen von Lima vereinigen würden, so schreibt er, „müssten sie mehr Waffen haben, als in diese Länder hineinpassen“[198], eine Äußerung, die auf einen gewissen Realitätsverlust schließen lässt.

Die Situation in Cuzco ist durch ein großes Aufatmen gekennzeichnet. Dankgottesdienste werden zelebriert, viele führen die vorläufige Rettung der Stadt auf die Bittgebete zurück, die bei jedem Kanonenschlag an die Virgen del Rosario (die Jungfrau vom Rosenkranz) gerichtet wurden. Ihr Fest am 7. Oktober soll die Christenheit an den Sieg über die Türken in der Schlacht von Lepanto (1572) erinnern.

Angesichts der zahlreichen zu versorgenden Milizionäre herrscht in der Stadt allerdings eine Knappheit an Lebensmitteln, und die Perspektiven sind nicht günstig, da die Ländereien im Urubambatal, aus welchen die Stadt versorgt wird, verwüstet sind und es unklar ist, ob mit der nächsten Ernte gerechnet werden kann. Doch auch Túpac Amarus Truppen, die sich zunächst nach Paruro und dann nach Tungasuca zurückziehen, kommen durch Ge-

198 MdP I, S. 330.

biete, die bereits für die Versorgung der Rebellen bluten mussten. Am 11. Januar erhält der Inka den Brief seines Vertrauten Francisco Torres, der in der Gegend von Paruro Getreide requirieren soll. Eine wütende Frau sei ihm entgegengetreten und habe gegen die Beschlagnahme ihres Maultiers und anderer Güter protestiert und dem „Beschlagnahmer aller Dinge" gesagt: „So wahr ich lebe, ich werde dir die Augen herausreißen. Der Inka macht dass, weil er nichts mehr vorzuweisen hat."[199] Um dem Defaitismus im Rebellengebiet nicht Vorschub zu leisten, hat Túpac Amaru Anweisung gegeben, nicht über den missglückten Angriff auf Cuzco zu berichten. An Torres ergeht der Auftrag, „im Interesse des Gemeinwohls" weitere Güter zu requirieren, was auch auf der Stelle geschieht und genauestens dokumentiert wird. In seiner Abrechnung vom 25. Januar 1781 listet Torres die eingezogenen Nutztiere und Güter auf. Unter anderem konnte er einen Evaristo Delgado aus dem Dorf Sanca um sechs Maultiere, ein Pferd sowie mehrere brauchbare Dinge erleichtern, die der Betroffene in der Kirche versteckt hatte: etwa 1300 Liter Getreide (25 Fanegas), drei feine Oberkleider, sieben Textilien aus grobem Stoff, Decken, Pfannen und Kleinkram.[200] Auch Micaela autorisiert das Vorgehen des Torres und droht jedem, der sich ähnlichen Aktionen widersetzt, harte Strafen an. Der Vorgang wirft ein Licht auf die logistischen Probleme der Versorgung größerer Truppenkontingente in einer eher kargen Gebirgsregion, Probleme, die genauso die Royalisten betreffen.

Auf seinem Rückzug nach Tungasuca versäumt es Túpac Amaru nicht, Gottesdienste feiern zu lassen. Unter einem Baldachin zieht er in die Kirchen ein; die Pfarrer wirken notgedrungen mit, rächen sich aber anschließend, indem sie die Route der Rebellen nach Cuzco weitermelden. In Tungasuca will der Inka seine Streitkräfte für den weiteren Kampf neu aufstellen. Mit der üblichen Verzögerung bei der Nachrichtenübermittlung wird er bald erfahren, dass Tomás Katari, der bis Buenos Aires gegangen war, um für seine Rechte als Curaca und bessere Lebensbedingen für seine Indios zu kämpfen, am 15. Januar ermordet wurde, eine Tat, die seine Henker mit dem Leben bezahlten. Die Rebellion hat inzwischen weite Teile des noch jungen Vizekönigreichs La Plata erfasst, weshalb sich der in Buenos Aires residierende Vizekönig Juan José de Vértiz ebenfalls am 15. Januar bemüßigt sieht, auf den „Indio José, der sich Túpac Amaru nennt", ein Kopfgeld auszusetzen. In seiner Verfügung dankt er verschiedenen Corregidores des Titicacabeckens und vor allem Diego Choquehuanca, dem Curaca von Azángaro, für treue

---

199 CDBRETA III, S. 612.

200 Ibid., S. 614.

Dienste und verspricht dem, der dem „Rebellen José" den Kopf abtrennt, 10.000 Pesos. Wer ihn lebend übergibt, kann sich 20.000 Pesos auszahlen lassen.[201] Noch glaubt man von Buenos Aires aus, die hier und da aufflammenden Widerstandsnester unter Kontrolle bringen zu können. Der Staatsanwalt der Audiencia von Charcas ist zuversichtlich:

> „Von Buenos Aires aus schickt der Vizekönig 200 reguläre Soldaten, die bald ankommen werden. Der Gouverneur von Potosí hat seine Milizen gut aufgestellt und ist auf alle Eventualitäten vorbereitet. Da die Indios keine systematischen und reflektierenden Leute sind und sich Túpac Amaru angeschlossen haben, weil sie gierig nach Plünderungen sind, ist anzunehmen, dass sie ihn bei der ersten Meldung über die aus Lima anrückenden Truppen verlassen werden."[202]

Hier allerdings irrt der Jurist. Die Aufstandswelle greift gerade jetzt immer mehr auf das zum Vizekönigreich La Plata gehörende Alto Perú (Hochperu) über. Nach der Ermordung Tomás Kataris sehen viele in Túpac Amaru den revolutionären Führer, der auch ihnen die Befreiung bringen wird. Es gibt Gerüchte, dass er bald in der Bergwerksstadt Oruro erscheinen wird.

In dem Dorf Challapata, 100 Kilometer südlich von Oruro, haben einige Indios die geforderte Tributleistung nicht erbracht. Der Corregidor Manuel de la Bodega tauscht die örtlichen Amtsinhaber aus und gedenkt, die säumigen Zahler zu bestrafen, denn es gilt zu verhindern, dass ihr „unverschämtes Verhalten" Nachahmer findet. Folglich begibt er sich mit einer achtzig Mann starken Eskorte am Morgen des 16. Januar in den Ort und kann die fünf renitentesten Steuerverweigerer ins Gefängnis stecken, um sie später zwecks Aburteilung dem zuständigen Gericht zu überstellen. Doch gegen 16 Uhr tauchen plötzlich auf einem Hügel vor dem Dorf bis zu tausend Indios auf, eine stille Front aus zunächst zwei Gruppen, die eine mit einer roten Fahne, die andere mit einer schwarzen, dann ertönen die Kornette und die wütende Menge stürmt den Ort. Auf dem Platz leistet der Corregidor mit dem Rest seiner Eskorte – einige sind bereits geflohen – erbitterten Widerstand, bis das Pulver nass wird und nicht mehr geschossen werden kann. Der Corregidor und seine Leute suchen Schutz in der Kirche. Mit Äxten und Brecheisen reißen die Indios die Kirchentür aus der Fassung. Mit dem Allerheiligsten in der Hand versucht der Pfarrer vergeblich die Angreifer zu beschwichtigen.

---

201 CDIP II, 2, S. 444-445.

202 Ibid., S. 139.

Der durch einen Steinwurf an der Schläfe schwer verwundete Corregidor wird auf den Platz gezerrt und geköpft. Das aufgespießte Haupt des Corregidors wird mit lauten Rufen um den Platz getragen. Ein weiterer Chapetón findet den Tod, anderen europäisch aussehenden Personen gelingt, als Indios verkleidet, die Flucht; den Mestizen, die sich versteckt hatten, krümmen die Rebellen kein Haar.

Zehn Tage später wird in Carangas der Corregidor Matías Ybáñez getötet und mit ihm 30 „Spanier". Ohne Zeitverzug, so behauptet eine Quelle, habe man die Köpfe, „gut eskortiert"[203], an Túpac Amaru geschickt. Wenig später sehen sich auch die Einwohner von Oruro bedroht. Vergeblich versucht der Corregidor Ramón de Urrutia die Verteidigung zu organisieren. Bis auf eine Handvoll Spanier und Criollos fühlt sich kaum jemand motiviert, den Kopf für die Besitzenden und Profiteure des Systems hinzuhalten. Am 10. Februar besetzen die Rebellen den Ort, brennen viele Häuser nieder und töten 26 nichtindianisch aussehende Menschen. Der Corregidor flieht nach Cochabamba und bittet seinen Kollegen um Unterstützung, die ihm aber verwehrt wird mit der Begründung, man habe selbst genug Probleme.

Während Túpac Amaru nach Tungasuca zurückgekehrt ist, hat sein Cousin Diego Cristóbal versucht, das Gebiet östlich des Rio Urubamba unter seine Kontrolle zu bringen. Er belagert den wichtigen Ort Paucartambo, muss aber wieder abziehen, da es zu heftigen Auseinandersetzungen zwischen den in der Gegend operierenden Rebellengruppen und den „Trompeten von Chincheros" kommt, der Truppe Pumacahuas, des Curaca von Chincero, der mit royalistischen Milizen kooperiert und angeblich hunderte Indios, die Rede ist gar von 1040, tötet. Der Milizhauptmann Isidro Gutiérrez setzt am 24. Januar mit seinem Bruder Simón und acht oder neun weiteren Royalisten den fliehenden Indios nach, die er für leichte Beute hält. Deren Kommandant Tomás Parvina hat den Verfolgern jedoch einen Hinterhalt gelegt. Mit Steinwürfen und Knüppeln töten die Indios die Brüder, und nicht nur das: „Am fürchterlichsten war bei dieser Katastrophe, dass sie Don Isidro das Herz herausrissen, es stückweise aufaßen, das Blut der Toten tranken und laut riefen, das der Spanier hätte einen guten Geschmack."[204]

Vielleicht ist die Geschichte wahr, vielleicht auch nicht. Sicher ist, dass die Kämpfe fortan immer brutaler werden und nichtindianisch aussehende Menschen, egal ob Spanier, Criollos oder Mestizen, geringe Überlebenschancen haben, wenn sie in die Hände der Rebellen fallen. Natürlich wird

---

203 Ibid., S. 473.

204 Ibid., S. 471.

die Gräuelgeschichte vom Tod der Brüder Gutiérrez von der royalistischen Seite weidlich ausgenutzt, um die Feinde als Barbaren zu brandmarken und die Motivation der eigenen Truppen zu stärken. Pumacahua trifft am nächsten Tag ein und will oberhalb von Pisac dreihundert Indios getötet haben. Den Tod der Gutiérrez führt er auf mangelnde Disziplin zurück. Er selbst erkunde vor einem Angriff stets das Terrain. Leider hätten die Gutiérrez nicht auf ihn gehört und seinen ursprünglichen Plan, die Rebellen von zwei Seiten aus anzugreifen, zunichte gemacht.

Als Diego Cristóbal erfährt, dass sein Cousin die Belagerung von Cuzco aufgehoben hat, führt er mitten in der kalten Jahreszeit seine Leute über die stark vergletscherte Sierra de Ocongate, deren höchste Gipfel bis zu 6.300 Meter hoch sind, und betritt wieder das Stammland der Condorcanquis, die Provinz Canas y Canchis, wo er in Tungasuca auf Túpac Amaru trifft.

Andere Rebellengruppen operieren zum Teil autonom in dem Gebiet zwischen Cuzco und dem Titicacasee. Am Urubamba besetzt Antonio Bastidas, der Bruder Micaelas, den Ort Urcos. In einem Brief an seine Schwester berichtet er, dass seine Leute viele Häuser zerstört und das Rathaus angezündet hätten, aber nun von mehreren Seiten bedrängt würden. Er bittet um eine Lieferung von Koka und Schnaps, um seine Kämpfer bei Laune zu halten: „Diese zwei Güter, die ausgegangen sind, halten unser Heer aufrecht, so wie auch das Geld für unsere Ausgaben, das mir Eure Gnaden unbedingt zuschicken muss, nicht dass wir an all dem noch Mangel leiden.“[205] Fernrohre wären ebenfalls von Nutzen. Antonio befürchtet auch, dass sich mit dem beginnenden Karneval die Disziplin seiner Leute verschlechtern könnte.

Mangelnde Disziplin und fehlende Koordination wirken sich negativ auf die ohne einen Oberbefehl agierenden Rebellen aus. Am 16. Februar stellt sich Joaquín de Orellana, der Corregidor von Puno, mit einer kleinen, aber gut ausgerüsteten, größtenteils berittenen Miliz einem Heer von 5.000 Indios entgegen. Am 16. des Monats schlägt er den Angriff der Rebellen zurück, da diese von den zwei untereinander verfeindeten Anführern Andrés Ingaricona und Nicolás Sanca kommandiert werden. Orellana meldet 370 tote Indios, darunter auch viele Frauen, die als Hilfskräfte mit der Beschaffung und dem Transport von Steinen für die Schleudern ihrer Männer beschäftigt waren.

Túpac Amaru erreicht die Beschwerde seines Vertrauten Ramón Ponce, dass einer der glücklosen Anführer, Nicolás Sanca, überhaupt nur ans Plündern denke und keine übergeordneten Ziele habe. Ponce beklagt außerdem, dass manche Gruppen die Autorität des Inka nicht anerkennen und Grausam-

205 Ibid., S. 502.

keiten begehen. Túpac Amaru schickt seinen Freund in die Konfliktzone mit dem Auftrag, Einigkeit und die Disziplin wiederherzustellen. Es stellt sich als immer schwieriger heraus, von Tinta aus das Kampfgeschehen an den verschiedenen Orten in die richtigen Bahnen zu leiten, Exzesse zu vermeiden und Streitigkeiten unter den Rebellengruppen zu schlichten. Wie gehabt, versucht der Inka durch Dekrete und Erlasse die Ordnung aufrechtzuerhalten. Auf das Chaos, das ihm aus der Provinz Chumbivilcas gemeldet wird, reagiert er mit beispielloser Naivität:

> „Da mir gemeldet wurde, dass in der Provinz Chumbivilcas viele Exzesse begangen wurden, wobei man sich gegenseitig getötet hat und Spaniern und Indios großer Schaden entstanden ist, befehle ich, dass ab sofort alle in Einigkeit leben und sich wechselseitig lieben und ein gottgefälliges Leben führen, und wer sich nicht so verhält, wird bestraft werden und den Tod am Galgen finden, zu welchem Effekt dieser Erlass in allen Dörfern der besagten Provinz publik gemacht werden wird."[206]

Andere Schreiben dieser Art drohen allen, die nicht im Rebellenlager mitkämpfen, mit dem Tod, fordern zur Verhaftung royalistischer Priester auf oder übergeben dem Neffen Andrés Mendigure (der künftig auch als Andrés Túpac Amaru firmieren wird) weitgehende Vollmachten, stellvertretend für den Inka zu handeln.

Am 24. Februar 1781 erreichen nach einem anstrengenden mehr als zweimonatigen Marsch die von Feldmarschall del Valle und Generalinspekteur Areche angeführten Truppen Cuzco. Mit von der Partie ist der Richter Benito de la Mata Linares, der die zu erwartenden Prozesse organisieren und die Urteile verkünden soll. Am nächsten Tag paradieren 15.000 Mann „mit großem Gepränge, feierlicher Atmosphäre und umjubelt durch die Stadt, die noch nie so einen illustren Umzug erlebt hat."[207] Eine Bischofsmesse wird zelebriert, gefolgt von einem großen Bankett im bischöflichen Palast. Areche zeichnet die Priester von Cotabambas für ihren Widerstand gegen die Rebellen aus. Die Curacas Nicolás Rosas von Anta und Mateo Pumacahua von Chinchero werden zu Hauptleuten des königlichen Heers ernannt, eine Auszeichnung, die 1783 vom spanischen König bestätigt wird. In einem Schreiben an den Monarchen rühmt Bischof Moscoso die Verdienste Pumacahuas

---

206 CDBRETA III, S. 110.

207 MdP I, S. 333.

und behauptet, selbst der „infame Túpac Amaru“ hätte zugegeben, „dass nur die Trompeten von Chinchero sie in Angst versetzen und zur Flucht treiben können.“[208] Pumacahua erhält eine lebenslange Zuwendung von 80 Pesos im Monat. Nach der Gefangennahme Túpac Amarus wird er ein Gemälde in Auftrag geben, dass einen Puma zeigt, wie er eine Schlange (*amaru*) besiegt, unter dem wohlwollenden Blick der Jungfrau von Monserrat, der Patronin Chincheros, im Hintergrund Pumacahua mit Gattin in spanischer Kleidung und unter dem Bild Cäsars berühmter Spruch „Veni, vidi, vici!“.

Nachdem der Generalinspekteur versucht hat, sich ein genaues Bild der Lage zu verschaffen, erlässt er am 7. März 1781 ein Edikt, das Überläufern Straferlass bietet:

> „In der Verpflichtung, Mitleid zu üben und Gnade walten zu lassen, habe ich beschlossen, Vergebung anzubieten und denen die verdiente Strafe zu erlassen, die die Waffen niederlegen und ihm [Túpac Amaru] den Rücken kehren. So mögen sie jederzeit in diese Stadt kommen, wo sie nicht den geringsten Zwang zu befürchten haben, was ich ihnen zusichere im Namen Unseres Katholischen Monarchen, der einzig in der Welt ist und den dieser Verräter zu beleidigen wagte …“[209]

---

208 CDIP II, 3, S. 327.

209 MdP I, S. 334.

Gefolgt werden diese warmen Worte von einer Liste der Ausnahmen, darunter die Familie Túpac Amarus und seine wichtigsten Unterführer und Vertrauten. Sie haben keinerlei Gnade zu erwarten. Für die zu erwarteten Prozesse und die Urteilsfindungen steht der Richter der Audiencia Benito Mata Linares bereit. Wie der Vizekönig von La Plata setzt auch Areche Belohnungen für das Ergreifen von Túpac Amaru, seiner Frau und deren Umfeld aus. Das Dokument wird zweisprachig abgefasst und an den erreichbaren Orten ausgehängt, eine sicher wirksame Maßnahme, da es auf eine Spaltung des Rebellenlagers abzielt und Areche das Medium benutzt, das wesentlich zum Erfolg Túpac Amarus unter den Indiomassen geführt hat: die Quechua-Sprache. Zwar ist der Anteil an Analphabeten hoch, aber die vor Ort verbliebenen Pfarrer werden ihren Gemeindemitgliedern die Botschaft vermittelt haben.

Der militärischen Auseinandersetzung geht noch der Krieg der Worte voraus. Am 5. März schreibt Túpac Amaru einen langen Brief an Areche. Der Generalinspekteur antwortet ebenso ausführlich am 12. März. Der Inka listet erneut die bekannten Topoi der „Schlechten Regierung" (*mal gobierno*) auf wie die Mita von Potosí und Huancavelica, andere Formen von Zwangsarbeit, die hohen Abgaben und vor allem die missbräuchliche Amtsführung der „teuflischen und perversen" Corregidores: „Es sind die Corregidores solche Alchemisten, dass sie, statt aus dem Gold Blut zu machen, das uns erhält, unser Blut zur Grundlage ihrer Eitelkeit machen."[210] Im Folgenden beschwört der Rebell die Gesetzgebung zum Schutz der Indios, die schlicht nicht beachtet worden sei, so dass die berechtigten Anliegen der Ureinwohner ignoriert wurden und ihre Stimmen nicht bis zum König durchdrangen. Um den Willen seiner Majestät durchzusetzen, sei er vor Cuzco erschienen, aber mit „großem Kriegsgerät" bekämpft worden. Er habe sich dann zurückgezogen, um nicht Titus und Vespasian, den Zerstörern Jerusalems, nachzueifern. Von einem Verrat am König und einem Abfall vom katholischen Glauben könne keine Rede sein. Damit andere am Leben bleiben, unterwerfe er sich gerne dem Gericht, vertraue aber auf die Barmherzigkeit Gottes, der ihm helfen und sein Bestreben belohnen werde.

Der Generalinspekteur instrumentalisiert in seiner Antwort die Religion, um Túpac Amaru der Gottlosigkeit zu zeihen. Er habe Kirchen zerstört, eine Anspielung auf Sangarará, ignoriere seinen Ausschluss von den Sakramenten und beleidige den von Gottes Gnaden zum Wohle aller wirkenden König, wenn er vorgebe, in dessen Auftrag zu handeln. Er, Areche, sei damit befasst, die Missstände zu beseitigen und habe bereits die von den Corregidores

---

210 CDIP II, 2, S. 525.

durchgeführten Repartimientos abgeschafft. Dass dies erst durch den Druck der Rebellion geschehen ist und die Hauptaufgabe des Generalinspektors in der Erhöhung des peruanischen Steuervolumens besteht, verschweigt er. Der aufsässige Kazike aus Tungasuca habe das Ausmaß seiner Verbrechen noch gar nicht erkannt. Areche erwähnt die versprochene Amnestie für die Anhänger Túpac Amarus, das ausgesetzte Kopfgeld und droht mit seinem mächtigen Heer. Mehrmals wird er emotional, etwa wenn er beteuert, wie traurig es ihn mache, „dass es eine Seele gibt, die ohne Weiteres auf die ewige Verdammnis zusteuert und missachtet, dass sie, wie die Ihre, durch das wertvolle Blut Jesu Christi erlöst worden ist."[211]

Nicht überliefert ist die Reaktion des tiefreligiösen Inka auf den Brief eines Kolonialbeamten, der seinen bereits im Gepäck mitgebrachten religiös verbrämten Rechtfertigungsdiskurs auch in sechzehn Jahren Dienst in den Kolonien nicht zu modifizieren gewillt ist. Trotz seines versöhnlichen Briefs, in dem der Inka zur friedlichen Beilegung des Konflikts aufruft, weiß er, dass ihm angesichts der die physische Vernichtung der Rebellen betreibenden Militärmacht nur bleibt, so gut und so lange wie möglich Widerstand zu leisten. In Tinta werden Gräben ausgehoben, die wenige verfügbare Artillerie installiert, und vor dem in Richtung Cuzco gelegenen Ort Combapata wird eine Mauer aus Adobeziegeln und Dornen errichtet, die den Angreifern das Durchkommen erschweren soll.

Das in sechs Kolonnen aufgeteilte royalistische Heer verlässt am 10. März 1781 nach etlichen Abschiedszeremonien und Messen die ehemalige Inkahauptstadt. Del Valle führt die mittlere Kolonne an, andere schwärmen nach Südosten bzw. Südwesten aus, um Túpac Amaru fächerförmig in die Zange zu nehmen, sich bei Tinta und Tungasuca zu vereinen und zu verhindern, dass der Rebell sich in die Wälder am Ostabhang der Anden flüchtet. Zu frisch noch ist die Erinnerung an die Kämpfe mit Juan Santos Atahualpa in den Jahren nach 1742.

Auch nach Arequipa ergeht die Aufforderung, an der Niederschlagung des Aufstand mitzuwirken. Der Cabildo tritt zusammen und organisiert eine Spendenaktion, die 12.000 Pesos erbringt. Spanier und Criollos geben bereitwillig, um ihre wirtschaftlichen Interessen zu schützen und bei einer eventuellen Postenvergabe durch die Kolonialbürokratie bedacht zu werden. Mestizen und Indios geben nur, weil sie durch zivile, kirchliche und militärische Stellen unter Androhung von Strafen gezwungen werden. Mit dem Geld werden drei Kolonnen ausgerüstet und in die umkämpften Zonen ge-

---

211 Ibid., S. 559.

schickt. Man weiß nur von der zweiten Kolonne, dass die Quote an Deserteuren so hoch ist, dass das Unternehmen abgebrochen und der Mantel des Schweigens darüber gelegt wird, um andere Verbände nicht zu demotivieren.

Die genaue Aufstellung des aus Cuzco abmarschierenden Heeres (1.000 Mann bleiben in Cuzco) ist überliefert; der Chronist Melchor de Paz kommt auf eine Truppenstärke von 15.100 Mann. So setzt sich die dritte Kolonne unter dem Kommando von Oberleutnant Manuel Villalta, die sich über die Altos de Ocororo und Quispicanchi nach Tungasuca bewegen soll, wie folgt zusammen:

Infanterie aus Lima	100
Infanterie aus Andahuaylas	300
Infanterie aus Abancay	200
Kompanie des Kaziken Rosas ...	200
Kompanie aus Lesa	100
Indios aus Anta, Guanocordo, Zuriti und Altos	2.000
Gesamt:	2.900[212]

Da die anderen Truppenteile ein ähnliches Bild aufweisen, ergibt sich, dass die Indios, die von ihren Curacas, den Corregidores oder den Gemeindepfarrern mobilisiert worden sind, die erdrückende Mehrheit, etwa vier Fünftel, darstellen, verständlich, dass auch hier Desertion ein großes Problem für die Umsetzung der strategischen Vorgaben sein wird. Weitere, nicht unbedingt bei der Planung berücksichtigte Faktoren sind die Umweltbedingungen und die Versorgung. Der große Vorteil der Royalisten ist ihre schiere Masse und die bessere Bewaffnung. Über den Verlauf der Kampagne sind zwei Tagebücher erhalten geblieben, das des Oberbefehlshabers José del Valle und das des Oberst Gabriel de Avilés.

Mit zunehmender Entfernung von Cuzco beginnen die Leiden der nicht an die extreme Höhenlage und das Klima gewohnten Mulatten, Schwarzen und anderen Milizionäre aus der milden Küstenregion. Del Valle:

> „Ich erlitt unzählige Strapazen aufgrund der exzessiven Schnee- und Hagelschauer und der ständigen Stürme in den hochgelegenen Bergen, durch die meine Marschroute führte. Hinzu kam das Problem der Knappheit an Nahrungsmitteln und Brennholz, da die Feinde meine Verbindung zu den getreuen Gebieten abgeschnitten hatten, aus denen

212 MdP I, S. 336.

ich mich mit den für den Unterhalt der Truppe nötigen Nahrungsmitteln hätte versorgen können."[213]

Die Gebiete, durch die sich die Kolonnen bewegen, sind bereits durch die Rebellen leergefegt worden. Die Bauern schaffen die ihnen verbliebenen Tiere in die höher gelegenen Zonen und verstecken ihre Vorräte. Landwirtschaftliche Produktion findet ohnehin nur in den engen Tälern statt, wo zwar mildere Temperaturen herrschen, die Bedrohung durch die sich auf den Höhen haltenden Rebellen aber permanent ist. Von oben werden Steinlawinen auf die Truppen ausgelöst, wegen der nächtlichen Angriffe schlafen die durchfrorenen Soldaten in ihren Kleidern. Hinzu kommt der Beschuss durch die leichten Kanonen.

Die Rebellen verfolgen weiter ihre Guerilla-Taktik und sind schwer zu greifen. Doch am 20. März treffen die beiden Heere bei Pucacasa aufeinander, als del Valle versucht, die Feinde von einer strategisch vorteilhaften Anhöhe zu vertreiben. Die besseren Schusswaffen und die Artillerie der Royalisten dezimieren viele Gegner, dennoch muss sich del Valles Truppe zurückziehen. Man schlägt ein Lager auf, als in der Nacht ein Überläufer gemeldet wird, der von einem bevorstehenden Angriff der Rebellen berichtet. Del Valle zwingt seine Soldaten, außerhalb des Lagers Posten zu beziehen. So verbringen sie bei eisigem Wind, bis zu den Knien im Schnee steckend, mehrere Stunden. Seit Tagen haben sie nichts anderes als trockene Kekse zu sich genommen. Der Angriff erfolgt bei Morgengrauen und kann mit großer Not abgewehrt werden, auch dank eintreffender Verstärkung. Dennoch sind viele Indios aus Anta desertiert. Der wütende del Valle will in ihrem Verband ein Exempel statuieren und jeden zehnten erschießen lassen, um die Disziplin wiederherzustellen, doch dazu kommt es nicht.

Von anderen Orten treffen Erfolgsmeldungen für die Royalisten ein. Die im Westen in der Provinz Chumbivilcas operierende Kolonne unter Francisco Laisequilla ist auf eine Rebelleneinheit unter Túpac Amarus getreuen Unterführern Felipe Bermúdez und Tomás Parvina gestoßen, die kaum noch Waffen besitzen. In die Enge gedrängt, sterben die beiden neben ihrer einzigen Kanone, und mit ihnen, wie der nicht anwesende del Valle großzügig schätzt, tausend ihrer Leute, meist totgestochen, um Munition zu sparen. Die Köpfe der beiden Anführer werden nach Cuzco geschickt.

Der Corregidor von Paruro kann mit seiner Miliz einen Sieg über tausende von Indios verbuchen und Francisco Torres sowie Francisco Túpac Amaru,

213 CDIP II, 2, S. 619.

den Onkel José Gabriels, gefangen nehmen. Dieser habe königliche Gewänder nach Art der Inkas getragen, darauf mit Seide und Goldfaden die Waffen Túpac Amarus gestickt.

Als del Valle den Ort Quiquijana erreicht, der als eine Hochburg der Rebellen gilt, wird er zunächst unter Beschuss genommen. Die Kugeln erreichen ihr Ziel nicht, da die Entfernung zu groß ist. Der Feldmarschall hält die Einnahme des Ortes für zu aufwendig, will unnützes Blutvergießen vermeiden und weiterziehen, da erreicht ihn eine Nachricht des Pfarrers, dass die Rebellen abgezogen sind, um sich der Truppe Túpac Amarus anzuschließen. In der Kirche trifft er auf Frauen und alte Leute, die ihn anflehen, ihr Leben zu verschonen und ihre Anwesen nicht in Brand zu stecken. Del Valle lässt Gnade walten, erhängt allerdings einen Cousin und einen Vertrauten Túpac Amarus. Bei Kontakten mit Indios macht Areche die frustrierende Erfahrung, dass er sie nicht versteht, und ist erbost über die vizekönigliche Verwaltung, die es versäumt hat, den Gebrauch der spanischen Sprache durchzusetzen.

Auf dem Weg nach Süden, Richtung Tinta, ist die zweite Kolonne unter Villalta zu der Truppe del Valles gestoßen. Bei dem Dorf Checacupe kommt es zu heftigen Kämpfen mit der Armee Túpac Amarus, die einen Hügel besetzt hält. Von gut bewaffneten Milizionären und den Indios Pumacahuas in die Zange genommen, fliehen die Rebellen, darunter auch Túpac Amaru auf seinem Schimmel. Da er die Furt durch den Río Vilcanota nicht findet, stürzt er sich in die Fluten und wäre um ein Haar ertrunken. Vorher hat er Micaela noch eine schriftliche Notiz hinterlassen, sie solle ihm mit den Söhnen folgen. Auch del Valle verliert zwei Stunden bei dem Versuch, den Vilcanota zu überqueren. Zwei seiner Leute ertrinken in dem Fluss, der zu dieser Zeit viel Wasser führt.

Bischof Moscoso kommentiert später zufrieden, auf dem weiteren Vormarsch hätten sich viele Indios unterworfen und um Vergebung gebeten. Man habe sie „gezwungen, das süße Gesetz des Vasallentums zu umarmen, von dem sich diese wirklichkeitsfremden Abtrünnigen entfernt hatten."[214]

Die Royalisten stoßen bald auf den Verteidigungswall von Combapata, hinter dem sich Rebellen verschanzt haben, die dem Beschuss durch Kanonen- und Gewehrfeuer nur eine Stunde standhalten können. Dann steht der Weg nach Tinta offen, wo weitere Gräben und Barrikaden kein Hindernis mehr darstellen. Einwohner der Stadt berichten, die gesamte Familie Túpac Amarus habe den Ort verlassen. Auf der Plaza hängt an einem Galgen ein

---

214 Ibid., S. 645.

Porträt des Inka, das ihn als Sieger von Sangarará zeigt. Del Valle lässt in den nächsten Tagen 67 gefangene Rebellen aufhängen und ihre Köpfe auf öffentlichen Plätzen ausstellen. Wahrscheinlich müssen an anderen Orten, die nicht unter der Kontrolle des rechenschaftspflichtigen Generalinspekteurs stehen, noch sehr viel mehr Menschen ihren Traum von einer gerechteren Ordnung der Dinge mit dem Leben bezahlen.

Del Valle schickt Suchtrupps in verschiedene Richtungen, um die Flüchtenden an der Überquerung der Berge nach Osten in Richtung Carabaya zu hindern. Es ist der 7. April 1781, als Túpac Amaru den an einer Lagune gelegenen Ort Langui erreicht und dort auf Ventura Landaeta trifft, den er für einen Gefolgsmann hält. Landaeta beschwört ihn, seine Flucht nicht fortzusetzen, sondern zunächst auszuruhen und mit frischen Kräften aus dem Ort Widerstand zu leisten. Während das Mittagessen zubereitet wird, entfernt sich Landaeta, um genügend Männer für die Gefangennahme des Inka zusammenzutrommeln, was ihm mit Hilfe des Pfarrers gelingt. Dennoch ist Túpac Amaru misstrauisch geworden und will Landaetas Haus verlassen, doch zu spät. Ein nicht namentlich unterzeichneter Bericht versichert, zwei Indiofrauen, von denen eine ihren Mann, die andere zwei Söhne in den Kämpfen verloren hatten, hätten sich an den Rebellen geklammert, um ihn an der Flucht zu hindern.[215] Einer der hauptsächlich aus Mulatten bestehenden Suchtrupps bringt den Inka zur Brücke von Urcos, vierzig Kilometer vor Cuzco, wo der herbeigeeilte Areche seinen Gefangenen übernimmt. Er gewährt ihm die Bitte, an seinen Neffen Diego Cristóbal und seinen Sohn Mariano zu schreiben, um sie zur Aufgabe zu bewegen.

Mittlerweile sind auch Micaela, ihr Bruder Antonio Bastidas, die Söhne Hipólito und Fernando sowie die Curaca Tomasa Tito Condemayta festgenommen worden, als sie in Richtung La Paz entkommen wollten. Micaela führte erhebliche Werte an Schmuck, Münzen und Edelmetallen mit sich, die, wie sie später erklärte, aus dem Besitz Arriagas stammten oder ihr von Indios gebracht worden waren. Landaeta, der nicht sicher sein kann, dass er die versprochene Belohnung bekommen wird, zweigt einiges für sich und seine Freunde ab, seine Frau bedient sich bei den Textilien. Sichergestellt werden zwei Koffer mit Dokumenten und umfangreicher Korrespondenz, die bei der späteren gerichtlichen Auswertung noch so manchen in Schwierigkeiten bringen werden. Areche verfügt, dass die Eheleute getrennt werden und sich erst auf dem Richtplatz in Cuzco wiedersehen werden. Den in Buenos Aires residierenden Vizekönig Vértiz informiert Areche über die seiner

215 Ibid., S. 656-657.

Meinung nach erfolgte Befriedung der zu Perú gehörenden Provinzen und teilt ihm die baldige Verlegung der Truppen auf das Gebiet des Vizekönigreichs La Plata mit, um auch dort die Aufständischen zu besiegen. Er verspricht, dies werde mit der nötigen Mäßigung, aber auch der erforderlichen Härte geschehen, ganz so wie Vizekönig Vértiz selbst handeln würde, befände er sich vor Ort.

Dass die militärischen Ziele im Stammland der Rebellion noch keineswegs erreicht sind, verschweigt der Generalinspekteur. Kurz nach der Gefangennahme Túpac Amarus hat ihm Feldmarschall del Valle mitgeteilt, dass in Checacupe, wo noch am Vortag blutige Kämpfe stattgefunden haben, 300 wütende Rebellen aus verschiedenen Dörfern der Umgebung in die Kirche eingedrungen sind und alle Spanier samt ihren Familien, die sich an den die Heilige Monstranz in Händen haltenden Pfarrer klammerten, getötet haben. Und Diego Túpac Amaru hält sich ebenfalls in der Gegend auf und versucht vergeblich, seinen Onkel zu befreien.

Als die Nachricht von der Gefangennahme Túpac Amarus und Micaela Bastidas' Cuzco erreicht, beginnen dort die Glocken zu läuten. Bischof Moscoso lässt eine feierliche Messe lesen und das Tedeum singen. Ein großes Aufatmen geht auch durch alle anderen unter dem kolonialen Joch Spaniens stehenden Gebiete des Subkontinents. Nach mehr als zwei Monaten erreicht die Nachricht vom scheinbaren Ende der Rebellion auch das ferne Buenos Aires. Der dortige Bischof Bruder Sebastián, offenbar ein eminenter Theologe, sieht das Ereignis in einer Linie mit der Rettung Noahs vor der Sintflut, den Kämpfen der Makkabäer und der Ermordung des Holofernes durch Judith, die alle erfolgreich zur Heiligen Dreifaltigkeit (!) gebetet hatten. Aus Dank darüber, dass die Schandtaten „unserer falschen Brüder“[216] ein Ende haben, lässt Bruder Sebastián drei Tage lang das Allerheiligste ausstellen und ruft für den 28. Juni 1781 zu einem feierlichen Tedeum in der Kathedrale ein. Die Harmonie der Welt scheint wiederhergestellt zu sein.

---

216 NCDIP IV, S. 196.

8.
Prozess und öffentliche Hinrichtungen

Am 14. April 1781, dem Karsamstag, läuten in Cuzco die Kirchenglocken, als die Gefangenen eintreffen. Durch zwei Reihen von Soldaten hindurch werden sie zur Plaza de Armas geleitet, vorbei an zwei Galgen, wo der Zug kurz anhält, wohl um ihnen ihr bevorstehendes Ende vor Augen zu führen. Der siebenjährige Justo Apu Sahuaraura, ein Nachkomme des Inka Huayna Capac und Sohn des in Sangarará getöteten Kaziken Pedro Ramos Sahuaraura, später im Unabhängigkeitskrieg aktiv als Unterstützer von Mateo Pumacahua, wird von einem Fenster aus Zeuge des traurigen Zugs und schreibt 1838 seine Erinnerungen auf.

Túpac Amaru sitzt nach Frauenart auf einer Art Stuhl, den man auf ein Pferd gebunden hat. An den Füßen trägt er Ketten, er ist barhäuptig, damit man sein Gesicht sehen kann. Bekleidet ist er unter anderem mit einem schwarzen Unku, einer bestickten Tunika; eine goldene Kette mit einer Christusfigur hängt an seiner Brust. Seine weißen Seidenstrümpfe stecken in schwarzen Samtschuhen. Hinter ihm folgt Micaela auf einem Maultier, ebenfalls auf einem Stuhl und ohne Kopfbedeckung. Die Nächste im Zug ist die Ñusta [Prinzessin] Tomasa Titu Condemayta, durch ihre Herkunft Kazikin von neun Dörfern, darunter Sangarará, wo die erste (Kriegs-)Handlung der unbedarften Spanier stattfand.[217]

Sahuaraura berichtet auch von einem angeblichen Dialog zwischen Areche und Túpac Amaru. Der Generalinspekteur soll die Frage gestellt haben: „Sagt mir, Túpac Amaru, wer sind die Komplizen bei dieser Rebellion?" Und der Inka hätte geantwortet: „Euer Gnaden und ich: Euer Gnaden durch das Erheben von Steuern, und ich beim Versuch, sie abzuschaffen."[218]

Ein auf den 18. März 1781 datiertes Papier, das in der Manteltasche Túpac Amarus bei seiner Festnahme gefunden wurde, führt bis heute als „Krönungsedikt" zu kontroversen Diskussionen. Wollte sich Túpac Amaru in Cuzco zum König krönen lassen und entgegen anderweitiger Beteuerungen ganz von der spanischen Krone lösen? Das Papier, im Verhörprotokoll Micaelas

---

217 Carlos Daniel Valcárcel: Un documento sobre la rebelión del cacique Túpac Amaru. Letras, vol. 12, número 33, 1946, S. 129.

218 Ibid., S. 130.

als „Entwurf“ (*borrador*) bezeichnet, wird zum ersten Mal in der Chronik des Melchor de Paz von 1786 veröffentlicht und findet sich ebenso in einer Sammlung historischer Dokumente von 1836/37, zusammengestellt von Pedro de Angelis. Eine Abschrift liegt in einem Archiv in Caracas, Venezuela, eine Übersetzung ins Englische datiert von 1788.

Darin stellt der Verfasser fest, dass die Spanischen Könige die Macht über Peru seit mehr als drei Jahrhunderten usurpiert, die Ureinwohner durch alle erdenklichen Steuern und Abgaben ausgepresst und wie Tiere behandelt haben. Zukünftig sind nur der Kirchenzehnte sowie die als „Quinto“ bezeichnete Steuer an den „König und natürlichen Herrn“ zu entrichten. Weitere Gesetze sollen folgen. Der Amtsschwur im Rahmen der Krönungszeremonie soll überall öffentlich kundgetan werden. Auffällig ist neben der im beschlagnahmten Dokument offenbar fehlenden Unterschrift der „Briefkopf“: „Don Josef I. durch Gottes Gnaden, Inkakönig von Peru, Santa Fe, Quito, Chile, Buenos Ayres und der Erdteile des Südmeers, Graf der Superlativa, Herr über die Césares und Amazonas samt dem Gebiet des Großen Paititis, Spender der Göttlichen Barmherzigkeit durch Erbrecht.“[219]

Anders als in sonstigen Edikten, wo sich der Verfasser meist als „Don Josef Gabriel Túpac Amaru, Inka von königlichem Blut, aus der Hauptlinie der Könige von Peru“ ausweist, etwa in dem zitierten „Erlass über die Befreiung der Sklaven“ vom 16.11.1780[220], wird hier die der indianischen Bevölkerung wenig vertraute Königszählung europäischer Dynastien imitiert, der prestigereiche Name Túpac Amaru aber unterdrückt. Die folgende Aufzählung reklamiert als Herrschaftsbereich ganz Südamerika vor der Abspaltung der Vizekönigreiche von Nueva Granada und La Plata. Nach dem seltsamen „Graf der Superlativa“ erwähnt der Text noch zwei mythische Territorien: Die Césares werden in einer verzauberten Stadt in Patagonien vermutet. Ihre Einwohnerschaft soll sich aus spanischen Schiffbrüchigen und Nachfahren der Inkas zusammensetzen. Wegen ihres Gold- und Silberreichtums wurde schon in der Kolonialzeit nach ihr gesucht. Paititi ist eine genauso wenig reale verlorene Inkastadt östlich der Anden. Ob Túpac Amaru beide Mythen geläufig waren, ist fraglich, weshalb der Historiker Rómulo Cúneo-Vidal das Dokument für eine Fälschung hält und als Autor einen Spanier oder Criollo aus dem Umfeld der Audiencia von Lima vermutet.[221] Mi-

219 CDIP II, 2, S. 578.

220 Ibid., S. 271.

221 Rómulo Cúneo-Vidal: Precursores y mártires de la Independencia del Perú. Lima 1978, S. 60-62.

caela behauptet in einem ihrer Verhöre, ein Indio aus Marcapata habe das Dokument Túpac Amaru zugesteckt und es stamme von einem Bürgermeister der Gegend, ihr Mann habe es aber nicht zur Kenntnis genommen.

Glaubt man dem, was der Schreiber José Sebastián Escarcena bei seinem Verhör am 18. Januar 1781 freigiebig ausplaudert, dann hätte Túpac Amaru wiederholt geäußert, er wolle seinen Palast im ehemaligen Jesuitenkolleg San Borja in Cuzco einrichten. In jedem Dorf solle ein Gouverneur eingesetzt werden, der den Tribut erheben und nach Cuzco abführen würde. Von Cuzco aus werde der Inka nach Arequipa gehen, dort genauso verfahren und schließlich seine Macht bis Lima ausdehnen. Rechtsanwälte oder Gefängnisse würde es nicht geben. Delinquenten sollten sofort gehängt werden, bei geringeren Vergehen genüge es, die Betreffenden „mit einem Fuß so viele Stunden an den Galgen zu hängen, wie sie es verdienten; und so würde es keiner Prozesse und Schreiber bedürfen."[222] Túpac Amarus Vorliebe für den Galgen als Richtplatz kann kaum in Abrede gestellt werden, ansonsten sind die Auslassungen Escarcenas, der seine Schreiberkollegen belastet, um den eigenen Kopf zu retten, mit Vorsicht zu genießen. Ähnliches gilt für Moscosos Behauptung, Túpac Amaru habe verkündet, dass die im Kampf Gefallenen nach drei Tagen wiederauferstehen würden, und als die Frau eines toten Rebellen geklagt habe, dass ihr Mann nach wie vor tot sei, habe Túpac Amaru präzisiert, seine Ankündigung beziehe sich auf den dritten Tag nach seiner Krönung in Cuzco.[223]

Sicher sind Túpac Amarus Vorstellungen für die Zeit nach einem Sieg über die Spanier während der Belagerung Cuzcos in dem Maße radikaler geworden, wie die erhoffte Unterstützung durch die Criollos ausblieb. Die versöhnlichen Töne in seinem Brief an Areche dürften mehr taktischen Überlegungen geschuldet sein, zumal er noch kurz vorher in einem Brief seinen Unterstützer García aufgefordert hatte, die von Sohn Hipólito (als „Inka" bezeichnet) besorgten Waffen heranzuschaffen, „um endlich mit diesen Rebellen Schluss zu machen"[224], das heißt, die Spanier, die seit mehr als dreihundert Jahren widerrechtlich das Territorium des alten Inkareichs besetzt halten, zu vertreiben. Eindeutig ging es Túpac Amaru, dem Inka, um mehr als nur die Abschaffung von Mita, Tribut und zwangsweiser Warenverteilung. Ein deutlich ausformuliertes Zukunftskonzept und der Entwurf einer neuen Gesellschaftsordnung aus seiner Feder ist leider nicht überliefert. Für

---

222 CDBRETA V, S. 140-141.

223 CDIP II, 3, S. 333.

224 CDIP II, 2, S. 393.

die nun beginnende juristische Aufarbeitung der Rebellion ist der 31jährige umtriebige Jurist Benito de la Mata Linares vorgesehen. Sein Vater war Mitglied des Rats von Kastilien (*Consejo de Castilla*), der zweitmächtigsten Instanz nach dem König selbst. Benito studierte in Alcalá und Salamanca Ziviles und Kanonisches Recht. 1776 wurde der Mittzwanziger als Richter an die Audiencia von Santiago de Chile berufen. Kaum anderthalb Jahre später erfolgte der Ruf an die bedeutendere Audiencia von Lima, wo er 1779 eintraf und sich als Richter über das Wasserwesen an die Beseitigung der Mängel in diesem wichtigen Bereich machte. Da es an der Küste praktisch nicht regnet, ist für die landwirtschaftliche Produktion die Verteilung des Wassers des Flusses Rimac fundamental. Tagsüber fließt das Wasser in die oberhalb der Stadt abzweigenden Kanäle, nachts bedienen sich die zur Stadt gehörenden landwirtschaftlichen Güter und Gartenbetriebe, so zumindest in der Theorie. Häufig jedoch kommt es vor, dass die von außerhalb zur Nachtzeit die Schleusen öffnen und Wasser stehlen. Mata Linares ist zunächst nur für diesen Bereich zuständig, die Aufsicht über Lima führt ein Mitglied des Cabildo, was Mata Linares ändern will. Er arbeitet ein umfangreiches Regelwerk aus, das die Wasserverteilung vereinheitlichen soll, wodurch Konflikte zwischen dem Vizekönig und den neuen Aufsehern aus Spanien (Areche und Mata Linares) vorprogrammiert sind.

Hinzu kommt, dass die Personalie des Spaniers Mata Linares ein weiterer Schritt hin zur paritätischen Besetzung der Audiencia ist, in der vorher die in Peru geborenen oder mit Criollofamilien vertändelten Richter eine Mehrheit hatten. Bald spitzt sich der Konflikt zwischen Areche und dem auf Seiten der Chollos stehenden Vizekönig Manuel Guirior zu, der schließlich abgesetzt wird. Dem Nachfolger Agustín de Jáuregui y Aldecoa übergibt Mata Linares sein aus 64 Punkten bestehendes Konzept zur Regelung der Wasserfrage samt einem Plan mit Bewässerungszeiten und Vorschlägen zur Missbrauchsvermeidung. Der Vizekönig dankt, führt die zwei Wassernutzungszonen zusammen, unterstellt aber alles dem Cabildo und schickt den jungen Starjuristen Mata Linares als Begleiter Areches und del Valles nach Cuzco, um dort die zu erwartenden Prozesse abzuwickeln und die Urteile vorzubereiten, vielleicht weil er ihn aufgrund seines jugendlichen Alters für robuster hält oder weil er ihn einfach nur loswerden will.

Auf den Untersuchungsrichter wartet eine gewaltige Aufgabe. Von den mehr als 200 Gefangenen – einige befinden sich schon vor der Ankunft Areches in Haft – werden 71 Männer und 7 Frauen in 64 Prozessen abgeurteilt, die andern entlässt man ohne Prozess. Verhandelt wird zwischen dem 17. April und dem 14. Juli. Mata Linares steht unter dem Druck des Generalinspekteurs, der die Rebellen so schnell wie möglich aburteilen will, da er sich von einer drakonischen Bestrafung eine abschreckende Wirkung auf die nach wie vor um den Titicacasee und im heutigen Bolivien kämpfenden Nachfolger Túpac Amarus erhofft. Der Richter arbeitet während der gesamten Zeit von früh bis zum Einbruch der Nacht und ist anschließend so krank, dass er sich sechs Monate lang erholen muss.[225]

Die Verhandlungen finden in dem ehemaligen Jesuitenkolleg San Borja statt, wo Túpac Amaru höchstwahrscheinlich die Schulbank gedrückt hat. Dort, in den Kellerräumen, sind auch die Gefangenen untergebracht, bis auf den Inka selbst, der gut bewacht durch Milizionäre aus Arequipa in einem anderen Gebäude an einer Ecke der Plaza de Armas einsitzt. Sowohl er wie auch sein Sohn Hipólito werden in strikter Einzelhaft gehalten, während andere Gefangene sich die Zellen teilen müssen. Auf eine humane Behandlung wird dabei kein Wert gelegt. Der Kazike Miguel de Zamalloa aus Sicuani beschwert sich, er habe zwei Monate in einem düsteren und stinkenden Loch zusammen mit anderen, auch gewöhnlichen Kriminellen verbringen müssen. Der achtzehnjährige Miguel Castellanos, der als Kurier Túpac Amarus Edikte und andere Dokumente nach Cuzco gebracht hat, wird so schwer krank, dass man um sein Leben fürchtet und einen Truppenarzt hinzuzieht. Der stellt „hohes Fieber, und Petechien, wie sie für fortgeschrittenen Skorbut typisch sind“[226], fest und erreicht die Verlegung in ein Krankenhaus. Für Túpac Amaru rechnet der zuständige Quartiermeister sechs Pesos an täglichen Verpflegungskosten ab, kein geringer Betrag, und schickt Areche für 33 Hafttage eine Rechnung von 198 Pesos, die auch prompt angewiesen werden, wobei natürlich nicht dokumentiert ist, ob dieses Geld tatsächlich zweckentsprechend ausgegeben wurde.

Areche und Mata Linares bestimmen sieben Staatsanwälte, welche die Anklage und das Strafmaß formulieren. Sie stammen aus Cuzco oder gehören den Audiencias von Lima und Charcas an. Der fünfzigjährige José de Zaldívar y Saavedra, Ankläger Túpac Amarus, besitzt mehrere Landgüter in der Nähe von Cuzco und verdient am Zuckerhandel. Die meisten Verfahren (22 mit 25 Beschuldigten) erhält José de Figueroa zugeteilt, der sich zunächst sträubt, nach einer angedrohten Geldstrafe von 200 Pesos aber doch tätig wird bei denkbar geringer Motivation. In der Regel benötigen die Anwälte für die Fertigstellung ihrer Klageschrift nur einen Tag, Figueroa ist der schnellste und knappste. Seine Anklage gegen Tomasa Tita Condemayta be-

---

225 Die beste Darstellung des Prozesses findet sich bei: Bohumir Roedl: Causa Tupa Amaro. El proceso a los tupamaros en Cuzco, abril-julio de 1781. In: Revista andina, n°. 34, 2002, S. 99-121.

226 CDBRETA IV, S. 178.

gnügt sich mit drei Sätzen. In wenigen Fällen fungiert eine Person als Verteidiger in einer und als Ankläger in einer anderen Sache. Die von den Anklägern geforderten Strafen werden von Areche nach eigenem Gutdünken abgeändert. Während José de Zaldívar für die Schreiber Escarcena und Banda einen besonders grausamen Vollzug der Todesstrafe verlangt, schickt Areche sie für zwei Jahre in die Verbannung. Zwar will Zaldívar seinen Hauptangeklagten Túpac Amaru trotz dessen Zugehörigkeit zur indianischen Nobilität am Galgen sehen, doch für Areche ist dieses Urteil zu harmlos. Der meistbeschäftigte Verteidiger ist Miguel Iturrizarra y Béjar. Neben Túpac Amaru betreut er 24 weitere Angeklagte in 17 Prozessen. Der Priester arbeitet nach seiner Lehrtätigkeit am Colegio San Bernardo als Anwalt für das Bistum Cuzco. Eigentlich wäre ihm als uneheliches Kind der geistliche Stand verwehrt geblieben, doch dank einer Dispens durfte er die kirchliche Laufbahn einschlagen. Vielen Angeklagten wird ein Pflichtverteidiger zugeteilt, fünf Minderjährige erhalten daneben einen weiteren Rechtsbeistand. Noch nicht volljährig sind Hipólito Túpac Amaru (20 Jahre), Antonio Valdés (18), Francisco Castellanos (18), Pascual Mansilla (20) und Ramón Delgado (15), der Sohn der Curaca Tomasa Tita Condemayta. Hipólito entscheidet sich für Iturrizarra, den Verteidiger seines Vaters.

Für die Protokolle der Verhöre hat Areche zehn Schreiber und Notare ausgesucht, darunter auch José Palacios, ein Cousin Micaelas, der sich von der Rebellion abgewandt hat, später aber ebenfalls einen Prozess bekommen wird. Grundlage der Verhandlungen sind Verhöre, Zeugenvernehmungen und zahlreiche Dokumente, viele aus Tinta, wo sie bei der überstürzten Flucht Túpac Amarus und Micaelas verblieben waren. Die meisten Zeugen sind sofort verfügbar, denn es handelt sich um die Sekretäre und Berater des Rebellenpaars, die ebenfalls einsitzen. Andere Zeugen leben in oder um Cuzco und können schnell einbestellt werden. Häufig geht Mata Linares anhand einer Fragenliste vor, die bis zu dreißig Punkte umfassen kann. Ein Verhör beginnt stets mit der Vereidigung der Zeugen und einem Kreuzzeichen. Immer wieder kommt es zu Gegenüberstellungen, wobei gefragt wird, ob die vorher im Einzelverhör gemachten Aussagen bestätigt werden, was fast immer der Fall ist.

Ethnisch ist die Zusammensetzung der Beklagten ein getreues Abbild der peruanischen Gesellschaft. Neben Spaniern, Criollos und Mestizen wird gegen Indios, Schwarze, Mulatten und deren Verbindungen (Castas) verhandelt. Nicht alle sind der spanischen Sprache mächtig, so dass Übersetzer hinzugezogen werden. Ob das Protokollierte dann von Mata Linares diktiert wurde oder eine Formulierung des Gerichtsschreibers ist, entzieht sich unserer Kenntnis. Eines ist sicher: Das spanische Bürokratiemonster funktioniert auch hier und gestattet uns in den 1980 und 1981 edierten Bänden mit Gerichtsunterlagen auf 2532 Seiten einen guten, wenn auch oft kritisch zu hinterfragenden Einblick in das Prozessgeschehen.

Die Kosten des Verfahrens und der Unterbringung im Gefängnis werden durch die Konfiszierung von Hab und Gut der Beschuldigten beglichen, so solches vorhanden ist. Im Fall der verwitweten Bäckerin und Schlachterin Antonia Páucar aus Cuzco, die beschuldigt wird, die Rebellen mit Lebensmittellieferungen unterstützt zu haben, kommt einiges zusammen. Akribisch wird das Inventar von acht Räumen in zwei Häusern aufgelistet, Säcke mit Mehl, Mais, Speck, auch leere Säcke, berufsspezifisches Werkzeug wie Beile, aber auch Möbel und eine ganze Reihe von Gemälden. Die Indiofrau wird mehrmals unter Zuhilfenahme eines Dolmetschers verhört. Sie beteuert ihre Unschuld und beantragt die Rückerstattung der eingelagerten Güter, was zunächst von Mata Linares abgelehnt wird. Schließlich erreicht sie doch ihre Freilassung auf Kaution und kann nach weiteren Eingaben auch die Rückgabe ihres Besitzes erlangen.

Am 19. April lädt Mata Linares den Häftling José Gabriel Túpac Amaru zum ersten Mal vor. Nach der Vereidigung und einem Kreuzzeichen, wie es das Gesetz vorschreibt, werden die Personalien festgestellt. Túpac Amaru gibt sein Alter mit 38 an, was nicht stimmen kann, denn dann hätte er Jahre nach dem Tod seiner Mutter das Licht der Welt erblickt. Die Frage, ob er neben der Verweigerung des Gehorsams gegenüber seinem Vorgesetzten (dem Corregidor) für weitere Straftaten verantwortlich sei, verneint er. Mata Linares will auf das Verbrechen der Majestätsbeleidigung (crimen laesae maiestatis) hinaus, dem schwersten in der damaligen Rechtsordnung. Túpac Amaru schildert, wie er und seine Indios im Laufe der Jahre durch verschiedene Corregidores misshandelt worden sind. Er habe dann vorgehabt, die Corregidores abzusetzen und nach Cuzco bringen zu lassen. Die Autorität des Königs habe er nicht angezweifelt. Den Einnahmeverlust durch den Wegfall der Repartimientos hätten die Indios und die von ihm befragten Mestizen gerne durch eine Verdoppelung des Tributs wettgemacht. Aus seiner Abstammung leite er die Verpflichtung ab, für die Wiederherstellung der Gerechtigkeit zu sorgen. Zu seiner Frau Micaela habe er gesagt: „Was nützt es mir, Túpac Amaru zu sein, wenn wir nicht etwas für unsere Landsleute tun?“[227] Auf weitere Fragen nach der Organisation der Rebellion antwortet er nur ausweichend.

---

227 CDBRETA III, S. 141.

Zwei Tage später beginnt das Verfahren gegen Micaela Bastidas mit der Vernehmung von Zeugen und der Bewertung von durch sie unterzeichneten Schriftstücken oder an sie adressierten Briefen. Die Zeugen hielten sich entweder als Gefangene in Tungasuca auf oder dienten Micaela als Schreiber. Fast wortgleich erklären mehrere, sie habe mehr befohlen und strikter durchgegriffen als ihr Mann. Der Behauptung, sie wäre für die Liquidierung aller Spanier eingetreten, widerspricht ein Dokument noch vom 22. März 1781, in dem sie die Kaziken von Quiquijana davor warnt, den dortigen Spaniern Schaden an Leib und Gut zuzufügen, andernfalls drohe der Galgen. Am 22. April wird Micaela zunächst zu ihrer Person befragt. Als Geburtsort gibt sie Pampamarca an, nicht Abancay, wahrscheinlich um ihre dortige Familie zu schützen. Sie sei älter als 25 (tatsächlich ist sie 36) und verheiratet mit José Gabriel Túpac Amaru. In Haft sei sie, weil ihr Ehemann den Corregidor getötet habe. Gefragt, ob nicht noch ein weiterer Haftgrund vorliegt, antwortet sie schlicht mit „Nein". Das Todesurteil gegen den Corregidor und die Maßnahmen gegen andere Corregidores seien durch ein königliches Edikt gerechtfertigt gewesen, weshalb es falsch sei, ihrem Mann Rebellion gegen den König zu unterstellen. Namentlich nennt sie den Zambo Antonio Oblitas, den Henker Arriagas, sowie die Priester Antonio López de Sosa und Ildefonso Bejarano, die dem Corregidor halfen, „gut zu sterben".[228] Die Namen nennt sie, weil die Beteiligung der Betreffenden ohnehin bekannt ist. Auf alle weiteren Fragen nach Protagonisten der Rebellion und möglichen Unterstützern in Cuzco antwortet sie pauschal, sie kenne die Leute nicht oder habe keine Kenntnis. Als man ihr ein Porträt Túpac Amarus mit den königlichen Insignien zeigt, benennt sie als Maler den Zambo Oblitas. Das Bild solle in den Provinzen gezeigt und später nach Spanien geschickt werden, wo ihr Mann seine Beförderung zum „Capitán General" erhalten würde. Mata Linares hätte gern gewusst, ob Túpac Amaru in brieflichem Austausch mit Bischof Moscoso gestanden hatte, doch auch hier wie bei vielen anderen Fragen ist Micaela nichts zu entlocken. Und zum Clan Túpac Amaru selbst: „Gefragt, ob alle seine und ihre Verwandten sich einig waren, das Unternehmen mit Schwur oder anderweitig zu unterstützen, sagt sie, alle waren sich einig, aber ob unter Schwur, wisse sie nicht."[229]

Geschickt vermeidet es Micaela, andere zu belasten. Auch Gegenüberstellungen mit Zeugen erbringen keine weiteren Erkenntnisse. Selbst durch die Behauptung des Untersuchungsrichters, ihr Mann habe bestimmte Punkte

---

228 CDBRETA IV, S. 41.

229 Ibid., S. 45.

gestanden, lässt sie sich nicht täuschen. Am Ende müsste ihre Unterschrift stehen. Für die Analphabetin validiert der Gerichtsschreiber José de Brito die Verhörprotokolle. Der Verteidiger Gregorio Murillo, ein Rechtsanwalt der Audiencia von Lima, plädiert am 7. Mai für die Nichtanwendung der Todesstrafe. Zwar habe die Hinrichtung Arriagas weiteres Blutvergießen und Zerstörungen nach sich gezogen, Micaela sei aber völlig unter der Kontrolle ihres Mannes gestanden und hätte befürchten müssen, misshandelt zu werden, wenn sie sich gegen seine Pläne gerichtet oder während seiner Abwesenheit versucht hätte, sich abzusetzen. Für eine angemessene Strafe hält der Verteidiger die lebenslange Verbannung auf eine spanische Besitzung in Afrika.

Gregorio Murillo, der eben noch Micaela als Verteidiger zur Seite stand, fungiert wenig später als Ankläger ihres Sohnes Hipólito. Mehrere Zeugen sagen aus, Hipólito habe seinen Vater auf dessen Kriegszügen begleitet, habe Indios rekrutiert, in Paucartambo sogar die Kanone bedient, mehrere Royalisten getötet und absolute Befehlsgewalt ausgeübt. Befragt nach seiner Verantwortung bei der Hinrichtung Arriagas und seinen Kenntnissen über die Interna der Rebellion, schützt Hipólito Nichtwissen vor. Nur als Mata Linares wissen will, ob er seinem Vater Erfolg bei seinem Unternehmen gewünscht habe, antwortet er, sicher habe er das gewünscht. Am 8. Mai formuliert der Staatsanwalt Murillo: „Der Hipólito ist strafwürdiger Niederträchtigkeiten schuldig als Wegelagerer, Mörder, Brandstifter von Gotteshäusern und Siedlungen, Kirchenschänder samt anderen perversen Eigenschaften, wofür er die völlige Verantwortung trägt und seine Befehlsgewalt einsetzte.“[230]

Der dem Angeklagten aufgrund seiner Minderjährigkeit zusätzlich beigegebene Rechtsbeistand José Agustín Chacón y Becerra führt als entlastendes Moment den natürlichen Gehorsam und Respekt des Sohnes gegenüber dem Vater an. Hipólito konnte sich kaum gegen einen Vater behaupten, den der Verteidiger charakterisiert als „grausamen, tyrannischen, despotischen Mann, gewohnt, die zu töten, die sich seinen Absichten widersetzten.“[231] Zwar wiege die Treue gegenüber dem König höher als die Sohn-Vater-Liebe, Hipólito hätte den Verrat gegenüber dem König anzeigen müssen, hier sei aber die Minderjährigkeit des Delinquenten zu berücksichtigen, die auch den Einsatz von Foltermethoden verbiete, was der Verteidiger mit den Schriften bedeutender Rechtsgelehrter aus Salamanca belegen könne. Sechs Tage später, am 15. Mai, fällt Areche das Todesurteil, das wohl trotz des scheinbar korrekten Verfahrens bereits feststand.

---

230 Ibid., S. 105.

231 Ibid., S 106.

Am 27. April ruft Túpac Amaru seinen Bewacher Francisco Guevara heran und steckt ihm durch einen Spalt ein mit seinem Blut beschriebenes Stück Stoff zu, das er dem Leutnant José Casildo geben soll. Der möge ihm eine Feile verschaffen, um die Eisenringe an seinen Handgelenken zu lösen. Wenn er ihm helfe, aus dem Gefängnis zu entkommen, erwarte ihn reicher Lohn in Form von neunzehn Beuteln mit Silber und mehreren Kilo Gold, das er in der Nähe von Tinta versteckt habe. Einmal in der Stadt würde er sie binnen zwei Stunden mit Hilfe der Einwohner kontrollieren. Seine ersten Gefangenen wären Areche, der Kommandeur der Wachtruppe und die anderen „Herren Gauner" (*señores ladrones*).[232]

Der aus Verzweiflung geborene Ausbruchsplan scheitert kläglich. Die Wachsoldaten informieren ihre Vorgesetzten, Mata Linares steigt in den Kerker hinab und will wissen, wer der Adressat des blutigen Lappens sei. Túpac Amaru gibt an, den Namen des Mannes nicht zu kennen, er wisse aber, wie er aussehe. Nach den versteckten Gold- und Silberschätzen befragt, gibt er zu, dass er damit nur die Wächter ködern wollte. Mata Linares ist frustriert, weil er weder durch die Verhöre Túpac Amarus noch seiner Familienangehörigen Informationen über mögliche Mitverschwörer in Cuzco, Lima oder im Ausland (England!) erhalten hat. Er greift zum letzten Mittel: „In Anbetracht der Tatsache, dass er ein starker und robuster Bursche ist, muss ich ihn verurteilen und verurteile ihn zur Folter."[233]

Der Schriftsatz vom 28. April 1781 präzisiert die genaue Ausführung der Folter, und zwar handelt es sich um die Spielart der *garrucha*, die vor allem von der Inquisition angewandt wurde: An der Decke wird ein Flaschenzug mit einem langen Seil montiert. Der Gefangene wird mit auf den Rücken gebundenen Händen hochgezogen und bleibt dort eine halbe Stunde lang hängen, während der ihm die Fragen gestellt werden, die er bisher nicht zur Zufriedenheit der Richter beantwortet hat. Mata Linares verfügt außerdem, dass an den Füßen hundert Pfund Eisen oder Blei befestigt werden. Selbst wenn darauf verzichtet wird, das Opfer plötzlich bis kurz über den Boden fallen zu lassen, ist es wahrscheinlich, dass die Arme aus den Gelenken gerissen werden, ganz abgesehen von weiteren Knochenbrüchen. Sollte der Gefangene Schaden nehmen oder gar sterben, liegt die Schuld ausschließlich bei ihm selbst, so befindet es mit Unterschrift und Siegel das Dokument des Richters Benito de la Mata Linares.

---

232 CDBRETA III, S. 185.

233 Ibid., S. 196.

Am nächsten Tag, dem 29. April, ist alles vorbereitet. Um vier Uhr morgens eröffnet Mata Linares die Foltersitzung mit der Verlesung des am Tag zuvor redigierten Dokuments. Dann wird Túpac Amaru mit aller „Milde und Sanftheit" nochmals gefragt, mit wem er in Lima über seine Pläne gesprochen hatte, mit welchen Personen er in Cuzco korrespondierte, was der Inhalt der Briefe war, wer ihn beriet oder mit Geld und Waffen unterstützte. Unter den Akten befände sich schließlich das Schreiben an Mariano Barrera, er solle schnellstens nach Cuzco kommen, denn bereits vier Provinzen würden von den Rebellen kontrolliert. Da der Häftling angibt, er habe dem schon Gesagten nichts hinzuzufügen, wird er wiederholt „liebevoll ermahnt", die gewünschten Auskünfte zu geben, dann ist die Geduld des Richters erschöpft und er gibt das Zeichen, die Folter zu vollziehen. Nun erreicht die spanische Bürokratie den Gipfel der Perversion, wenn der Schreiber Manuel Espinavete López sich bemüht, sogar die Schmerzensschreie des Gemarterten zu protokollieren und sechsunddreißig Mal ein „Ach" (*Ay*) zu Papier bringt: „Ay, ay, ay, Gnade, Señor, ay, ay, ich bin verloren, Euer Gnaden, Euer Gnaden, nicht mehr, nein, ay … Schauen Sie, Euer Gnaden, bei der Muttergottes, nehmen Sie mir nur das Leben, ich kann nicht mehr …"[234]

Und so fort, bis die auf dem Tisch stehende Sanduhr das Ende der halben Stunde anzeigt und Mata Linares das Protokoll unterzeichnet. Verwertbare Aussagen: Fehlanzeige. Auf eine Unterschrift des Folteropfers wird verzichtet. Wahrscheinlich wäre es ihm physisch nicht mehr möglich gewesen. Bei einer Vernehmung wenige Tage später wird ausdrücklich vermerkt, dass Túpac Amaru nicht mehr schreiben kann. Einen späteren Brief, in dem er um 25 Pesos bittet, damit Messen für ihn gelesen werden, unterzeichnet er notdürftig mit der linken Hand, da sein rechter Arm gebrochen sei.

Noch weitere Vernehmungen und Gegenüberstellungen muss Túpac Amaru über sich ergehen lassen. Es geht dabei um seine Aussage, im Kampf Gefallene würden nach drei Tagen wieder ins Leben zurückkehren, um seine finanzielle Situation sowie um angebliche in Madrid und London erschienene Artikel, die ein Ex-Jesuit veranlasst haben soll, was Túpac Amaru kategorisch ausschließt.[235] Da es ihm zunehmend schlechter geht, fürchtet Areche, er könne noch vor seiner Hinrichtung sterben, und so kommt es zur Anklageerhebung. Am 5. Mai hält der Staatsanwalt José de Zaldívar y Saavedra sein Plädoyer und beschuldigt Túpac Amaru des Vatermords und des Verrats am

---

234 Ibid., S. 197.

235 Charles F. Walker konnte in der Londoner Presse jener Jahre keine Erwähnung Túpac Amarus finden. (Ch. F. W.: The Tupac Amaru Rebellion. Cambridge/London 2016, S. 318).

König, Vatermord wegen der Tötung des Corregidors Arriaga, der als Vater der von ihm verwalteten Provinz zu gelten hat. Zaldívar lässt die Stationen der Rebellion Revue passieren, alles Indizien für den Abfall vom gottgewollten Königtum. Er schätzt die Zahl der Toten auf zehntausend, gravierend sind hier besonders der Ausfall an Tributzahlungen und die hohen Aufwendungen für das Militär, das immer noch mit der Niederschlagung der von Diego Cristóbal Túpac Amaru fortgeführten Rebellion beschäftigt ist. Hinzu kommen der Fluchtversuch des Angeklagten und seine Verstocktheit bei der Folter. Der Ankläger stellt lediglich die Schuld fest, es wird an Areche liegen, das Todesurteil zu fällen und dessen genaue Ausführung vorzugeben. Vorher hat jedoch noch die Verteidigung das Wort. Da Túpac Amaru niemanden benennen kann, erhält er als Pflichtverteidiger den Priester Miguel Iturrizarra. Der stellt die Schwere der Verbrechen nicht in Abrede, zweifelt aber, dass die für Vatermord geltenden Gesetze anwendbar sind. Außerdem habe sich der Corregidor durch seine gewalttätige Amtsausübung Túpac Amaru zum Feind gemacht. Hier können mildernde Umstände geltend gemacht werden, zumal die „nicht tolerierbaren Schäden“[236] für die Provinzbewohner durch die Abschaffung des Repartimiento mittlerweile offiziell bestätigt worden seien. Und was das ominöse „Krönungsedikt“ angehe, das man in Túpac Amarus Tasche fand, sei es durchaus möglich, dass es ihm zugesteckt worden sei. Daraus sei nicht abzuleiten, dass er sich den Titel eines Königs über Peru anmaßte.

Nachdem über einen Monat lang die Voruntersuchungen durchgeführt und die Prozesse nach den geltenden Normen für Gerichtsprozesse abgeschlossen worden sind, gilt es, die Urteile zu fällen, was nach Absprache mit Mata Linares letztendlich in der Verantwortung Areches liegt, dem es freisteht, unabhängig von den Prozessakten die seiner Meinung nach angemessene Strafe festzusetzen. Dem Generalinspekteur kommt es vor allem auf die Außenwirkung an. Die Strafen sollen abschreckende Wirkung haben, zur Befriedung der aufrührerischen Provinzen beitragen und die zivilisatorische Überlegenheit der Kolonialmacht über die „schlecht erzogene [indianische] Nation“ illustrieren, ein Gedanke, der in der langen Urteilsbegründung breiten Raum einnimmt:

> „Es gilt, der Öffentlichkeit und dem gesamten peruanischen Reich zwecks baldiger Befriedung der aufständischen Provinzen die Vollstreckung des Urteils und seinen [Túpac Amarus] Tod anzuzeigen, um so verschiedenen Vorstellungen entgegenzutreten, die sich in fast der ge-

236 CDBRETA III, S. 238.

samten indianischen Nation ausgebreitet haben, die so voller Aberglauben ist und der Meinung zuneigt, dass ihm aufgrund der Erhabenheit seines Charakters unmöglich die Todesstrafe auferlegt werden könne, weil man ihn für einen direkten Nachfahren der Inkas, als der er sich selbst bezeichnet, hält, der deswegen der natürliche und absolute Herr über diese Domänen und ihre Untertanen sei, und so halte ich mir auch vor Augen die Natur, den Charakter, die rohen Sitten und die [geringe] Bildung eben dieser Indios und der anderen Kategorien der Plebs, die sehr zur leichteren Durchführung der verkommenen Absichten des besagten Angeklagten José Gabriel Túpac Amaru beigetragen haben, der sie verblendet, unterwürfig, bereit und gehorsam gehalten hat …“[237]

Für das Verbrechen der laesae maiestatis gibt es seit den Partidas, dem Gesetzeswerk Alfons des Weisen (1221-1284), nur eine mögliche Strafe: den Tod. Wer gegen den König oder den Kronprinzen vorgeht und an ihrer göttlichen Bestallung zweifelt, verdient auch in anderen Ländern Europas nichts Besseres. Im Nachlass des Benito de la Mata Linares findet sich die Kopie eines Briefs, den ein Spanier 1757 an einen Freund in Sevilla schrieb. Der Verfasser wurde in Paris Zeuge der Hinrichtung von Robert François Damiens, der ein Attentat auf Louis XV. unternommen und den König leicht an einer Hand verletzt hatte. Damiens wurde in Paris vor Notre-Dame öffentlich hingerichtet. Seine Hand mit der daran festgebundenen Tatwaffe wurde verbrannt, sein Körper mit Zangen misshandelt, in die Wunden schüttete man flüssiges Blei. Dann band man seine Gliedmaßen an vier Pferde, die in unterschiedliche Richtungen getrieben wurden. Die geplante Vierteilung misslang, weshalb man die Sehnen durchschnitt. Die einzelnen Körperteile wurden anschließend an Ort und Stelle in ein Feuer geworfen und die Asche in alle Winde verstreut.

Für Areche steht fest, dass „einfaches“ Hängen für den Hauptangeklagten nicht in Frage kommt. Nicht nur für seinen Hauptangeklagten schwebt ihm eine besonders drastische und spektakuläre Hinrichtungsart vor. Möglicherweise brachte ihn Mata Linares auf die Idee, den Inka vierteilen zu lassen. Insgesamt verhängt Areche neun unterschiedlich auszuführende Todesstrafen gegen

– Diego Verdejo, Sekretär und Rebellen-Kommandant,
– Andrés Castelo, Kommandant,
– Antonio Oblitas, Henker Arriagas, Maler, Koch,

---

237 CDIP II, 2, S. 766.

– Antonio Bastidas, Bruder Micaelas, der sich um die Maultiere und die Kanonen gekümmert hatte,
– Francisco Túpac Amaru, Onkel Túpac Amarus,
– Hipólito Túpac Amaru, ältester Sohn Túpac Amarus,
– Tomasa Tito Condemayta, Kazikin von Acos,
– Micaela Bastidas Puyucagua,
– José Gabriel Túpac Amaru.

Dem Urteil vom 15. Mai werden genaue Instruktionen für das öffentliche Schauspiel der Hinrichtungen beigegeben. So sind den Indios Trompeten oder Muschelhörner (*pututos*), wie sie in der indianischen Kultur bei Trauerzeremonien üblich waren, verboten, ebenso das Tragen von schwarzer Kleidung, „als Erinnerung an ihre verstorbenen Monarchen in der Zeit der Conquista, die sie für fatal, wir aber für glücklich halten, denn da traten sie der Katholischen Kirche bei und der höchst liebenswürdigen und süßen Herrschaft unserer Könige."[238] Am Abend vor der Hinrichtung sollen vor allen Häusern die Lampen brennen, mehr als vier Personen dürfen nicht gemeinsam unterwegs sein. Während der Exekutionen darf kein Ruf nach Gnade zu hören sein, die Zuwiderhandlung würde unweigerlich die Todesstrafe nach sich ziehen. Noch am 15. Mai macht der Schreiber Espinavete López einen Rundgang durch die Zellen und verliest das Urteil. Auf Bitten des Generalinspekteurs hebt Bischof Moscoso die von ihm verhängte Exkommunikation auf, damit die Verurteilten den kirchlichen Beistand erhalten, wofür sie nur dankbar sein können, „denn diese glücklichen Kriminellen hätten wie unzählige andere ihrer Fraktion ohne die Hilfe der Sakramente sterben und ob ihrer enormen Delikte für ewig verdammt sein können."[239] Vier Domherren besuchen die Todeskandidaten am Vorabend ihrer Hinrichtung. Auch Bischof Moscoso erscheint mit großem Gefolge und drängt vor allem Túpac Amaru, sein Gewissen zu erleichtern und doch die Namen der Mitverschwörer preiszugeben, andernfalls könne er nicht auf Erlösung im Jenseits hoffen. Doch wo Mata Linares mit dem Mittel der Folter nicht zu dem erwünschten Ergebnis kam, versagen auch die scheinbar frommen Worte des geistlichen Herrn.

Am 18. Mai, einem Freitag, ist alles vorbereitet. Auf der Plaza de Armas, dem *kusipata* (Platz der Glückseligkeit) der Inkas, steht der vierarmige Galgen, umgeben von einer Wache aus Mulatten und Soldaten aus Arequipa, bewaffnet mit Gewehren und aufgepflanzten Bajonetten. Milizionäre aus

---

238 Ibid., S. 772.

239 Ibid., S. 787.

Cuzco halten mit Lanzen und Feuerwaffen die zahlreichen Menschen in Schach, die gekommen sind, um Zeugen des makabren Schauspiels zu werden. Indios sind nicht zu sehen oder haben sich mit Umhängen oder Ponchos getarnt. Die Menge verhält sich still, der Himmel ist bedeckt und es droht zu regnen. Generalinspekteur Areche hat einer Messe in der Kathedrale beigewohnt und schaut von einem Fenster aus auf den Platz.

Um 10 Uhr werden die Verurteilten aus der Kirche La Compañía geführt, an Händen und Füßen gefesselt. In einen groben Sack gesteckt, wie man ihn für den Transport von Mateblättern aus Paraguay benutzt, werden sie von Pferden zur Hinrichtungsstätte gezogen, an ihrer Seite Priester. Ein Herold verkündet die Urteile, die Areche im Namen des Königs gefällt hat. Am Fuß des Galgens, wo zwei Henker auf sie warten, nimmt man ihnen die Fesseln ab. Diego Verdejo, Andrés Castelo, Antonio Oblitas und Antonio Bastidas werden „einfach" gehängt, d. h. am Galgen aufgezogen. Francisco Túpac Amaru und Hipólito schneidet man die Zunge heraus, bevor auch sie gehängt werden. Soldaten sorgen dafür, dass Micaela und José Gabriel zusehen, wie ihre Verwandten sterben.

Für die zwei Frauen hat man sich etwas Besonderes ausgedacht und eine Garotte konstruiert, „mit einer eisernen Schraube, die zu diesem Zweck gemacht worden war, was wir hier noch nie gesehen hatten".[240] Darauf wird zunächst Tomasa Tito Condemayta festgebunden, nachdem auch ihr die Zunge herausgeschnitten wurde. Dann wird die Schraube zugedreht, bis der Nackenwirbel durchtrennt ist.[241] Ihr folgt Micaela Bastidas, auch ihr soll die Zunge herausgeschnitten werden. Eine Quelle behauptet, sie habe den Mund verschlossen gehalten und auch mit Schlägen und roher Gewalt habe man nichts erreicht, weshalb ihr die Zunge nach der Hinrichtung herausgetrennt worden sei. Doch zunächst gibt es das Problem, dass ihr Hals zu dünn ist und die Schraube nicht weit genug gedreht werden kann. So schlingt man ein Tuch um ihren Hals und erwürgt sie bei gleichzeitigen Tritten in den Unterleib und gegen die Brust. Hier soll ein lauter Schrei zu hören gewesen sein aus der Kehle des zehnjährigen Fernando, den man zwingt, den Tod seiner Mutter mitzuerleiden.

Schließlich wird Túpac Amaru in die Mitte des Platzes geführt. Nach dem Heraustrennen der Zunge löst man seine Ketten, bindet Stricke an Hände und Füße, an deren Enden vier Pferde postiert sind, die nun angetrieben werden,

---

240 Ibid., S. 775.

241 In Franco-Spanien war die Garotte noch bis 1975 im Gebrauch. Die letzten Opfer waren Salvador Puig Antich und der Ostdeutsche Georg Michael Welzel.

um den Körper zu vierteilen, was nicht gelingen will, so sehr auch auf die Tiere eingeprügelt wird. Ein Zeuge:

> „Ich weiß nicht, ob die Pferde nicht sehr kräftig waren oder der Indio tatsächlich aus Eisen war, sie konnten ihn absolut nicht zerteilen, obwohl sie sehr lange zogen und ihn in der Luft hielten, so dass er einer Spinne glich. Bis der Generalinspekteur, von Mitleid bewegt und damit dieser Unglückliche nicht länger leiden müsse, von der Compañía aus den Befehl gab, der Henker möge den Kopf abschlagen, was dann so geschah."[242]

Gegen zwölf, als gerade vergeblich versucht wurde, den Inka in Stücke zu reißen, soll ein starker Wind aufgekommen sein, gefolgt von einem heftigen Regenschauer, der viele Zuschauer vom Platz trieb. „Das ist der Grund, weshalb die Indios gesagt haben, der Himmel und die Elemente seien betrübt gewesen über den Tod des Inka, den die unmenschlichen und gottlosen Spanier so grausam zu Tode brachten."[243]

Nach dem Ende des blutigen Schauspiels zwingt man das Kind Fernando, an dem Galgen und den Leichen seiner Eltern vorbeizugehen. Allen Hingerichteten werden Köpfe, Beine und Arme abgetrennt und nach einem zuvor aufgestellten Plan an verschiedene Orte gebracht, wo sie zur Abschreckung angebracht werden. Besonders bedacht wird natürlich die Provinz Canas y Canchis mit dem Hauptort Tinta, wo die Rebellion ihren Ursprung hatte. Nach Tinta wird der Kopf Túpac Amarus gebracht, Tungasuca erhält einen seiner Arme und einen von Micaela, ebenso den Kopf Hipólitos. Nach Pampamarca geht ein Arm Antonio Bastidas' und einer Antonio Castelos. Dessen anderer Arm wird in Surimana gezeigt. Der Kopf Tomasa Tito Condemaytas kehrt in ihr Dorf Acos zurück. Die Curaca hat sich vor ihrem Tod noch enttäuscht über die Königstreue ihrer Amtskollegen geäußert. Wenn diese die Rebellion unterstützt hätten, wäre sie nicht mehr aufzuhalten gewesen.

Der Ruf nach Gerechtigkeit musste verstummen, daher die Obsession, den verurteilten Angehörigen des Condorcanqui-Bastidas-Clans die Zungen herauszuschneiden. Damit auch keine Grabstätte als Erinnerung verbleibt, werden die Torsos der Hingerichteten auf dem Piccho, von wo aus Cuzco belagert wurde, verbrannt und die Asche in den Río Huatanay gestreut. In einem am 20. Mai unterschriebenen Dokument bestätigt Juan Bautista

---

242 CDIP II, 2, S. 775.

243 Ibid., S. 776.

Gamarra, öffentlicher Schreiber seiner Majestät und des Cabildo, dass die Strafen an Túpac Amaru und seiner „gemeinen und perversen Truppe" ordnungsgemäß vollzogen worden sind.[244]

Neben den Todesurteilen werden weitere Strafen verhängt. Fast alle, die in irgendeiner Weise an der Rebellion mitgewirkt haben, argumentieren, sie hätten dies unter Zwang getan, so zum Beispiel die Schreiber, die so ihren Kopf retten können: Manuel Galleguillos wird für sechs Jahre nach Valdivia im Süden Chiles verbannt, Mariano Banda und Esteban Escarcena erhalten zwei Jahre Haft im Gefängnis von Callao. Für sechs Jahre wird ebendort Francisco Noguera, ein in der Logistik der Rebellion tätiger Verwandter Túpac Amarus, eingesperrt, nachdem er 200 Peitschenhiebe bekommen hat. Cecilia Túpac Amaru soll für zehn Jahre in einem mexikanischen Kloster verschwinden. Der Criollo Manuel Quiñones, der auf dem Piccho und in Pucacasa gekämpft hat, reist für sechs Jahre nach Valdivia. Über die Schicksale von Fernando Túpac Amaru und seinem noch in Freiheit befindlichen Bruder Mariano wird noch zu reden sein.

Die Annahme, drastische Strafen könnten durch abschreckende Wirkung die Kämpfe zum Erliegen bringen, erweist sich schnell als Irrtum. Eine zweite, wesentlich blutigere Phase der Rebellion hat bereits begonnen. Die Herren Areche und Mata Linares sowie Feldmarschall del Valle werden so bald nicht arbeitslos werden.

244 Ibid., S. 774.

9.
Die zweite Phase der Rebellion (Diego Cristóbal Túpac Amaru und Túpac Katari)

Schon zu Lebzeiten Túpac Amarus verlagert sich der Krieg gegen die Kolonialmacht immer mehr nach Süden, zum Titicacasee hin und darüber hinaus in das Gebiet um die Städte La Paz, Sorata, Oruro und die tiefer gelegenen subtropischen Täler der Yungas, Gebiete, die seit 1776 zum Vizekönigreich La Plata gehören und im Wesentlichen auf dem Handelsweg von Cuzco nach Potosí liegen, auf dem die Condorcanquis anlässlich ihrer Reisen die meisten Kontakte geknüpft haben. Nach dem Tod des Inkas geht die Führung der Rebellion über in die Hände seines Cousins Diego Cristóbal Túpac Amaru (24 Jahre), seines Sohnes Mariano (18 Jahre), seines Neffen Andrés Mendigure (17 Jahre), der sich auch Andrés Túpac Amaru nennt, sowie an Miguel Bastidas, Micaelas jüngeren Bruder. Das Hauptquartier wird in Azángaro eingerichtet, im Haus des Kaziken Choquehuanca, der Túpac Amaru bereits zu Beginn der Rebellion die Gefolgschaft verweigert hatte.

Diese zweite Phase der Rebellion ist wesentlich radikaler, weil nun der Versuch aufgegeben wird, Criollos und Mestizen zu schonen in der Hoffnung, sie in die Kämpfe integrieren zu können. Zu sehr haben sich diese Bevölkerungsgruppen, so sie überhaupt mit der Rebellion sympathisierten, nach der misslungenen Eroberung von Cuzco wieder der faktischen Macht zugewandt, da sie ihre Felle davonschwimmen sahen. Ein nichtindianisches Aussehen kann nun, je nach Situation, das Todesurteil bedeuten. Auch der Priesterschaft und den kirchlichen Einrichtungen wird immer weniger Respekt gezollt, die Übergriffe auf Personen und Gotteshäuser häufen sich.

Sehr verlustreich sind die Kämpfe zwischen den Truppen der neuen Anführer und dem wegen zahlreicher Desertionen dahinschmelzenden Heer des Feldmarschalls José del Valle. Und weiter im Osten, in Hochperu, dem heutigen Bolivien, lodern nach der Ermordung Tomás Kataris, der ab 1778 im Vertrauen auf ein funktionierendes Rechtssystem gegen die Übergriffe der Provinzoberen bis zum Vizekönig in Buenos Aires vorgedrungen war, die Feuer der Rebellion, zunächst vorangetragen von seinen Brüdern Dámaso und Nicolás. Noch gelingt es den Spaniern, einige der nicht koordinierten Aufstandsnester niederzukämpfen. 60 Rebellen, darunter Dámaso und Nicolás, werden gefangengenommen und in La Plata (heute Sucre), dem Sitz der Audiencia von Charcas, vor Gericht gestellt.

Das Urteil vom 9. März 1781 unterscheidet zwischen vier „Tätergruppen": elf Anführer sollen gehenkt werden, die Güter der Katari-Brüder werden konfisziert und ihre Häuser niedergebrannt, um die Nachbarn in „Schrecken und Furcht" zu versetzen. In die zweite Gruppe gehören alle, die aufgrund „ihres unruhigen Geistes und ihrer losen Sitten" der Stimme des Aufruhrs gefolgt sind, um Beute zu machen. Ihnen wird man beide Ohren abschneiden, die Hälfte des Besitzes einziehen, zweihundert Peitschenhiebe verabreichen und für zwei Jahre in die Minen von Potosí schicken. Die dritte Gruppe umfasst alle, die den Kataris gefolgt sind, weil sie sich von Tribut, Steuern und der zwangsweisen Warenverteilung befreien wollten. Sie verlieren ein Ohr, ein Drittel ihres Besitzes und erhalten Schläge. Die Mitläufer der letzten Gruppe, zu feige, sich dem Zwang der Rebellion zu entziehen und zu flüchten, werden ebenfalls geschlagen und kahlgeschoren, um ihre Schmach öffentlich sichtbar zu machen.[245]

Die Vollstreckung der Todesurteile findet am 17.3.1781 statt. Begleitet von Ordensgeistlichen, Weltpriestern und Grenadieren, welche lauthals die den Verurteilten zur Last gelegten Taten ausrufen, geleitet man sie um 9 Uhr morgens zu einem dreiarmigen Galgen. Wenn sie dann „natürlich gestorben sind", wie es in den jeweiligen Protokollen stereotyp heißt, schlägt man den Leichen die Köpfe ab. Die restlichen Angeklagten sind anwesend, werden vorübergehend wieder in ihre Zellen gesperrt, um gegen Mittag, zurück auf dem Platz, ihre Prügelstrafe zu erhalten und kahlgeschoren zu werden. Insgesamt ein Prozess, der vorgeblich auf den gültigen juristischen Bestimmungen fußt und einen Vorgeschmack auf das bombastische Verfahren gegen den Kreis um Túpac Amaru bietet, der sich zu diesem Zeitpunkt noch in Freiheit befindet.

Just als sich die Richter und Henker der Katari-Rebellen im Licht ihres Triumphes sonnen, marschiert Diego Cristóbal Túpac Amaru an der Spitze eines Heers von 18.000 Indios von Juliaca auf die Handelsmetropole Puno am Titicacasee zu. Am 10. März wird die Stadt an drei Seiten umstellt, lediglich die Front zum See hin bleibt offen. Unter großem Getöse von Trommeln, Trompeten und Kanonenschüssen erfolgt der Angriff, der zwei Tage dauert und von den in der Stadt vorhandenen Kräften unter Leitung des Corregidors Joaquín de Orellana unter großen Mühen abgewehrt wird. Für die Verteidigung stehen 254 Lanzenreiter, 647 Infanteristen mit Lanzen und

---

245 CDIP II, 2, S. 536-539.

276 mit Steinschleudern zur Verfügung sowie vier Kanonen[246], die in dem schwierigen Gelände nicht optimal einzusetzen sind, aber durch ihr Getöse die Angreifer zurückschrecken. Auf Seiten der Verteidiger gibt es zahlreiche Verletzte, der Corregidor von Chucuito erleidet einen Durchschuss im linken Oberschenkel, Orellana wird von seinem Pferd gegen den linken Knöchel getreten und kann kaum noch gehen. Nach zwei Tagen geben die Rebellen die Belagerung auf. Das royalistische Heer unter Feldmarschall del Valle ist zu diesem Zeitpunkt erst zwei Tagesmärsche von Cuzco entfernt.

Unterstützung erhalten die Angreifer durch Aymara sprechende Indios, ausgesandt von einer neuen Führergestalt, die ab sofort einer der Protagonisten der Rebellion sein wird: Julián Apaza alias Túpac Katari:

Julián Apaza, der 1781 etwa dreißig Jahre alt sein dürfte, wuchs in äußerst ärmlichen Verhältnissen in der Gegend zwischen La Paz und Oruro auf. Seine ursprüngliche Dorfgemeinschaft hatte er verlassen und zog als *forastero* (Fremder) durch die Lande, arbeitete zeitweise in einer Mühle, vielleicht bei einem Bäcker, bis er als wandernder Händler in Sachen „Koka und einfachen Stoffen" reiste. Er war tributpflichtig und wurde mehrmals inhaftiert, weil er seinen Zahlungsverpflichtungen nicht nachkam. Aufgrund einer Polioerkrankung waren seine Beine unterschiedlich lang. Der Augustinerpater Matías de la Borda bezeichnet ihn als „eher lächerlichen Indio von etwa 30 Jahren … Als ich ihn und seine Begleiter auf Spanisch ansprach, antwortete er mir, er spreche keine andere Sprache als das Aymara"[247]. Später lässt sich der Pater, der gezwungenermaßen einige Zeit in der Nähe Julián Apazas weilt, noch über seine Trunksucht und Sexbesessenheit aus, Äußerungen, die aus dem Mund eines Vertreters der Kolonialmacht mit Vorsicht zu genießen sind. Von großer Bedeutung für die späteren Ereignisse sind zwei Frauen an Juliáns Seite, die jüngere Schwester Gregoria Apaza und seine Frau Bartolina Sisa.

Die Gemeinsamkeit von Túpac Amaru und Julián Apaza ist ihre Tätigkeit als Transportunternehmer (Arrieros), wodurch sie weit herumkommen und sozial gut vernetzt sind. Natürlich sind die wirtschaftlichen Aktivitäten des Condorcanqui-Clans von einer anderen Dimension und vor allem stehen seine Mitglieder in der sozialen Rangleiter als Angehörige des Inka-Adels wesentlich höher als der einfache Indio (*indio del común*) Julián Apaza, dessen Bildungsgrad denkbar bescheiden ist.

Sein Prestige bezieht er nicht aus der Genealogie, sondern vielmehr aus der Anerkennung von Seiten der Dorfgemeinschaften, mit denen er verkehrt.

246 MdP I, S. 392.

247 CDIP II,2, S. 836.

Aus ihnen heraus rekrutieren sich seine Unterführer, anders als bei Túpac Amaru und Micaela Bastidas, die sich auf ihre umfangreiche Verwandschaft verlassen können, weitere Vertrauensleute und Befehlshaber ernennen und so eine hierarchische Kommandostruktur aufbauen.

Über die Anfänge Julián Apazas als Rebellenführer ist wenig bekannt. Offenbar hat er hier und da an kleineren Aufständen teilgenommen und ist seit zehn Jahren ein aufmerksamer Beobachter seiner von immer mehr Unruhen erschütterten Heimat. Angeblich fängt er einen Brief Túpac Amarus an Tomás Katari ab, der zu diesem Zeitpunkt nicht mehr lebt. Julián Apaza gibt sich fortan als Vizekönig Túpac Amarus aus und ändert seinen Namen in Túpac Katari als Hommage an beide Rebellenführer[248], um so eine Kontinuität zu postulieren, die ursprünglich nicht bestanden hat. Zwar ist Túpac Amaru in der Mitte des Jahres 1780, also vor dem Beginn des Aufstands, in Oruro und Cochabamba gewesen, es ist jedoch sehr unwahrscheinlich, dass es zu einem Kontakt zwischen den zwei Männern gekommen ist. Die Edikte aus Tinta gelangen auch zu Túpac Katari, der jedoch kaum Spanisch versteht und so ihre Botschaft nur andeutungsweise aufnimmt. Während Túpac Amaru immer ein Bündnis von Indios, Criollos und Mestizen anstrebte, stützt sich Túpac Katari ausschließlich auf die einfachen Indios; Curacas oder Kaziken spielen in seinem Umfeld keine Rolle. Ihm geht es schlicht und einfach um die Verdrängung und sogar die physische Vernichtung aller nichtindianischen Bevölkerungselemente. Eine Verherrlichung der Inkavergangenheit und die Utopie einer Wiederherstellung des Inkareichs mit Cuzco als Zentrum ist dem Aymara, dessen Vorfahren sich der Kolonisierung durch die Inkas widersetzt hatten, völlig fremd, fundamentale Unterschiede, die noch zu großen Spannungen zwischen den Rebellenlagern führen werden.

Nach der Gefangenschaft des Inka tritt Túpac Katari in Kontakt mit seinen Nachfolgern. Als er von deren Angriff auf Puno erfährt, schickt er Verstärkung, konzentriert sich aber selbst auf die Belagerung von La Paz. Kaum haben sich die Einwohner von Puno gegen die Angreifer von Norden wehren können, da nahen die von Túpac Katari gesandten Truppen unter ihren Kommandanten Pascual Alaparita und Isidro Mamani, die am 18. März das südlich von Puno am Titicacasee gelegenen Chucuito überfallen und ein Massaker unter der nichtindianischen Bevölkerung anrichten. Mamani, der sich selbst den Titel Gouverneur (*gobernador*) verliehen hat, soll auf dem Platz neben den aufgespießten Köpfen von Frauen gethront haben. Als Orellana,

---

248 „Amaru“ ist das Quechua-Wort für Schlange und hat seine Entsprechung in „Katari“, dem gleichbedeutenden Aymara-Wort.

der Corregidor von Puno, den Ort erreicht, nachdem sich die Rebellen auf die Höhen verzogen haben, findet er zahlreiche Leichen:

> „Ich begab mich auf den Platz, wo ich das größte Grauen vorfand, das dieses Reich seit der Konquista erlebt hat. Außer den schon Beerdigten fanden sich dort mehr als zweihundert Leichen. Ich ging zum Pfarrhaus und fand auch dort die Räume voller toter Körper, so dass also keine Menschenseele mit spanischen Zügen der Vernichtung entgangen ist. Ich suchte nach den Geistlichen der Provinz, die sich in den Ort geflüchtet hatten, und schließlich fanden wir fünf von ihnen, die sich in einem Haus eingeschlossen hatten und seit Stunden auf den Tod warteten."[249]

Auf dem zentralen Platz ist ein Manifest angeschlagen, das sowohl auf Túpac Amaru wie auch auf Túpac Katari Bezug nimmt und eine ziemlich unverständliche Botschaft enthält. Schmerzhaft für die Royalisten ist der Verlust einer im Ort stationierten Kanone.

In den nächsten Tagen kommt es am südlichen Ufer des Titicacasees immer wieder zu Kämpfen zwischen den Leuten Orellanas und diversen Gruppen von Aymara-Rebellen. Diese ziehen angesichts der Unmöglichkeit, Puno erobern zu können, nach Süden und erscheinen am 25. März vor Juli, dem großen religiösen und kulturellen Zentrum am Titicacasee. Die Einwohner haben beschlossen, in der Stadt zu bleiben und sich zu verteidigen, ein aussichtsloses Unterfangen angesichts eines bis zu 7.000 Mann starken Gegners, der in den Ort eindringt und ein Massaker unter den Mestizen und Criollos anrichtet. Die Privathäuser, Klöster und öffentlichen Einrichtungen werden geplündert. Als der Milizkommandant Nicolás Mendiolaza am nächsten Tag die Stadt erreicht, nachdem sich die Rebellen auf die Hügel zurückgezogen haben, findet er hunderte zerstückelter Körper. Aus Furcht vor einem Angriff verbarrikadiert sich Mendiolaza mit seinen Leuten und den verbliebenen Einwohnern in der Kirche San Nicolás, wo ihm der Pfarrer einen Brief Pascual Alaparitas an den „Monarch" Túpac Katari übergibt, den er einem Indio wegnehmen konnte. Darin berichtet Alaparita über die jüngsten Ereignisse und bekräftigt seine Absicht, alle „Spanier" von Chucuito und Puno aufhängen zu wollen[250].

In Puno beschließt die Kriegsjunta, die Einwohner von Chucuito zu evakuieren und schickt den Hauptmann Santiago Vial und den Curaca Andrés

---

249 CDIP II, 2, S. 626.

250 VdS, S. 112.

Calisaya mit fünfzig Reitern und hundert schlecht bewaffneten Indios los. Da naht von Süden her Mendiolaza in der Absicht, Chucuito vor den ihn verfolgenden Rebellen zu verteidigen. Während die Kräfte aus Puno mit einigen bereits reisefertigen Einwohnern die Stadt nach Norden hin verlassen haben, erwartet Mendiolaza den Angriff der Rebellen, der am nächsten Morgen, dem 3. April, erfolgt. Auf der Plaza kommt es zu einem Kampf Mann gegen Mann. Die Indios unter Isidro Mamani siegen, hunderte Tote und Verletzte liegen herum, ein noch schlimmeres Massaker als in Juli soll bis zu tausend Menschen das Leben gekostet haben. Mendiolaza wird lebendig verbrannt.

Puno, die größte Stadt am Titicacasee, füllt sich immer mehr mit Flüchtlingen, weil die Rebellen kaum mehr auf Widerstand stoßen. Am 8. April schließt der Corregidor Joaquín de Orellana seinen Bericht mit einer neuen Horrormeldung über ein Massaker auf der nordwestlich von Puno in den See hineinragenden Halbinsel Capachica: „In dem Dorf Capachica, in der Chucuyto entgegengesetzten Richtung, treibt sich eine große Zahl von Indios herum, die alles, was sie vorfinden, zerstören und vernichten, und obwohl die Dorfbewohner sich verteidigten und mit Unterstützung einiger Mestizen und Spanier den Kampf mit den Rebellen aufnahmen, mussten sie schließlich der Übermacht weichen und wurden besiegt. Alle Spanier und Spanierinnen wurden niedergemetzelt."[251]

Kaum ist die Tinte auf Orellanas Bericht getrocknet, da muss sich der Corregidor auf eine zweite massive Belagerung seiner Stadt vorbereiten. Er lässt Gräben ausheben, die verfügbaren Kanonen aufstellen und Schützen auf den Kirchtürmen Position beziehen. Am 10., 11. und 12. April besetzen die von Alaparita und Mamani geführten Truppen Kataris von Osten die Hügel um die Stadt, von Westen naht Diego Cristóbal Túpac Amaru mit 40.000 Indios, drei Kanonen und 30 Gewehren, wobei auch hier die Quelle, der Brief eines Einwohners von La Plata an einen Bekannten in Cochabamba, mit Vorsicht zu betrachten ist, was die Angaben zur Truppenstärke angeht, desgleichen die Behauptung, einhundert Spanier seien getötet und fünfzig verletzt worden.[252] Bei dem Versuch, die Rebellen im strömenden Regen von ihren Stellungen zu verdrängen, hat es sicherlich Opfer auf Seiten der Royalisten gegeben, auch Orellana wird durch einen Steinwurf verletzt, der ihm einen Unterkieferbruch beschert.

Die Eroberung der Stadt gelingt nicht, die Rebellen ziehen sich zurück, auch weil es heißt, das Heer del Valles sei im Anmarsch. Isidro Mamani geht

---

251 CDIP II,2, S. 627.

252 NCDIP 4, S. 134.

in das Dorf Acora, südlich von Puno an der Straße nach La Paz gelegen. Dort wird er von Indios, welche die Gegenreaktion der Spanier befürchten, festgenommen und nebst zwei weiteren Rebellen an Orellana ausgeliefert, der sich dankbar zeigt: „Er empfing die Häscher und behandelte sie mit der größten Bescheidenheit und Milde. Er gewährte ihnen die erbetene Straffreiheit, denn sie hatten sich ja dem Rebellen angeschlossen, als er sich in ihrem Dorf aufhielt.“ Der Dank fällt umso größer aus, als die Leute aus Acora auch die in Chucuito erbeutete Kanone abliefern, zusätzlich Möbel und Silberwaren, die der Corregidor einem Kleriker „von größter Integrität und Reinheit“[253] anvertraut, damit die Gegenstände ihren Besitzern, so sie noch am Leben sind, oder ihren Erben übergeben werden. Mamani wird Mitte Mai nach Cuzco überstellt, von Benito de la Mata Linares verhört und von Areche verurteilt. Im Gefängnis versucht er vergeblich, sich umzubringen. Am 18. Juli wird er, an den Schwanz eines Pferdes gebunden, zum Galgen geschleppt, erhängt und auf dem daneben aufgeschichteten Holzstoß verbrannt.

Isidro Mamani steht stellvertretend für die Protagonisten der zweiten Phase der Rebellion, die sich von der integrationistischen Politik Túpac Amarus abgewendet und sich die radikale Beseitigung der nun schon seit drei Jahrhunderten wirksamen invasiven Elemente auf die Fahne geschrieben hat. Nur noch das, was als indianische Kultur erkennbar ist, darf fortbestehen, die demographische Entwicklung soll durch die physische Vernichtung der Criollos und Mestizen zurückgedreht werden. Der Gebrauch der spanischen Sprache, das Verwaltungssystem und auch die bei Túpac Amaru noch sakrosankte Religion werden von vielen abgelehnt.

Konzediert man dem Brief einer aus Bolivien nach Arequipa geflohenen Person eine gewisse Dosis Sensationalismus, vermittelt das Schreiben doch einen Eindruck von der neuen Qualität der Auseinandersetzung:

> „In den Dörfern Toracari und San Pedro de Buena Vista[254] wurden auch die Priester nicht geschont. Der Aufständische, der diese Zerstörung verursacht hat, ist ein Indio namens Simón Castillo, der es gewagt hat, mehr als tausend Seelen innerhalb der Kirche und sechs Priester, unter ihnen der Pfarrer Dr. Isidoro Herrera, niederzumetzeln. Der ehrwürdige Priester sagte zu ihm: Ist es möglich, mein Sohn, dass du auch mir, der dich aufgezogen hat, der dich Gott hat kennen lassen und der dich gespeist hat, das Leben nehmen willst? Der Indio antwortete: Gib dir

---

253 Pedro de Angelis: Documentos para la historia de la sublevacion de José Gabriel de Tupac-Amaru. Buenos Aires 1836, S. 101-102.

254 Zwei Orte in der bolivianischen Zentralkordillere, südlich von La Paz.

keine Mühe, Vater, denn auch du musst sterben, und dann schlug er ihn, der die Monstranz umklammert hielt, tot. … Als er tot war, nahm eine Indiofrau die Monstranz und füllte sie mit Koka, und, indem sie auf Gott spuckte, sagte sie, es sei alles Lüge, er befinde sich nicht da drin, das sei nur ein gewöhnliches Mehl, das sie aus dem Tal geholt hatte."[255]

Feldmarschall José del Valle hat sich nach der Übergabe seines Gefangenen Túpac Amaru nach Süden gewandt, um die Verfolgung Diego Cristóbals aufzunehmen. Die Truppen Pumacahuas hat er zurückgelassen, damit sie ihm den Rücken freihalten. Immer wieder zeigen sich Rebellen, die seine Vorhut unter Beschuss nehmen. Es gelingt ihm, vier Gefangene zu machen, die berichten, das Dorf Santa Rosa sei eine Hochburg der Rebellen und die Einwohner hätten sich an vielen Kampagnen des Inka beteiligt. Del Valle will ein Exempel statuieren. In Santa Rosa angekommen, lässt er alle Männer auf dem Platz antreten und jeden fünften erschießen, zwanzig insgesamt. In einem späteren Bericht wird seine Tat mit den Worten gefeiert: „Durch die gerechte Vorsehung des Allmächtigen fiel das Los auf die berühmten Hauptleute und unmittelbaren Vertrauten des Rebellen, wie die am Leben Gebliebenen bestätigten"[256]. Ein Priester behauptete später, unter den Erschossenen hätten sich ein 70jähriger Mann und ein Anhänger der Royalisten befunden.

Am 24. Mai 1781 kommt die von José del Valle und Gabriel de Avilés geführte Armee vor Puno an, zieht aber nicht in die Stadt ein, da del Valle befürchtet, die Rebellen unter Diego Cristóbal könnten zurückkommen und er säße dann in der Falle. Außerdem ist sein einstmals stolzes Heer durch massive Desertionen auf eine Stärke von 800 Mann geschrumpft, allesamt Milizionäre aus Lima, die unter dem rauen Klima des Andenhochlands leiden. Del Valle schreibt: „An das milde Klima der Hauptstadt gewöhnt, sind sie außerstande, längere Zeit die rauen Schnee- und Hagelstürme auszuhalten, die täglich heftiger werden und die sie umso weniger erdulden, als sie kein Schuhwerk haben und ihre Kleidung in Fetzen herunterhängt. Hinzu kommt erschwerend das Fehlen von Brot, an das sie gewöhnt sind, und auch die Zelte sind zerschlissen."[257]

Del Valle könnte versuchen, seine Truppe in dem 40 Meilen entfernten Arequipa aufzufüllen, doch dann wäre er 80 Meilen von Cuzco entfernt, und Arequipas Corregidor Sematnat hat bereits signalisiert, dass er angesichts

---

255 CDIP II,2, S. 693.

256 Anónimo: Relación histórica de los sucesos de la rebelión de José Gabriel. Teddington 2006, S. 65.

257 MdP I, S. 458.

seiner eigenen prekären Lage keinen Mann abgeben kann. Den Plan, dem bedrohten La Paz zu Hilfe zu kommen, hat der Feldmarschall ohnehin bereits aufgegeben, denn allein die Ankündigung, dorthin zu marschieren, führt dazu, dass eine ganze Kompanie mitsamt ihrem Leutnant desertiert mit der Folge, wie del Valle später berichtet, „dass alle in der Nähe von Ayaviri durch die Hand der Feinde, die sich ihrer Waffen bemächtigten, umkamen“[258].

Am nächsten Tag trifft del Valle auf den Corregidor Orellana, dem er hundert Gewehre und einige Kanonen übergeben kann. Zu weitergehender Hilfe erklärt er sich außerstande, außerdem glaubt er nicht an die Möglichkeit, die Stadt zu verteidigen, weshalb er vorschlägt, Puno zu evakuieren. Orellana spricht vehement dagegen und macht geltend, dass dann die Verbindung zwischen Cuzco und Hochperu mit seinen Städten La Paz, Oruro, Cochabamba und La Plata (dem heutigen Sucre) unterbrochen wäre. José de Lagos, ein Offizier del Valles, pflichtet ihm bei und weist auf Pizarro als Vorbild hin. Eine Kriegsjunta, an der Orellana nicht beteiligt ist, tritt zusammen und billigt del Valles Plan, Puno zu evakuieren. Auf dem Hauptplatz wird ein entsprechender Erlass vorgelesen, wonach die etwa 8.000 Einwohner drei Tage Zeit haben, die Stadt zu verlassen. Wie Alte, Frauen und Kinder unterwegs versorgt werden sollen, bleibt unklar. Orellana wagt nicht mehr, gegen del Valle zu opponieren und akzeptiert die Entscheidung. In seinem detaillierten Bericht vom 17. Juli 1781 notiert er: „Nicht zu beschreiben sind die Verwirrung, das Durcheinander und Wehgeschrei, welches die Einwohnerschaft ergriff, die von einem so unerwarteten Befehl überrascht wurde, aber trotz ihrer elenden Lage mussten sie sich beeilen, um nicht Opfer des Furors der Indios zu werden.“[259]

Orellana lässt die noch in Puno vorhandenen Kanonen zerstören, damit sie nicht in die Hände der Rebellen fallen. Noch vor der Dreitagesfrist brechen etwa 8.000 Einwohner von Puno und Flüchtlinge aus Chucuito und anderen Ortschaften am Titicacasee auf, einige in Richtung Arequipa, die meisten jedoch wollen nach Cuzco. Der ursprüngliche Plan, gemeinsam mit dem verbliebenen Heer zu ziehen, lässt sich bald wegen der logistischen Probleme nicht durchführen. Das Heer ist schneller und dünnt durch Desertionen, vor allem der indianischen Hilfskräfte, noch mehr aus, sobald bei La Raya die Grenze zwischen den beiden Vizekönigreichen überschritten wird. Nun häufen sich auch die Angriffe der Rebellen, die das Heer von den Höhen aus beobachtet haben und jede Gelegenheit nutzen, die Zurückbleibenden oder

---

258 NCDIP 4, S. 288.

259 CDIP II, 3, S. 77-78.

isoliert Marschierenden zu überfallen und zu töten. Dasselbe Schicksal erleiden die Zivilisten, die sich je nach ihrer Beweglichkeit – die meisten sind zu Fuß unterwegs – bald in einzelne Gruppen aufgelöst haben. Viele, vor allem Alte, Kranke und Kinder, überleben bei den herrschenden niedrigen Temperaturen den Exodus der Elenden nicht. Einen Generalangriff auf das Heer unternimmt Diego Cristóbal allerdings nicht, vielleicht kalkuliert er auf die psychologische Wirkung, wenn die ärmlichen Reste des königlichen Heers in Cuzco ankommen.

Dies ist der Fall am 3. Juli. Orellana erreicht Cuzco am 5. Juli, nach vierzig Tagen, mit den Einwohnern, die den Marsch überlebt haben. Dort erwartet ihn ein Brief des Vizekönigs aus dem fernen Lima, abgeschickt am 13. Juni, mit der Anweisung, del Valle solle ihm die nötigen Truppen zur Verfügung stellen, um Puno zurückzuerobern. Der verbitterte Orellana antwortet, mit 500 bis 1000 Mann und entsprechender Ausrüstung hätte er die Stadt halten können, nun brauche er dafür mindestens 4.000 Mann, 800 Gewehre und 10 Kanonen, und auch dann sei der Erfolg fraglich.[260]

Während die Einwohner von Puno und die geschrumpfte Armee des Feldmarschalls sich nach dem sicheren Port Cuzco zurückziehen, dringen die Nachfolger Túpac Amarus nach Osten vor. Diego Cristóbal, Mariano und Andrés Mendigure kennen die Gegend von ihren früheren geschäftlichen Aktivitäten gut und waren auch an Túpac Amarus Kampagne in den Wochen zwischen der Hinrichtung Arriagas und dem Sturm auf Cuzco beteiligt. Ihr Ziel ist die Provinz Larecaja östlich des Titicacasees mit dem Hauptort Sorata, der auf „nur" 2.600 Höhenmetern zu Füßen des 6.368 Meter hohen Illampu liegt und seine wirtschaftliche Bedeutung vor allem aus seinen Goldminen bezieht.

Corregidor der Provinz war noch vor kurzem der Baske Sebastián de Segurola. Nach seiner Ernennung im Jahr 1776 begab er sich auf die Reise in den Südatlantik und nahm von Buenos Aires aus an der Rückeroberung des am anderen Ufer des La Plata gelegenen Colonia del Sacramento teil, eine portugiesische Gründung, die zwischenzeitlich unter der Kontrolle Spaniens gestanden hatte und seit etwas mehr als 50 Jahren wieder zu Portugal gehörte. Karl III. schickte eine Flotte von 80 Schiffen mit 9.000 Mann Besatzung, die den Ort im späteren Uruguay wieder dem spanischen Kolonialimperium einverleibte.

Segurola trat sein Amt als Corregidor von Larecaja 1777 an. Ende 1780 erfährt er vom Aufstand Túpac Amarus und setzt ein Kopfgeld von 12.000

---

260 a.a.O., S. 80.

Pesos auf den Inka aus. Als sich die Bedrohungslage in Alto Peru nach dem Tod Tomás Kataris zuspitzt, ruft ihn Ignacio Flores, der Präsident der Audiencia von Charcas und militärischer Oberbefehlshaber des Gebiets, von seinem Posten ab und befiehlt ihm mit Schreiben vom 30. Dezember, sich nach La Paz zu begeben, um dort als Corregidor die Verteidigung der Stadt zu übernehmen und die Versorgung der Bevölkerung sicherzustellen. Ignacio Flores, ein weiterer Protagonist der kommenden Ereignisse, ist ein 1733 in Ekuador geborener Criollo, der in Ekuador und an mehreren europäischen Universitäten studiert hat, sechs Sprachen spricht (darunter Quechua) und zum Präsidenten der Audiencia de Charcas aufsteigt, einem riesigen Gebiet, das außer dem heutigen Bolivien auch Paraguay, das spätere Uruguay und Nordargentinien umfasst. Verwaltungssitz ist La Plata, auch Charcas genannt, das heutige Sucre, das nominell auch heute noch Hauptstadt Boliviens ist, auch wenn der faktische Regierungssitz schon seit langem La Paz ist.

Segurola kommt am 4. Januar 1781 in La Paz an. Sein Vorgänger im Amt hat dem königlichen Schatzamt bereits 20.000 Pesos entnommen, um 24 Kanonen gießen und Lanzen herstellen zu lassen. Das nötige Material für die Munition ist vor Ort nicht vorhanden und muss aus Oruro herangeschafft werden. Man stellt sich auf eine Belagerung der in einem Kessel liegenden Stadt ein, verstärkt die Befestigungsanlagen, legt Lebensmittellager an und besorgt Zelte und Kochgeschirr für etwaige Ausfälle. Die Bevölkerung wird in Milizen eingeteilt und erhält eine militärische Ausbildung. Bald haben alle Spanier die Stadt verlassen, die sich mit Flüchtlingen aus den angrenzenden Gebieten füllt.

Ende Februar erwähnt Segurola zum ersten Mal Túpac Katari, „ein gewöhnlicher Indio aus dem Dorf Ayoayo in der Provinz Sicasica, namens Julián Apaza.“[261] Die von ihm in Gang gesetzte Aufruhrwelle rückt immer näher an La Paz heran. Als sie den etwa 35 Kilometer südwestlich von La Paz gelegenen Ort Viacha erreicht, rüstet Segurola am 9. März eine Strafexpedition aus, „um zu sehen, ob mit ihrer Bestrafung die Kontrolle der unmittelbar angrenzenden Dorfgemeinschaften erreicht werden konnte.“[262] Der aus dreißig Grenadieren, dreißig mit Gewehren ausgerüsteten Offizieren und Zivilisten sowie 400 Lanzenreitern und Infanteristen bestehende Trupp fällt in den frühen Morgenstunden des nächsten Tages über das Dorf her und lässt laut Segurola 300 Indios über die Klinge springen. Eine große Zahl von Ein-

261 Vicente de Ballivián y Roxas: Archivo boliviano. Colección de documentos relativos a la historia de Bolivia durante la época colonial. (1872), La Paz 1977, S. 10.

262 a.a.O., S. 11.

wohnern, die sich in die Kirche zurückgezogen haben und dem spanischen König Treue geloben, werden verschont.

Die Befriedung der Region ist damit mitnichten erreicht. Bei Scharmützeln in unmittelbarer Nähe von La Paz ist Segurola von der Kampfbereitschaft der Aymara-Indios beeindruckt: „Wir besetzten zum vierten Mal den Hügel und bei dieser Aktion töteten wir fünfzig Rebellen, die sich dort aufhielten und stellten bei den Feinden einen Willen und eine Hartnäckigkeit fest, an der sich die tapferste Nation ein Beispiel hätte nehmen können. Denn obwohl sie von Kugeln getroffen waren, verteidigten sich die einen sitzend, die anderen liegend, beschimpften uns und bewarfen uns mit Steinen.“[263]

Am 13. März 1781 erscheint Túpac Katari mit 20.000 Kämpfern auf der Anhöhe Alto de Potosí am südlichen Stadtrand und schließt nach und nach den Belagerungsring, zunächst nach Westen hin (Alto de Lima). In den nächsten Tagen erhöht sich die Truppenstärke auf 40.000, so dass auch die östlichen Anhöhen besetzt werden können, wo auf der Hochfläche von Pampajasi ein zweites Lager errichtet wird, dessen Kommando Túpac Kataris Ehefrau Bartolina Sisa übernimmt.

Die beiden Hauptlager entwickeln sich rasch zu wahren Städten aus Zelten und Hütten, denn zu den anfangs 20.000 Kämpfern, deren Zahl sich je nach Schätzung auf bis zu 80.000 erhöht, kommen Familienangehörige und Helfer, so dass zwischen 150.000 bis 200.000 Menschen die Haupt- und Nebenlager bevölkern. Die Kataris richten 24 Gemeinden ein, an deren Spitze Bürgermeister und Gemeinderäte stehen. Die obersten Richter sind Túpac Katari und Bartolina Sisa, die in El Alto auf einer Art Thron drastische Urteile fällen gegen Kriegsgefangene sowie alle, die nur unwillig kooperieren und des Verrats oder der Spionage verdächtig sind. Manchmal interveniert Bartolina zugunsten der Spanier, die von Túpac Katari begnadigt werden mit dem Kommentar: „Das tue ich für dich, meine Königin.“ Auch militärisch herrscht im Belagerungsring Ordnung und strikte Disziplin. Die Kämpfer sind in Bataillone eingeteilt, regelmäßig werden Übungen abgehalten. Den Kataris sind jeweils drei bis vier Generäle unterstellt.

Nachdem auch die Brücken über die durch die Stadt oder an ihr vorbei fließenden Flüsse von den Indios kontrolliert werden, ist die Stadt völlig eingeschlossen und kann nicht mehr von außen versorgt werden. Die Royalisten haben sich hinter ihre Bastionen entlang der Stadtmauer und in die Schützengräben zurückgezogen. Drei Viertel liegen außerhalb der Mauer; ursprünglich nur von Indios bewohnt, leben dort mittlerweile auch viele arme

---

263 a.a.O., S. 14.

Mestizen, meist kleine Handwerker. Während die indianische Bevölkerung nach und nach in das Lager der Aymara-Rebellen übergeht, suchen viele Mestizen mit ihren Habseligkeiten Schutz in der ummauerten Stadt.

Auf dem zentralen Platz hat Segurola, gut sichtbar von den Höhen aus, Galgen errichten lassen, welche die abschreckende Wirkung aber verfehlen, denn auch die Rebellen stellen am Rand des Plateaus von El Alto Galgen auf, an denen sie ihre Gefangenen zu Tode bringen. Immer wieder steigen die Rebellen von den Höhen herab und versuchen, die Verteidigungsanlagen zu überwinden, werden aber von der gut positionierten Artillerie zurückgeschlagen. Der Vorteil der Belagerten liegt in ihrer besseren Bewaffnung. Nur wenige Indios haben Gewehre, ihre Waffen sind die Schleudern, mit denen sie in brennenden Stoff gewickelte Steine auf die Häuser am Stadtrand werfen, deren strohgedeckte Dächer sofort in Flammen aufgehen. Keiner der Indios kann die vier erbeuteten Kanonen bedienen. Diese Aufgabe übernehmen gezwungenermaßen gefangene Criollos oder Mestizen, die bewusst so schlecht zielen, dass ihre Kugeln keinen großen Schaden anrichten. Als einer der Kanoniere, ein gewisser Mariano Murillo, der Spionage überführt wird, schlägt man ihm beide Hände ab und treibt den Sterbenden an die Stadtgrenze. Die Schlacht um La Paz, die bis zum Ende der ersten Belagerung 104 Tage dauern wird, hat begonnen und wird von beiden Seiten mit aller Grausamkeit geführt.

Im Unterschied zum integrationistischen Ansatz Túpac Amarus und seiner Nachfolger geht es den Aymara-Rebellen um die völlige Eliminierung der spanischen Präsenz. Dies zeigt sich in aller Deutlichkeit am 19. März, als sich in Tiquina, an der Engstelle zwischen dem nördlichen und südlichen Teil des Titicacasees, ein gewisser Tomás Callisaya, der sich als „Fiskalkönig“ Túpac Kataris ausgibt, die indianische Bevölkerung zusammenruft. Der Pfarrer des Ortes, der Augustinerpater Matías Borda, gibt eine genaue Schilderung dessen, was dann geschieht. Callisaya tritt vor die Indios, um den Hals hat er einen Strick gelegt und in der Hand hält er eine Knotenschnur. Der Strick soll aussagen, dass man ihn aufhängen möge, wenn er anderes als die Wahrheit sagt. Als er den Knoten der Schnur löst, bedeutet dies, dass er folgende Botschaft des „Inkakönigs“ Túpac Katari zu übermitteln habe:

> „Der herrschende Inkakönig befiehlt, dass alle Corregidores, ihre Angestellten, Kaziken und Steuereintreiber umzubringen seien, so wie auch alle Chapetones, Criollos, Frauen und Kinder, ohne Ansehen von Geschlecht oder Alter, und überhaupt alle Personen, die Spanier sind oder zu sein scheinen oder nach der Art der Spanier gekleidet sind, und wenn diese Leute durch irgendetwas Sakrales oder einen Priester be-

günstigt werden, oder irgendeine Person das vorrangige Ziel, ihnen die Köpfe abzuschneiden, verhindern will, dann soll man auch sie niedermachen, die Priester töten und die Kirchen verbrennen, damit in ihnen keine Messen mehr gelesen, Beichten abgenommen werden und erst recht nicht das Allerheiligste verehrt werden kann."[264]

Weitere Hinweise, es dürfe auch kein Brot mehr gegessen oder Wasser aus Behältern getrunken werden, sind Belege eines konsequenten kulturrevolutionären Impetus, der in dieser Radikalität jedoch nicht allgemeingültig ist, da sich Túpac Katari durchaus mit Priestern umgibt.

Fray Borda versucht beschwichtigend einzuwirken. Als die Gefahr besteht, dass die in der Kirche versammelten Spanier und Criollos dort im Feuer sterben sollen, gehen alle nach draußen und werden dort umgebracht, die Männer von den Indios, die Frauen von den Indiofrauen. Borda, dessen Leben man verschont, verlangt die würdige Bestattung der Toten, deren Zahl er auf hundert schätzt, doch dies wird ihm verweigert. Die Leichen werden zum Fraß von Hunden und Vögeln auf die Felder geworfen, denn die Spanier seien exkommunizierte Teufel.

Borda zieht sich in den Stützpunkt seines Ordens in Copacabana, wenige Kilometer südlich von Tiquina, zurück. Auch dort kommt es zum Aufstand, der noch mehr Menschenleben als der von Tiquina gefordert haben soll. Die Augustiner erhalten wenige Tage später einen Brief Túpac Kataris, der die Entsendung eines Priesters in sein Lager in La Paz fordert, ansonsten würde der Ort zerstört. Der Prior und die Mitbrüder bestimmen Fray Borda für diese Aufgabe. Wie ein Gefangener, von 60 Indios begleitet, macht sich der Pater auf den Weg und erreicht La Paz am 14. April. Er wird vor Túpac Katari geführt, der ihm als erste Regel aufgibt, kein Spanisch, sondern nur Aymara zu sprechen. Borda verbringt etwa einen Monat in unmittelbarer Nähe Túpac Kataris und kann sich dann in die belagerte Stadt flüchten, wo er einen ausführlichen Bericht für Segurola anfertigt.

Der Ruf nach geistlichem Beistand zeigt, dass der radikale Antiklerikalismus kein durchgängiges Merkmal der Aymara-Rebellen ist. Tupac Katari selbst umgibt sich mit Geistlichen, lässt regelmäßig Messen in einer Art Zeltkirche feiern und führt Heiligenbilder und Glocken aus Dorfkirchen mit sich. Sein Umgang mit den katholischen Riten ist ein eher synkretistischer, was sich beim tragischen Tod des Franziskaners Barriga zeigt. Der Pater war offenbar freiwillig, von pastoraler Fürsorge für die Rebellen bewegt, aus dem Franziskanerkloster gekommen, das außerhalb der Befestigungsanlagen von

264 a.a.O., S. 210.

La Paz liegt und manchmal zum Ort der Begegnung zwischen Belagerern und Belagerten wird. Nach wenigen Tagen der Anwesenheit in El Alto wird der Pater nach einer desaströsen Niederlage der angreifenden Indios beschuldigt, eine „Fluchmesse“ für den Sieg der Royalisten gelesen zu haben. In Abwesenheit Tupac Kataris erhängen die Indios den Pater und töten etwa dreißig Gefangene. Als Túpac Katari vom Tod Barrigas erfährt, vergießt er bittere Tränen, bestraft die Täter und organisiert eine Totenfeier, wobei er das Allerheiligste aus der Zeltkirche holen und auf die Brust des Toten stellen lässt.

Eine derart unorthodoxe Religionsausübung erinnert an Túpac Amarus Treue zur Kirche. Für den „Vizekönig“ der Aymara haben die Politik, die Edikte, die Rhetorik des Inka aus Tinta Vorbildcharakter. Bisweilen kleidet er sich wie Túpac Amaru und unterschreibt gar ein eigenes Dokument mit „Gabriel Tupa Amaro“. Allerdings ist der echte Gabriel (nach seinem Tod auch Diego Cristóbal) besorgt über die mangelnde Kontrolle der Aymara-Kämpfer und Exzesse wie die Tötung von Mestizen und Schwarzen. Folglich schickt er einen alten Vertrauten nach Hochperu, um mäßigend auf die Kataris einzuwirken und die Einheit der Bewegung trotz ethnischer Differenzen zu bewahren.

Die schwierige Mission wird dem einäugigen Pedro Obaya übertragen. Im März bricht er von Azángaro, dem Hauptquartier der Condorcanquis auf, stellt in den Orten am Titicacasee fest, mit welcher Grausamkeit die Truppen Túpac Kataris gewütet haben, aber auch, welches Prestige allgemein der Name Túpac Amaru genießt. Als er Anfang April La Paz erreicht, gibt er sich als dessen Neffe aus und tritt in lange Verhandlungen mit Túpac Katari ein, der sich zurückzieht und dem Neuankömmling, bald als „der kleine König“ apostrophiert, die Leitung der Kämpfe übergibt. Denn die Erfolge der Belagerer sind bisher eher bescheiden geblieben. Segurola gibt in seinem Tagebuch zum Beispiel für den 28. März zwei eigene Verluste an, glaubt aber, dank der Überlegenheit seiner Waffen bis zu 150 anstürmende Aymaras getötet zu haben. Umgekehrt geriet zwei Tage zuvor der Versuch, die Belagerer vom Hügel Pampajasi zu vertreiben, zur Katastrophe. Als die Truppe auf halbem Weg nicht weiterkam, erfolgte ein chaotischer Rückzug. 30 Mann starben, darunter sechs Grenadiere. Vier Kanonen fielen in die Hände der Feinde, zusätzlich 25 Feuerwaffen.[265]

Obaya schickt zunächst Briefe an einflussreiche Criollos von La Paz, in denen er potentielle Sympathisanten Túpac Amarus vermutet, die sich wegen

---

265 a.a.O., S. 25.

der rassistischen Exzesse aber von der Idee der Rebellion abgewandt haben und die er jetzt zurückgewinnen will. Es kommt sogar zu Gesprächen, doch die Forderungen Obayas (Anerkennung Túpac Amarus als Inkakönig, Auslieferung von vier Corregidores, von Großgrundbesitzern und Zollbeamten, Übergabe von Waffen und Schleifung der Verteidigungsanlagen) sind für die Belagerten inakzeptabel.

Pedro Obaya ändert die bisherige Taktik und geht zu nächtlichen Angriffen über, wenn die Zielmöglichkeiten der Artilleristen eingeschränkt sind oder Regen den Gebrauch der Feuerwaffen erschwert. Am 27. April setzt er einen besonders pfiffigen Plan in die Tat um: Er verkleidet einen Teil seiner Truppe als Spanier und fingiert an der nach Cuzco führenden Straße ein Gefecht, um die Belagerten aus ihren Stellungen zu locken. Segurola berichtet:

> „... und sie kamen immer tiefer herunter, gaben Schüsse ab, einige stellten sich tot, andere griffen an und zogen sich zurück, mit weiteren geschickten Finten. Und als sie sahen, dass wir uns in der Stadt noch nicht bewegten, beschloss besagter Pedro Obaya bis in unsere Nähe zu kommen. Durch Rufe und Gesten gab er vor, einer der heranrückenden Spanier zu sein, und bat um Hilfe. Bei dieser Aktion – auch war er etwas betrunken – brachte ihn das Pferd näher als geplant an uns heran, deshalb fiel er in die Hände einiger unserer Soldaten, die vor den Schützengräben standen. Sie nahmen ihn gefangen und brachten ihn in die Stadt."[266]

Ab sofort übernimmt wieder Túpac Katari das Kommando. Dem gefangenen Obaya, der nach dem Verhör durch Segurola und den Padre Matías Borda wohl brutal behandelt wird, geht es gesundheitlich immer schlechter. Als man befürchtet, er könne vor seiner Hinrichtung sterben, befiehlt Segurola, ihn aufzuhängen. Dies geschieht am 4. August. Am Tag danach wird sein Kopf auf einen Pfahl gesteckt und seine Leichenteile werden zur Abschreckung vor die Stadtmauer geworfen.

Wenn Obaya betrunken in die Hände der Royalisten fällt und immer wieder auf Túpac Kataris Trunk- und Sexsucht hingewiesen wird, ist darin laut Sinclair Thomson, Historiker der New York University, ein für andine Ethnien wie die Aymara spezifisches Verhalten in Kriegssituationen zu sehen und kann nicht mit europäischen Moralkategorien bewertet werden: „Túpac Kataris rabiate und unbarmherzige Behandlung der Feinde ging völlig konform mit den ambivalenten Normen andiner Bauernkultur. Seine Gewalttä-

266 a.a.O., S. 38-39.

tigkeit, die Schrecken und Entsetzen verbreiten sollte, war einem tapferen männlichen Krieger angemessen, und er erwartete von seinen Gefolgsleuten, dass sie ähnliche Wildheit und Hartnäckigkeit in der Schlacht an den Tag legten.“[267] In rituell signifikanten Momenten kommt der Krieger einer mächtigen Schlange (*katari*), einem Puma oder Kondor gleich. Und so wie der Kondor sich auf seine Opfer herabstürzt, hält es auch Túpac Katari für sein Recht, beim Gang durch die La Paz umgebenden Lager junge Frauen auszusuchen, die ihm zu Willen sein müssen. Ob Bartolina Sisa, seine Frau, sich ähnliche Freiheiten herausnimmt, darf bezweifelt werden.

Auch wenn in der Kultur der Aymara wie auch der Quechua die grundsätzliche Vorherrschaft des Mannes nicht in Abrede gestellt wird, können Frauen sowohl im Alltagsleben wie besonders in Kriegssituationen wichtige Positionen übernehmen, so Bartolina Sisa, die den Befehl über das Lager von Pampajasi hat und auch militärische Operationen anführt. Als die Spanier bei einem Ausfall am 11. Mai eine Gruppe von schlafenden Feinden überfällt und zwanzig von ihnen tötet, ist Segurola überrascht, darunter mehrere Frauen zu entdecken. Noch ein Jahr später wird er bei der Bekämpfung von Widerstandsnestern die Erfahrung machen, dass sich indianische Frauen lieber in den Tod stürzen als sich den Spaniern zu ergeben.

La Paz ist mittlerweile von jeglicher Versorgung von außen abgeschnitten. Die subtropischen Täler der Yungas, aus denen bisher die meisten Lebensmittel angeliefert wurden, stehen ebenfalls unter der Kontrolle von Rebellen. Vor allem die Kokafelder, die im Besitz der wohlhabendsten Einwohner von La Paz standen, dienen jetzt der Finanzierung der Rebellion. Túpac Katari hat Verwalter eingesetzt, welche ihm die Kokablätter abliefern, die er als Sold an seine Kämpfer verteilt. Der Überschuss wird vermarktet, eine Aufgabe, der sich Nicolás Apaza, Túpac Kataris Onkel, widmet. So kommen bis zum Ende der Belagerung 13.000 Pesos zusammen, die in die Kriegskasse fließen.

In der Stadt kann sehr bald auch mit Rationierungsmaßnahmen nicht mehr gegen die alle erfassende Hungersnot angegangen werden. Ein Bewohner erinnert sich später: „Während besagter Belagerung kamen wir in die extreme Lage, Hunde, Katzen, Maultiere und Leder essen zu müssen mit der Folge, dass etwa 11.000 Menschen starben, und tausend weitere, die bei Ausfällen ums Leben kamen. Diese Bevölkerung, die vorher aus 30.000 Seelen bestand, wurde so auf 18.000 reduziert.“[268] Hinzu kommen Epidemien wie die

---

267 Sinclair Thomson: We Alone Will Rule: Native Andean Politics in the Age of Insurgency. 2002, S. 196. Übersetzung aus dem Englischen.

268 NCDIP IV, S. 274.

Ruhr. Viele der Erkrankten versterben im Krankenhaus San Juan de Dios. Da dessen Friedhof zu klein wird, hebt man ein Massengrab für 150 Tote aus.

Wenn in den ersten Wochen der Belagerung die Grenze noch durchlässig war und sich an der Frontlinie kleine Märkte etablierten, wo Warenaustausch stattfand, versiegt diese Möglichkeit nun vollends. Angesichts der Hungersnot ist es den Frauen nun erlaubt, die Stadt zu verlassen, um bei den Belagerern Nahrungsmittel zu erbetteln oder einzutauschen. Das führt dazu, dass manche nicht zurückkommen, die anderen aber mit dem Verdacht sexueller Freizügigkeit behaftet sind.

Die spanischen Instanzen in Cochabamba und Charcas (La Plata) gewinnen durch die langsam eintreffenden Nachrichten ein Bild von der Lage um das belagerte La Paz und beginnen damit, ein Heer zusammenzustellen, um die Stadt zu befreien. Dass dies Zeit in Anspruch nimmt, führt später zu dem Vorwurf, man sei zu lange müßig gewesen und hätte schneller reagieren müssen.

Der Präsident der Audiencia von Charcas, Ignacio Flores, schreibt erbittert, in Amerika plusterten sich manche auf wie der Rauch eines Vulkans, seine Kritiker hätten keine Ahnung von der gefährlichen Lage vor Ort, wo „kleine spanische Siedlungen eingestreut seien unter eine Bevölkerung von Tausenden Indios, die wegen ihrer Nüchternheit und Härte bessere Soldaten seien.“[269]

Flores gelingt es, eine 2000 Mann starke Truppe mit Kontingenten aus Buenos Aires, La Plata und Cochabamba zusammenzustellen und in Richtung La Paz aufzubrechen. Túpac Katari betraut Bartolina Sisa mit dem Oberbefehl über die Belagerer und zieht Flores entgegen. Bei Sica Sica und Calamarca unterliegt er den besser bewaffneten und taktisch klüger agierenden Royalisten, verliert sein Pferd und kann mit Mühe und Not La Paz erreichen, wo er den Rückzug befiehlt.

Ignacio Flores erreicht mit seiner zusammengewürfelten Truppe am 30. Juni La Paz und hebt nach 109 Tagen den Belagerungsring auf, auch wenn auf den Höhen immer wieder Indios auftauchen, die blitzschnell angreifen und sich sofort wieder zurückziehen. Um die Truppen Kataris zu spalten, versprechen die Royalisten jenen, die sich von den Rebellen abwenden, Strafnachlass. Die Versorgungslage entspannt sich, allerdings war die rudimentäre Logistik der Befreier nicht darauf eingestellt, genügend Lebensmittel mitzuführen. Ein Einwohner berichtet: „Es kamen Lebensmittel herein, die von einer Veteranentruppe bewacht worden waren, und solche von vielen

---

269 NCDIP IV, S. 499.

Cochabambinos, welche in dieser Unglückszeit den Mangel und die Not ausnutzten, um Nahrung gegen Gold und Silber zu verkaufen. Kurz gesagt erhielten sie für eine Handvoll Mehl eine Handvoll feiner Perlen und für ein Stück Dörrfleisch ein paar Ohrringe mit in Gold gefassten Diamanten, die ihnen eine geschwächte und abgemagerte Frau übergab."[270]

Zufrieden mit dem Ertrag der Kampagne machen sich vor allem die Männer aus Cochabamba auf den Heimweg, eine Massendesertion, die von Ignacio Flores kaum unterbunden werden kann. Da er den Rest seiner Truppe nicht angemessen versorgen kann, beschließt auch er, sich nach Cochabamba zurückzuziehen, verspricht aber, ein neues Kontingent aufzustellen und so bald wie möglich nach La Paz zurückzukehren. Die Einwohner sind verzweifelt und befürchten zu Recht, dass ihnen bald eine zweite Belagerung bevorsteht.

Während Túpac Katari sich in Sicherheit bringen kann, wird seine Frau Bartolina Sisa am 2. Juli auf dem Weg in ihr Stammlager Pampajasi von Begleitern, die mit den Spaniern in Kontakt getreten waren, um von der versprochenen Amnestie zu profitieren, verraten und an Segurola übergeben. In der Haft wird sie verhört, vergewaltigt und gefoltert. Auf die Frage nach den Gründen für den bewaffneten Aufstand, antwortet sie: „damit nach der Auslöschung der Weißgesichter nur die Indios regieren sollten."[271] Man will von ihr wissen, wer die Berater ihres Mannes und wer seine Spione innerhalb der Stadt waren. Sie antwortet nur vage und nennt nur Namen von Toten, denen man nichts mehr anhaben kann. Mehr als ein Jahr wird sie in einem Gefängnis verbringen, das manche ihrer Mitgefangenen nur als Leichen verlassen.

Mitte des Jahres 1781 ist der Kolonialmacht die Kontrolle über den Collasuyo, den südlichen Teil des ehemaligen Inkareiches, fast völlig entglitten, wodurch die Kommunikationswege nach Potosí und Buenos Aires weitgehend unterbrochen sind. Von der großen Armee des Feldmarschalls del Valle sind nur klägliche Reste übriggeblieben, die sich nun mit den evakuierten Bewohnern von Puno auf dem Marsch nach Cuzco befinden. Die Gegend um den Titicacasee wird von den Rebellen beherrscht, nach der langen Belagerung blicken die überlebenden Einwohner von La Paz in eine ungewisse Zukunft, und während sich eine Allianz zwischen den quechuasprechenden Nachfolgern Túpac Amarus und den Aymaras um Túpac Katari anbahnt, entzweien sich die Spitzen der Kolonialbürokratie in heftigen Diskussionen über eine zum Erfolg führende Strategie. Areche wirft del Valle Unfähigkeit

---

270 Melchor de Paz: Guerra separatista II, S. 102.

271 VdS, S. 249.

und Versagen vor dem Feind vor. Er traut sich zu, mit frischen Truppen aus Callao und Arequipa die aufgegebene Stadt Puno zurückerobern zu können. Allerdings weigert sich Vizekönig Jáuregui, ihm die geforderten Soldaten zu überlassen, da er einen Angriff der Engländer befürchtet, mit denen Spanien sich im Krieg befindet. Areche wittert Verrat und schwärzt den Vizekönig in Briefen an den Kolonialminister Gálvez in Madrid an.

Südlich des Titicacasees operieren die Nachfolger Túpac Amarus immer erfolgreicher. Mit bis zu 20.000 Indios beginnt Andrés Mendigure alias Andrés Túpac Amaru am 4. Mai die Belagerung von Sorata. Was die Einwohner von La Paz zeitgleich erleiden, trifft nun auch die Bewohner zu Füßen des mächtigen Illampu. Die Lebensmittelvorräte gehen zur Neige, so dass auch hier bald Tiere aller Art inklusive Ratten in die Kochtöpfe wandern.

Die Verteidigung der Stadt, in der sich auch viele Flüchtlinge aus der unmittelbaren Umgebung sowie aus den Provinzen Lampa und Azángaro befinden, wird von 18 Kompanien à 40 Mann, besoldet mit 2 Pesos, übernommen; hinzu kommen unbezahlte Freiwillige, insgesamt 2.000 Mann, die sich gegen eine zehnfache Übermacht zu verteidigen haben. Die Stadt ist mit Gräben, Bollwerken und Kanonen so gut geschützt, dass alle Angriffe abgewehrt werden können. Drei Botschaften erreichen die Belagerten, die erste wird überbracht von einem Indio und erhält die Aufforderung zur Übergabe der Stadt. Zwei weitere, übermittelt von gefangenen Geistlichen, schlagen Verhandlungen vor. Immerhin ermöglicht die zweite eine Waffenruhe von zwei Tagen und die Lieferung von Lebensmitteln. Als es auch nach der dritten Botschaft nicht zu ernsthaften Verhandlungen kommt, lässt Andrés Túpac Amaru drei von den Gletschern des Illampu gespeiste Flüsse umleiten und stauen. Drei Monate nach dem Beginn der Belagerung, am 5. August, wird der Staudamm durchstochen, gewaltige Wassermassen ergießen sich in die Stadt, zerstören die Befestigung und vertreiben die Verteidiger von ihren Positionen. Segurola, der frühere Corregidor von Sorata, berichtet, was dann geschah:

> „Die Feinde drangen ein, besetzten den Platz und richteten die Verwüstung an, die man von solchen Bestien erwarten kann. Alle, die sie antrafen, töteten sie blindlings auf verschiedene Weise, die einen mit Kugeln, die andern mit Knüppeln, wieder andere hängten sie auf und verschonten auch jene nicht, die sich in die Kirche flüchten konnten, mit Ausnahme von Geistlichen und Frauen, obwohl einige von diesen ebenfalls umkamen, wenn sie sich um Gnade für ihre Verwandten einsetzten. So beendeten die unglücklichen Einwohner von Sorata ihr Leben.“[272]

---

272 Vicente de Ballivián y Roxas, a.a.O., S. 254.

Sicher muss von einer hohen Opferzahl unter den Einwohnern von Sorata ausgegangen werden, sei es aufgrund der Überschwemmung oder durch die Gewalt der eindringenden Belagerer. Anderen Quellen zufolge habe man Criollos und Mestizen verschont, allerdings befiehlt Andrés Túpac Amaru, dass die Frauen ab sofort indianische Kleidung zu tragen, barfuß zu gehen und Koka zu kauen hätten. Hoch sind auch die materiellen Schäden durch die Plünderungen und Brandschatzungen. Was an Geld und Edelmetallen zusammengetragen wird, lässt Andrés in das Hauptquartier nach Azángaro transportieren, wo er mit Diego Cristóbal, Mariano Túpac Amaru, Miguel Bastidas (Micaelas jüngerer Bruder) und den Hauptleuten über das weitere Vorgehen berät.

Man beschließt, direkter als bisher in das Geschehen im Aymara-Gebiet einzugreifen. Bereits am Titicacasee war es zu gemeinsamen Operationen mit Truppen von Túpac Katari gekommen, Als dieser während der Belagerung von La Paz auch in Sorata aufkreuzt, kommt es zu Spannungen, als die Amarus ihm den Titel Vizekönig aberkennen und ihn zum Gouverneur degradieren. Später werden aus dem Quechua-Lager zwei „Aufpasser" an die Seite Túpac Kataris nach La Paz entsandt und dort nicht gerade freundlich aufgenommen. Einer der beiden soll sogar umgebracht worden sein. Aus La Paz wiederum war Gregoria Apaza, die Schwester Túpac Kataris nach Sorata gekommen, hatte sich dort offenbar in den viel jüngeren Andrés Túpac Amaru verliebt, ihren Ehemann Alejandro Pañuni, Küster ihres Heimatortes Ayo Ayo, verlassen und das gemeinsame Kind nach Azángaro in die Obhut der Mutter Diego Cristóbals gegeben. Das Paar macht sich nun auf den Weg nach La Paz, das nach dem Abzug der Flores-Truppe ungeschützt daliegt und von den Rebellen erneut belagert wird.

Am 5. August 1781 beginnt zeitgleich mit der Eroberung Soratas die zweite Belagerung von La Paz, die 75 Tage dauern wird. Mitte August treffen Andrés Túpac Amaru, Gregoria Apaza und Miguel Bastidas mit tausenden Kämpfern auf den Höhen über La Paz ein und beziehen das Lager von El Alto, während Túpac Katari gegenüber das vorher von Bartolina Sisa betriebene Lager von Pampajasi übernimmt. Zwischen den Rebellenführern kommt es zu regelmäßigen Konsultationen und immer wieder auch zu Spannungen. Dennoch gelingt es, die Stadt so abzuschotten, dass die Versorgung von außen völlig zusammenbricht.

Die Angriffe der Aymaras nehmen gegenüber der ersten Belagerung an Häufigkeit und Heftigkeit zu. Túpac Katari ist vor allem von dem Wunsch getrieben, seine Frau Bartolina zu befreien. Angebote, sie gegen Geiseln aus seinem Lager, Geistliche und verschleppte Criollos aus Sorata, auszutauschen, lehnt Segurola ab, ebenso das weitergehende Angebot, die Belagerung überhaupt abzubrechen, wenn die „Vizekönigin“ freikommt. Als aus den Reihen der Belagerer vorgeschlagen wird, Bartolina Sisa möge vermitteln, sinnt der Stadtkommandant auf eine List. Er holt Bartolina aus dem Gefängnis und postiert sie zwischen die Zinnen des Santa-Barbara-Tores in der Hoffnung, dass Túpac Katari sich nähern würde. Mit Feuerwaffen ausgestattete Infanteristen und Kavalleristen sollten sich dann von drei Seiten auf den Rebellenführer stürzen und ihn gefangennehmen. Zwar schickt Túpac Katari Emissäre, die auch mit Bartolina sprechen können, er selbst bleibt jedoch misstrauisch und beobachtet aus der Ferne, so dass Segurolas Plan scheitert.

Bald spitzt sich die Versorgungslage abermals zu. Segurola notiert in seinem Tagebuch, dass die Einwohner dieselben „unziemlichen Nahrungsmittel“ zu sich nehmen müssen wie schon wenige Wochen zuvor. Für die Soldaten stehen pro Tag nur noch „vier Unzen Fleisch und acht Unzen Chuño (gefriergetrockenete Kartoffeln)“[273] zur Verfügung. Als es nichts mehr zu essen gibt, wird das Leder von Taschen und Koffern weichgekocht. Der Hunger fordert viele Todesopfer, es soll Fälle von Kannibalismus gegeben haben, Leichengeruch liegt über der Stadt. Besorgt beobachten die Menschen, dass die Wasser des durch die Stadt fließenden Choquepayu[274] sich eintrüben und dann abnehmen. Man befürchtet eine ähnliche Maßnahme wie die, welche zur Zerstörung Soratas führte. Und tatsächlich arbeiten tausende Indios daran, den Fluss an einer Engstelle zwischen zwei Felswänden anzustauen. In der Nacht des 12. auf den 13. Oktober bricht die Flut über die Stadt herein. Von den drei Brücken, welche das Zentrum mit den Außenbezirken verbinden, wird eine völlig zerstört und die zwei anderen erheblich beschädigt. Die Wassermassen reißen einige am Fluss gebaute Häuser mit sich, die Zahl der Todesopfer bleibt jedoch gering, denn der Damm bricht offensichtlich früher als geplant, weshalb die Fluten nicht annähernd die Gewalt haben, die zum Untergang Soratas führte.

Die Forderung, die Stadt zu übergeben, wird von den Einwohnern abgelehnt, die ähnliche Massaker wie in Sorata befürchten. Man hofft auf Hilfe von außen, die tatsächlich im Anmarsch ist. Oberstleutnant José de Reseguín, ein Spanier, ist mit Kräften aus Buenos Aires und Montevideo nach Norden aufgebrochen, hat Verstärkung aus Oruro und Cochabamba bekommen und nähert sich mit 5.000 Mann, 250 Feuerwaffen und 8 Kanonen dem belagerten La Paz. Andrés Túpac Amaru ist nicht mehr vor Ort. Sein Cousin

---

273 a.a.O., S. 114-115.

274 Heute fließt der Fluss über mehrere Kilometer durch einen unterirdischen Kanal.

Diego Cristóbal hat ihn zu Konsultationen nach Azángaro gerufen, so dass nun Miguel Bastidas das Kommando im Quechua-Lager führt. Túpac Katari schickt dem royalistischen Heer zwei seiner Generäle mit 5.000 Kämpfern entgegen, die es in die Zange nehmen sollen. Doch da die Marschroute der Royalisten eine andere als die erwartete ist, misslingt der Plan. Am 17. Oktober erscheint Reseguín auf den Höhen über La Paz, die Rebellen haben sich kampflos zurückgezogen, die Stadt ist befreit. Im Lager von Pampajasi finden sich reichlich Vorräte, nebst 50 Schafen, die für das Erste die Not der Überlebenden lindern.

Anders als nach der ersten Belagerung von La Paz zerbricht die Front der Rebellen sehr schnell, und das nicht nur, weil der flüchtende Túpac Katari keine Kontrolle über seine Truppen mehr ausübt. Sein Heer bestand vor allem aus Kleinbauern, die nun ihre Felder bestellen müssen, um im nächsten Jahr ernten zu können.

In Lima hat Vizekönig Jáuregui auf Anraten des Feldmarschalls del Valle ein Amnestiedekret ausgearbeitet, getragen von der Überzeugung, dass die Hinrichtung Túpac Amarus den Widerstand erst recht radikalisiert habe. Im Unterschied zu Areches Dekret aus der ersten Phase der Rebellion gilt der am 12. September unterzeichnete Gnadenerlass (*Bando del Perdón*) ausdrücklich auch für die Caudillos, die Anführer. Alle sollen friedlich in ihre Heimatorte zurückkehren und ihr gewohntes Leben wiederaufnehmen; für den Fall weiterer Rebellionen wird äußerste Härte angedroht. Das Dokument, das überall ausgehängt werden soll, wird von Francisco Salcedo, dem Corregidor von Tinta und Nachfolger Arriagas, an Diego Cristóbal in Azángaro übermittelt.

Der Generalinspekteur schäumt vor Wut, denn die Maßnahme ist weder mit ihm noch mit der Audiencia von Lima abgestimmt worden. Das Kompetenzgerangel nimmt dramatische Ausmaße an. Areche hält sich qua seines Amtes für befugter als der Vizekönig, wichtige politischen Entscheidungen zu treffen. Die Tatsache, dass der Vizekönig den alten del Valle mit der Leitung der Militäroperation gegen Túpac Amaru betraut hatte, kann er nicht überwinden. Er hält den Feldmarschall für einen Versager und hetzt in zahlreichen Briefen (unter anderem an den Kolonialminister Gálvez) gegen ihn und Jáuregui. Während nach dessen Erfahrungen in Chile die kulturelle und religiöse Annäherung der Indios an europäische Wertvorstellungen und die Akzeptanz der spanischen Sprache nur durch eine schrittweise Politik zu erreichen ist, setzt Areche in erster Linie auf Gewalt.

Nicht auszuschließen ist, dass die vergleichsweise humanere Position des Vizekönigs durch liberale, vom Gedankengut der französischen Aufklärung beeinflusste Personen motiviert ist. Bei der feierlichen Einführung Jáureguis in sein Amt hält am 27. August 1781 der junge Juraprofessor José Baquíjano y Carrillo, den Túpac Amaru 1777 kennengelernt hatte, in der Universität von San Marcos seine später berühmt gewordene Rede „Lob auf Agustín de Jáuregui". Mehr als drei Monate sind seit den grausamen Hinrichtungen von Cuzco vergangen. Baquíjano y Carrillo erwähnt Túpac Amaru nicht explizit, geißelt aber die Ausbeutung der Indios, „die immer arbeiten, aber nie etwas besitzen" durch jene, „die durch die Arbeit und den Schweiß anderer reich werden". Und er beschwört den Vizekönig: „Aber Eure Exzellenz verachtet dergleichen. Klug erwägen Sie, dass das Leben des Bürgers immer wertvoll ist und Respekt verdient. Denn die Menschen zu vernichten, bringt keinen Gewinn."[275]

Das progressive Gedankengut der Rede und die Bezeichnung der Indiovasallen als Bürger bringen Areche auf die Palme. Er hetzt in Briefen gegen den mutigen Redner, erinnert daran, dass Baquíjano wegen seiner Spielleidenschaft aus Spanien ausgewiesen wurde, dass er im Palast des letzten Vizekönigs Guirior ein und aus ging, dass er von diesem protegiert und in sein Amt als *Protector de naturales* (Obmann für die Belange der Indios) gehievt wurde. Hintergrund dieses Eklats ist der Kampf zwischen der Gruppe einflussreicher Criollos, meist Kaufleute, die ihren Besitzstand wahren wollen, und dem aus Spanien entsandten Generalinspekteur, der die bourbonische Wirtschafts- und Steuerpolitik durchsetzen soll und sich in Peru bewegt wie der Elefant im Porzellanladen. Aufgrund seiner Machtfülle verhindert Areche zunächst, dass Baquíjano zum Rektor der Universität von San Marcos gewählt wird. Er lässt die schon gedruckte Rede auf den Index setzen und sendet als Beleg ein Exemplar nach Madrid. Die auffindbaren Drucke der Rede werden konfisziert, und noch der Nachfolger Jáureguis, Teodoro de Croix, wird damit beschäftigt sein, nach verbliebenen Exemplaren zu fahnden.

Am 3. Oktober 1781 ergreift auch Bischof Moscoso die Initiative für eine Beendigung der Kämpfe. In einem Pastoralbrief an Diego Cristóbal und dessen Neffen Mariano verspricht er, sich für den von Jáuregui angebotenen Pardon einzusetzen, wenn die Angesprochenen ihren „Fanatismus" ablegen. Dann könnten sie in ihr gewohntes und geordnetes Leben zurückkehren, andernfalls würden sie mit großer Wahrscheinlichkeit von den eigenen Leuten ans Messer geliefert, wie es den Makkabäern und Julius Cäsar ergangen war. Dann wird er pathetisch: „Ich gebe mein Leben für Eures, wie es Jesus Chris-

---

275 Ein Druck der Rede ist im Internet einzusehen (abgerufen VI/2023), die Zitate finden sich auf den Seiten 53-54: https://archive.org/details/elogiodelexelent00baqu/page/80/mode/2up?ref=ol&view=theater.

tus für die Menschheit gegeben hat. Ich werde Euch in diesen Wüsteneien suchen wie verlorene Schafe, und für ein einziges von ihnen werde ich über die Erde schreiten und Spuren mit dem Blut meiner Füße hinterlassen, und wenn ich es gefunden habe, werde ich es freudig auf meine Schultern laden, um es in meinen Pferch zurückzuführen."[276] Konkret bietet er an, Priester seines Vertrauens als Schutzpersonen zur Verfügung zu stellen.

Diego Cristóbal beantwortet den Brief des Bischofs am 5. November, begrüßt ausdrücklich die Friedensinitiative und rechtfertigt den Aufstand als Reaktion auf die „schlechte Regierung": „Denn anders konnten die Armseligen ein so schweres und unerträgliches Joch nicht abschütteln, ein Joch, das ihnen die subalternen Staatsdiener wider jede Vernunft und Gerechtigkeit auferlegt hatten gegen die stets wiederholten weisen Verfügungen, welche die väterliche Liebe unseres Monarchen ihnen zu ihrem Wohl zugedacht hatte."[277] Zuvor hat er bereits einen langen Brief an den Vizekönig geschrieben und auch hier ausführlich Gründe dargelegt, die zum Aufstand geführt haben. Neben der verbrecherischen Amtsausübung der Corregidores, der Schinderei in den Minen von Potosí, dem wenig christlichen Handeln der Landpfarrer schildert er vor allem die negativen Auswirkungen der Steuerpolitik auf seine Zunft, die der Transportunternehmer (Arrieros). Emotional wird er, wenn er am Ende seines Briefes Jesaias 38, Vers 14, zitiert: „Domine, vim patior responde pro me"[278] (Herr, ich leide Not, tritt für mich ein!). Miguel Bastidas, der sich noch bei La Paz aufhält, bittet er, José de Reseguín ein Friedensangebot zu machen. Der Oberstleutnant antwortet, er möge zusammen mit Túpac Katari nach La Paz kommen und sich dort unter seinen Schutz stellen.

Als das Friedensangebot Túpac Katari erreicht, stellt dieser die Bedingung, dass seine Frau Bartolina freigelassen wird, was auf strikte Ablehnung stößt. Daraufhin versucht er, die versprengten Reste seines Heers zusammenzuführen und Azángaro, das Hauptquartier Diego Cristóbals, zu erreichen. Vorher kommt es zu einer Begegnung mit Miguel Bastidas, der ihn vergeblich von der Ernsthaftigkeit der Amnestie zu überzeugen versucht. Miguel begibt sich nach La Paz, wird festgenommen, zunächst nach Cuzco überstellt und später in Lima vor Gericht gestellt.

Auf seiner Flucht, immer verfolgt von 150 Infanteristen, trifft Túpac Katari am 9. November in Ayacachi am Ostufer des Titicacasees auf seinen Ver-

---

276 CDBRETA II, S. 645.

277 MdP II, S. 169.

278 CDIP II, 3, S. 135.

trauten Tomás Sisa López, einen Verwandten Bartolinas, der sich den Namen Tómás Inga Lipe zugelegt hat. Dieser ist von den Spaniern unter Druck gesetzt worden. Für seine völlige Straffreiheit soll er Túpac Katari ausliefern. Inga Lipe organisiert ein Festessen, bei dem er seinen Gast mit Maisbier (Chicha) abfüllen will. Entgegen seiner Gewohnheit trinkt Túpac Katari nur wenig und verlässt überstürzt das Fest. Als die Verfolger unter Hauptmann Ibáñez eintreffen, kann ihnen Inga Lipe nur den von Túpac Katari eingeschlagenen Weg zeigen. In der Hütte einer alten Frau, weiter oben am Berg, hat er sich schlafen gelegt. Dort überwältigen ihn die Häscher kurz nach Mitternacht und bringen ihn, an ein Pferd gebunden, nach Achacachi und später nach La Paz.[279]

Julián Apaza alias Túpac Katari wird sofort verhört und gefoltert. In Francisco Tadeo Díez de Medina findet er einen ähnlich gnadenlosen Richter wie Túpac Amaru, dessen Prozess von Benito Mata Linares verantwortet worden war. Díez de Medina wurde 1738 in La Paz geboren, ist also ein Criollo. Er studierte kirchliches und weltliches Recht, legte sein Examen an der Universität San Francisco Javier in La Plata (heute Sucre) ab, ging in seine Heimatstadt zurück und machte sehr schnell Karriere. 1763 wurde er Interims-Corregidor von La Paz, doch dass bei dieser Ämterbesetzung nicht alles mit rechten Dingen zuging, wurde selbst im fernen Lima ruchbar. Der Vizekönig, der vor der Gründung des Vizekönigreichs La Plata noch für La Paz zuständig war, ließ eine Untersuchung durchführen. Offenbar hatte Díez de Medina sein Amt dem Stelleninhaber einfach abgekauft. Die Besetzung wurde rückgängig gemacht und eine Geldstrafe verhängt, die aber bald von Vizekönig Amat ausgesetzt wurde. Nach mehreren Zwischenstationen auf weiteren Posten ernannte ihn der erste Vizekönig von La Plata, Juan José de Vértiz, 1779 zum Richter an der Audiencia von Santiago de Chile, ein Amt, das er erst später antreten würde, denn zunächst betraute man ihn mit der Durchführung der Verfahren gegen die Kataris.[280]

Der von Díez de Medina durchgeführte Prozess ist ein Schnellverfahren ohne die juristischen Regularien, die wenige Monate zuvor in den Verfahren gegen Túpac Amaru und sein Umfeld beachtet wurden. Zunächst muss der Angeklagte, dem kein Verteidiger zur Seite steht, Fragen zur Person beantworten. Er sei ein tributpflichtiger Indio aus dem Dorf Sicasica, sein Alter

279 Schilderung nach Alipio Valencia Vega: Julián Tupaj Katari. La Paz 1977, S. 114-117.

280 Biographische Daten nach Javier Barrientos Grandon auf der Website der Real Academia de la Historia de Bolivia: https://dbe.rah.es/biografias/23254/francisco-tadeo-diez-de-medina (abgerufen VII/2023).

schätze er auf dreißig Jahre. Gefragt, ob er den Haftgrund kenne, nennt er die Führung des Aufstands, zu dem ihn Tomás Katari beauftragt habe. Auch im Folgenden antwortet er ausweichend. Die Zerstörung Soratas sei das Werk von Andrés Túpac Amaru und Miguel Bastidas gewesen. Viele Gräueltaten seien von Gemeinschaften verübt worden, die er nicht habe kontrollieren können. Namen seiner Kampfgefährten gibt er bereitwillig (oder nach Folterandrohung?) preis.

Das Urteil wird zwei Tage später verkündet. In dem Protokoll, dass über Buenos Aires an den Kolonialminister Gálvez gelangt, wird Túpac Katari als „menschliches Monster“[281] bezeichnet, dem keine geringere Strafe als Túpac Amaru zugedacht sein kann. Nur hat man aus der misslungenen Vierteilung des Inka gelernt. Es sollen robuste Stricke und kräftige Pferde zum Einsatz kommen. Schon am nächsten Tag – es ist der 15. November 1781 – wird das Urteil im Beisein von Bartolina Sisa vollstreckt. An den Schwanz eines Pferdes gebunden, wird Túpac Katari auf die Plaza Mayor von La Paz geschleift, die Zunge wird herausgeschnitten, Stricke an die Gliedmaßen gebunden und an die Sattelgurte von vier Pferden geknüpft. Gauchos aus Tucumán treiben die Pferde auseinander, bis der Körper auseinandergerissen ist. Kopf, Arme und Beine werden öffentlich ausgestellt, nach einem Monat mit dem Rumpf auf der Höhe von El Alto verbrannt und die Asche in den Wind gestreut.

281 NCDIP IV, S. 298.

10.
Der Friedensschluss und die Rache der Sieger

Ende 1781 sieht sich der noch unbesiegte Führer der Rebellion, Diego Cristóbal Túpac Amaru, vor einer schwierigen Entscheidung. Soll er die vielerorts noch kämpfenden Aufständischen zusammenführen und einen neuen Vorstoß in Richtung Cuzco wagen? Wird seine Truppenstärke mit dem Beginn der Feldarbeit nicht dahinschmelzen? Der Blutzoll seiner eigenen Familie ist erschreckend hoch. Wird ihm ein ähnliches Ende drohen wie José Gabriel Túpac Amaru und Micaela Bastidas, eventuell ans Messer geliefert von den eigenen Leuten? Kann man der in Aussicht gestellten Amnestie trauen, zumal erst vor Kurzem Túpac Katari grausam hingerichtet wurde?

Miguel Bastidas, Micaelas jüngerer Bruder, hat die ausgestreckte Friedenshand ergriffen. Was zu diesem Zeitpunkt noch niemand weiß: Reseguín wird ihn festnehmen und nach Buenos Aires überstellen, von wo aus er nach Monaten in Haft und einem Prozess nach Spanien deportiert werden wird. Mittlerweile ist aus Arequipa eine Truppe von 6.000 Mann unter dem Kommando von Ramón Arias in der Gegend eingetroffen und hat ein Feldlager in Lampa bezogen. Diego Cristóbal beschließt, den von Jáuregui und Moscoso versprochenen *Indulto*, den Strafnachlass, zu akzeptieren und mit Arias, dem höchstrangigen Vertreter der Kolonialmacht in der Region einen vorläufigen Friedensvertrag zu unterzeichnen.

Die Begegnung zwischen beiden Lagern ist von höchster Nervosität gekennzeichnet. Am 10. Dezember kommt es im Camp von Lampa zu einem falschen Alarm, man befürchtet einen Überfall der Rebellen, muss aber feststellen, dass angebliches Waffengeklirr von den eigenen Leuten verursacht worden war. Am nächsten Tag verlässt Arias das Lager und geht mit 1.800 Mann auf die Suche nach den Rebellen. Diese zeigen sich schließlich. Mehrere hundert Indios kommen in zwei Reihen einen Hügel herab. Durch die Vermittlung von Geistlichen soll auf halbem Weg ein Treffen stattfinden, zu dem beide Parteien nur jeweils sechs Vertreter schicken dürfen. Diego Cristóbal nähert sich fahnenschwenkend der Stelle, wo sich Arias, ebenfalls mit Fahne, bereit hält. Die Verhandlungen dauern drei Stunden und münden in ein Dokument, in dem beide Parteien sich verpflichten, keinerlei Gewalt gegeneinander auszuüben. Diego Cristóbal unterschreibt als „tatsächlich Kapitulierender“ (*verdadero rendido*)[282], eine Formulierung, die keinen Zweifel lässt, wer in dem Konflikt den Sieg davongetragen und wer die Bedingungen des Stärkeren zu akzeptieren hat. Die Forderung von Arias, Diego Cristóbal möge seine Waffen abgeben, werden von diesem abgelehnt. Das Dokument vom 11.12.1781 stellt für ihn eine Art Vorvertrag dar, der noch von Feldmarschall del Valle und Bischof Moscoso in Vertretung des Vizekönigs ratifiziert werden muss. Entschieden fordert er auch, dass einige Corregidores des Titicacagebiets abgelöst werden und bittet Arias um baldigen Abzug, da aufgrund des geringen Viehbestands in der Gegend die Versorgungslage der Bevölkerung gefährdet sei.

Am nächsten Tag schickt Arias eine Delegation in das Rebellenlager und lässt fünfzehn gefangene Indios übergeben. Es kommt zu einem Umtrunk. Der Leiter der Delegation nimmt den ersten Schluck, um Diego Cristóbal die Angst vor einem Giftanschlag zu nehmen. Diego Cristóbal trinkt nur sehr wenig. Zum Abschluss stimmen beide Seiten in Hochrufe auf den spanischen König ein.

Die Annäherung der Kriegsparteien stößt auf beiden Seiten auf Widerspruch. Da autonom agierende Rebellengruppen, von Diego Cristóbal nicht kontrollierbar, weiterhin aktiv sind, halten viele den Friedensplan für eine Farce. Ein Spanier aus La Paz namens Juan Bautista Zavala kritisiert Arias in einem Brief vom 15. Januar mit harschen Worten: „Dieser Offizier täuscht sich, wie sich auch alle Kommandanten getäuscht haben, die in die Sierra gekommen sind, und dort haben sie nichts anderes getan, als die Rebellion zu begünstigen, denn von den Indios wird unsere Milde als Schwäche oder spanische Feigheit ausgelegt, und während das Heer dort in Lampa schläft, versetzen die Rebellen den wenigen Spaniern, die in der Provinz Chucuito verblieben sind, den Todesstoß.“[283]

Besonders vehement bekämpfen die neue Friedenspolitik die von Rachegefühlen beherrschten Francisco de Orellana, der sein Corregimiento von Puno wieder übernommen hat, und der Stadtkommandant von La Paz, Sebastián de Segurola. Diesen lobt der zitierte Briefeschreiber aus La Paz, denn er habe die Stadt vor einer dritten Belagerung bewahrt. 200 Indios habe er aufhängen lassen sowie 500 Maultiere, 3.000 Schafe und 200 Kühe konfisziert, was übertrieben sein dürfte, aber einen Eindruck von der Rache der Sieger vermittelt. Und in einem anderen Brief skizziert Juan Bautista Zavala seine Vorstellungen für eine zukünftige „Friedenspolitik“: „Die Indios wer-

---

282 NCDIP IV, S. 41.

283 MdP II, S. 186.

den nur durch ständige Bestrafung gut, und man darf nicht dulden, dass sie müßig sind oder Geld haben, denn das wird nur für Besäufnisse verwendet und verursacht Rebellionen. Fortan sollen sie dem König doppelten Tribut zahlen. Dieser soll ihre Dorfgemeinschaften abschaffen und das Land an die Spanier verkaufen. Sie sollen auch dem Inquisitionsgericht unterstehen und die Indiengesetze sollen verbrannt werden."[284]

Auch auf Seiten der Indios ist die Skepsis über die Zuverlässigkeit der spanischen Friedensapostel groß. Von vielen gewarnt, zögert Diego Cristóbal vor dem letzten Schritt, der Abgabe der Waffen. Der Priester Antonio Valdés, der sich in seiner Nähe aufhält, notiert: „Er kommt mir vor wie ein hin und her schwankendes Schiff, das sich aufrichtet und dann wieder zu kentern droht."[285] Von Valdés, dem wichtigsten Vermittler zwischen Diego Cristóbal und Arias, kommt auch der Vorschlag, die Ratifizierung des Friedensvertrags am 20. Januar, dem Tag des von beiden Seiten verehrten Heiligen Sebastian, stattfinden zu lassen. Als Ort wird das etwa 120 km von Cuzco in Richtung Puno gelegene Sicuani ausgewählt.

Am 10. Januar machen sich Bischof Moscoso und Feldmarschall del Valle von Cuzco aus auf den Weg nach Sicuani, begleitet von 1.500 Veteranen und Milizionären. Gabriel de Avilés lassen sie zum Schutz der alten Inkahauptstadt zurück. Unterwegs, in San Jerónimo, erfüllen sie eine Bitte Diego Cristóbals und holen seine Schwester Cecilia Túpac Amaru aus dem Gefängnis. In dem kleinen Ort kaufen sie die besten Kleider, um die *Ñusta* (adlige Inkafrau) auszustaffieren. Doch diese lehnt acht Monate nach der Liquidierung eines Teils ihrer Familie ab. Sie könne diese Kleider nicht anziehen, da sie Trauer trage.

Die Anreise Diego Cristóbals verzögert sich, da er auf seinem Weg immer wieder von Dorfbewohnern angefleht wird, nicht in die Falle der Spanier zu laufen. Vor allem in Santa Rosa, wo im Jahr zuvor del Valles Truppen ein Massaker unter der Bevölkerung angerichtet hatten, ist die Verzweiflung groß: „Bei jeder Etappe stieß er auf den gleichen Widerwillen der Indios, die ihn aufhielten oder zur Umkehr bewegen wollten, weil sie den Spaniern misstrauten. Die begleitenden Geistlichen taten ihr Möglichstes, um all diese Hindernisse zu beseitigen, die in dem Dorf Santa Rosa mit Tränen und wiederholten Bitten der Einheimischen besonders groß waren."[286] Doch schließ-

---

284 CDIP II, 3, S. 213. Die Indios unterstanden nicht der Inquisition. Mit den Indiengesetzen sind die „Nuevas Leyes de Indias" von 1542 mit ihren weitgehenden Schutzbestimmungen für die Urbevölkerung gemeint.

285 MdP II, S. 173.

286 NCDIP IV, S. 444.

lich erreicht Diego Cristóbals Truppe den Pass von La Raya (4.330 m) und nähert sich vorsichtig Sicuani. Immer wieder lässt er sich von Francisco Salcedo, dem Corregidor von Tinta, Nachfolger des von Túpac Amaru aufgehängten Arriaga, versichern, dass ihm keine Falle gestellt wurde und die Wege sicher sind.

Am 28. Januar 1782 trifft er außerhalb des Lager von Sicuani auf Moscoso, der ihn in seine Arme schließt. Die Exkommunikation gegen Diego Cristóbal und seine Anhänger hat der Bischof vorher aufgehoben. Er begleitet nun den Rebellenführer und dessen aus fünfzig Mann bestehende Truppe in das Lager des Feldmarschalls. Die Soldaten und Kämpfer beider Parteien stehen sich gegenüber. Die Atmosphäre ist äußerst angespannt; eine falsche Reaktion, etwa ein Schuss aus einer Pistole, könnte eine Tragödie auslösen. Diego Cristóbal steigt vom Pferd und kniet vor del Valle nieder, der ihn an den Schultern fasst und aufrichtet. Del Valle in einem Brief an Arias:

> „Ich versicherte ihn des Schutzes des Königs und der Sicherheit seines Lebens, und sagte, er würde sich gegenüber Seiner Majestät einen großen Verdienst erwerben, wenn er seine Autorität über die Rebellen darauf richten würde, dass sie in ihre Häuser zurückkehren, friedlich leben und dass sie sich auf Dauer dem mächtigen, legitimen und einzigen Herrn über dieses Amerika unterordnen sollten. Er bot mir mit eindeutigen Zeichen der Aufrichtigkeit an, dass er all sein Mühen auf dieses Ziel richten würde und er, wenn nötig, den letzten Tropfen seines Blutes vergießen würde, um alle jene zurückzugewinnen, die sich noch nicht in Gehorsamkeit dem spanischen König unterworfen haben, den er als einzigen Herrn anerkennt.“[287]

In dem Dokument, das Diego Cristóbal dem Feldmarschall übergibt, beteuert er auch schriftlich seinen absoluten Friedenswillen und rechtfertigt sein bisheriges Tun damit, dass er den Argumenten seines Cousins Túpac Amaru Glauben geschenkt habe und von diesem nicht über seine wirklichen Pläne unterrichtet worden sei. Einem anwesenden Geistlichen aus der Familie der Choquehuancas, die von Túpac Amaru blutig verfolgt worden war und in deren Anwesen von Azángaro immer noch Diego Cristóbals Hauptquartier funktioniert, erklärt er entschuldigend, dass ja nicht von ihm die Verfolgung der Choquehuancas ausgegangen sei.

Der Friedensschluss wird mit einer Messe in der Kirche von Sicuani gefeiert, wobei die Symbolik eine große Rolle spielt. Diego Cristóbal hat seine

287 NCDIP IV, S. 442-443.

drei mitgebrachten Fahnen niedergelegt; aus Cuzco ist der Alférez Real de los Incas, der Königliche Inka-Fähnrich, aus der mächtigen Familie der Ugartes angereist und hat die Königliche Standarte der Eroberung Cuzcos mitgebracht, welche die Krone der Inka-Nobilität 1545 als Dank für ihr Mitwirken bei der „Eroberung und Befriedung" Perus gestiftet hatte. Ihre Anwesenheit in der Kirche besiegelt die Kontinuität der kolonialen Herrschaft Spaniens über die einstigen Landesherren. Nach der Messe mit Tedeum, Gesängen und Artilleriesalven lädt Moscoso in der örtlichen Bischofsresidenz zu einem Umtrunk ein, gefolgt von einem „wundervollen Bankett, bei dem die Trinksprüche erfüllt waren von übergroßer Freude und Liebe zum König."[288]

Auch am nächsten Tag wird gefeiert. Bischof Moscoso bestätigt die Ehe von Diego Cristóbal und Manuela Tito Condori, die schon in Azángaro geheiratet hatten, eine Verbindung, die für die Katholische Kirche wegen der Exkommunikation der Ehegatten keine Gültigkeit besaß. Manuela Tito Condori hatte seit dem Beginn des Aufstands Aufgaben in der Logistik der Truppenversorgung übernommen. Nach den Hinrichtungen von Cuzco zog sie mit den Rebellen nach Süden, wo sie sich in Diego Cristóbal verliebte. Nun gibt Bischof Moscoso dem Paar seinen Segen, del Valle fungiert als Trauzeuge und Corregidor Salcedo kommt für die Kosten der Festlichkeiten auf.

Nachdem Vizekönig Jáuregui Ende Januar in Briefen von Feldmarschall del Valle und Bischof Mosocoso über die bevorstehende Friedensvereinbarung informiert worden ist, erlässt er am 20. Februar eine Anordnung, dass die Straßen Limas drei Nächte lang beleuchtet werden sollen. Außerdem werden die Glocken läuten, und der Bischof will in der Kathedrale einen festlichen Dankgottesdienst zelebrieren.

Die „Falken" unter den Royalisten (Areche, Segurola, Reseguín und die Corregidores am Titicacasee) halten die versöhnliche Haltung der „Tauben" (Jáuregui, del Valle, Moscoso) für einen Affront und befürchten, dass die übergroße Milde von den Indios als Schwäche ausgelegt werden könnte und es nur eines geringen Anlasses bedarf, um die Kämpfe wieder aufflammen zu lassen. Bitter wird vermerkt, dass bei den Feierlichkeiten in Sicuani Indios und Indiofrauen (gemeint ist vor allem Cecilia Túpac Amaru) an einem Tisch mit weltlichen und kirchlichen Würdenträgern saßen. Del Valle, Salcedo und Hauptmann Valcárcel sollen sogar eine *cachua*, einen traditionellen Tanz, mitgetanzt haben. Jedenfalls behauptet dies der anonyme Verfasser der Schrift „Die nackte Wahrheit oder die zwei Gesichter eines Bischofs", hinter dem wohl Eusebio Balza de Verganza, der Neffe des von Túpac Amaru

---

288 Ibid., S. 454.

getöteten Corregidors Arriaga, zu vermuten ist.[289] Inakzeptabel für die Hardliner ist auch die angekündigte Zahlung einer Leibrente für Diego Cristóbal. In einem Brief an den Kolonialminister Gálvez verteidigt Vizekönig Jáuregui die Rentenzahlung als sinnvolle Investition in die Friedenssicherung. Ein Jahr später wird in Peru die Antwort aus Madrid eintreffen. Der König habe mit totalem Unverständnis reagiert auf die finanziellen Zuwendungen an Rebellen, deren Untaten gerichtlich aufgearbeitet werden müssten, und er sei erbost darüber, dass man die Kapitulation der Rebellen mit Messen und Glockengeläut feiere. Doch da haben die Ereignisse in Peru längst einen anderen Verlauf genommen.

In mehreren Briefen an den Kolonialminister José de Gálvez hetzt Areche besonders gegen den Vizekönig. Was er noch nicht weiß: Bei der Ankunft seiner Post in Madrid ist er bereits in Ungnade gefallen und sein vermeintlicher Freund Gálvez protegiert ihn nicht mehr. Ihm werden falsche Anschuldigungen gegen den früheren Vizekönig Guirior, dessen Ablösung er betrieben hatte, sowie finanzielle Unregelmäßigkeiten vorgeworfen. Er wird nach Spanien zurückbeordert, bleibt aber noch bis Mitte 1783 in Peru. Am 25. Juni 1782 übernimmt Jorge Escobedo y Alarcón als sein Nachfolger das Amt des Generalinspekteurs für die Vizekönigreiche Peru und La Plata. Der 1753 oder 1755 im andalusischen Jaén geborene Escobedo war vorher Richter der Audiencia von Charcas sowie Direktor der Münze von Potosí und führte in der Minenstadt wichtige Reformen durch, um die grassierende Korruption zu bekämpfen. Die bevorstehende administrative Umgestaltung Perus wird wesentlich von ihm verantwortet werden.

Diego Cristóbal zieht sich Ende Februar nach Tungasuca zurück. In Sicuani hat er zahlreiche Waffen abgegeben, nun finden sich dort tausende Indios ein, die seinem Beispiel folgen und sich unter den Schutz des Amnestiedekrets stellen. In Sicuani tauchen auch, aus Sorata kommend, vier angolanische Sklaven auf, die nun ihren „rechtmäßigen" Besitzern zurückgegeben werden, von denen zwei allerdings nicht mehr leben. Der zwanzigjährige José Segurola, gebürtig aus Angola, wird, erkennbar an seinem Nachnamen, dem Stadtkommandanten von La Paz, Sebastián de Segurola, restituiert. Um alles kümmert sich die Kolonialbürokratie, etwa wenn es gilt, die Erben der toten Sklavenhalter ausfindig zu machen oder die Kosten für die zeitweilige Unterbringung und Verpflegung der vier Afrikaner in Rechnung zu stellen.

Am 1. März 1782 stellt sich auch Andrés Mendigure, alias Andrés Túpac Amaru, übergibt Waffen und leistet einen Treueeid auf den König, woraufhin

---

289 CDIP II, 1, S. 590.

seine Exkommunikation aufgehoben wird. In Gedanken dürfte er oft bei seiner geliebten Gregoria Apaza verweilen, die er vergeblich durch Verhandlungen freibekommen wollte und kaum mehr lebend wiedersehen wird, denn nach den Erfahrungen von zwei Belagerungen sind Segurola und Reseguín vor allem von Rachegelüsten geleitet und ziehen mordend durch die Gebiete um La Paz, wo sie noch Widerstand vermuten.

Mariano, Túpac Amarus zweitältester Sohn, folgt wenig später dem Beispiel seines Cousins Andrés und stellt sich ebenfalls unter den Schutz des Amnestiedekrets. Mitgebracht hat er seine Geliebte María Mejía, die er heiraten möchte. Die junge Frau wird als *zamba* bezeichnet, vielleicht ein Hinweis auf afrikanische Vorfahren, möglicherweise auch nur eine abwertende Bezeichnung, denn María hat schon mindestens zwei Kinder von anderen Männern und gilt den herrschenden Moralwächtern als Prostituierte. Dabei wird von der Tatsache abstrahiert, dass viele Indios und Mestizen aller Art meist nicht heiraten, allein schon aus finanziellen Gründen, sondern in „wilder Ehe" als *amancebados* zusammenleben. Heiraten ist eine soziale Praxis für gesellschaftlich höher Gestellte, zu denen Mariano sicher gehört, nicht aber die aus einfachsten Verhältnissen stammende María, und hier bietet sich den Vertretern der Kolonialbürokratie, die kein Interesse an der Vergrößerung des Condorcanqui-Clans haben, ein Ansatzpunkt zum Verbot der Verbindung. Dabei berufen sie sich auf eine königliche Verfügung zum Schutz der Ehe und der Verhinderung „ungleicher Verbindungen", der *Real Pragmática* von 1776, die ab 1778 auch in den amerikanischen Kolonien gilt und dort vor allem den fortschreitenden Mestizierungsprozess aufhalten soll, denn die Mestizen und die unteren Volksschichten (Castas) betrifft die Verfügung nicht[290], da man davon ausgeht, dass es hier oft schwierig sein würde, die Eltern zu bestimmen und die Betreffenden nur geringen Wert auf eine Segnung durch die Instanz Kirche legen. Die Castas werden so dem Bereich der Illegalität zugeschrieben.

Größtes Interesse an der Verhinderung der Ehe hat im vorliegenden Fall derjenige, der wie kein anderer daran arbeitet, die Rebellen zu gottesfürchtigen und gehorsamen Untertanen umzuerziehen: Bischof Moscoso. Er verweigert sein Einverständnis in die Eheschließung. In zwei Briefen fleht Mariano den Bischof an, sein Plazet zu erteilen, denn er habe „gesunde Absichten" und wolle Gott nicht beleidigen.[291]

---

290 In jüngerer Zeit wurde diskutiert, ob die Heirat des späteren Königs Felipe VI. mit der bürgerlichen Leticia Ortiz statthaft sei und ob die Real Pragmática durch die Verfassung von 1978 aufgehoben wurde.

291 Zitiert nach Kathryn Burns, die den Fall ausführlich dokumentiert in ihrem Aufsatz:

Aber auch Diego Cristóbal Túpac Amaru stellt sich gegen die Heirat seines Neffen. Nach der geltenden Gesetzgebung benötigen unter 25jährige die Einwilligung der Eltern, beziehungsweise des Vormunds, also von Diego Cristóbal, und Mariano ist erst 19 Jahre alt. Vor allem aber will Diego Cristóbal die glorreiche Genealogie der Túpac Amarus, für deren Anerkennung sein Onkel José Gabriel gekämpft hat und bis vor die Audiencia von Lima gezogen ist, rein und strahlend erhalten.

Da alle Entscheidungsträger sich gegen das junge Glück stellen, wird die hochschwangere María Mejía in das Kloster Santa Catalina de Sena in Cuzco gebracht. Am 10.9.1782 hat die Mutter Oberin der Anstalt Unerhörtes zu berichten. In der Nacht ist Mariano mit gezogenem Schwert in Begleitung von acht oder neun Freunden an der Pforte erschienen, in das Gebäude eingedrungen und hat seine Braut entführt. Den Behörden gelingt es jedoch, der Entflohenen habhaft zu werden. María wird in das gefängnisähnliche Kloster Santa Clara eingeliefert. Was weiter mit ihr und ihrem Kind geschieht, ist den Quellen nicht zu entnehmen.

Diego Cristóbal war Ende Februar 1782 in das heimische Tungasuca zurückgekehrt. Der Corregidor Salcedo überredet ihn, gemeinsam mit dem Priester Valdés eine Tour durch die höher gelegenen Dörfer, früher eine Bastion der Rebellen, zu unternehmen, um den Friedenspakt bekannt zu machen. Überall jubeln die Menschen Diego Cristóbal zu, sie vergöttern ihn als Inkarnation des Inka. Die Friedensbotschaft scheint anzukommen, oder könnte es sein, dass auf ein Wort Diego Cristóbals der Aufstand wieder aufflammen könnte? Viele im royalistischen Lager hegen diesen Argwohn und trauen der plötzlichen Ruhe nicht.

Tatsächlich halten sich um La Paz und nördlich des Titicacasees noch etliche Widerstandsnester. Und einer der wichtigsten Anführer der Rebellion lehnt das Friedensangebot der Royalisten ab und versucht, den Kampf wiederaufzunehmen: Pedro Vilca Apaza war einer der engsten Vertrauten von Túpac Amaru und Diego Cristóbal. An der Belagerung und Zerstörung der Stadt Sorata war er maßgeblich beteiligt. Der „Unbesiegbare Puma“, wie er gennant wird, hält die Spanier mit der erprobten Guerillataktik in Atem. Trotz der zahlenmäßigen Ungleichheit (400 Royalisten gegen angeblich 8.000 Rebellen) entscheidet letztlich die waffentechnische Überlegenheit der ersteren, die über 117 Feuerwaffen, 3.000 Patronen, mehr als 200 Lanzen und eine Kanone verfügen, während die Indios außer Lanzen, Stöcken und

---

Amor y rebelión en 1782: El caso de Mariano Túpac Amaru y María Mejía. Histórica, Vol. XVI, nº 2 (diciembre 1992), S. 131-176.

Schleudern nur 12 bis 14 Gewehre einsetzen können.[292] Es kommt auch zu Verhandlungen; ein Teil des Rebellenheers würde sich dem Amnestiedekret unterwerfen, will aber die Waffen nicht abgeben, da man fürchtet, sofort liquidiert zu werden.

Schließlich fällt Pedro Vilca Apaza durch Verrat in die Hände seiner Feinde. Der „Puma“ wird nach Azángaro überstellt und am 8. April auf dem Hauptplatz im Beisein des Feldmarschalls del Valle hingerichtet. Wie Túpac Amaru werden seine Gliedmaßen an vier, nach anderen Quellen sogar acht Pferde gebunden, die vergeblich versuchen, den Körper auseinanderzureißen. Dabei, so besagt die Legende, habe er ausgerufen: „Bei dieser Sonne, die auf uns scheint, lernt zu sterben wie ich!“ Und weiter heißt es, sein auf einen Pfahl gesteckter Kopf sei verschwunden und später habe man den „Puma“ auf seinem Pferd Yana Runi reiten gesehen.

Nach Beendigung der Kämpfe im Süden und der Wiederbesiedlung von Puno kehrt del Valle nach Cuzco zurück, begleitet von Mariano und Diego Cristóbal Túpac Amaru, letzterer in der Uniform eines Hauptmanns auf prachtvoll aufgezäumten Pferd. Sein Auftreten sei zum Missfallen der Bürger von Cuzco „stolz und unverschämt“ gewesen, behauptet der anonyme Verfasser der Schrift „Die nackte Wahrheit“. Die „Plebs“, womit die indianische Mehrheit gemeint ist, habe die Truppenparade aber wohl als Ehrung Diego Cristóbals aufgefasst.[293] Drei Wochen später geraten die Patrizier der Stadt abermals in Rage, als Diego Cristóbal sterbliche Überreste seines Onkels Túpac Amaru nach Cuzco bringen und, offenbar vom Bischof toleriert, in der Kathedrale feierliche Exequien zelebrieren lässt, wobei 2.000 Kerzen der Veranstaltung besonderen Glanz verleihen.

Um sicherzustellen, dass Diego Cristóbal vom eingeschlagenen Weg der Unterwerfung nicht abweicht, widmet Bischof Moscoso seinem Schützling eine besondere pastorale Fürsorge, vergisst dabei auch nicht die wirtschaftlichen Belange seiner Klasse. Während der kriegerischen Auseinandersetzungen sind die Besitzverhältnisse erheblich durcheinandergeraten. Zwar haben die Sieger die greifbaren Güter und Häuser des Condorcanqui-Clans beschlagnahmt, aber noch immer befindet sich ein Teil der „Kriegsbeute“ im Besitz der ehemaligen Rebellen. Und so fordert der Oberhirte von Cuzco Diego Cristóbal schriftlich auf, für die von seiner Familie verursachten Schäden aufzukommen, denn nur so könne er sein Seelenheil sichern:

---

292 NCDIP IV, S. 486.

293 CDIP II, 1, S. 590-91.

„Nun, mein Sohn, wägt die irdischen und ewigen Güter gebührend ab, und wenn Ihr die ersten schätzt, dann nur soweit, wie sie nicht zum Verlust der zweiten führen. Was nützt es dem Menschen, die Reichtümer der Welt zu besitzen, wenn er dadurch seine Seele verliert? Kann man denn etwas erwerben, das mehr wert ist als das Blut Christi? Dieser unser Herr wurde um unserer Seelen willen geboren, lebte in Armut und verachtete alle weltlichen Güter, obwohl ihm doch die Erde und alles auf ihr gehörte."[294]

Anerkennend erwähnt der Bischof, dass Diego Cristóbal der Königlichen Steuerbehörde bereits tausend Schafe abgeliefert hat, die nun zu Geld gemacht werden sollen als Hilfe „im gegenwärtigen Krieg, der mit dem Engländer geführt wird." [295]

Feldmarschall del Valle hat sich kaum von den Strapazen der Militärkampagnen erholen können, da muss er erneut ausrücken, um kleinere Aufstände in der Provinz Calca y Lares, nördlich von Cuzco, niederzuschlagen. Unterwegs erkrankt er ernsthaft. Wieder in Cuzco, stirbt er am 4. September 1782. Gabriel Avilés, der schon mehrmals um seine Ablösung gebeten hat, wird vom Vizekönig zu seinem Nachfolger ernannt. Er erledigt, was del Valle nicht mehr vollenden konnte, und bleibt noch ein weiteres Jahr im Amt.

Zwei Tage nach dem Tod des Feldmarschalls werden im 500 Kilometer entfernten La Paz zwei Protagonistinnen des Aymara-Aufstands hingerichtet. Bartolina Sisa, die Frau Túpac Kataris, und Gregoria Apaza, seine Schwester, haben acht Monate in Isolationshaft in feuchten und dunklen Zellen verbracht, sind immer wieder verhört und gefoltert worden. Schließlich fällt der Richter Francisco Tadeo Díez de Medina die Todesurteile. Die zwei Frauen sehen sich wieder, als sie auf Eseln vom Gefängnis zur Plaza de Armas getrieben werden. Der von den Indios als „Königin" verehrten Gregoria hat man eine Dornenkrone aufgesetzt. Nach der Hinrichtung am Galgen werden, wie üblich, die Köpfe aufgespießt und die Extremitäten an verschiedenen Orten ausgestellt.[296]

Ende Oktober 1782 halten sich Diego Cristóbal und seine hochschwangere Frau Manuela in Sicuani auf. Das Kind kommt auf die Welt, die Taufe wird auf den 4. November verschoben, damit der Knabe auf den Namen Carlos getauft werden kann. Dies geschieht mit großem Pomp genau zwei Jahre

---

294 NCDIP IV, S. 476.

295 Ibid., S. 478.

296 Im Gedenken an die beiden Rebellinnen wird seit 1983 am 5. September der Internationale Tag der Indigenen Frau begangen.

nach dem Beginn des Aufstands durch Túpac Amaru. Die Artillerie der Festung von Sicuani begrüßt die Geburt des „Tupamarito“ mit vierundzwanzig Kanonenschüssen. Bei der feierlichen Taufe in der Kirche von Sicuani fungiert der Corregidor Francisco Salcedo als Pate. Doch schon am 17. November stirbt das Kind, ob an Krankheit oder Gift bleibt ungeklärt. Jedenfalls erhält der kleine Carlos eine fürstliche Beerdigung. Auf dem Weg von der Festung zur Kirche steht das gesamte vorhandene Militär Spalier. Selbstverständlich stößt die große Ehre, die dem Rebellenkind erwiesen wird, bei der Fraktion der Falken auf herbe Kritik. Für Bischof Moscoso, der die Trauerfeier erlaubt hat, bleibt der Vorgang vorerst ohne Konsequenzen, Salcedo allerdings wird 1783 seines Postens enthoben werden.

Immer lauter werden die Stimmen, die dafür plädieren, die Tupamaros aus der Gegend von Cuzco zu entfernen, um so einem möglichen Aufflammen der Rebellion die Nahrung zu nehmen. In seinem Rechenschaftsbericht gibt Vizekönig Jáuregui an, er habe schon vor dem Ableben del Valles die Verbringung von Diego Cristóbal und seiner gesamten Familie nach Lima betrieben. Zunächst habe er Mariano und Andrés in das Colegio de Caciques, der Bildungsanstalt für hochgestellte Indios in Lima, eingewiesen, denn „man stellte bei ihnen Stolz, Libertinage und den Wunsch fest, mit öffentlichen Denkmälern die Erinnerung an ihre Familie zu bewahren.“[297] Um die Überführung nach Lima zu finanzieren, lässt der Vizekönig 500 Pesos aus der Tributkasse anweisen, ein Betrag, der allerdings später von den 600 Pesos Unterhalt, die von Areche genehmigt worden waren, abgezogen werden soll.

Noch drängender und weitreichender mahnt Gabriel de Avilés, der Nachfolger del Valles, in einem auf den 12. Dezember 1782 datierten Brief, darin dieses monströse Satzgebilde:

> „Wenn es darum geht, die gerade erst erreichte Ruhe in den unterworfenen Provinzen zu sichern, ist für den Staat jetzt von vorrangigem Interesse, aus ihnen alle jene Subjekte zu entfernen, die zukünftig erneut die Gemüter der jetzt so treuen Indios agitieren könnten, und da in den vergangenen Unruhen die Túpac Amarus den größten Einfluss gehabt haben, auch wenn sie sich zweifellos gutwillig dem König unterworfen haben, eines Tages aber aus tatsächlichem oder scheinbarem Missfallen mit Leichtigkeit neues Durcheinander anstellen könnten wegen der unglaublichen Macht, die sie über die Herzen dieser Eingeborenen erworben haben, sei es aufgrund des fingierten Rechtes ihrer Abstam-

297 Remedios Contreras (ed.): Agustín de Jáuregui: Relación de gobierno. Perú (1780-1784). Madrid 1982, S.188.

mung, sei es wegen des fantastisch zugesprochenen Titels als Befreier und Verteidiger der Nation, so wird es unausweichlich, sie baldmöglichst aus diesen Ländern zu entfernen, um unheilvollem Geschehen zuvorzukommen."[298]

Für den Historiker Boleslao Lewin ist die sich anbahnende Eliminierung der Tupác Amaru-Familie nichts anderes als die Umsetzung einer Maxime Niccolò Machiavellis, der zur Sicherung der Macht über eroberte Völker rät, „die Linie der Prinzen, welche sie regierten, auszulöschen."[299] Auch aus dem fernen Madrid kommt nach der Information über den Friedensschluss mit der üblichen Verzögerung im Postverkehr die Warnung, den Worten der „Verräter" Diego und Andrés Túpac Amaru keinen Glauben zu schenken. 1784 wird Vizekönig Jáuregui dem spanischen Hof seine Sorge mitteilen, eine ausländische Macht, gemeint ist England, hätte sich der Familie Túpac Amarus bedienen können, um die Lage in Peru zu destabilisieren.

Einer Bitte des Vizekönigs folgend versucht nun auch Bischof Moscoso, Diego Cristóbal zur Übersiedlung nach Lima zu überreden, doch der weigert sich konstant. Ob er etwas mit Aufstandsplänen zweier Indios namens Lorenzo und Simón Condori zu tun hat, ist äußerst fraglich. Die beiden traten in Marcapata im Hochland von Cuzco auf und behaupteten, Diego Cristóbal habe das Zeichen zum Aufstand gegeben, auch Mariano würde aus Lima heraufkommen und bewaffnete Gruppen seien aus Azángaro im Anmarsch. Einige Tage nach ihrem Auftritt in Marcapata werden die beiden Condoris festgenommen.

Um sich ein Bild über die reale oder vermeintliche Bedrohung im Hochland zu machen, bittet Vizekönig Jáuregui den Generalinspekteur Jorge Escobedo, der sich in Cuzco aufhält, mit Informationen über die Ereignisse von Marcapata nach Lima zu kommen. Am 15. Februar 1783 legt Escobedo dort „Dokumente" über die Aufstandsbestrebungen vor. Eine Woche später lässt Jáuregui Mariano Túpac Amaru und Andrés Mendigure festnehmen. Zeitgleich wird ein Bote nach Cuzco entsandt mit der Anweisung an General Avilés, Diego Cristóbal in Ketten zu legen. Um den Auftrag möglichst gewaltfrei über die Bühne zu bringen, denn Diego Cristóbal ist von zahlreichen immer noch gut bewaffneten Gefolgsleuten umgeben, ersinnt Avilés eine List. Eine Militärabteilung, angeblich eine Ehrengarde für den neuen Bischof von Arequipa, marschiert durch Tungasuca und nimmt Diego Cristó-

---

298 CDIP II, 4, S. 404-405.

299 Boleslao Lewin: Túpac Amaru. Su época – su lucha – su hado. Buenos Aires 1973, S. 146.

bal, seine Mutter Marcela Castro und fast 100 weitere Personen am 15. März fest. In Sicuani wird Cecilia Túpac Amaru, Diego Cristóbals Schwester und Mutter von Andrés, aufgegriffen. Eine Jagd auf alle Angehörigen des Túpac Amaru-Clans und nahestehende Personen hat begonnen. Besonders aktiv ist in dieser Hinsicht der Corregidor von Tinta, Francisco Salcedo, der offenbar seine inkriminierte Freundschaft zu Diego Cristóbal vergessen lassen will. Schwer bewacht werden die Gefangenen nach Cuzco gebracht, eine Wiederholung des Schauspiels vom Karsamstag des Jahres 1781, als José Gabriel Túpac Amaru, der Onkel Diego Cristóbals, unter Glockengeläut in die alte Inkahauptstadt eingeliefert wurde.

Auch gegen Diego Cristóbal und sein Gefolge wird, damit nach außen hin alles seine Richtigkeit hat, ein Prozess eröffnet. Der Vizekönig bestimmt für die Führung des Verfahrens abermals Benito de la Mata Linares, Richter der Real Audiencia von Lima, der in Absprache mit Gabriel de Avilés die Urteile fällen soll. Mata Linares trifft nach zwanzigtägiger Reise Ende April in Cuzco ein und findet ein Chaos vor. Die Gefängnisse sind überfüllt, da die Corregidores immer neue Gefangene einliefern, ohne dass man immer weiß, was ihnen eigentlich vorzuwerfen ist. Die meisten Häftlinge benötigen einen Übersetzer, Schreiber sind rar und als Sekretär findet Mata Linares nur einen alten Mann, der so gebrechlich ist, dass er kaum die Feder führen kann.

Zunächst teilt der Richter die etwa 130 Häftlinge in zwei Gruppen ein. 50 werden sofort entlassen, da ihnen beim besten Willen kein Fehlverhalten nachzuweisen ist. 70 weitere, meist Angehörige des Túpac Amaru-Clans, sollen später nach Lima und außer Landes gebracht werden. Es bleiben die Hauptangeklagten: Diego Cristóbal Túpac Amaru, seine Mutter Marcela Castro, die Schwester Cecilia, die beiden Condoris sowie Mariano und Andrés, die sich in Lima aufhalten und wohl deshalb mit dem Leben davonkommen. Mariano soll sich als „Edler Inka von Gottes Gnaden“ und Andrés als „Gouverneur“ bezeichnet haben, wofür es jedoch keine vorzeigbaren Beweise gibt, nur mündliche Äußerungen von Personen, die es so von Dritten gehört haben wollen. Marcela Castro kann als Mitwisserin belangt werden und auch die Anklagepunkte gegen Diego Cristóbal stehen auf tönernen Füßen, was Mata Linares sehr wohl bewusst ist, doch wird er der Staatsraison folgen und die im Grunde schon vorher feststehenden Urteile fällen.

Am gnädigsten verfahren die Richter mit Cecilia Túpac Amaru, die zu 200 Peitschenhieben und anschließender Verbannung in ein mexikanisches Kloster verurteilt wird. Da die Quellen sich widersprechen, ist unklar, ob und wann sie die Züchtigung erhalten hat. Cuzco hat sie jedenfalls nicht mehr verlassen. Am 19. April bestätigt ein Domherr, sie sei eines natürlichen Todes gestorben.

Für Diego Cristóbal, Marcela Castro und die Condoris fällen Avilés, der im Protokoll vom 17. Juli 1783 an erster Stelle steht, und Mata Linares Todesurteile, deren Ausführung in Grausamkeit nicht hinter dem ersten Prozess zurücksteht. Exemplarisch der Marcela Castro betreffende Passus:

> „Auch Marcela Castro müssen wir verurteilen. Man hole sie aus der Zelle, in der sie gefangen ist, binde sie mit einem Seil um den Hals an den Schwanz eines Packesels, auch fessele man ihre Hände und Füße und rufe laut ihr Vergehen aus; so bringe man sie durch die üblichen Straßen zum Richtplatz, wo der Galgen aufgebaut ist. Dort selbst schneide man ihr die Zunge heraus und hänge sie sofort am Hals auf, bis sie auf natürliche Weise stirbt, und niemand entferne sie von dort ohne unsere Erlaubnis, und anschließend werde sie gevierteilt und man stecke ihren Kopf an der Ausfahrtsstraße nach San Sebastián auf einen Pfahl, einen Arm bringe man in das Dorf Sicuani, den andern zur Brücke von Urcos, ein Bein nach Pampamarca, das andere nach Ocongate, und der verbleibende Körper werde auf einem Scheiterhaufen auf dem Marktplatz verbrannt und die Asche in den Wind geworfen."[300]

Simón und Lorenzo Condori sollen wegen der Ereignisse in Marcapata am Galgen enden, auch wenn die Belege für ihre Beauftragung durch Diego Cristóbal, Mariano oder Andrés Mendigure höchst anfechtbar sind. Was Diego Cristóbal betrifft, so steht für die Richter fest, dass er die Amnestie nur zum Schein annahm und „letztlich unserem erhabenen und legitimen Souverän die Herrschaft über diese Gebiete entziehen wollte und den Indios Befehle erteilte, die Waffen zu behalten, um mit ihnen auf seinen Wink hin bereitzustehen."[301]

Um den Anschein eines normgerechten Verfahrens zu wahren, hat man den Angeklagten einen Verteidiger zugebilligt, den *Protector de naturales* (Beschützer der Indios) Sebastián de Medina, der sein Amt offensichtlich ernst nimmt und argumentiert, die Amnestie sei weiterhin gültig. Seine Eingabe wird abgelehnt, ebenso seine Bitte, Marcela Castro erst nach ihrem Tod die Zunge herauszuschneiden. Medina erhält für seinen beherzten Einsatz eine Geldbuße von 100 Pesos.

Für Diego Cristóbal haben Avilés und Mata Linares eine besonders grausame Methode der Hinrichtung ersonnen. Um jeden Preis will man das blamable Schauspiel vom 18. Mai 1781 vermeiden, als es nicht gelang, José

---

300 NCDIP IV, S. 687.

301 Ibid., S. 686.

Gabriel Túpac Amaru zu vierteilen. Jetzt greift man zur hauptsächlich von der Inquisition praktizierten Methode des *atenaceado*. Dabei werden dem Verurteilten mit glühenden Zangen Fleischfetzen herausgerissen, bevor er am Galgen endet.

Am 19. Juli 1783 ist auf dem Regocijo-Platz alles für die Vollstreckung der Urteile vorbereitet. Das gesamte in Cuzco verfügbare Militär, die Milizen und ein Regiment aus Callao umstellen den Platz. Mata Linares präsidiert das makabre Schauspiel. Gegen zehn Uhr werden Diego Cristobal, seine Mutter und die Condoris von Zugtieren auf den Platz geschleift. Ein Herold verkündet die ihnen zur Last gelegten Taten. Die Henker Felipe Quinco und Pascual Orcoguaranca hängen zunächst Simón und Lorenzo Condori. Dann schneiden sie, wie im Urteil vorgegeben, Marcela Castro die Zunge heraus und hängen sie, wobei Diego Cristóbal die grausame Hinrichtung seiner Mutter mitansehen muss. Anschließend wird er selbst zum Galgen gezerrt, während der Herold verkündet: „Dies ist die Gerechtigkeit, die der Katholische König, unser Herr, den Gott schütze, anordnet."[302] Neben dem Galgen steht ein Holzstoß in Flammen. Dort werden große Zangen zum Glühen gebracht, mit denen die Henker Diego Cristóbal Fleischfetzen aus der Brust reißen. Blutüberströmt und sterbend wird er zum Galgen geschleppt und erhängt. Um 16 Uhr zerteilt man die Körper. Diego Cristóbals Kopf wird in Tungasuca ausgestellt, sein Besitz konfisziert und seine Häuser eingeebnet. Manuela Tito Condori, Diego Cristóbals Gattin, soll außer Landes gebracht werden, scheint aber den Marsch nach Lima nicht überlebt zu haben.

Mit der Vollstreckung der Todesurteile ist die Mission des Richters Mata Linares noch nicht beendet. In Madrid und Lima fragt man sich, wie angesichts der „Unkultur und Rohheit"[303] der Indios (so Jáuregui) ein derart langer Aufstand möglich war. Der Vizekönig beauftragt Mata Linares, inoffiziell und diskret nach Unterstützern der Rebellen zu suchen, eine heikle Aufgabe für einen *chapetón*, einen aus Spanien entsandten Beamten, der nun zum zweiten Mal als strafender und rächender Arm des Königs in der alten Inkahauptstadt nicht eben viele Sympathien erworben hat. Der Richter begibt sich auf sehr dünnes Eis, wenn er gegen die Hauptverdächtigen ermitteln will: die reichen Criollos und die Kirche.

Mata Linares nimmt sich zunächst zwei Verdächtige aus dem ersten Prozess vor: den Schreiber José Palacios, einen Verwandten von Micaela Bastidas, und den Anwalt Julián Capetillo. Als beide sich störrisch zeigen und

---

302 Ibid., S. 690.

303 Remedios Contreras, a.a.O., S. 193.

Dokumente nicht herausgeben wollen, lässt er sie festnehmen und nach Lima deportieren, wo sie sich frei in der Stadt bewegen und ihre Rechte offensiv vertreten können, was sich bald in der wenig kooperativen Haltung des Vizekönigs gegenüber Mata Linares widerspiegelt. Obwohl kaum Beweise vorliegen, werden Palacios und Capetillo nach Madrid geschickt, wo ihr Fall 1788 einer Revision unterzogen wird, die mit ihrer Rehabilitierung endet.

Schließlich nimmt es Mata Linares mit der mächtigen Familie Ugarte auf, reiche Mestizen mit Vorfahren unter den Inkas. Túpac Amaru hatte mit den Brüdern Antonio, Manuel und Gaspar Ugarte korrespondiert und sie liebevoll als „Cousins" angesprochen. Gaspar ist Bürgermeister und zudem Alférez Real. Mit Antonio hat Mata Linares noch eine Rechnung offen. Der hatte während der Hinrichtungen vom 19. Juli beobachtet, dass einer der Henker offenbar wenig professionell agierte, was den Todeskampf seines Opfers in die Länge zog. Deshalb bat Antonio Ugarte den Richter, er möge dem fähigeren der Henker die Exekution von Diego Cristóbal übertragen, um dessen Leiden abzukürzen, was Mata Linares kategorisch ablehnte. Mata Linares hat keine handfesten Beweise gegen die Ugartes, hält sie aber für gefährlich und erreicht, dass Jáuregui sie nach Lima kommen lässt. Für 1787 ist ihre Anwesenheit in Spanien bekundet, wo sie offenbar vergeblich eine Entschädigung für ihren Vermögensverlust verlangen.

Die heikelsten Ermittlungen, die der ehrgeizige Richter führt, betreffen die kirchlichen Unterstützer für den Aufstand. Wie viele der bourbonischen Reformer sieht er die Rolle der Kirche kritisch. Die Hauptübel in den überseeischen Besitzungen führt er darauf zurück, „dass dieses Amerika so klerikal ist".[304] Auch glaubt er, die Rebellion wäre nicht möglich gewesen, wenn der Klerus eindeutig auf Seiten der Krone gestanden hätte. Will der Richter kirchliches Personal belangen, muss er sich zuerst an die entsprechende Aufsichtsbehörde wenden und dort trifft er auf Bischof Moscoso, der ausweichende Antworten erteilt und die Verfahren nach Kräften sabotiert.

Erfolg hat Mata Linares nur im Fall des Paters José de Maruri, der Túpac Amaru zu Beginn des Aufstands mit Freiwilligen und Verpflegung unterstützte und daraus auch keinen Hehl machte. Auch er wird den Weg nach Spanien gehen, wo er allerdings nicht weiter verfolgt wird und sogar einen Teil seiner Bezüge erhält. Über Antonio López de Sosa, den Pfarrer von Tungasuca, der die Exekution Arriagas seelsorgerisch begleitet hatte, hält Moscoso seine schützende Hand, so dass das Verfahren im Sand verläuft.

---

304 Zitiert in: Carmen Cortés Salinas: Benito de la Mata Linares. Juez, acusado y testigo. Madrid 2015, S. 118.

So gilt es nun, gegen den umstrittenen Bischof selbst vorzugehen. Während des Aufstands war die Kritik an seiner Amtsführung verstummt, lebt nun aber wieder auf, teils in anonymen Briefen nach Lima und Madrid. Mata Linares schreibt am 31. Mai 1783 an den Kolonialminister Gálvez, Moscoso sei „ein furchtloser Mann, voller Stolz und immer bemüht, sich jedermann unterwürfig zu machen, wobei er selbst eine Reihe von Angewohnheiten hat, die sich mit seiner Würde nicht vertragen."[305]

Als Mata Linares zum zweiten Mal nach Cuzco kommt, sind just diese Angewohnheiten zum Stadtgespräch geworden. Nur allzu bekannt ist die enge Bindung, die der Bischof zu María de la Concepción Rivadeneyra, der Priorin des Santa Catalina-Klosters, unterhält. Der Bischof geht dort zu jeder Tag- und Nachtzeit ein und aus, man feiert Feste und diniert fürstlich. Die Priorin kümmert sich um die Kleidung des Bischofs und verwaltet für ihn Gelder, die in offiziellen Kassen nicht gut unterzubringen sind. Im obersten Stockwerk des Klosters, das für den Bischof zur Zweitwohnung wird, hat er ein kuscheliges Zimmer einrichten lassen, wo er mit der Nonne private Andachten abhält.

Als Moscoso nach einer längeren Reise durch seine Diözese nach Cuzco zurückkehrt, muss er feststellen, dass Mutter Rivadeneyra inzwischen einen neuen Liebhaber hat, den Prior des Santo Domingo-Klosters. Wütend verlangt der Bischof die Rückgabe seiner im Kloster verbliebenen Besitztümer sowie den Schmuck, den er der Nonne geschenkt hat. Diese reagiert beleidigt, wird abgesetzt, sogar exkommuniziert, hat aber einen mächtigen Beschützer, ihren Schwager Antonio Ugarte. Es kommt zu einem bizarren Kleinkrieg um die Neubesetzung des Priorats. Schließlich erfährt auch der Vizekönig in Lima von dem Skandal und bittet Mata Linares zu vermitteln. Der tut sein Möglichstes, kann aber keine diplomatische Lösung herbeiführen. Nach Lima schreibt er, der Bischof bereite mehr Probleme als irgendwer sonst im Vizekönigreich Peru, er müsse aus Cuzco entfernt werden. Jáuregui erreicht, dass Moscoso nach Lima kommt, um seine Sache zu verteidigen. Er hält sich mehr als ein Jahr in völliger Freiheit in Lima auf und geht 1785 an Bord der *Santiago La América*. In Madrid wird ihm eine Liste von 22 Anklagepunkten vorgelegt, die er alle widerlegt. Und er schlägt zurück: Der Generalinspekteur Escobedo und der Richter Mata Linares seien seine Feinde gewesen, die ihn um Amt und Besitz bringen wollten. Mata Linares sei ein Ketzer, ein Gauner, ein Verräter, und in Cuzco habe er eine verheiratete Geliebte gehabt. In einer umfangreichen Schrift mit dem Titel „Antwort und

305 Ibid., S. 119.

Satisfaktion“ (*Respuesta y Satisfacción*) verweist er auf seine Verdienste und sein segensreiches Wirken in Peru. Seinen Lebensabend wird er als Erzbischof von Granada verbringen. 1811 stirbt Moscoso im Alter von 88 Jahren.

Nach den Exekutionen vom Juli 1783 warten in den Kerkern von Cuzco noch mehr als hundert Personen auf ihre Urteile. Eine Gruppe von 78, darunter 18, die nicht dem Túpac Amaru-Clan angehören, soll außer Landes gebracht werden, um den Rest des Lebens in Gefängnissen Spaniens oder Nordafrikas zu verbringen. Am 8. Oktober verlässt die Karawane der 78 Cuzco, bewacht von 100 Soldaten. Juan Bautista Túpac Amaru, der Halbbruder José Gabriels, berichtet in seinen vierzig Jahre später verfassten Erinnerungen, wie die durch den Gefängnisaufenthalt Entkräfteten, unter ihnen viele Kinder, Frauen und alte Männer, in Ketten durch Cuzco geführt und von den Balkonen aus beschimpft werden: „Gauner, Verräter, jetzt werdet ihr für alles zahlen!“[306]

Es beginnt ein Marsch durch raue, von Unwettern heimgesuchte Gebirgsgegenden, ein Marsch, den viele nicht überleben, darunter Ventura Monjarrás (Juan Bautistas Mutter und Túpac Amarus Stiefmutter), ebenso wenig Juan Bautistas Onkel, dessen Alter mit 125 angegeben wird. Am 5. November kampiert die Truppe auf einer unwirtlichen Hochebene, der Kommandant schickt einen Hilferuf in die Welt: „Nicht wissend, wo wir uns eigentlich befinden, haben wir alles Gepäck verloren, die Gefangenen sind krank, wir haben nichts zu essen und keine Maultiere zur Weiterreise.“[307] Offenbar haben die Maultiertreiber mit ihren Tieren das Weite gesucht. Die logistische Unterstützung durch die Behörden hat völlig versagt. Nach vier Tagen des Harrens auf freiem Feld erreicht der Hilferuf einen ortskundigen Händler, der seine hundert Tabakballen ablädt und mit seinen Maultieren zu der Truppe stößt. Mühsam zieht die Karawane weiter, auch von den Soldaten sind viele krank, und irgendwann flüchtet ein Gefangener, der keine Ketten trug: Bernardo Castro aus Tinta hat immer wieder die Trennung von Frau und Kindern beklagt. Als nachts die beiden Wächter eingeschlafen sind, macht er sich aus dem Staub. Der Kommandant lässt die pflichtvergessenen Soldaten in Ketten legen und gibt eine Personenbeschreibung des Flüchtigen durch. Unklar ist, ob die Fahndung von Erfolg gekrönt ist.

Am 28. November 1783 erreichen die Überlebenden des Marsches Lima und werden die nächsten fünf Monate in den Kerkern der Hauptstadt ver-

---

306 Francisco A. Loayza (ed.): Cuarenta años de Cautiverio (Memorias del Inka Juan Bautista Túpac-Amaru. Lima 1941, S. 34.

307 CDIP II, 3, S. 396.

bringen, bevor sie am 13. April 1784 in Ketten zum Hafen von Callao gebracht und von Soldaten mit aufgepflanzten Bajonetten an Bord zweier Schiffe getrieben werden, die zuvor während des Krieges gegen England an Manövern im Pazifik beteiligt waren.

Jáuregui hat gerade einen langen, am 26. Januar 1784 abgefassten Berichts des Cabildo von Cuzco über die Geschichte des Aufstands erhalten, in dem es abschließend heißt: „Die Stadt und ihre Provinzen sind gesäubert von der schlechten Saat dieser infamen Generation, so dass nun bald Ruhe einkehrt.“[308] Der Vizekönig empfiehlt, die Gefangenen nicht nach Afrika zu bringen, da sie dort leichter entkommen und Aufruhr säen könnten.

Und so begeben sich an Bord des *El Peruano* Juan Bautista Túpac Amaru und 38 weitere Leidensgenossen. Bis zur Ankunft in Cádiz im Februar 1785 verbringen die, welche die Fahrt überleben, mehr als zehn Monate angekettet an Bord, Wind und Wetter ausgesetzt. Bis zur Zwischenlandung in Rio de Janeiro sind 16 von ihnen gestorben und den Wellen übergeben worden, darunter Túpac Amarus Sohn Mariano und Juan Bautistas Frau. Unter den Passagieren und der Besatzung gibt es keine Toten.

Die *San Pedro de Alcántara*, auf der sich Andrés Túpac Amaru und Fernando, Túpac Amarus jüngster Sohn, befinden, schafft es zunächst nur bis Talcahuano in Chile, so dass sich der Kapitän zur Umkehr gezwungen sieht. Das mit 1.000 Tonnen Fracht (Kupfer, Silber, Gold, 64 Kanonen) und vierhundert Menschen völlig überladene Schiff verlässt Callao am 21. Dezember zum zweiten Mal. Während der gesamten Fahrt muss eindringendes Wasser abgepumpt werden. Nach einem erneuten Zwischenstopp in Chile läuft das Schiff am 2. Juni 1785 in den Hafen von Rio ein und kann erst am 4. November wieder in See stechen. Durch einen Navigationsfehler wird die iberische Halbinsel zu weit nördlich erreicht. Am 2. Februar 1786 fährt die *San Pedro de Alcántar*a gegen 22 Uhr auf einen Felsen bei Peniche, nördlich von Lissabon, auf und bricht auseinander. 128 Menschen sterben, darunter Andrés Túpac Amaru und die meisten der bis zu diesem Zeitpunkt noch lebenden Indios, die wohl angekettet waren. Fernando Túpac Amaru überlebt und flieht, muss sich aber schließlich stellen und wird in ein Gefängnis nach Cádiz gebracht, wo er unter furchtbaren Bedingungen dahinvegetiert, bis ihn ein mitleidiger Priester herausholt und in eine Schule des Piaristen-Ordens in Getafe bei Madrid bringt. Später wird der junge, häufig depressive Mann vergeblich für die Anerkennung seiner Rechte und eine Unterhaltszahlung kämpfen und im Alter von 29 Jahren sterben. Am 30 Juli 1798 erhält er ein

308 CDIP II, 1, S. 147.

Armenbegräbnis auf einem Friedhof in der Nähe des heutigen Atocha-Bahnhofs, wo auch Miguel de Cervantes bestattet worden sein soll.

Da die *San Pedro de Alcántara* küstennah in geringer Wassertiefe liegt, unternimmt die spanische Regierung alles, um die wertvolle Fracht zu retten. In ganz Europa werden 40 Taucher angeworben; es gelingt, den Rumpf an Land zu ziehen. Drei Jahre braucht es, um die Edelmetalle sowie 62 der 64 Kanonen zu bergen und nach Cádiz zu bringen. Forschungen in jüngster Zeit haben nur kleinere Objekte aus dem Wasser geholt. An Land wurden zwei Arten Bestattungen nachgewiesen: ordentliche Grablegungen, offenbar die Passagiere, und ein Massengrab, die Deportierten, von denen einige noch Ketten trugen.

Juan Bautista Túpac Amaru, der auf der *El Peruano* nach Europa gelangt ist, verbringt drei Jahre, zum Teil angekettet, in der vor Cádiz im Meer gelegenen San Sebastián-Festung, bevor er nach Ceuta an der nordafrikanischen Küste verlegt wird. Dort lebt er dreißig Jahre unter ärmlichen Bedingungen bei einem ausbeuterischen Silberschmied und erhält eine Zuwendung von 8 Reales, die nicht zum Leben reichen. Seine Versuche, die spanische Sprache besser zu lernen, werden systematisch torpediert. Sein indianisches Aussehen stigmatisiert ihn und beschert ihm Erniedrigungen und physische Attacken. Das Ende seines Lebens als Paria kommt, als er den ebenfalls nach Spanien deportierten Augustiner Marcos Durán Martel kennenlernt, der 1812 an einem Aufstand in Huánuco (Peru) teilgenommen hatte. Ebenfalls in Ceuta hält sich der maltesisch-argentinische Freiheitskämpfer Juan Bautista Azopardo auf. Die beiden sorgen dafür, dass Juan Bautista in das seit 1816 unabhängige Argentinien ausreisen darf. Dort hatte Manuel Belgrano, einer der Gründungsväter der argentinischen Republik, die Vision eines Amerika nach Vorbild der Inka-Monarchie entworfen, wofür er Kritik und Spott einstecken musste. Belgrano ist zwar 1820 gestorben, aber seine Einladung an Juan Bautista, in seine Heimat zurückzukehren, gilt. Und so geht Túpac Amarus Halbbruder am 3. August 1822 an Bord eines englischen Segelschiffs mit Ziel Argentinien. Dort erhält er eine Pension von 30 Pesos im Monat mit der Bedingung, seine Memoiren niederzuschreiben, die offenbar 1826 gedruckt werden und 1941 unter dem verkürzten Titel *Cuarenta años de cautiverio – Memorias del Inka Juan Bautista Túpac-Amaru* (Vierzig Jahre Gefangenschaft – Memoiren des Inka Juan Bautista Túpac-Amaru) erneut zugänglich gemacht werden. Der Autor stirbt im Alter von achtzig Jahren am 2. September 1827. Sein geliebtes Peru hat er nicht wiedergesehen.

Doch wie ist es den anderen Protagonisten des Dramas um Túpac Amaru und seine Mitstreiter ergangen?

Agustín de Jáuregui übergibt sein Amt an den neuen Vizekönig Teodoro de Croix am 4. April 1784. Er beginnt mit der Niederschrift des von jedem Vizekönig verlangten Rechenschaftsberichts über seine Amtszeit (*Relación de mando*), stirbt allerdings überraschend drei Wochen später im Alter von 73 Jahren. Der Schriftsteller Ricardo Palma (1833-1919) greift in einer seiner *Tradiciones,* romantisch-kostumbristischen Erzählungen, das Gerücht auf, er habe ein Körbchen mit vergifteten Kirschen erhalten und die Indios hätten sich so für den Tod Túpac Amarus gerächt. Nach Jáureguis Tod wird sein Besitz beschlagnahmt. Die Familie muss einen Kredit aufnehmen und Rechtsvertreter bezahlen. Nach der Freigabe des Besitzes gesteht die Krone der Witwe eine Rente in Höhe eines halben Vizekönigsalärs zu. Der Sohn vollendet den Rechenschaftsbericht, der 1789 vom Indienrat akzeptiert und für korrekt befunden wird, denn Jáuregui sei ein treuer Diener gewesen, der seine Ämter gut ausgefüllt habe.

José Antonio de Areche wird, nachdem er die Gunst seines Protektors José de Gálvez verloren hat, nach Madrid zurückbeordert, wo er seine frühere Stellung im Indienrat wiederaufnimmt. 1789, zwei Jahre nach Gálvez' Tod, wird er mit einem Drittel seines Ministergehalts in den Ruhestand versetzt und aus Madrid verbannt. Verbittert zieht er sich nach Bilbao zurück und stirbt dort am 28. Oktober 1789.

Sein Nachfolger **Jorge de Escobedo y Alarcón** setzt die Reformen um, die sein Tutor Gálvez den amerikanischen Besitzungen verordnet. Ausgehend von der Erkenntnis dass „die Aufmerksamkeit in Peru sich nur auf die Ausbeutung des armen Indios zwecks schnellen und maximalen Gewinnes richtete, so dass er sich nur von Tyrannen umgeben sah"[309], schafft er die schwer zu kontrollierenden Corregimientos ab und ersetzt sie durch Intendencias, die einer wesentlich strikteren Aufsicht durch die Zentralgewalt unterliegen. Escobedo richtet sieben Intendencias in Lima, Tarma, Cuzco, Arequipa, Huamanga, Trujillo und Huancavelica ein, wobei der Intendente von Lima als Superintendent mit größerer Weisungsbefugnis ausgestattet ist. Escobedo selbst bekleidet dieses Amt neben seiner bisherigen Funktion als Generalinspekteur für Peru, Chile und die Provinzen am La Plata. Jede Intendencia ist in Subdelegaciones unterteilt, die den früheren Provinzen entsprechen. Die Finanzverwaltung wird den lokalen, oft korrupten Instanzen entzogen und in die Verantwortung des Intendenten gegeben, der wiederum dem Superintendenten und dieser dem Kolonialminister in Madrid rechenschaftspflichtig ist, also eine strikte Zentralisierung, die auch tatsächlich

309 Zitiert in: Fisher, John: El Perú borbónico 1750-1824. Instituto de Estudios Peruanos, Lima 2000, S. 77.

dazu führt, dass weniger Kapital versickert und die Krone sich über höhere Steuereinnahmen freuen kann.

Die Einführung der neuen Ordnung im Jahr 1784 fällt mit der Ankunft des Vizekönigs Teodoro de Croix zusammen, der anfangs gut mit Escobedo auskommt, was sich aber bald ändert, denn das System der Intendencias höhlt die Autorität der Vizekönige aus, ein Umstand, der auch in Mexiko und am Río de la Plata auf Widerstand stößt. Ein Königliches Dekret vom 24. Januar 1785 beendet die Amtszeit Escobedos als Generalinspekteur und wird mit dem Eintreffen des Dokuments im Oktober desselben Jahres wirksam. Escobedo bleibt weiterhin Superintendent von Lima, wird aber nach dem Tod von José de Gálvez 1787 nach Spanien zurückberufen. Der neue Superintendent ist … Vizekönig Teodoro de Croix. In seinem Heimatland wird Escobedo zum Generalinspekteur des Heers und der Königlichen Finanzverwaltung befördert. Am 11. Mai 1805 stirbt er in Madrid.

Gabriel de Avilés, der als junger Offizier in das Generalkapitanat Chile gekommen war, kehrt nach seiner Zeit in Peru 1795 als Gouverneur nach Chile zurück und beginnt, die Hauptstadt Santiago zu modernisieren. Er lässt die Brücken über den Río Mapocho verbessern, installiert ein Beleuchtungssystem in den Hauptstraßen und bereist das Land, um auch anderswo öffentliche Bauten und Kirchen zu errichten. Schon 1796 schickt ihn die Krone als Gouverneur nach Buenos Aires, wo er 1799 der siebte Vizekönig am Río de la Plata wird, ein Amt, das er nicht lange ausübt, weil der Posten des Vizekönigs von Peru vakant ist. Avilés amtiert dort von 1801 bis 1806 als einziger Spanier, der zweimal Vizekönig wird. Bis 1810 bleibt er noch in Peru. Als er an Bord eines Schiffes nach Spanien geht, erkrankt er, geht in Valparaíso an Land und stirbt dort.

Sebastián de Segurola, der Corregidor und Kommandant von La Paz während der zwei Belagerungen durch Túpac Katari, heiratet 1786 eine Criolla, María Josefa de Roxas y Foronda. 1788 stirbt sie nach der Geburt der zweiten Tochter. Nur ein Jahr später stirbt auch Segurola. Kurz nach seinem Tod trifft die Ernennung zum Präsidenten der Audiencia von Charcas ein. Die beiden Waisenkinder werden in die Obhut des Großvaters mütterlicherseits gegeben. In Anbetracht der 33 Dienstjahre ihres Vaters erhalten sie eine jährliche Pension von 200 Pesos.

Der gnadenlose Richter **Benito de la Mata Linares**, der zweimal in Absprache mit Areche (1781) und mit Avilés (1783) seine Unterschrift unter eine Reihe besonders grausamer Todesurteile setzte, verlegt bald seine Residenz von Lima nach Cuzco, da er zum Gouverneur der Provinz ernannt wird, ein Posten, den er bis 1787 bekleidet. Dabei fungiert er weiter als Richter (*oidor*), diesmal für die neu eingerichtete Audiencia von Cuzco. Seine

Hauptaufgabe, die Befriedung seines Amtsbereichs, nimmt er sehr ernst. Schon 1782 hat er die Militäroperationen gegen die Aufständischen begleitet und ist zu einem überraschenden Ergebnis gekommen. Im Dezember 1782 legt er einen ausführlichen Bericht vor, adressiert an seinen Protektor Gálvez in Madrid. Darin fragt er sich, ob es richtig sei, die Rebellion vor allem militärisch zu bekämpfen, denn „dieses Amerika ist nicht militärisch und man kann es nicht mit den Gesetzen des Militärs regieren, es braucht vielmehr eine Klugheit und eine Kunst, die man nicht in der Militärlaufbahn erlernt, sondern in den Geistesdisziplinen."[310]

Bei Vizekönig Teodoro de Croix kommt die neue Milde des Mata Linares nicht gut an. Er befürchtet einen erneuten Ausbruch von Rebellionen. Auf seinen Rat hin beruft die Krone den Juristen aus Cuzco ab und versetzt ihn als Richter an die Audiencia von Buenos Aires. 1788 nimmt er seine Tätigkeit am Río de la Plata auf und gerät durch sein vehementes Auftreten bald in Konflikt mit dem Stadtrat und auch dem Vizekönig Avilés, seinem alten Bekannten aus Cuzco. 1803 beruft ihn die Krone nach Madrid zurück und ernennt ihn zum Mitglied des mächtigen Indienrates (Consejo de Indias). Er behält diese Funktion auch während der Besatzung Spaniens durch das napoleonische Frankreich (1808-1813) bei. Nach der Rückkehr von Fernando VII. auf den Thron wird Mata Linares entlassen. Ob er sich dann in Frankreich aufhält und dort irgendwann nach 1814 stirbt, konnte bisher nicht geklärt werden.

Sein Kollege **Francisco Tadeo Díez de Medina**, schrecklicher Richter in den Prozessen gegen die Kataris, macht sich unmittelbar nach Unterzeichnung und Vollstreckung der Todesurteile Gedanken über eine künftige Friedensordnung. Er formuliert „Neun Gegengifte" (*Antídotos*), welche die Indios von subversivem Gedankengut entwöhnen und zu funktionierenden Mitgliedern der kolonialen Gesellschaftsordnung machen werden. Zunächst sollen die Corregidores auf das Eintreiben von Schulden durch den Reparto verzichten und ihre Forderungen erst nach einer gewissen Frist geltend machen, denn keineswegs darf ihnen ein wirtschaftlicher Nachteil entstehen. In den Dörfern sollen Schulen eingerichtet werden, damit die Indios die spanische Sprache erlernen, ihrer kulturellen Grundlagen entfremdet und mit den Mysterien des Katholizismus besser vertraut werden. Ferner sollen die Indios ihre traditionelle Kleidung ablegen und sich, angepasst an ihre wirtschaftlichen Möglichkeiten, wie Spanier kleiden. Bei ihren Festen dürfen

310 Víctor Tau Anzoátegui, Víctor: El taller del jurista – Sobre la Colección Documental de Benito de la Mata Linares, Oidor, Regente y Consejero de Indias. Madrid, 2011, S. 30.

keine Trompeten mehr zum Einsatz kommen, da deren Klang „die Erinnerung an Untreue und Heidentum wachhält und ein Anzeichen dafür ist, dass sie sich noch nicht genügend davon entfernt haben.“[311] Auch die anderen „Gegengifte“ zielen auf eine Akkulturation der Urbevölkerung an die invasive Kultur und eine kulturelle Entmündigung ab, da die Welt der Indios nicht nur für den Richter Díez de Medina letztlich unverständlich bleibt und als barbarisches und minderwertiges Relikt gilt.

Eigentlich sollte Díez de Medina 1779 als Richter nach Chile versetzt werden, doch da Ignacio Flores, der Präsident der Audiencia von Charcas, ihn für die Abwicklung der Prozesse gegen die Kataris benötigt, bleibt er zunächst in La Paz und trifft erst im März 1783 in Chile ein. Gerne wäre er nach La Paz zurückgekehrt, was ihm aber von höchster Stelle untersagt wird, da er aufgrund seines schwierigen Charakters wohl als Hindernis für eine Neuordnung der Provinz angesehen wird. Auch in Chile schafft er sich aufgrund seines Auftretens Feinde, so dass sogar aus Madrid die Warnung eintrifft, er werde von seinem Posten entfernt, wenn er sich nicht bessere. Als der Gouverneur Ambrosio O'Higgins Santiago für eine Weile verlassen muss und Díez de Medina zu seinem Stellvertreter ernennt, ist er nach seiner Rückkehr so befremdet über die Amtsführung des Richters, dass er eine Beschwerde nach Spanien schickt. Díez de Medina darf nach La Paz zurückkehren, wird aber später wieder nach Chile zurückbeordert, von wo aus er nach Lima oder Mexiko versetzt werden soll. Als er beim Einsteigen in eine Kutsche stürzt und halbseitig gelähmt ist, bittet er um seine Versetzung in den Ruhestand, den er nicht mehr erlebt, weil er am 10. August 1803 stirbt.

Mateo Pumacahua, der Kazike von Chinchero, der maßgeblich zur militärischen Niederlage Túpac Amarus beigetragen hat, lässt nach dessen Tod ein Bild anfertigen, dass einen Puma beim Töten einer Schlange (*amaru*) zeigt, wohlwollend betrachtet von der Jungfrau von Montserrat, der Schutzpatronin Chincheros. darunter die Schrift „Veni, vidi, vici“. Im März 1783 fordert Vizekönig Jáuregui alle Unterstützer der Krone auf, ihre Verdienste aufzulisten, um eine öffentliche Belobigung zu erhalten. Pumacahuas Verhalten war bereits durch Moscoso und den Stadtrat von Cuzco lobend nach Madrid gemeldet worden. Als Dank wird ihm der Grad eines Hauptmanns der Königlichen Armee sowie eine entsprechende lebenslange Besoldung verliehen. Als seine Tochter Polonia als Nonne in eines der drei renommiertesten Klöster von Cuzco aufgenommen werden will, schreibt er 1792 nach

---

311 VdS, S. 660.

Madrid, bittet um die Gewährung einer Finanzierungshilfe und unterschreibt mit „Mateo Pumacahua Inca".

Der stolze Kazike steht auch fest auf Seiten der Krone, als die revolutionären Truppen der Junta von Buenos Aires über Bolivien nach Peru vordringen wollen und am südlichen Zipfel des Titicacasees auf die Armee der Royalisten treffen. Am 20. Juni 1811 besiegt das Heer der Königstreuen, das sich wieder einmal zum überwiegenden Teil aus Indios rekrutiert, in der Schlacht von Huaqui (auch Guaqui) die Argentinier, die schwere Verluste hinnehmen müssen und sich nach Potosí zurückziehen.

Zwei Jahre später vollzieht der nun über 70jährige einen Sinneswandel, als er feststellt, dass die den Indios in der liberalen Verfassung von Cádiz verbrieften Rechte nicht respektiert werden. Er folgt der Aufforderung peruanischer Unabhängigkeitskämpfer und zieht mit dem von ihnen gebildeten Heer nach Arequipa. Die Stadt kann eingenommen werden, doch dann gilt es, den Süden Perus gegen die anrückende spanische Armee zu verteidigen. In der Schlacht von Umachiri bei Puno unterliegen die Rebellen den technisch überlegenen Gegnern. Bei Sicuani fällt der fliehende Pumacahua durch Verrat in die Hände der Spanier und erleidet ein ähnliches Schicksal wie sein früherer Feind Túpac Amaru. Am 17. März 1815 stirbt er am Galgen. Sein Kopf wird nach Cuzco geschickt und dort auf der Plaza de Armas aufgespießt, ein Arm ist in Arequipa zu sehen.

1784 sind die Anführer der Rebellionen in den Vizekönigreichen Peru und La Plata tot, ihre überlebenden Mitstreiter hat man deportiert in der Hoffnung, damit den revolutionären Funken ausgetreten zu haben. In Europa weiß man von all dem wenig. In Italien erfahren zwei aus Amerika vertriebene Jesuiten 1781 von den Ereignissen in den Anden, nicht aber von der Niederschlagung des Aufstands. Juan Pablo Viscardo y Guzmán und sein Bruder José Anselmo leben in Italien. 1767 wurden sie nach dem Verbot des Jesuitenordens mit vielen Mitbrüdern zunächst nach Spanien gebracht, von wo aus sie in andere Länder weiterreisten. Als die Kunde von dem Aufstand Túpac Amarus zu ihnen gelangt, halten sich die Viscardo-Brüder in der Toscana auf. Juan Pablo kontaktiert den englischen Konsul in Livorno und versucht ihn davon zu überzeugen, dass dies eine günstige Gelegenheit für das im Krieg mit Spanien befindliche England sei, einzugreifen und die Freiheitsbewegung in den Kolonien zu unterstützen.

Viscardos Vorschlag stößt bei den Engländern auf Interesse. Sie laden ihn nach London ein, wo er 1782 eintrifft und der Regierung vorschlägt, eine Expedition auszurüsten, zunächst Buenos Aires zu besetzen, um von dort aus in den Andenraum vorzustoßen. Er selbst, der Quechua spricht, bietet sich als ortskundigen Führer an. Zwei Jahre bleiben die Brüder in London. Als am 3. September 1783 im Vertrag von Paris England die Unabhängigkeit der 13 nordamerikanischen Staaten anerkennt, entfallen die Kriegsgründe und damit das Interesse an einem militärischen Eingreifen Englands in Südamerika. Die Viscardos gehen nach Italien zurück. José Anselmo verstirbt dort 1785. Sein Bruder Juan Pablo vergeudet viel nutzlose Energie bei dem Versuch, von Spanien eine Entschädigung für seine in Peru verlorenen Vermögenswerte zu erhalten.

Als die Spannungen zwischen England und Spanien wieder zunehmen, reist Juan Pablo 1791 durch das von den Wirren der Revolution erschütterte Frankreich abermals nach London, doch bald sieht er seine Hoffnungen enttäuscht, da die politischen Rahmenbedingungen sich zu seinen Ungunsten verändert haben. Er lässt dennoch nicht locker und versucht weiterhin Überzeugungsarbeit am Königshof zu leisten. 1798 stirbt er verarmt in der britischen Hauptstadt, nachdem er seinen Nachlass dem US-Botschafter Rufus King in London übergeben hat. Der wiederum reicht die Papiere weiter an den Venezolaner Francisco de Miranda, einen Vorkämpfer für die Emanzipation der amerikanischen Kolonien und Ideengeber Simón Bolívars.

Miranda stößt auf ein in französischer Sprache verfasstes und sieben Bögen umfassendes Manifest, das er unter dem Titel „Brief an die amerikanischen Spanier“ 1799 zunächst im Original und 1801 in der spanischen Übersetzung mit eigenen Anmerkungen veröffentlicht. Darin heißt es:

> „Keine Ausrede kann mehr unsere Apathie entschuldigen, wenn wir noch länger die Misshandlungen erdulden, die uns zugrunde richten; man wird dann zu Recht sagen, dass unsere Feigheit dies verdient hat. Unsere Nachfahren werden uns aufs Bitterste verwünschen, wenn sie unter dem Joch der ererbten Sklaverei leiden und sich des Moments gewahr werden, wo wir nur den Willen hätten aufbringen müssen, frei zu sein.“[312]

312 https://digital.csic.es/handle/10261/29000 (abgerufen Januar 2024).

11.
Túpac Amaru – unvergessen

Der Versuch des José Gabriel Condorcanqui Túpac Amaru und seiner Mitstreiter und Mitstreiterinnen, von Cuzco aus ein an inkaische Traditionen anknüpfendes sozial gerechteres Gesellschaftssystem unter Ausschluss der spanischen Kolonialherren zu etablieren, war gescheitert. Die bourbonischen Reformen hatten das prekäre Gleichgewicht zwischen der Zentralmacht und der nichtindianischen einheimischen Bevölkerung ins Wanken gebracht und dadurch viele Criollos und Mestizen der Rebellion zugeführt, zumindest am Anfang. Doch als der durchschlagende militärische Erfolg der Aufständischen ausblieb und sich die Gewalt der Rebellen zunehmend gegen alles europäisch Aussehende richtete, griff die Angst vor dem Indio um sich und bewog die amerikanischen Spanier und Mestizen, sich für das kleinere Übel zu entscheiden und sich mit der faktischen Macht vorerst zu arrangieren. Der Keim für den Wunsch nach Unabhängigkeit war allerdings gelegt und die Idee des Separatismus, bei Túpac Amaru noch nicht als zwingendes Konzept ausformuliert, wurde virulenter.

Im kollektiven Gedächtnis der Unterprivilegierten blieb das Bild Túpac Amarus präsent, doch die Repression und die Unterdrückung indianischer Lebensformen bewirkte, dass die Erinnerung an die Rebellion nur im Stillen weitergepflegt wurde. Drei Jahrzehnte sollten noch vergehen, bis überall auf dem Kontinent der Schrei nach Freiheit von einem Spanien ertönte, das von den napoleonischen Truppen besetzt und infolgedessen kaum fähig war, seine Kolonien militärisch zu sichern. Die Protagonisten dieser neuen Befreiungsbewegung waren nun keine Indios mehr, es waren, wie es in Antonio Cisneros' Gedicht „Túpac Amaru vergessen" (*Túpac Amaru relegado*) heißt, die Herren „mit großen Backenbärten", die nun die Geschichtsbücher füllten, während andere zwei Seiten belegten „mit den vier Pferden und ihrem Tod".[313]

Was Peru und das 1776 vom Vizekönigreich abgespaltene Bolivien angeht, so hielt sich die spanische Kolonialmacht noch besonders lange und wurde erst durch Akteure von außen (Simón Bolívar aus Venezuela und José de San Martín aus Argentinien) befreit. Perus Unabhängigkeitsdeklaration

---

313 Antonio Cisneros: Gedichte. Frankfurt 1986, S. 23.

datiert von 1821, die bolivianische von 1825. Die Kontrolle über die neuen Staatsgebiete war erst durch die Schlacht von Ayacucho (1824) gegeben.

Für Menschen wie Túpac Amaru und Túpac Katari war in der offiziellen Geschichtsschreibung kein Platz. Erst ab Mitte des 20. Jahrhunderts begannen Historiker wie Carlos Daniel Valcárcel, Jorge Cornejo Bouroncle und der aus Polen stammende, vor dem Hitlerregime nach Argentinien geflohene Boleslao Lewin Quellenstudium zu betreiben und die Geschichte der Rebellion aufzuarbeiten, zunächst jeder für sich und mit einem eindeutigen Schwerpunkt auf die erste Phase der Rebellion.

1962 schrieb der Schriftsteller José María Arguedas auf Quechua sein hymnisches Lied *Tupac Amaru kamaq taytanchisman* (Unserm Schöpfer-Vater Túpac Amaru), „in den traurigen Tagen", wie er einem Freund schrieb, „als man Leute aus den Dorfgemeinschaften umbrachte". Damit spielt er auf die Kämpfe von Bauern gegen Großgrundbesitzer in den Anden an. Mit einem ihrer Führer, dem Trotzkisten Hugo Blanco, kam es zu einem kurzen Briefwechsel, ebenfalls auf Quechua. Der letzte Brief Blancos erreichte Arguedas nicht mehr, da der Schriftsteller seinem Leben ein Ende bereitet hatte.

Die Kämpfe Blancos, des „peruanischen Che Guevara", und anderer Gruppen richteten das Augenmerk der Politik und des mit der Bekämpfung der Guerilleros betrauten Armee auf die Situation in den Bergen. Eine Reihe jüngerer Offiziere lernte das Ausmaß an Armut und sozialer Ungerechtigkeit kennen und kam zu dem Schluss, dass die sinnvollste Aufstandsbekämpfung eine grundlegende Änderung der Strukturen war.

Am 2. Oktober 1968 kam durch einen Militärputsch General Juan Velasco Alvarado an die Macht. Seine linke Reformregierung verstaatlichte die gesamte Erdölindustrie und leitete eine Agrarreform ein, in deren Verlauf mehr als zehn Millionen Hektar Land enteignet und landwirtschaftlichen Produktionsgemeinschaften oder indianischen Dorfgemeinden übereignet wurden. Die halbfeudalen, zum Teil auf Schuldknechtschaft beruhenden Strukturen wurden abgeschafft.

Auf der Suche nach einem die neue Entwicklung repräsentierenden Symbol verfielen die Militärs auf die Figur Túpac Amarus, denn eigentlich konnte Peru, das durch Druck von außen in die Unabhängigkeit geführt wurde, kaum nationale Freiheitshelden vorweisen. Die Rebellion Túpac Amarus wurde zum Auslöser der Unabhängigkeitsbewegung umgedeutet; in Velascos Worten: „Im Laufe dieser edlen Kämpfe für die Unabhängigkeit waren auch unsere Vorfahren, vor allem die Peruaner, die Akteure und Protagonisten, die mit ihrem Opfer die erste Unabhängigkeit für das Vaterland erkämpften."[314]

Banknote (500 Intis)

Die zweite Unabhängigkeit würde, versteht sich, das Ergebnis der Politik Alvarados sein, welche den unterbrochenen Prozess zu einem glorreichen Ende zu führen versprach. Immer wieder zitiert wurde der Túpac Amaru zugeschriebene Satz: „Bauer, der Landbesitzer wird sich nicht mehr von deiner Armut ernähren!" (*Campesino, el patrón no comerá más de tu pobreza.*)

In einer Zeit linker Aufbruchbewegungen konnte ein Che Guevara-ähnlicher Held medial bestens verwertet werden. Túpac Amaru entstammte der indianischen Kultur, sein Namensvetter und möglicher Vorfahr war 1572 von den Spaniern enthauptet worden, er war nicht mit den Eliten an der Küste verbandelt und imponierte wohl auch durch seine kräftige Statur. Und so war bald sein etwas düster blickendes Konterfei mit dem hohen Hut, den er wahrscheinlich nie getragen hatte, allgegenwärtig und zierte Plakate, Briefmarken, Banknoten und vieles mehr.

Zeitgleich, auch in Vorbereitung auf die 150-Jahr-Feier der Unabhängigkeit (1971) und den 200. Jahrestag der Rebellion (1980), erschienen mehrere Sammlungen mit umfangreichem Quellenmaterial, das die historische Forschung auf neue Grundlagen stellte, allen voran die 86 Bände der *Colección Documental de la Independencia del Perú* (CDIP), von denen vier Bände die Rebellion Túpac Amarus zum Inhalt haben, ferner die sieben Bände der *Colección documental del bicentenario de la revolución emancipadora de*

314 Charles Walker: El general y su héroe: Juan Velasco Alvarado y la reinvención de Túpac Amaru II. In: Aguirre, Carlos / Drinot, Pablo (ed.): La revolución peculiar. Lima: Instituto de Estudios Peruanos, 2018, S. 92.

Túpac Amaru (CDBRETA), darin nachzulesen fast 2000 Seiten Prozessakten.

Die nun entstehenden Beiträge zu den Ursachen, dem Verlauf und der Bewertung der Rebellionen sind stärker als früher aufeinander bezogen und berücksichtigen auch die bisher im Hintergrund verbliebenen Figuren wie Micaela Bastidas, Diego Cristóbal Túpac Amaru, die Kataris und andere. Hinzu kommen zahlreiche Arbeiten zum zeitgeschichtlichen Hintergrund, zu Wirtschafts- und Militärgeschichte, zur sozialen Struktur der Aufständischen, zur Rolle der Kirche und dem Geistesleben im kolonialen Amerika. Trotz dieser Forschungen und der Fülle an Quellenmaterial wirft die Komplexität einer multiethnischen Aufstandsbewegung in einem vielfach zergliederten geographischen Raum noch viele Fragen auf, die auch zukünftige Generationen von Wissenschaftlern beschäftigen und die Diskussion um den Charakter und die Konsequenzen der Ereignisse befeuern werden.

Das Versprechen der peruanischen Militärs, den unterbrochenen Emanzipationsprozess zu einem guten Ende führen zu wollen, blieb aufgrund zahlreicher Probleme, etwa der fehlenden staatlichen Assistenz für die entfeudalisierten Agrarbetriebe, der zur ihrer Dekapitalisierung führenden Entschädigungszahlungen (der Agrarschuld) etc. uneingelöst. Andere radikalere Bewegungen beriefen sich auf Túpac Amaru, etwa der marxistisch-leninistische MRTA (*Movimiento Revolucionario Túpac Amaru*), der ab den 1980er Jahren Aktionen durchführte wie zunächst Überfälle auf Lebensmitteltransporte und deren anschließende Verteilung in Elendsvierteln, dann zunehmend zu Morden und Entführungen überging und schließlich 1996 Schlagzeilen machte durch die vier Monate währende und schließlich blutig beendete Besetzung der japanischen Botschaft in Lima. Auch in Uruguay begann die Stadtguerilla der Tupamaros mit Aktionen wie Entführungen, Banküberfällen und Lebensmittelverteilungen, um nach der brutalen Repression durch die Militärs und dem Ende der Diktatur als politische Partei anzutreten. José Mujica, der vierzehn Jahre in den Kerkern der Diktatur verbracht hatte, amtierte hochgeachtet als 40. Präsident Uruguays von 2010 bis 2015. „El Pepe" führte 90% seines Gehalts an kleine Firmen und gemeinnützige Organisationen ab und erinnert so am ehesten an jenen Kaziken aus Surimana, Pampamarca und Tungasuca, auch wenn eine Stadtguerilla im 20. Jahrhundert etwas anderes war als ein Aufstand unterprivilegierter Indiobauern gegen eine Kolonialmacht.

Bibliographie

Actas del Coloquio Internacional "Túpac Amaru y su tiempo". Lima, Comisión Nacional del Bicentenario de la rebelión emancipadora de Túpac Amaru, 1982.

Alaperrine-Bouyer, Monique: *La educación de las élites indígenas en el Perú colonial*. Lima, Institut français d'études andines, 2007.

Albiez-Wiek, Sarah: *Tributgesetzgebung und ihre Umsetzung in den Vizekönigreichen Peru und Neuspanien im Vergleich*. In: Jahrbuch für Geschichte Lateinamerikas 54, 2017, S. 211-257.

Alexandrovich, Elokhin Kirill: *«Reconciliación» entre los españoles y la nobleza inca en Cuzco a través de una perspectiva heráldica*. In: Emblemata Revista Aragonesa de Emblemática XXIII, 2017, S. 13-31

Amich, José: *Compendio histórico de los Trabajos, Fatigas, Sudores y Muertes que los Ministros Evangélicos de la Seráfica Religion han padecido por la conversion de las almas de los Gentiles en las montañas de los Andes, pertenecientes á las provincias del Peru*. Paris, Librería de Rosa y Bouret, 1854.

Andrien, Kenneth J.: *Andean Worlds: Indigenous History, Culture, and Consciousness Under Spanish Rule, 1532-1825*. University of New Mexican Press, Albuquerque 2001.

Andrien, Kenneth J. (ed.): *The Human Tradition in Colonial Latin America*. Wilmington, Scolarly Resources Inc., 2002.

Angelis, Pedro de: *Documentos para la historia de la sublevacion de José Gabriel de Tupac-Amaru, cacique de la provincia de Tinta, en el Peru*. Buenos Aires, Imprenta del Estado 1836.

Anónimo: *Relación histórica de los sucesos de la rebelión de José Gabriel*. Teddington, The Echo Library, 2006.

Arana Barros, Diego: *Historia Jeneral de Chile, tomo VI*. Santiago de Chile, Rafael Jover Editor, 1886.

Ari, Marina: *Las "otras" mujeres de la rebelión Sisa-katarista (1781-1782)*. In: Historia nº 38, La Paz 2017, S. 67-93.

Arrelucea Barrantes, Maribel: *Sobreviviendo a la esclavitud: Negociación y honor en las prácticas cotidianas de los africanos y afrodescendientes. Lima, 1750-1820*. Lima, Instituto de Estudios Peruanos, 2018.

Ballivián y Roxas, Vicente de: *Archivo boliviano. Colección de documentos relativos a la historia de Bolivia durante la época colonial. (1872)*. La Paz, Casa de Cultura Franz Tamayo, 1977.

Barbón, María Soledad: *Colonial Loyalties. Celebrating the Spanish Monarchy in Eighteenth-Century Lima*. Notre Dame, Indiana, University of Notre Dame Press, 2019.

Barreda Laos, Felipe: *Vida Intelectual del Virreinato del Perú* (3ª. ed.). Lima, Universidad Nacional Mayor de San Marcos, 1964.

Barriga, Martha: *Imágenes de Lima. Testimonios de la presencia cultural española en el virreinato del Perú en el siglo XVIII*. In: Barrera, Trinidad (ed.): Herencia cultural de España en América. Siglos XVII y XVIII. Madrid, Universidad de Navarra, Iberoamericana y Vervuert, 2008, S. 85-106.

Bernales Ballesteros, Jorge: *Pumacahua y los "Clarines de Chincheros"*. In: Boletín del Instituto Riva-Agüero, nº 8, 1969, S. 9-14.

Burns, Kathryn: *Amor y rebelión en 1782: El caso de Mariano Túpac Amaru y María Mejía*. In: Histórica, Vol. XVI, nº 2 (diciembre 1992), S. 131-176.

Busto Duthurburu, José Antonio del: *José Gabriel Túpac Amaru antes de su rebelión*. Lima, Pontificia Universidad Catolica del Peru, Fondo Editorial, 1981.

Cahill, David: *First among Incas: The Marquesado de Oropesa Litigation (1741–1780) en route to the Great Rebellion*. In: Jahrbuch für Geschichte Lateinamerikas 41, Köln/Weimar/Wien 2004, S. 137-166.

Cahill, David: *Violencia, represión y rebelión en el sur andino: la sublevación de Túpac Amaru y sus consecuencias*. Lima, Instituto de Estudios Peruanos, 1999 (Documento de trabajo Nº 105, Serie Historia Nº 17).

Campbell, León G.: *Rebel or Royalist? Bishop Juan Manuel de Moscoso y Peralta and the Tupac Amaru Revolt in Peru, 1780-1784*. In: Revista de Historia de América No. 86 (Jul.-Dec. 1978), S. 135-167.

Campbell, Leon G.: *Social Structure of the Túpac Amaru Army in Cuzco, 1780-81*. In: The Hispanic American Historical Review, Vol. 61, No. 4 (Nov. 1981), S. 675-693.

Campbell, Leon G.: *Women and the Great Rebellion in Peru, 1780-1783*. In: The Americas, Vol. 42, No. 2 (Oct. 1985), S. 163-196.

Carrió de la Vandera, Alonso („Concolocorvo"): *El Lazarillo de ciegos caminantes*. Edición de Emilio Carilla. Barcelona, Editorial Labor, 1973.

Chauca Arriarán, Rubén: *Micaela Bastidas*. Lima, Editorial Universo 1980.

Cieza de León, Pedro: *Crónica del Peru – El señorío de los incas*. Caracas, Fundación Biblioteca Ayacucho, 2005.

Cisneros, Antonio: Gedichte. Frankfurt, Vervuert, 1986.

Colección Documental de la Independencia del Perú, Vol. II: La rebelión de Túpac Amaru (4 vols.). Lima, Comisión Nacional del Sesquicentenario de la Independencia del Perú, 1971.

Colección documental del bicentenario de la revolución emancipadora de Túpac Amaru. Lima, Comisión Nacional del Bicentenario de la Rebelión Emancipadora de Túpac Amaru, 1980-1982.

Compendio de historia económica del Perú, vol. 3: *Economía del período colonial tardío*. Banco Central de Reserva del Perú (1ª edición digital) 2020.

Contreras, Remedios (ed.): *Agustín de Jáuregui: Relación de gobierno. Perú (1780-1784)*. Madrid, Consejo Superior de Investigaciones Científicas, Instituto „Gonzalo Fernández de Oviedo“, 1982.

Cortés, María del Carmen: *Benito de la Mata Linares: juez y testigo en la rebelión de Túpac Amaru*. In: Quinto Congreso Internacional de Historia de América, tomo I, Lima, 1971, S. 431-465.

Cortés Salinas, Carmen: *Benito de la Mata Linares. Juez, acusado y testigo*. Madrid, Comité Español de Ciencias Históricas, 2015.

Courte de la Blanchardière, René: *Nouveau voyage fait au Pérou*. Paris, Imprimerie de Delaguette, 1751.

Cúneo-Vidal, Rómulo: *Precursores y mártires de la Independencia del Perú* (Obras completas 4). Lima, Ignacio Prado Pastor, 1978.

de la Torre López, Arturo E.: *Juan Santos, ¿El invencible?* In: Histórica (Lima), vol. XVII, nº 1 (1993), S. 239-266.

de Molina, Cristóbal: *Ritos y fábulas de los Incas*. Buenos Aires, Editorial Futuro, 1947.

del Valle de Siles, María Eugenia: *Historia de la rebelión de Túpac Catari, 1781-1782*. La Paz, Don Bosco, 2017. (Online verfügbar)

de Ribas, Nicolas: *Le tremblement de terre de Lima de 1746: témoignages, actions et pensées de la catastrophe naturelle*. e-Spania, 12, décembre 2011 (abgerufen März 2022).

Díaz Rementería, Carlos J.: *El cacique en el virreinato del Perú – estudio histórico-jurídico*. Sevilla, Universidad de Sevilla, Seminario de Antropología Americana, 1977.

Dueñas, Alcira: *Indians and Mestizos in the "Lettered City": Reshaping Justice, Social Hierarchy, and Political Culture in Colonial Peru*. Boulder, University Press of Colorado, 2010.

El sitio de Guaman Poma/The Guaman Poma Website. A Digital Research Center of the Royal Library, Copenhagen, Denmark 2001, Online-Edition.

Esteve Barba, Francisco (ed.): *Crónicas peruanas de interés indígena*. Madrid, Biblioteca de autores españoles CCIX, 1968.

Fisher, John: *El Perú borbónico 1750-1824*. Lima, Instituto de Estudios Peruanos, 2000.

Flores Galindo, Alberto: *Aristocracia y plebe. Lima, 1760-1830*. Lima, Mosca Azul Editores, 1984.

Flores Galindo, Alberto (ed.): *Túpac Amaru II – 1780. Antología*. Lima, Retablo de Papel Ediciones, 1976.

Galdo Gutiérrez, Vigilio: *Curacas en la Sierra Central Sur Andina, fines del siglo XVII y principios del XVIII*. In: III Congreso Peruano. El Hombre y la Cultura Andina – Actas y trabajos. Segunda Serie, Tomo IV, Lima, Ramiro Matos M., 1978, S. 588-594.

Garrett, David T.: *Shadows of Empire: The Indian Nobility of Cusco, 1750-1825*. Cambridge University Press, Cambridge 2012 (Cambridge Latin American Studies, Band 90).

Glave Testino, Luis Miguel: *Sociedad campesina y violencia rural en el escenario de la gran rebelión indígena de 1780*. In: Historica, vol. XIV, nº 1, julio 1990, S. 27-68.

Glave Testino, Luis Miguel: *Y el odio pudo más que el amor. Cartas privadas que se incautaron en la represión final al movimiento de los Tupa Amaro (1782-1783)*. In: Autoctonía (Revista de Ciencias Sociales e Historia), vol. VII, nº 1, enero-junio 2023, S.541-567.

Golte, Jürgen: *Repartos y rebeliones. Túpac Amaru y las contradicciones de la economía colonial*. Lima, Instituto de Estudios Peruanos, 1980.

Hidalgo Lehuede, Jorge: *Amarus y cataris: aspectos mesiánicos de la rebelión indígena de 1781 en Cusco, Chayanta, La Paz y Arica*. In: Revista de Antropología Chilena No. 10 (marzo 1983), S. 117-137.

Hidalgo Lehuedé, Jorge: *Historia andina en Chile, vol. I*. Santiago de Chile, Editorial Universitaria, 2004.

Hünefeldt, Christine: *Conciencia étnica y conciencia de clase: El levantamiento campesino de 1780-1783*. In: III Congreso peruano. El hombre y la cultura andina. Segunda serie. Tomo III, S. 352-374.

Jouve Martín, José Ramón: *Esclavos de la ciudad letrada – Esclavitud, escritura y colonialismo en Lima (1650-1700)*. Lima, Instituto de Estudios Peruanos, 2005.

Juan, Jorge; Ulloa, Antonio de: *Noticias Secretas de América*, 2 tomos. Madrid, Ediciones Turner, 1982.

Kapsoli Escudero, Wilfredo: *Sublevaciones de esclavos en el Perú, s. XVIII*. Lima, Universidad Ricardo Palma, 1975.

Kuethe, Allan J.; Marchena Fernández, Juan (ed.): *Soldados del rey. El ejército borbónico en América colonial en vísperas de la Independencia*. Castelló de la Plana, Publicacions de la Universitat Jaume I, 2005.

Lewin, Boleslao: *La rebelión de Túpac Amaru y los orígenes de la emancipación americana* (3ª ed. ampliada). Buenos Aires, Sociedad Editora Latino Americana, 1967.

Lewin, Boleslao: *Túpac Amaru en la independencia de América*. Buenos Aires, Editorial Plus Ultra, 1979.

Lewin, Boleslao: *Túpac Amaru. Su época – su lucha – su hado*. Buenos Aires, Ediciones Siglo Veinte, 1973.

Loayza, Francisco A. (ed.): *Cuarenta años de Cautiverio (Memorias del Inka Juan Bautista Túpac-Amaru)*. De Miranda, Lima: 1941 (Los Pequeños Grandes Libros de Historia Americana. Serie I, tomo I).

Loayza, Francisco A.: *Fray Calixto Tupak Inka*. Lima, De Miranda, 1948 (Los Pequeños Grandes Libros de Historia Americana, tomo XV).

Loayza, Francisco A. (ed.): *La verdad desnuda o las dos faces de un obispo. Escrita en 1780 por un imparcial religioso*. Lima, De Miranda, 1943 (Los Pequeños Grandes Libros de Historia Americana, tomo III).

Lohmann Villena, Guillermo: *Las minas de Huancavelica en los siglos XVI y XVII*. Sevilla, Escuela de Estudios Hispano-Americanos, 1949.

López-Baralt, Mercedes: *El retorno del Inca rey en la memoria colectiva andina: del ciclo de Inkarri a la poesia quechua urbana de hoy.* In: América. Cahiers du CRIC-CAL, année 2004, 31, S. 19-26.

Luque Talaván, Miguel: *"Tan príncipes e infantes como los de Castilla". Análisis histórico-jurídico de la nobleza indiana de origen prehispánico*. In: Anales del Museo de América, nº 12, Madrid, 2004, S. 9-34.

Manrique, Nelson: *Colonialismo y pobreza campesina. Caylloma y el Valle del Colca, siglos XVI – XX.* Lima, Desco, 1986.

McFarlane, Anthony: *Rebellions in Late Colonial Spanish America: A Comparative Perspective*. In: Bulletin of Latin American Research, vol. 14, no. 3 (Sep. 1995), S. 313-338.

Means, Philip Ainsworth: *The Rebellion of Tupac-Amaru II, 1780-1781*. In: The Hispanic American Historical Review, vol. 2, no. 1 (Feb. 1919), S. 1-25.

Melchor de Paz: *Guerra separatista. Rebeliones de indios en Sur América. La sublevación de Tupac Amaru.* Dos tomos. Lima, Imprenta Torres Aguirre, 1952.

Memorias de los Virreyes que han gobernado el Perú, tomo V. Lima, Felipe Bailly 1859.

Mendiburu, Manuel de: *Diccionario histórico-biográfico del Perú, tomo VIII*. Lima, Imprenta de J. Francisco Solis, 1890.

Miño Grijalva, Manuel: *El Obraje Colonial*. In: Revista Europea de Estudios Latinoamericanos y del Caribe No. 47 (December 1989), S. 3-19.

Morales Padrón, Francisco: *Teoría y leyes de la Conquista*. Madrid, Ediciones Cultura Hispánica del Centro Iberoamericano de Cooperación, 1979.

Moreno Cebrián, Alfredo: *El corregidor de indios y la economía peruana en el siglo XVIII*. Madrid, Instituto „Gonzalo Fernández de Oviedo", 1977.

Morner, Magnus: *Perfil de la sociedad rural del Cuzco a fines de la colonia*. Lima, Universidad del Pacífico, 1978.

O'Phelan Godoy, Scarlett: *Aduanas, mercado interno y élite comercial en el Cusco antes y después de la gran rebelión de 1780*. In: Apuntes 19, 1986, S. 53-72.

O'Phelan Godoy, Scarlett: *Cuzco 1778: El movimiento de Maras, Urubamba*. In: El Hombre y la Cultura Andina, segunda serie, tomo III, Lima 1980, S. 424-437.

O'Phelan Godoy, Scarlett: *El "castigo ejemplar al traidor" durante la gran Rebelión de 1780-81*. In: Conquista y resistencia en la historia de América. Publicacions Universitat de Barcelona 1991, S. 169-170.

O'Phelan Godoy, Scarlett: *Hacia una tipología y un enfoque alternativo de las revueltas y rebeliones del Perú colonial (siglo XVIII)*. In: Jahrbuch für Geschichte von Staat, Wirtschaft und Gesellschaft Lateinamerikas, Band 21, Köln 1984, S. 130-133.

O'Phelan Godoy, Scarlett: *La rebelión de Túpac Amaru: Organización interna, dirigencia y alianzas*. In: Revista Histórica, vol. III, no. 2. Diciembre 1979, S. 89-121.

O'Phelan Godoy, Scarlett: *Rebellions and Revolts in Eighteenth Century Peru and Upper Peru*. Köln/Wien, Böhlau Verlag, 1985.

Obras de don Juan del Valle Caviedes (Clásicos Peruanos I). Introducción y notas de Rubén Vargas Ugarte. Lima, Tipografía Peruana S. A., 1947.

Pérez Cantó, María Pilar: *Lima en el siglo XVIII. Estudio socioeconómico*. Madrid, Universidad Autonoma de Madrid, Instituto de Cooperación Iberoamericana, 1985.

Pérez-Mallaina Bueno, Pablo Emilio: *Retrato de una ciudad en crisis. La sociedad limeña ante el movimiento sísmico de 1746*. Sevilla, Consejo Superior de Investigaciones Científicas, 2001.

Recopilación de Leyes de los Reynos de las Indias, 1681 (Internet, abgerufen Juli 2024).

Revista Universitaria, tomo XLIII, Cuzco, Universidad Nacional San Antonio de Abad del Cusco, 1959.

Ripalda, Jerónimo de: *Catecismo y exposición breve de la doctrina cristiana*. Barcelona, 1880.

Robins, Nicholas A.: *Priest-Indian Conflict in Upper Peru. The Generation of Rebellion, 1750-1780*. Syracuse, Syracuse University Press, 2007.

Roedl, Bohumir: *Causa Tupa Amaro. El proceso a los tupamaros en Cuzco, abril-julio de 1781*. In: Revista andina, nº. 34, 2002, S. 99-121.

Rowe, John Howland: *Genealogía y Rebelión en el siglo XVIII. Algunos antecedentes de la sublevación de José Gabriel Thupa Amaro*. In: Histórica, vol. VI, n° 1, julio de 1982, S. 65-85.

Rowe, John Howland: *Los Incas del Cuzco: Siglos XVI – XVII – XVIII*. Cuzco, Instituto Nacional de Cultura, Región Cuzco, 2003.

Rowe, John Howland: *The Incas Under Spanish Colonial Institutions*. In: Hispanic American Historical Review, 37(2), S. 155-199.

Sahuaraura, Justo Apu: *Un Documento sobre la Rebelión del Cacique Túpac Amaru*. Editado por Daniel Valcárcel. In: Letras, primer cuatrimestre 1946, S. 122-131.

Sarmiento Donate, Alberto (ed.): *De las Leyes de Indias (Antología de la Recopilación de 1681)*. Mexiko D. F., Secretaría de Educación Pública, 1988.

Sempat Assadourian, Carlos: *El sistema de la economía colonial. Mercado interno, regiones y espacio económico*. Lima, Instituto de Estudios Peruanos, 1982.

Sepúlveda, Juan Ginés de: *Democrates segundo o De las justas causas de la guerra contra los indios,* Ángel Losada (ed.), 2a ed., Madrid, Consejo Superior de Investigaciones Científicas – Instituto Francisco de Vitoria, 1984.

Serulnikov, Sergio: *Revolución en los Andes: la era de Túpac Amaru*. Editorial Sudamericana, Buenos Aires 2010.

Silva-Santisteban, Ricardo (ed.): *Poesía Peruana: Antología General, tomo II: de la Conquista al Modernismo*. Lima, Ediciones Edubanco, 1984.

Sivirichi Tapia, Atilio: *La revolución social de los Túpac Amaru*. Lima, Editorial Universo, 1979.

Solórzano y Pereira, Juan de: *Política Indiana*. Madrid 1739. (Internet)

Spalding, Karen: *De indio a campesino. Cambios en la estructura social del Perú colonial*. Lima, Instituto de Estudios Peruanos, 1974.

Stavic, Ward; Schmidt, Ella (ed.): *The Túpac Amaru and Catarista Rebellions. An Anthology of Sources*. Indianapolis/Cambridge, Hackett Publishing Company, 2008.

Stavic, Ward: *The World of Túpac Amaru. Conflict, Community, and Identity in Colonial Peru*. Lincoln, University of Nebrasca Press 1999.

Stavic, Ward: *Violencia cotidiana de los naturales de Quispicanchis, Canas y Canchis en el siglo XVIII*. In: Revista Andina, año 3, S. 451-468.

Stern, Steve J. (ed.): *Resistencia, rebelión y conciencia campesina en los Andes: siglos XVIII al XIX*. Lima, Instituto de Estudios Peruanos, 1990.

Tamayo Herrera, José: *Historia del indigenismo cuzqueño, siglos XVI – XX*. Lima, Instituto Nacional de Cultura, 1980.

Tardieu, Jean-Pierre: *La gestión por las Temporalidades de los esclavos de las antiguas haciendas jesuíticas (Perú 1768-1815). Algunos aspectos socio-económicos,* in: Revista de Indias 2019, vol. LXXIX, num. 277, págs. 797-826.

Tau Anzoátegui, Víctor: *El taller del jurista – Sobre la Colección Documental de Benito de la Mata Linares, Oidor, Regente y Consejero de Indias*. Madrid, Universidad Carlos III, 2011.

Taylor, Gerald: *La platica de fray Domingo de Santo Tomás (1560)*. In: Bulletin de l'Institut Français d'Études Andines, Band 30, 2001, S. 427-453.

Terralla y Landa, Esteban de: *Lima por dentro y por fuera*. Exeter, University of Exeter, 1978.

Thomson, Sinclair: *We Alone Will Rule: Native Andean Politics in the Age of Insurgency*. Madison, Univ. of Wisconsin Press, 2002.

Tord, Javier; Lazo, Carlos: *Hacienda, comercio, fiscalidad y luchas sociales (Perú colonial)*. Lima, Biblioteca Peruana de Historia, Economía y Sociedad, 1981.

Túpac Amaru y la Iglesia. Antología. Lima, Comité Arquidiocesano del Bicentenario Túpac Amaru / Edubanco, 1983.

Urbano, Henrique / Duviols, Pierre (ed.): *Relación de las fábulas y ritos de los Incas*. Madrid, Historia 16, 1989.

Valcárcel, Daniel: *Ignacio de Castro – humanista tacneño y gran cuzqueñista (1732-1792)*. Lima, Biblioteca de la Sociedad Peruana de Historia, 1953.

Valcárcel, Daniel: *La Familia del Cacique Túpac Amaru (Documentos existentes en la iglesia de Pampamarca)*. Lima, Universidad Nacional de San Marcos, 1979.

Valcárcel, Daniel: *La rebelión de Túpac Amaru*. Lima, Ediciones Peisa, 1973.

Valcárcel, Daniel: *Rebeliones indígenas*. Lima, Editorial P.T.C.M., 1946.

Valcárcel, Daniel: *Un documento sobre la rebelión del cacique Túpac Amaru*. In: Letras, vol. 12, número 33, Lima, Universidad Nacional Mayor de San Marcos, 1946, S. 122-131.

Valencia Vega, Alipio: *Julián Tupaj Katari*. La Paz, Librería Editorial Juventud, 1977 (Erstauflage : Buenos Aires 1950).

Valle Caviedes, Juan del: *Obras de don Juan del Valle Caviedes* (Clásicos Peruanos I). Introducción y notas de Rubén Vargas Ugarte. Lima, Tipografía Peruana, 1947.

Vega, Juan José: *José Gabriel Túpac Amaru*. Lima, Editorial Universo, 1969.

Wachtel, Nathan: *La vision des vaincus. Les indiens du Pérou devant la conquête espagnole (1530-1570)*. Paris, Éditions Gallimard, 1971.

Walker, Charles F.: *Shaky Colonialism: The 1746 Earthquake-Tsunami in Lima, Peru, and its Long Aftermath*. Durham/London, Duke University Press, 2008.

Walker, Charles F.: *The Tupac Amaru Rebellion*. Cambridge (Massachusetts)/London, Harvard University Press, 2016.

Walker, Charles: *El general y su héroe: Juan Velasco Alvarado y la reinvención de Túpac Amaru II*. In: Aguirre, Carlos / Drinot, Pablo (ed.): La revolución peculiar. Lima: Instituto de Estudios Peruanos, 2018, S. 71-103.

Zudaire Huarte, Eulogio: *Don Agustín de Jáuregui y Aldecoa*. Pamplona, Diputación Foral de Navarra, Institución Príncipe de Viana, Consejo Superior de Investigaciones Científicas, 1978.

Bildnachweise

Seite 28
Pater Murúa: Felipe Guaman Poma de Ayala: Nueva Corónica y Buen Gobierno. Institut d'Ethnologie, Paris 1936

Seite 34
Manso de Velasco vor der zerstörten Kathedrale: historiadelperu.carpetapedagogica.com oder: www.inei.gob.pe

Seite 38
Juan Acevedo: Túpac Amaru – 1. Infancia y adolescencia. Tarea Asociación de Publicaciones Educativas, Lima, S. 14

Seite 46
Blick von Cuzco auf die Kirche San Cristóbal und die Festung Sacsayhuamán: E. G. Squier: Peru – Incidents of Travel and Exploration in the Land of the Incas. Harper & Brothers, New York 1877, S. 450

Seite 50
Unterschrift Túpac Amarus: macroregionsurdelperu.blogspot.com

Seite 62
Tapada: Amadée Frézier: Relation du voyage de la mer du Sud aux côtes du Chili, du Pérou et de Brésil, fait pendant les années 1712, 1713 & 1714. Paris 1716 (aus Wikimedia Commons)

Seite 65
Plaza Mayor mit vizeköniglichem Palast: culturaehistoriadeperu.blogspot.com

Seite 94
Ein Dorfpfarrer vermittelt die christliche Glaubenslehre: Felipe Guaman Poma de Ayala: Nueva Corónica y Buen Gobierno, Institut d'Ethnologie, Paris 1936

Seite 115
Das Gebiet der Rebellion: Kurt Kauter: Flieg Kondor Tupac Amaru. Militärverlag der Deutschen Demokratischen Republik, Berlin 1980

Seite 125
Dorfkirche in den Anden: Hans Reiser: Abenteuerliche Wanderung durch Peru, Berlin 1932

Seite 161
Mateo Pumacahua: www.deperu.com

Seite 241
Banknote 500 Intis (Sammlung des Autors)